DETRÁS DE CADA PUERTA

JAIME FERNÁNDEZ GARRIDO

Editorial CLIE
www.clie.es

EDITORIAL CLIE
C/ Ferrocarril, 8
08232 VILADECAVALLS
(Barcelona) ESPAÑA
E-mail: clie@clie.es
http://www.clie.es

DETRÁS DE CADA PUERTA
ISBN: 978-84-19055-04-0
Depósito Legal: B 4565-2022
Teología cristiana
Apologética
Referencia: 225190

Acerca del autor

Jaime Fernández Garrido es Doctor en Filosofía y Ciencias de la Educación por la Universidad Complutense de Madrid (España) y Diplomado en Teología.

Conferenciante internacional en Congresos, Universidades y Escuelas. Ha formado parte como Capellán evangélico en cuatro ediciones de los Juegos Olímpicos.

Director del programa de radio y televisión de Galicia (España) "Nacer de novo". Presidente de la Asociación Mundial de Orfanatos (Amor). Profesor de Piano y compositor musical miembro de la Sociedad de Autores desde el año 1980.

Autor de una treintena de libros, entre ellos: *Compasión, Cambia de ritmo, Cara a cara, Héroes desconocidos de la Biblia, Corazón indestructible, Atrévete a vivir, 30 pasos hacia la amistad.*

Casado con Miriam, tienen tres hijas: Iami, Kenia y Mel.

«*Detrás de cada puerta* es una excelente obra apologética que seguramente ayudará a muchos a encontrar respuestas lógicas a dudas e inquietudes propias o ajenas. A mí personalmente me ha ayudado y he encontrado matices o enfoques en los que no había reparado. Estamos ante un libro que no deja indiferente y frente al que hay que posicionarse ya que plantea un diálogo personal con el lector y le demanda una respuesta. Es una obra que debería estar hoy en la estantería de todo creyente que quiera defender su fe con argumentos sólidos. Me parece un trabajo encomiable que viene a enriquecer el panorama apologético del mundo cristiano de habla hispana».

Antonio Cruz Suárez
Doctor en Biología, catedrático de la
Universidad de Barcelona

«Profundo, crítico, iluminador. Buenas noticias para los que buscan la verdad. En este libro Jaime Fernández nos lleva en una docta travesía desde la aplastante necesidad científica de un Diseñador, dada la complejidad física del universo, hasta el clímax de la revelación histórica de ese Creador en la persona de Jesucristo, tocando por el camino retazos del carácter de Dios y respondiendo a los argumentos habituales que agnósticos y ateos presentan a *Su existencia* o *Su plan para la humanidad*. La apologética cristiana ya tiene otra obra de peso».

Antonio Martínez
Doctor en Medicina

«¿Por qué nos empeñamos en pensar que Dios y ciencia son incompatibles? Durante mi carrera he tenido que enfrentarme a ese reto con frecuencia, una lucha constante por explicar que cada una de las disciplinas científicas son compatibles con un maravilloso Dios creador. ¡Ojalá hubiera tenido antes este libro! una herramienta genial para hacer que quienes me rodean abran la mente a la existencia de Dios, y quizá el corazón. Nunca pensé que en «pocas páginas» pudiésemos realmente asomarnos tras cada puerta posible».

Laura Cáceres Sabater
Licenciada en Biología, fundadora de
"Draco Soluciones Ambientales"

«Si tuviese que describir este libro lo haría recordando el maravilloso sonido del latido cardíaco. Lo escuchamos a través del fonendoscopio, podemos incluso sentirlo a través de la piel palpando al paciente –y eso lo hacemos a pesar de no estar viendo el asombroso cierre de las válvulas cardíacas–, sin medir el extraordinario viaje del sonido a través del sistema auditivo, ni calibrando el tono o la intensidad de este por medio de una audiometría, tampoco evaluando el portento trayecto de la actividad eléctrica cerebral. Si no lo veo o estudio, solo puedo imaginarlo, pero lo que jamás podré hacer es negar que lo estoy escuchando. Sé que este libro será el abono que servirá de nutriente para hacer germinar una semilla de verdad; sembrada a través de cada lectura que crecerá en suelo fértil y dará un fruto que podremos disfrutar».

Karen V. Urbaez Capellán
Doctora en Medicina, Máster en
urgencias y emergencias

«¿Puede un científico investigar si Dios existe y cambiar su manera de pensar? ¿Puede llegar a la conclusión de que no solo existe, sino que se ha revelado históricamente en Jesús de Nazaret? Pregúntale a Francis Collins, Alister McGrath, Allan Sandage, o Sarah Salviander por poner unos ejemplos. Este libro te invita a pensar por ti mismo, a dudar de tu duda, descubrir cosas en las que quizá no habías pensado y seguro que no te dejará indiferente. ¡Altamente recomendable!».

Emilio Carmona
Doctor en Biología

«Este es un libro que muchos estábamos esperando, nos pregunta y hace preguntarnos sobre cuestiones esenciales sobre nuestras creencias, un libro inteligente para quienes necesitan un fundamento sólido de sus convicciones. Nos invita a reflexionar sobre el universo, Dios, la creación, la consciencia, sobre la "causa primera y final" de las cosas y hacerlo desde un punto de vista personal, nos da las bases para ello. Los conocimientos científicos no son incompatibles con una fe inteligente en un Dios Creador. Debemos utilizar la razón para llegar a nuestras propias conclusiones»

Joan Matas Dalmases
Ginecólogo, medicina integrativa.

Para Kenia (nuestra segunda hija); naciste con la ambición y la necesidad de saber las razones de todo y vives siempre investigando todo lo que está a tu alcance. Desde que comenzaste a hablar no existe una sola pregunta que no hayas hecho (aunque antes ya nos preguntabas con tu mirada), y eso nos ha enseñado a buscar, indagar y obtener (en lo posible) las respuestas a todas esas preguntas. Te queremos muchísimo, y no dejamos de dar gracias a Dios por tu vida; nos demuestras siempre que el interés por conocer el universo y todo lo que nos rodea, es más que una necesidad de la humanidad, ¡está en la misma esencia de nuestra vida!

Muchas gracias, Miriam, por estar siempre a mi lado ayudando y comentando cada idea del libro, ¡tu ayuda va mucho más allá de *todo lo que está escrito!*

Un gran abrazo de toda la familia para Ángel González (*Lito* para sus amigos) por tu inestimable ayuda para que este libro pudiera editarse, y tu amistad inquebrantable en todos los momentos. ¡Estáis siempre en nuestro corazón, tú y tu familia!

Y un agradecimiento especial para Juan Luís Guerra: nuestras conversaciones sobre el origen del universo formaron parte de la semilla que el Creador plantó en nuestro corazón para que surgiera la idea de escribir este libro, ¡sé que vas a disfrutar leyéndolo!

ÍNDICE GENERAL

15. Jesús: Dios se hace hombre

Introducción

Albert Einstein fue considerado la personalidad científica más relevante del pasado siglo XX. Su famosa teoría de la relatividad sigue siendo el fundamento de la mayoría de los avances en el mundo de la investigación física. Einstein vivió en una época donde muchos comenzaron a discutir la existencia de un ser superior, así que sus investigaciones y descubrimientos fueron el campo abonado donde algunos creyeron ver la base de una nueva humanidad que no solo no necesitaba a Dios, sino que incluso podría llegar a afirmar que no existía. Einstein nos sirve de referencia en esa lucha. No vamos a discutir hasta dónde era creyente o no, si era panteísta o si creía en un ser superior; entre otras cosas, porque el famoso físico ya está muerto, así que cualquier tipo de debate debería terminar antes de su comienzo. En un escrito a un amigo, Albert dejó una frase llena de misterio que hasta hoy no se ha podido descifrar del todo: "El hombre encuentra a Dios detrás de cada puerta que la ciencia logra abrir".

Aun así, en una entrevista, el famoso físico afirmó:

"Somos como un niño que entra en una biblioteca inmensa, con sus paredes cubiertas de libros escritos en muchas lenguas. Sabe que alguien los ha escrito, pero no sabe ni quién ni cómo. Tampoco comprende los idiomas, pero ve un orden claro en cómo están clasificados, un plan misterioso que no logra comprender. Esa es en mi opinión, la actitud de la mente humana frente a Dios. Incluso la de las personas más inteligentes" (1930).

Es obvio que yo no puedo entrar en las explicaciones científicas y las aplicaciones de las leyes que Einstein descubrió, pero lo que si es cierto es que la discusión todavía no ha finalizado, y cualquier elemento que pueda añadirse puede considerarse *vital*, porque precisamente de eso se trata, de saber cual es el origen de la vida. Él se sintió defraudado por una concepción del mundo exclusivamente naturalista sin dar pie a que pudiera existir algo o alguien más. El ex-ateo Anthony Flew, relata en su libro *Dios existe* lo que el escritor Jammer le comentó: *Einstein siempre lamentaba que se le considerara ateo (…) en sus propias palabras: "Lo que realmente me enfurece es que los que dicen que Dios no existe, me usen para reforzar sus tesis"*[1].

---

1 Flew, Antony, *Dios existe*, Trotta, Madrid 2012; página 94.

No voy a referirme al famoso físico para argumentar nada a favor o en contra de la existencia de Dios, sino simplemente como un ejemplo del deseo de todo ser humano: conocer el universo y todo lo que le rodea. Llegar a la causa primera y final de todas las situaciones. Saber la razón por la que estamos aquí y cual es nuestro lugar en ese universo. Ese es el objetivo de todos, incluso el de aquellos que afirman que no les interesa en absoluto. En ese sentido, las palabras de Albert Einstein: *El hombre de ciencia es un filósofo mediocre,* pueden ayudarnos a comprender lo que está ocurriendo.

Sería muy arrogante por mi parte decir que voy a plantear algo nuevo, o incluso que puedo llegar a convencer a alguien con lo que estoy escribiendo. Además de arrogante sería irreal, porque lo que simplemente pretendo es que puedas pensar mientras lees estas líneas. Ni más, ¡ni menos! Porque si algo es importante en la vida es saber quiénes somos cada uno de nosotros, o al menos intentar asomarnos a comprender quiénes podemos llegar a ser. O nos preocupamos de eso, o nos dejamos llevar sobreviviendo día tras día, mejor o peor según las circunstancias y nuestro estado de ánimo, esperando que llegue *no sé qué* o simplemente no aguardando nada en absoluto. Muchos de nosotros dedicamos años preparándonos para el trabajo que vamos a tener en el futuro, o para cualquier otra circunstancia de la vida, pero apenas pasamos unos minutos examinando cuidadosamente si existe lo eterno.

La verdad es que la decisión de seguir investigando es de cada uno en particular; si después de leer este libro o de tus propias investigaciones, llegas a la conclusión de que no existe nada más allá de lo que podemos ver o estudiar, todo lo que estás leyendo no tiene mayor importancia. Pero recuerda que si realmente existe una eternidad, ¡nada tiene mayor valor en la vida que encontrarla! Muchos toman más en serio el paso del tiempo que la llegada de la eternidad: lo que sucede en un tiempo limitado es motivo de estudio; lo que podría acontecer en la eternidad no. Desgraciadamente muchos creen que la mejor manera de resolver la cuestión de la eternidad es ignorándola por completo[2].

Está en juego la vida

No está de más decir que es nuestra vida la que está en juego. Lo que estamos intentando descubrir no es si debemos creer que un alimento adelgaza o si un determinado equipo deportivo es mejor que otro, o incluso si las

---

2   También he visto que muchas personas que *viven bien*, económicamente hablando, creen que ya no necesitan a Dios. Piensan satisfacer su espíritu con pequeños trofeos comerciales, con logros personales, o con relaciones que les satisfagan *por completo;* de tal manera que no les interesa *nada más.*

decisiones del gobierno influyen en la situación económica mundial, por muy importante que eso sea, ¡de lo que se trata es de nuestra vida! Quizás no crees en Dios ni en nada de lo que la Biblia dice, pero si algo de todo eso es cierto, mejor dejar a un lado todo lo demás, por un momento, y resolver la situación espiritual, porque no hay nada más importante que conocerle. Tenemos la necesidad ineludible de meternos de lleno en esa investigación.

Uno de los mayores problemas al tratar el tema espiritual es la gran cantidad de personas que han llegado a una postura ideológica no por investigación propia, sino simplemente por haberse *abandonado*. Muchos no creen en Dios, no por las conclusiones a las que han llegado, sino porque simplemente viven como si Dios no existiera. No les preocupa, no se lo han planteado, ni, ¡mucho menos!, creen que sea algo importante. Esa sería una postura existencial correcta si no existiera nada fuera de nosotros mismos, pero el problema es que, si Dios realmente existe, entonces no se puede pensar en ningún otro tema antes de resolver ese.

Pero eso no es todo, en esta vida nos encontramos también a muchos que sí creen, pero no les importa argumentar. Piensan que no es necesario usar la razón; defienden una postura falsamente llamada *de fe* creyendo que de esa manera está todo arreglado sin darse cuenta de que, si tenemos una mente para pensar, es también para acercarnos con ella al Creador.

Los límites de la razón

¿Hasta dónde podemos llegar con nuestra razón? Es cierto que no podemos demostrar la existencia de Dios de una manera exclusivamente racional, no tanto porque no sea posible, sino porque tenemos que implicar todo nuestro ser: si Dios es un ser espiritual (que vive en una dimensión más allá de los límites de nuestra razón, para que nos entendamos), necesitamos esa misma espiritualidad para poder llegar a Él. No se trata de que la razón sea inútil, ¡todo lo contrario! ¡Cualquier conclusión a la que lleguemos por medio de elementos racionales nos ayudará muchísimo! El problema es que tenemos que dar pasos *más allá*, en todo el sentido de la frase.

En cierto modo, y salvando las distancias, nos encontramos en la misma situación que cuando nuestro médico nos dice que un problema en el aparato digestivo no viene directamente de una mala alimentación, sino de una alteración de nuestro sistema nervioso. Puede que, al principio nos parezca imposible que una preocupación (algo que no es *material* ni está localizado en un lugar concreto de nuestro cuerpo), nos lleve a generar una úlcera estomacal, pero cuando comprobamos que es así, seguimos investigando más allá de lo que podemos ver, tocar y sentir para poder resolver el problema. Usamos nuestra razón, pero tenemos que adentrarnos en un campo dónde otros elementos son mucho más importantes: elementos que no podemos medir de una manera racional (nadie puede llegar a calibrar qué porcentaje de su sistema nervioso o de sus emociones está alterado); aunque también es cierto que la razón nos ayuda a comprender esas influencias y las interacciones de lo *emocional* con lo material. Nadie tildaría de loco a su médico por decirle que una preocupación que no puede medir ni sabe dónde ubicarla, está alterando de una manera orgánica a su cuerpo material.

Este ejemplo tan simple nos ayuda a entender que no podemos dejar de usar nuestra razón, ni mucho menos abandonar la investigación, simplemente porque nos encontremos con problemas aparentemente irresolubles. Muchas personas se debaten entre dos *imposibilidades*: la de demostrar la existencia de Dios de una manera racional. y la de quitar a Dios de su razón. Incluso llegan a vivir obsesionados con Él. Muchos autores (¡La gran mayoría de los que defienden el ateísmo!) no pueden dejar de escribir sobre Dios, ni de intentar encontrar razones *en su contra*, convenciendo a todos de que no existe. Parecería que *no pueden vivir* sin Él.

La decisión de seguir investigando

Como te decía, puede que no estés de acuerdo con alguna de las afirmaciones que encontrarás más adelante. En realidad no importa, porque lo que realmente me preocupa es que las personas piensen y tomen decisiones de acuerdo a las conclusiones a las que han llegado. Parece simple, pero muy pocos lo hacen.

En nuestra vida diaria no le damos demasiada importancia a la investigación, porque vivimos creyendo lo que otros nos dicen. En cierta manera, el papel que Dios tenía en el primer mundo hace unos cien años, ahora lo tienen las personas de ciencia, los medios de comunicación y los poderes públicos. Todo lo que ellos dicen lo seguimos casi al pie de la letra, sin importarnos la cantidad de veces que se equivoquen o los problemas que traigan sus conclusiones a nuestra vida. Gran parte de la humanidad dejó de creer en Dios porque le estorbaba un absoluto que siempre tuviera la razón, así que lo han sustituido por las conclusiones a las que llegan otras personas y por si fuera poco, ¡se juegan la vida con esas nuevas creencias!

En muchos campos de la realidad (incluida la ciencia), estamos cayendo en un *forofismo* (si me permites la descripción de una palabra inventada), en el que la gran mayoría de las personas no se preocupa por pensar, entender o comprender argumentos sino que, bajo el paraguas de una mal entendida tolerancia, defienden sus ideas prefijadas argumentando que la verdad absoluta no existe y que todos tienen el derecho a pensar y expresarse como quieren.

La base de esa afirmación es cierta: tenemos la libertad para pensar y expresar nuestras ideas, y no solo eso, ¡necesitamos luchar para que nada ni nadie nos quite esa libertad! El problema comienza cuando no me importa en absoluto si lo que pienso es cierto o no. Además, como nos asiste ese derecho, nadie puede decirnos que nos equivocamos, porque eso significaría que están siendo intolerantes con nosotros. Esa manera de pensar se ha extendido no solo en los medios de comunicación, sino también entre las personas relacionadas con la ciencia (algunos no admiten que Dios aparezca por ninguna parte, sean cuales sean las razones), y en la religión (muchos no quieren usar la razón absolutamente para nada). El mundo se está llenando de *forofos:* todos gritan sus ideas y *hacen piña* alrededor de su equipo favorito, pero muy pocos son capaces de razonar y llegar hasta donde la investigación pueda llevarlos.

Esas ideas tan ridículas

Es imprescindible establecer principios comunes con los que podamos trabajar, y el más sencillo de todos (¡el más necesario!), es que toda investigación tiene que contar con el respeto de los que la observan. La apelación al ridículo que algunos airean contra los que son creyentes, es una de esas situaciones que nos demuestran las dudas que tienen: los investigadores que buscan conclusiones certeras jamás se burlan de los que no les siguen. Cada vez que escucho o leo que alguien se burla de otro *porque cree en Dios,* me hace recordar a un profesor que enseñaba sobre principios de oratoria y comunicación, y animaba a *hablar más fuerte y con más convicción cuando estás exponiendo un argumento débil,* para que nadie se diera cuenta de la falsedad de los principios que estabas defendiendo. Puede parecernos una broma, pero muchos creen que un argumento es válido cuando se defiende simplemente con *fuegos artificiales* mientras, de manera perfectamente calculada, uno se burla de los argumentos de los demás. Creen que hacer quedar en ridículo a tu enemigo es el arma más poderosa, ¡aunque no tengas ninguna otra! Algunos ateos lo saben y por eso, solo quieren ridiculizar a los creyentes: para ellos, el debate no se gana con la razón, ni siquiera con el corazón, sino en el campo de las emociones.

El problema es que cuando nuestra defensa se basa en ridiculizar al oponente, demostramos la debilidad de nuestras ideas. Cuando algunos dicen que creer en Dios es prueba de nuestra ignorancia, lo que están demostrando es la suya propia, porque si fuera así deberíamos eliminar del mundo de la ciencia a personas profundamente creyentes como Francis Bacon, Michael Faraday, Isaac Newton, Kepler, Linneo, Euler, Pasteur, etc., además de muchos de los premios Nobel (en las categorías que tienen que ver con la investigación y la ciencia) de los siglos XX y XXI.

Pruebas más allá de toda duda razonable

Como la existencia de Dios es el *tema* por excelencia, necesitamos acercarnos a todas las argumentaciones posibles y en todos los campos, porque eso nos va a ayudar a comprender de qué estamos hablando y hasta dónde queremos llegar. Por ejemplo, cada vez que se imparte justicia en una situación determinada, se dice que tenemos que obtener pruebas *más allá de toda duda razonable*; si no es así, no se puede condenar a nadie. En un juicio por asesinato no puedes volver atrás en el tiempo para probar lo que ha ocurrido, sino seguir un procedimiento racional hasta llegar a una verdad más allá de toda duda. Esa podría llegar a ser la base de la creencia en Dios para aquellos que no quieren llegar a la fe. Ese es el desafío; si usamos el método *más allá de toda duda razonable* para cuestiones de vida o muerte, deberíamos hacerlo para la cuestión más importante de la humanidad, la existencia de un Creador; porque hasta allí nos puede llevar la razón. Quizás no de una manera absoluta, porque si Dios existe más allá de lo material será imposible para la ciencia probarlo (el método científico solo puede alcanzar lo natural); pero ese ir más allá de toda duda razonable, nos obliga a seguir avanzando para descubrir la verdad.

En ese sentido, podemos usar el argumento de Cince Vitale (en su libro: *¿Por qué existe el sufrimiento?*), sobre un testigo en un juicio cuyo testimonio no puede ser definitivo porque no vio de una manera clara al asesino, pero su descripción sobre lo que observó nos ayuda a seguir en la búsqueda de la verdad. Si durante la investigación encontramos a otras personas que nos dan más detalles del sospechoso, de tal manera que entre todos obtenemos un resultado, podemos identificar claramente a quien cometió el crimen. Eso es lo que ocurre con los argumentos sobre la existencia de Dios: quizás uno de ellos por sí mismo no certifica que esté ahí, pero cuando seguimos investigando y añadimos varias docenas de argumentos diferentes en situaciones diferentes, tenemos que reconocer que estamos llegando más allá de lo que imaginábamos.

Todos necesitamos investigar e ir al fondo del asunto; en ese sentido no está de más recordar que fueron personas creyentes, en su gran mayoría, los que comenzaron a razonar los principios básicos sobre los que rige la naturaleza, porque esos principios surgían del propio carácter del Creador. Y eso, a pesar de una minoría religiosa que pretendió defender al cristianismo con una falsa concepción del mundo, y una conducta contraria al carácter de Dios intentando llevar a la oscuridad de su tozudez malsana, no solo a la ciencia, sino también a toda la sociedad. Ese integrismo sigue teniendo demasiados defensores en todos los campos, porque es la postura con la que hacemos girar el mundo alrededor de nuestras ideas y nuestras acciones; pero, *gracias a Dios* (valga la expresión), ya se ha demostrado que no somos los dueños del universo[3].

Cuando Dios estorba

La pregunta por lo tanto sería: ¿Ha llegado alguien a demostrar que Dios no existe? Los que defienden que sí, son los tienen que argumentar que Él no está ahí, de otra manera esa afirmación solo sería una locura voluntaria; así como aquellos que sostienen que no se puede saber si Dios existe o no. Muchas personas creen que, olvidando a Dios, pueden vivir de una manera más libre, más plena, más total; pero lo único que consiguen es encerrar su corazón bajo los límites de la ignorancia para no tener que *dar cuentas* delante de nadie. El problema no es si Dios existe o no, sino lo que eso implica. Esa es la razón por la que muchos le rechazan.

Imagínate por un momento que para creer en la ley de la gravedad tuviéramos que llevar una vida éticamente correcta, y fuera obligatorio vivir bien con nuestra familia, no odiar a nadie, y luchar para que todo sea más justo. Piensa por un momento que defender que la ley de la gravedad *existe* implicase que no se puede mentir: te aseguro que millones de personas estarían diciendo que *eso de la gravedad* es un invento para controlar a los demás, y que nadie ha podido demostrarlo. Habría clubs y asociaciones en contra de la ley de la gravedad, se escribirían libros afirmando que no existe, y muchos gastarían sumas millonarias en intentar demostrar y anunciar su *muerte*.

En muchas ocasiones, el problema no es tanto que no creamos en la existencia de Dios, sino que no queremos que Él tenga algo que decir en nuestra vida. Usamos todo tipo de razonamientos para descartarlo. Recibimos vida y aliento, pero preferimos creer en cualquier efecto absolutamente casual que nos la ha dado. Tenemos dentro de nosotros una existencia espiritual inquebrantable, pero razonamos que apareció un día, sin que nadie sepa muy bien cómo. El ser humano moderno quiso matar a Dios: no solo no quiere creer en Él, sino que pretende que nadie lo haga. Esa lucha no se da contra los locos que defienden cualquier tipo de creencias, sino solamente contra aquellos que creen en Dios. Olvidan que cuando quieres matar a alguien es porque sabes que está ahí: no matas a un ser imaginario,

---

3 Como veremos más adelante, cuando se argumenta que hay personas que, no solo se han opuesto a la razón, sino que también han llegado a matar en nombre de su *dios* o su *religión*, respondemos que para eso tenemos leyes: para que los que hacen lo malo (sea en el campo que sea), paguen las consecuencias. Exactamente igual que para aquellos que matan por amor a sus ideas políticas, o incluso, ¡defendiendo a su equipo deportivo! como ya se ha dado el caso. Pero todavía no conozco a nadie que proclame que hay que abolir la política o el deporte porque hay locos que matan en su nombre.

ni a una locura, incluso tampoco una creencia; si realmente creyeran que no existe, simplemente no harían caso y dejarían que cada uno dijera lo que quisiera; de la misma manera que algunos pueden creer en una hada imaginaria o en cualquier otra cosa. Quizás William Dembski haya dado en el clavo cuando dice a propósito de esa *lucha* contra Dios: "Esto es un avance, a los muertos se los ignora y se los olvida; la burla y el desprecio es para los vivos"[4].

La mente de Dios

Sé que podemos hacer este viaje juntos. Para mí es imposible conocer la situación de cada uno de los que estáis leyendo estas líneas, pero termino esta introducción de la misma manera que comencé, citando una de las frases que a menudo repetía Einstein: *lo que de verdad anhelo es conocer la mente de Dios, todo lo demás son pequeñeces.* El conocido físico vio mucha más majestad de Dios en la naturaleza de lo que todos imaginaban. Era incapaz de creer que nadie pudiera encerrarlo en sus ideas religiosas, por eso pensó que muchas de las personas que hablaban de Dios no le conocían en absoluto. En un solo minuto de observación del universo, ¡Einstein había comprobado más de la grandiosidad de Dios que muchos líderes religiosos en toda su vida!

Esa es la razón por la que necesitamos seguir investigando. Quizás no podamos llegar a comprender cual es la esencia de Dios, pero si podemos hablar y llegar a conclusiones sobre su existencia; decir eso no es desmejorar nuestra investigación, porque de hecho, no podemos comprender la esencia de nada, ¡ni siquiera de un solo átomo! La ciencia trata de la existencia de las cosas y las leyes que las gobiernan, aunque siga intentando infructuosamente llegar a la esencia de todo. ¡Mucho más difícil es comprender la esencia de seres espirituales como nosotros! No podemos llegar a la esencia de una persona, porque no estamos preparados para ello. Solo el *Diseñador* de esa persona tendría la capacidad de hacerlo.

El ser humano no puede quedarse insensible o *paralizado* ante los nuevos desafíos; siempre quiere investigar y llegar a la razón de todo. Necesita alguna razón aunque no le satisfaga completamente, tiene que creer y confiar en algo, tiene que encontrar la verdad. Si nos sumergimos en

4 Dembski, William A. *El fin del cristianismo* Nashville, B & H 2009; página 2. Aunque parezca mentira, esa es la razón por la que muchos no quieren seguir investigando: no se trata de si se puede saber lo que hay más allá o no (como defienden muchos agnósticos), sino de que nadie quiere arriesgarse a quedar como un *tonto* al afirmar que Dios no solo existe, sino que no está callado. Se necesita una personalidad muy fuerte para que le definan a uno como a alguien *desfasado* y *anticientífico*, y no nos preocupe en absoluto.

esa investigación sin aceptar la posibilidad de que Dios pueda estar ahí, cualquier idea tendrá valor y cualquier explicación nos servirá. Cualquier persona puede ser escuchada o vender millones de libros con tal de quitar a Dios de en medio, aunque no haya dado un solo paso en la investigación. Muchos lo aceptan simplemente porque esa idea les seduce, ¡no les importa ser engañados si fuera el caso! Pero la realidad es que esa necesidad que tenemos de conocimiento no puede ser ocultada. Tarde o temprano vamos a dudar de nuestros principios y buscar una verdad que permanezca.

¿A dónde queremos llegar?

Si queremos ser justos, la carga de la prueba de la existencia de Dios debe caer en los que se oponen a ella, no en los que creemos en Él. Lo que vemos y observamos en la naturaleza y en nuestra vida diaria nos lleva a la conclusión de que todo lo que ha sido creado o formado, lo es porque tiene un agente que lo ha hecho, alguien lo ha diseñado y construido, así que, ¡la ciencia es la que debe demostrar lo contrario: que todo ha surgido por azar!

No estamos defendiendo que Dios exista por nuestras creencias, sino por los hechos que tenemos delante. Si Dios existe no es una cuestión personal de aquellos que lo creen; es algo que involucra a todo y a todos ¡lo único que puede transformar el mundo!

Más contenido audiovisual:

23

CAPÍTULO 1
La supuesta y eterna lucha entre la razón y la fe

Hace varios años conocimos, por los medios de comunicación, un suceso en el norte de Galicia que nos dejó desolados. En una noche cerrada dos coches chocaron en una autopista debido a la helada que había en la calzada. Afortunadamente quienes conducían los vehículos quedaron ilesos, así que salieron para ver los desperfectos de cada uno de los automóviles, pero justo en ese momento vieron venir hacia ellos un camión de gran tonelaje cuyo conductor había perdido el control del vehículo. Parece ser que los dos conductores rápidamente tomaron la decisión de saltar detrás del guardarraíl de la autopista para escapar del impacto del camión. El grave problema es que no se habían dado cuenta de que habían estacionado sus automóviles en medio de un puente, de tal manera que cayeron por más de treinta metros, falleciendo los dos.

Tomamos muchas decisiones en la vida, casi siempre pensando en lo que hacemos, pero eso no significa que nuestros razonamientos sean correctos. Necesitamos cerciorarnos de lo que creemos, para saber si es cierto o no, e investigar hasta dónde nos sea posible, porque en muchas ocasiones nuestra vida puede depender de ello. Tenemos que usar la razón para argumentar, ver la situación, comprobar las circunstancias y los movimientos de los diferentes agentes, y plantear todas las dudas que tengamos para llegar a un objetivo. Incluso nuestras dudas son parte primordial de cualquier investigación: si los dos hombres hubieran tenido alguna duda en cuanto a su situación, habrían visto que el salto no era la mejor decisión: a veces, el hecho de que estemos *seguros* de algo no significa que sea cierto, o que sea la mejor decisión que podamos tomar.

Por eso hablamos sobre la razón, pero no podemos dejar de hablar también en cuanto a la fe: en la mayoría de las ocasiones descansamos nuestra fe y nuestra confianza en las decisiones que hemos tomado, porque creemos que están más allá de toda duda razonable. Esa fe no solo no es ajena a la ciencia, sino que está en su misma base porque cualquier método la necesita, como veremos más adelante.

La razón nos ayuda de una manera incondicional y jamás debemos despreciarla. Buscamos las causas de las leyes y los mecanismos que hacen posible la vida y confiamos en que hay un diseño perfecto, aunque algunos admitan no saber cuál es o quién lo puso ahí, pero ¿y si todo lo que creemos estuviera realmente establecido por el azar como muchos creen? Si fuera así, ¿ese azar podría cambiar un día, de la misma manera que apareció, para llegar a transformarlo todo? ¿Y si las leyes comenzaran a regirse de una manera diferente a partir de un momento determinado? La mente humana busca la verdad de cada situación, ¡no se siente cómoda creyendo en el azar! Para la razón, el azar no solo es incomprensible sino que tampoco nos permite confiar en él; jamás dejamos nada al azar en ninguna situación de la vida, por muy banal que sea. Necesitamos razonarlo todo y ¡si podemos! controlarlo todo también.

1. Distinción entre razones, creencias y fe

Normalmente nuestras decisiones se basan en las razones que conocemos: tenemos la capacidad de decidir de acuerdo a nuestras convicciones y creencias, porque se fundamentan en las razones que hemos constituido como válidas, por eso confiamos en ellas. Esas creencias dirigen nuestra vida en todos los aspectos, de eso se trata la fe; todas las personas en el universo tienen fe, sean creyentes o no.

Ese proceso es muy simple:

1. Razones
2. Creencias
3. Fe

Buscamos la verdad, siempre. Tal y como veremos más adelante, y eso lo hacen incluso las personas que piensan que la verdad absoluta no existe. La razón nos lleva a reconocer consciente o inconscientemente, verdades que son absolutas para nosotros en todos los aspectos de la vida, ¡sobre todo en los más importantes! Una vez que establecemos lo que creemos que es la verdad (sea objetiva o no), colocamos nuestras razones en la base de todo lo que hacemos y las decisiones que tomamos. Nuestra vida se fortalece de una manera definitiva cuando nuestras creencias están basadas en la verdad que *hemos descubierto*. Todos somos *creyentes*, todos creemos en algo y confiamos en determinadas razones para hacer lo que hacemos y vivir como vivimos.

Por eso el siguiente paso que damos es convertir esas razones en creencias. En la gran mayoría de las situaciones de la vida, las creencias están basadas en certificaciones obtenidas a través de algún método racional, y por eso presuponemos que todo va a ir bien; ese es el proceso que seguimos para vencer nuestras dudas. Cuando subimos a un avión, por ejemplo, sabemos que miles de aparatos están volando en este momento y todos están perfectamente preparados para llegar a su destino. Solo hay una posibilidad estadística absolutamente mínima de que algo funcione mal, así que creemos (¡confiamos!) en que llegaremos bien. Nuestras creencias están basadas en la racionalidad de una situación: ¡Tenemos buenas razones para subirnos a un avión! De la misma manera podríamos poner cientos de ejemplos parecidos en la vida diaria; creo que todos comprendemos a qué me estoy refiriendo.

De esa manera, damos pasos significativos a partir de las razones que defendemos: el primero y más importante ha sido creer en esas razones (a eso llamamos creencias), y el segundo, ejercer nuestra fe en lo que creemos y hemos razonado y comprobado. Puede que subirse a un avión no suene a nada *religioso,* pero estamos ejerciendo nuestra fe y nuestra confianza en que el piloto será capaz de llevarnos a nuestro destino, y todo funcionará de una manera correcta. Para que nos entendamos, durante las horas que dura el vuelo, nuestra vida no está en nuestras manos (salvo que seamos el piloto, claro). Aun así, no siempre tenemos la posibilidad de *pilotarlo todo* en nuestra existencia, por más dinero o poder que tengamos. Tarde o temprano tendremos que depender de algo o de alguien.

¿A dónde queremos llegar? Además de establecer esos tres principios imprescindibles para comprender cómo vivimos, tenemos que reconocer que nuestras creencias tienen que ver con lo que pensamos que es cierto, pero no solemos establecer una verdad objetiva en todas las ocasiones, porque no siempre lo que creemos está *certificado.* Nos sorprende que algunas personas incluso pueden llegar a tener creencias que van en contra de la realidad y lo saben: pueden creer en los extraterrestres simplemente porque sí, aunque no puedan demostrarlo, o pensar que después de la muerte no hay nada, o simplemente que no deben pasar por debajo de una escalera porque trae mala suerte. Podemos hacer muchas afirmaciones sobre cualquier campo de la realidad y ver como hay personas que las *creen* sin que sean racionalmente comprobables, y no les importa en absoluto.

Cuando no sabemos distinguir los dos campos, es decir, las creencias y las razones en las que se fundamentan, nos encontramos con muchos problemas, porque pensamos que las creencias son tan válidas como las razones que las sustentan. Llegamos a pensar que porque creemos algo, es cierto, pero no es así:

1. A veces no tenemos toda la información.
2. En otras ocasiones la información es equívoca o inexacta.
3. No queremos recibir la información por la razón que sea.
4. No queremos aceptar la información que tenemos.

5. O simplemente nos equivocamos en las conclusiones que tomamos con los datos que tenemos.

Podemos llegar a deducciones equivocadas si caemos en uno o más de esos cinco apartados. No debemos pensar que esto solo le ocurre a los demás, ¡mucho menos creer que las personas que usan el método científico en sus investigaciones (sea cual sea la ciencia en la que están investigando) no tienen problemas con esas premisas! En ciertos campos hay personas que no solo no quieren conocer nueva información sobre lo que están estudiando, ¡a algunos ni siquiera les importa! Esa, precisamente, es la fuente de los llamados *prejuicios*. Nos sorprendería comprobar cuántas personas viven llenas de prejuicios, sea cual sea el ámbito científico, académico o social en el que se muevan, y/o los títulos que tengan.

Primera sorpresa: no hay demasiadas diferencias entre el método científico y el hecho de creer en Dios

La gran sorpresa es que, en ese sentido, no hay demasiada diferencia entre el método científico y el hecho de creer en Dios. Es cierto que muchas religiones no quieren tener nada que ver con la razón (de eso hablaremos en otro capítulo), pero también tenemos que reconocer que los prejuicios están al orden del día en el mundo de la ciencia. En los dos campos hay quienes no quieren razonar sobre ciertos temas, porque sus creencias son más importantes que sus razonamientos: su manera de ver la vida (el esquema total de su existencia, de eso también hablaremos más adelante), domina sobre el método racional.

Déjame ponerte solo dos ejemplos muy simples: Gran parte de las investigaciones en medicina natural y productos naturales está *frenada* por algunas grandes empresas farmacéuticas que perderían millones de euros con los procedimientos curativos de otros medios. En ese caso, la motivación económica está muy por encima de las razones objetivas. Un segundo ejemplo tiene que ver con la locomoción: Las grandes empresas petroleras no desean que las investigaciones sobre electricidad y otro tipo de carburantes para automóviles sigan adelante, porque perderían sus innumerables ganancias. Otra vez las motivaciones económicas *ciegan* cualquier tipo de razonamiento. En los dos casos, no es que se desconozca que hay otras opciones mejores, ¡es que no quieren ni saberlo! No les juzgues demasiado rápido a ninguno de los dos, porque, ¡lo mismo hacemos nosotros cuando vemos que cualquier tipo de bien común trae como consecuencia que ganemos menos dinero con nuestro trabajo! El dinero tiene la cualidad de ocultar cualquier tipo de razonamiento, y si no somos capaces de reconocerlo, es porque quizás ya nos ha vencido por completo.

¿Sabes cuál es el paso que muy pocos se atreven a dar? Decidir que las creencias no pueden gobernar la vida salvo que estén basadas en la verdad. En ese sentido, la razón y el conocimiento tienen que ser la piedra angular sobre la que se establezca aquello que creemos, no porque la razón sea superior a todo, sino porque no puede ser silenciada ni ocultada. Como veremos más adelante, la verdad no puede esconderse, sino que debe ser la base de nuestra existencia: si algo no es verdad, ¡seguirá sin serlo por mucho que nos empeñemos en creerlo y/o defenderlo!

Por si todo eso no nos creara suficientes *problemas* en nuestra existencia (¡ya estás comenzando a comprender a aquellos que no quieren pensar!), tenemos que recordar que las creencias son voluntarias: nos acostumbramos a creer y a dar por supuestas muchas cosas, afirmaciones, razonamientos, etc., pero también, con el tiempo, aprendemos a no vivir de acuerdo a esas creencias, algo que demuestra que no le damos a la razón tanta importancia como pensamos. ¡Les pasa eso a casi todos: cristianos, religiosos, ateos, agnósticos o lo que sea! Argumentamos sobre nuestras creencias y nuestra razón, pero en muchas ocasiones no vivimos de acuerdo a los principios que defendemos. A veces, las razones y las creencias pueden ir por un lado, mientras nuestra fe y nuestro estilo de vida va por otro diferente.

El salto de fe

¿Por qué hablamos de fe entonces? ¡Porque necesitamos dar ese *tercer paso*! Si no fuera así, ninguno de nosotros podría vivir: ejercemos nuestra fe en cientos de situaciones diferentes, tanto consciente como inconscientemente. Volviendo al ejemplo del avión, cada vez que nos subimos a uno, damos un salto de fe: colocamos nuestra vida por entero (¡nunca mejor dicho!) en una situación en la que no podemos hacer absolutamente nada, salvo confiar. En ese momento, recorremos los tres *pisos* del edificio de nuestra estructura vivencial: primero, conocemos las razones por las que un avión vuela; segundo, creemos que puede hacerlo; pero, tercero, solo demostramos nuestra fe cuando nos subimos en él; en ese momento comprobamos que la razón y las creencias funcionan. De hecho, yo conozco algunas personas que saben las razones por las que los aviones vuelan, e incluso pueden llegar a creerlo, pero jamás se han subido a alguno por miedo. Es curioso, porque contrariamente a lo que algunos piensan, la incredulidad no es el sentimiento contrario a la fe, sino el miedo. ¡Pero ese es otro tema!

Cualquier persona que observe nuestra vida se dará cuenta de que estamos ejerciendo nuestra fe en cientos de personas y circunstancias diferentes desde el primero hasta el último día de nuestra existencia. Lo curioso del caso es que podemos diferenciar las creencias y los razonamientos, e incluso podemos razonar y llegar a conclusiones, sin que nuestra vida se vea involucrada. Por ejemplo, cuando decidimos sobre los muebles que debemos comprar para nuestra casa, o (¡yendo más allá!) sobre el trabajo que vamos a escoger, nuestra vida no está *en juego*, porque podemos volvernos atrás en ciertas decisiones o simplemente cambiar de opinión sin que nada suceda. En ese sentido nuestras creencias no influyen demasiado en nuestra vida, pero cuando hablamos de fe la cosa cambia, porque en muchas situaciones debemos involucrarnos por completo: nos jugamos la vida, tenemos que subirnos en el *avión*, ocurra lo que ocurra. Un médico puede tener ciertas creencias en métodos y medicinas que ha experimentado con otras personas, pero si él mismo tiene cáncer, confiará en el tratamiento en el que realmente cree, en las medicinas en las que tiene *fe*, sean cuales sean las razones por las que esa fe ha crecido en él. En ese sentido, sus *creencias* pueden ser expresadas en las investigaciones que hace, o los tratamientos que va descubriendo, pero su *fe* le lleva a confiar en aquello que cree que puede darle la vida. En ese momento ya no existen los *puede ser* ni los *quizás*, él usará aquello en lo que tenga la confianza más absoluta. Y eso lo hacemos todos.

La fe es imprescindible en todo razonamiento

Esa es la segunda sorpresa: todos tenemos que dar, en algún momento de nuestra vida, ese *salto de fe*, aunque las razones fundamentales sean válidas y nuestras creencias firmes. ¡La fe es imprescindible en el método científico también! En primer lugar, porque cada vez que queremos dar un paso adelante en una investigación, tenemos que creer que, hasta donde hemos llegado, los principios son válidos; es decir, que toda la argumentación anterior puede soportar el peso de la conclusión que hemos tomado, que los presupuestos básicos que hemos formulado son correctos, y no nos hemos equivocado en el camino u otros lo han hecho. A día de hoy, son muy pocos los investigadores que pueden seguir un proceso completo desde el principio hasta el final, sea en el campo que sea. Todos tenemos que confiar en el trabajo de otros porque no podemos verificarlo absolutamente todo. ¡Y aun más cuando se trata de disciplinas que no dominamos! Tenemos que confiar que las conclusiones a las que han llegado otros investigadores son honestas, porque no tienes posibilidades de comprobar todo lo que otras personas afirman en categorías diferentes y ciencias diferentes; la confianza en otros es imprescindible. La conclusión es obvia: todos necesitamos fe y vivimos por fe; la única diferencia es en qué o quién la fundamentamos. El objeto de nuestra fe es lo que sostiene nuestra vida.

Ninguna persona puede tener atados todos los términos en los que se está moviendo: un médico tiene que descansar no solo en principios a los que otros médicos han llegado (él no puede conocer ni controlar todas las investigaciones, ¡ni siquiera en su propio campo!), sino también en lo que los biólogos, farmacéuticos, físicos, etc., le dicen. Todos tenemos fe en una serie de parámetros que no podemos comprobar, y debemos hacerlo hasta que no se demuestre lo contrario. Hace varios siglos, por ejemplo, los médicos hacían sangrías para sanar ciertas enfermedades y se desangraba a las personas para curarlas. Como es obvio, muchos pacientes murieron como resultado de ese método, porque se llegó a desangrarlos hasta la muerte. Hoy se sabe que ese método no funciona, pero durante siglos los médicos tenían fe en que las sangrías sanaban. Durante muchos años, muchas personas pagaron la *fe ciega* de los médicos, con su propia vida.

Lo mismo ocurre con las matemáticas, la física o cualquier otra ciencia, siempre existe la posibilidad de que la realidad desmonte alguna de nuestras leyes, porque es imposible *controlar* absolutamente todas las posibilidades que existen. Necesitamos fe, fe en que la ley no va a cambiar. El hecho de que repitamos un experimento, o midamos cualquier cualidad en un número determinado de ocasiones, no quiere decir que sea una ley inalterable: lo es para ese fenómeno y en esas circunstancias, pero no podemos afirmar nada más. Para que podamos comprenderlo, basta recordar que durante doscientos años, las leyes de Newton fueron tomadas como las verdades absolutas en la física, hasta que en el 1915 Einstein promulgó la teoría de la relatividad, con la que las leyes anteriores quedaron superadas. Hoy mismo, la física cuántica parece hacer *tambalear* alguno de los enunciados de Einstein. La ciencia busca siempre principios absolutos, pero sabe que solo pueden serlo de una manera temporal: no reconocer eso, es simplemente no querer avanzar en el modelo científico, porque ese modelo se sostiene precisamente por esa *duda* de todo lo existente hasta ese momento. Esa duda es absolutamente racional, científica y válida porque es la que nos permite seguir adelante.

En segundo lugar, la investigación científica es una cuestión de fe porque, aunque confiamos en que el universo y sus leyes son estables, nadie puede asegurar que siempre será así. Observamos que las causas que han determinado ciertas circunstancias han sido siempre las mismas, y *creemos* que en el futuro también será así. Esta última frase lo define todo, no necesitamos decir más.

Pero ¿podemos demostrarlo? No, porque el futuro no está en nuestras manos. Tenemos que creerlo, simplemente. Si, ya sé que no podemos dudar de todo, pero de una manera u otra hay que tener fe: como nuestro conocimiento es limitado, siempre estamos conquistando algo nuevo. Situaciones que hasta ayer no conocíamos, hoy podemos saber las razones. No todo lo que es ilógico hoy implica que lo será en el futuro, porque precisamente la base del conocimiento científico es el descubrimiento, así que, si queremos seguir adelante en la investigación, no podemos renunciar a lo inesperado; ni mucho menos a seguir investigando.

¿A dónde queremos llegar? Sencillamente al hecho de que cuantas menos pruebas tienes para creer en algo, más fe necesitas. A lo largo de los próximos capítulos veremos que, para defender la *no existencia de Dios* necesitamos aportar pruebas porque de otra manera, estaremos ejerciendo mucha más *fe* para desecharle, que para creer en lo que la Biblia dice. Esa es una de las razones por las que no se pueden defender argumentos del tipo: *esto es más lógico que aquello otro.* Si no tienes pruebas, o no has llegado a ese argumento por medio de la razón, lo que parece lógico puede desmoronarse en cuestión de segundos. Recuerda que las mismas acusaciones que se han vertido a lo largo de los últimos años contra el cristianismo, son válidas para todo tipo de *ismos;* debemos tener mucho cuidado para no caer en las trampas que nosotros mismos hemos construido.

Es cierto que algunas personas dicen que los creyentes necesitan tener una fe ciega para poder creer en Dios, pero el problema es que ni ellos mismos saben a qué se refieren al hablar de *fe ciega.* Para poder comprender ese concepto necesitamos un ejemplo: Imagina que un niño está perdido en una ciudad en la que la niebla no le permite saber dónde está. No sabe a dónde ir ni qué hacer, pero de repente, una persona se le acerca y le habla; apenas puede verle y, además, no conoce su voz. No sabe a dónde le llevará: necesita ejercer una fe ciega. Puede decidir confiar en esa persona, pero no tiene ni idea de lo que va a pasar. Pero en ese momento, alguien se acerca y le habla, y entonces reconoce su voz, ¡es su padre! No tiene ninguna duda, le da la mano y se va con él. Aunque no *ve* por dónde va, confía en él; ya no es una fe *ciega*, porque sabe que su padre es capaz de dar su vida por él si hace falta. Cuando confiamos en Dios, nadie puede acusarnos de ejercer una fe ciega, porque hemos comprobado en muchas ocasiones cómo nos cuida y nos guía.

2. Un problema grave: el no querer seguir investigando

Todos tenemos creencias, sean del tipo que sean, así que lo que tenemos que hacer es investigar las razones de esas creencias. Nadie tiene derecho a burlarse de un creyente que (aparentemente) defienda algo ilógico, si esa persona no quiere seguir investigando en ese o en otros campos que se proponen, porque la racionalidad de las creencias depende de los pasos que se dan para alcanzar la verdad, no de lo que la mayoría diga, de las *modas* del momento, o de lo que alguien afirme, por muy inteligente que parezca ser.

Tal como anticipamos en la introducción, y aunque nos duela decirlo, el agnóstico, por definición, renuncia. Renuncia a todo lo que no puede encontrar en la investigación racional o el método lógico. *No podemos saber si Dios existe o no, y si existe no nos importa en absoluto,* es una opinión personal hasta cierto punto plausible, pero no se puede elevar (¡ni siquiera!) al nivel de *opinión racional*. Quien quiere investigar no cierra ninguna puerta, porque sabe que puede llegar a su destino por muchos caminos. Por ejemplo, nadie sabe si algún día llegaremos a vencer todas las enfermedades y encontrar el secreto de la inmortalidad, pero no importa; seguimos adelante. No existe el *agnosticismo* científico, nadie quiere renunciar a nada. Todos queremos conocer las razones de lo que sucede dentro y fuera de nosotros, ¡en eso se basa la ciencia!

La cuestión es que quienes dicen que no se puede saber si Dios existe o no, y renuncian a seguir investigando, pretenden vivir en un nivel científico superior a los que creen. Una persona agnóstica puede decir: *no sé si hay algo,* y un ateo militante afirmará: *no hay nada;* pero lo curioso es que los dos suelen añadir: *en cualquier caso no importa, no necesitamos a Dios, intentar buscarlo es una pérdida de tiempo.* Debido a esa manera de pensar, muchos pueden llegar a encontrarse en un callejón sin salida, porque el agnóstico por definición dice que no puede conocerse nada del más allá; defiende que, con lo que vamos descubriendo del universo nos basta; con saber el funcionamiento de los procesos naturales estamos más que satisfechos, no necesitamos ni ¡queremos! arriesgarnos en ningún tipo de investigación que tenga que ver con lo espiritual. El problema es que, defender esa posición, nos lleva a muchas situaciones existenciales que no podemos resolver.

En primer lugar, ¿por qué abandonar si quizás nuestra vida depende de ello? Si Dios no existe, nuestra apuesta de no querer seguir adelante nos habrá salido bien, pero ¿y si existe? En todo tipo de procesos legales defendemos que el desconocimiento de la ley no exime de su cumplimiento: el hecho de que yo no conozca que existe la ley de la gravedad, no me salvará si me caigo por la ventana, por poner un ejemplo ridículo y claro. Además, nuestro desconocimiento de la existencia o del funcionamiento de algo, no influye en absoluto para que ese *algo* siga siendo activo y, por lo tanto, real. Alguien que no haya visto un automóvil en su vida deberá apartarse cuando lo vea venir, porque su *no creencia* o desconocimiento del vehículo no le eximirá de verse malherido si es atropellado. ¿No nos damos cuenta de que nos puede pasar lo mismo en la decisión más importante de nuestra vida? ¡En todo aquello que se relaciona con la existencia de un ser supremo!

En segundo lugar, ¿cuál es la razón para abandonar la búsqueda de lo trascendente? Si gastamos tiempo, dinero y fuerzas para examinar los procesos naturales, ¿no sería lógico al menos intentar llegar a algún lugar en la investigación espiritual? Lo espiritual no solo existe (como vamos a ver más adelante), sino que, en cierta manera, es lo que domina nuestra vida. ¿Cómo podemos ser capaces de cerrar los ojos a lo que más nos interesa?

En tercer lugar, si nosotros personalmente no queremos seguir investigando y dejamos que los demás lo hagan (siempre habrá alguien que no se conforme y quiera ir más allá, ¡con toda la razón del mundo!), ¿cómo dejar que los demás decidan en lo que tiene trascendencia eterna, si no permitimos que nadie lo haga en nuestra vida material? No conozco a nadie que admita que otros decidan en cuanto a su dinero, su trabajo, sus intereses o su familia, ¿por qué entonces no nos preocupa que lo hagan en lo trascendental? Nadie defiende esos principios en ninguna otra situación de la vida; quien afirma que fuera de lo material nada puede saberse a ciencia cierta, no se sube en un avión si no hay una certeza casi absoluta de que va a llegar a su destino (aunque, ¿no dicen muchos que las certezas absolutas no existen? Bueno, de eso también hablaremos más adelante), por seguir con el ejemplo que mencionamos más arriba. Las situaciones de las que podríamos hablar en ese sentido son prácticamente innumerables.

La ciencia vive de seguir investigando siempre, ¡esa es su razón de ser! De hecho, la persona más equivocada no es la que quiere saber más, ¡sino la que cree saberlo todo! La que jamás duda, ¡aunque esté completamente equivocada! En todos nuestros razonamientos debemos verificar lo que creemos; de hecho, a veces, llegar a nuestro destino implica desandar el camino andado, si de verdad íbamos en dirección contraria al lugar al que queremos llegar: puedes haber demostrado en cientos de ocasiones que algo va a reaccionar de una determinada manera, pero si de repente sucede lo contrario una y otra vez, debes comenzar todo de nuevo, porque lo más probable es que haya existido un fallo en algún momento de la investigación. La conclusión a la que pretendías llegar debe ser reformulada porque lo que defendías ya no tiene validez.

Las diferencias en la investigación

Lo que llamamos *demostración* cuando estamos investigando, solo puede ser aplicada en las leyes matemáticas y, hasta cierto punto, en ciertas leyes lógicas. Ni siquiera la física puede adentrarse en esos campos, porque muchas de sus leyes son certificadas por observación, no por demostración. ¿A dónde quiero llegar? Simplemente no podemos esperar de la teología que demuestre la existencia de un ser espiritual si no queremos usar parámetros espirituales[1]. Es como pedirle a un físico que nos demuestre la

---

1 A pesar de todo, el ser humano natural, todavía tiene la capacidad de *entrever* a Dios por medio de la naturaleza, la razón, las experiencias personales y varias *vías* más:

existencia de los *cuantos*: hemos llegado hasta ellos en base a conclusiones, pero no a través de percepciones o demostraciones, ¡eso es muy diferente!

La investigación en cada una de las ciencias es distinta, no solo por su metodología sino también por las normas, medidas y objetos estudiados. Existen diferencias radicales en la investigación física, la matemática, la química, la biológica… Pero todavía más si hablamos de la antropología o la historia, por poner solo dos ejemplos. No podemos saber absolutamente nada de la historia de las naciones examinando un tubo de ensayo, y mucho menos comprender las diferencias culturales entre dos pueblos a través de fórmulas o teoremas. Necesitamos otro tipo de investigaciones, y eso es lo que a veces muchos olvidan. La verdadera ciencia tiene que colaborar con todos los campos, no puede desechar a nadie. De otra manera, corre el riesgo de destruirse a sí misma al abandonar un tipo de investigación que puede darle la clave para comprender lo que existe más allá de los fenómenos físicos.

Aun así, nuestra razón puede llegar a un punto en el que, aparentemente, no caben más explicaciones; o respondemos *no lo sé* como muchos hacen (y se quedan tan tranquilos), o tenemos que seguir adelante a través de cualquier tipo de método diferente. De nosotros depende detenernos en el umbral de lo aparentemente *desconocido* y negarlo todo, o traspasar la puerta que descubrimos abierta de par en par.

¿De verdad existe ese punto? ¡Claro que sí! Podemos llegar a conocer la naturaleza física de las cosas pero no su esencia, por eso necesitamos profundizar en otro tipo de investigación: la esencia de algo siempre está más allá de lo simplemente material. Cuando investigamos el interior de los átomos, hemos descubierto las partículas que hay en ellos y, ¡aun más allá de esas partículas! La mecánica cuántica nos enseña que el movimiento de esas partículas es completamente aleatorio y obedece a *no se sabe qué* fuerzas, e incluso ese movimiento puede alterarse cuando es observado sin que la materia cambie en absoluto. Muchos dicen que la física cuántica nos ha introducido en la espiritualidad, porque estamos delante de la esencia de lo que no podremos llegar a examinar materialmente. Fue tras este descubrimiento que el propio Einstein anunció: *cada día sabemos más y comprendemos menos*.

Comenzando por el principio, ¿cómo nacen las teorías?

Las teorías nacen de la observación de la realidad. Lo curioso es que la palabra *teoría* etimológicamente significa *visión divina*: se deriva de la

---

¡por todo lo que vivimos y contemplamos! Pero solo a nivel espiritual podemos conocerlo de una manera personal, como vamos a ver más adelante.

palabra griega "Theos" (Dios), porque los griegos decían que cualquier tipo de ciencia se derivaba de la contemplación del Creador y de la observación de la realidad que Él había creado. Actualmente, el proceso de investigación tiene que ver con la formulación de una hipótesis sobre los hechos que estamos observando. Esos hechos son los que nos ayudan a confeccionar la teoría, porque mientras los investigamos nos van *enseñando* las leyes que los rigen, las razones de sus movimientos, los efectos que causan, etc. El método científico sigue ese proceso: hipótesis, examen y/o experimentación de datos y evidencias, explicación de las evidencias, certificación o modificación de la hipótesis inicial, nueva experimentación si fuera necesaria, certificación definitiva, teoría, explicación de los hechos, y seguir con nuevas hipótesis, si fuera necesario. El problema es que gran parte de la ciencia se basa en la repetición de los hechos (las leyes naturales se repiten y los fenómenos naturales suelen reaccionar de la misma manera), pero algunos eventos (como el origen del universo, por poner solo un ejemplo), son irrepetibles.

Por otra parte, jamás debemos olvidar que los hechos son independientes de nuestras teorías. Muchos pueden (y de hecho lo hacen) teorizar sobre los hechos, pero por muy buena que sea una teoría siempre tiene sus limitaciones, por una razón tan simple, como que nadie conoce el futuro: simplemente podemos asegurar que, bajo las mismas condiciones, y hasta el momento actual, el resultado siempre ha sido el que hemos observado. Ese detalle nos descabalga de cualquier posición arrogante; en primer lugar porque nosotros no somos los que hemos creado el orden existente: ya estaba aquí cuando llegamos. En segundo lugar, porque aunque confiemos plenamente en la fidelidad del orden establecido y de las leyes naturales que lo fundamentan, no podemos controlar lo que sucederá en la naturaleza en los próximos meses o años. El problema actual del llamado calentamiento global nos enseña que estamos desestabilizando nuestro ecosistema de tal manera, que la naturaleza ya no reacciona como fue *programada*. Aunque no lo esperamos ni lo deseamos, nadie puede asegurar que las leyes naturales no podrían desordenarse en cualquier momento, por circunstancias que no conocemos o, simplemente, porque la inteligencia que las ha diseñado podría cambiarlas *sin nuestro permiso*.

Al formular una teoría, debemos recordar lo que dijimos anteriormente, que no podemos aplicar los modelos científicos a todos los campos. Un modelo teórico que funciona en la física, puede no ser correcto para las matemáticas ni útil en el estudio de las enfermedades o el comportamiento social, donde no podemos repetir un fenómeno, e incluso pudiendo hacerlo, no se repetirán las mismas condiciones. Todo método científico se origina en indicios o postulados que necesitan verificarse: indicios que serán creencias más tarde, cuando puedan ser apoyadas por razones objetivas. Eso es lo que debemos hacer en cuanto a la existencia de Dios, tenemos que confiar en las conclusiones a las que llegamos, tanto en los procesos naturales como en el campo espiritual. Por si fuera poco, y como veremos más adelante, las conclusiones sobre los procesos naturales dejan de ser materiales cuando las expresamos y las entendemos en términos que no son medibles dentro de nosotros: pensamientos, razonamientos, postulados, creencias, etc.

Esa es una de las razones por las que algunas teorías son simplemente descriptivas: nos dicen cómo es la realidad, pero no pueden ser explicativas porque no podemos llegar al fondo de lo que estamos estudiando. En la mayoría de las ciencias sociales es así: no sabemos las motivaciones que tuvo una persona para hacer algo, simplemente podemos describirlo y clasificarlo bajo determinados parámetros. Los sentimientos, el carácter, los deseos, etc., de los sujetos nos obligan a reconocer que detrás de una reacción, puede haber un mundo de posibilidades diferentes. Nuestra razón está y estará siempre limitada, mal que les pese a algunos.

3. Las impresionantes capacidades de la razón: la mente va más allá de nuestro cerebro

Aun con sus limitaciones, muy pocos hablan de la capacidad de la razón para ir mucho más allá de lo que podemos observar con nuestros sentidos. ¿Por qué podemos hacernos preguntas sobre la realidad? ¿Y sobre lo irreal e imaginario? ¿Cuál es el motivo por el que nuestra mente puede pensar sobre acciones, palabras y situaciones que nunca hemos vivido, e incluso que no existen? ¿Quién puso dentro de nosotros no solo la necesidad, sino también la capacidad de argumentar sobre las ideas? ¿Por qué formulamos y comprendemos razonamientos abstractos que se apartan completamente de lo material? Piensa en lo que está ocurriendo mientras lees este párrafo, ¿cómo puedes estar razonando conmigo y entender perfectamente estas preguntas si nunca nos hemos visto antes, ni nos conocemos? ¿Tiene que ver con el lenguaje? ¿Es solo porque las realidades materiales que llamamos palabras y que están escritas en este libro pueden desarrollar dentro de nosotros reacciones que van más allá de lo material? ¿Por qué, entonces, las palabras evocan razonamientos y sentimientos? ¿Por qué estás pensando qué me responderías si estuvieras hablando conmigo, si yo tampoco te he preguntando sobre eso? ¿Hay una conexión oculta entre tú y yo? Sigues leyendo porque entiendes lo que escribo (¡eso espero!) y haces un esfuerzo para comprender los pensamientos que estoy plasmando, pensamientos que están en algún lugar de mí mismo, pero que puedo hacer llegar a ti por medio de signos codificados que ambos podemos entender. ¿No es ese proceso completamente *espiritual*? ¡Desde luego, va mucho más allá del papel y la tinta que tienes en tus manos!

Lo realmente importante está sucediendo dentro de mí y dentro de ti mismo, ¿en nuestro cerebro? No estés tan convencido de que se trata solamente de eso, porque estas palabras están despertando en ti emociones, razonamientos, pensamientos y reacciones que van mucho más allá de todo lo que está escrito, e incluso de lo que piensas. Es más, diría que al leer alguno de los párrafos, has *sentido* y *vivido* emociones que no tenían nada que ver con lo que estaba escrito y que, por un proceso absolutamente extraordinario, te han llevado a pensar en situaciones a las que no habías decidido llegar de ningún modo. Eres tú mismo el que está viviendo este momento, y nadie puede hacerlo de la misma manera que tú. Por eso debemos distinguir nuestra mente, de nuestro cerebro. El cerebro está localizado en un lugar concreto, con unas funciones muy determinadas; la mente alcanza a todo nuestro ser, tanto física como espiritualmente. Los naturalistas dicen que el cerebro es simplemente un órgano físico, pero nuestros pensamientos, razonamientos, decisiones, etc., están localizados en *todo* nuestro cuerpo, no solo en un órgano determinado: la mente va más allá de lo físico. Por eso tenemos que reconocer que la razón tiene la capacidad para adentrarse, aunque sea de una manera muy rudimentaria, en el mundo de lo espiritual: aunque *bien pensado*, ¿no estamos razonando juntos en todo este párrafo de una manera espiritual?

La habilidad que tenemos para pensar y relacionarnos con nosotros mismos y con los demás expresando nuestros pensamientos, se desarrolla a través de nuestros sentidos, pero va mucho más allá de lo que podemos recibir de ellos. Todos los procesos que suceden *dentro* de nosotros son imposibles de medir, ¡incluso para nosotros mismos! Nuestra mente interactúa con nuestros sentimientos, actitudes, motivaciones, decisiones, etc., de una manera extraordinaria, pero se sabe que no son la misma cosa. Es nuestro *yo* por entero el que está sumergido en el razonamiento (física y espiritualmente) como vamos a ver más adelante. Por ahora necesitamos seguir donde lo dejamos: ¿Cuál es la razón por la que puedes estar de acuerdo o en desacuerdo conmigo? ¿Quién nos dio esa capacidad? ¿Apareció en cada uno de nosotros por azar? No podemos despreciar ese vínculo que va más allá de lo racional, de lo contrario no solamente estaríamos defendiendo principios ilógicos, sino que nos volveríamos inhumanos, porque solo los seres humanos pueden pensar, reflexionar, deducir, etc. No solo individualmente, sino también *interactuando* con sus semejantes.

4. La razón se ha convertido en un dios. ¿Puede llegar a dominar a quien la creó?

Los naturalistas defienden que la mente es un producto de la materia, por lo tanto, el pensamiento surgió de lo material. Defender que el proceso es ese, significa que estamos creyendo lo contrario a lo que el método científico nos demuestra en cada momento: que son la ideas y la mente las que pueden moldear la materia. ¡No es la materia la que da origen a las ideas! Defender que las leyes naturales son la base de todo, significa colocar el mundo absolutamente al revés, aunque no nos demos cuenta de lo que estamos haciendo, y terminemos por engañarnos a nosotros mismos, porque los argumentos de la razón no son materiales. Las leyes de la lógica, los pensamientos, la comprensión, las deducciones, el pensamiento abstracto, etc., son sobrenaturales, van más allá de nosotros mismos; de hecho, recuerda que nuestras ideas, razonamientos, e incluso nuestros sentimientos, permanecen en otras personas cuando nosotros nos hemos ido.

Es nuestra razón la que llega a dominar la naturaleza en muchos sentidos, como por ejemplo, llegar a *vencer* algunas de sus leyes, curar la mayoría de las enfermedades, conocer y predecir las inclemencias del tiempo, cambiar el código genético de plantas y frutas, etc. Si realmente lo natural fuera lo único que existiera, de ninguna manera nuestra razón podría dominar a quien la *creó*. Ningún ser vivo puede hacer eso, nuestra razón tiene que provenir de otro nivel.

Esa capacidad para investigar, comprender el universo, y llegar a teorías y conclusiones es objetivamente buena; pero es solo un medio para conocer y transformar el mundo. No es un fin en sí mismo ni puede *dominarlo* todo. El conocimiento no satisface plenamente nuestra vida, necesitamos algo más. Aunque a algunos les suene a lenguaje bíblico, la razón es un medio para llevarnos a la *adoración*: admiramos lo que conocemos y amamos, y eso nos ayuda a vivir de una manera diferente, ya que tomamos decisiones siempre pensando en como satisfacer esa necesidad de asombrarnos y amar, ¡incluso cuando nuestro amor está dirigido a algo equivocado! Si la razón termina por ser nuestro dios, haremos del conocimiento el objetivo último de nuestra vida, anhelaremos tener más sabiduría y, de esa manera, jamás encontraremos el final del camino, ¡porque es imposible conocerlo todo!

Hablamos de la razón como un *dios*, porque para muchos el método científico es un absoluto. La ciencia es la esperanza del ser humano porque logrará solucionar la mayoría de los problemas; es la clave para el progreso de la humanidad. ¿Inmortalidad? ¡Claro! ¿Curación de todas las enfermedades? ¡Desde Luego! ¿Paz y prosperidad para todos? ¡Sin ninguna duda! Tan solo necesitamos tiempo para lograrlo porque el conocimiento nos dará las herramientas para hacerlo. El mayor problema es que esa esperanza está basada en una razón finita: se piensa que la rapidez del avance científico nos hace ser optimistas en cuanto al futuro, pero lo que realmente conseguimos es descubrir nuestra ignorancia y la complejidad de lo que nos rodea. Sabemos muchas más cosas que hace treinta años, pero lo que conocemos nos lleva a hacernos muchas más preguntas que hace treinta años. Cualquier persona de ciencia admitiría que en esas variables nos vamos a seguir moviendo en el futuro.

Como anunciamos más arriba, necesitamos seguir investigando por todos los medios, sean materiales o no. Imagínate que se descubriera que un determinado tipo de pensamientos pudiera vencer el cáncer, y que el hecho de imaginar el color azul trajera sanidad, ¡todos buscarían cómo interrelacionar esa emoción con su cuerpo![2] ¿Cuál es el problema? Muchos creen que, *lo que la ciencia por medio del método racional no puede saber, la humanidad jamás llegará a conocerlo*. Eso es reducir toda posibilidad de conocimiento al método científico como tal, coartando por lo tanto cualquier otro tipo de investigación. Las ciencias humanas, la propia medicina, la historia o la filosofía deberían desaparecer si seguimos esos criterios simplemente naturalistas.

Podemos poner otro ejemplo: *Amazing Grace* es la canción de la que más versiones se han grabado en toda la historia de la música: un físico podría explicarnos las ondas sonoras que la producen; un matemático nos diría las leyes que hay detrás de las armonías, y un experto musical nos explicaría la repercusión de la melodía que estamos escuchando, en la historia; pero nadie podría explicar la razón por la que John Newton la compuso, ni las emociones que se desatan dentro de nosotros al oírla, ni los miles de reacciones diferentes que puede ocasionar esa canción en miles de personas diferentes, ni ¡mucho menos! las decisiones que algunos pueden tomar después de escucharla. Todo eso queda fuera del ámbito del método científico, así que son las personas que lo experimentan, las que tienen que explicarlo, de otra manera no conoceríamos nada. El propio Albert Einstein afirmó en una entrevista que: *sería posible describir todo científicamente, pero no tendría ningún sentido; carecería de significado el que usted describiera a la sinfonía de Beethoven como una variación de la presión de la onda auditiva*[3].

Los límites del método científico

La salida a este laberinto pasa por defender otras vías que vayan más allá del propio método científico: buscar todas las hipótesis posibles en todos los campos posibles, y después del estudio cuidadoso de los datos, decantarnos por la hipótesis más racional. Lo que no debemos hacer es usar ese método para todo, menos para lo que no nos conviene. Por ejemplo, se

---

2 Solo a modo de ejemplo, y aunque algunos no quieran admitirlo, se han realizado docenas de investigaciones médicas en las que se demostró que los pacientes que creen en Dios activan *procesos de curación* porque viven la enfermedad de una manera radicalmente diferente, comparado a aquellos que no creen. Ese simple detalle nos tendría que llevar a considerar la influencia de Dios en la vida de las personas, abriendo un nuevo tipo de investigación para llegar a conocerle.

3 https://www.literato.es/p/MTQ0Nw/

defiende que: *todo lo que comenzó a existir tiene una causa;* nuestra metodología asegura que ese principio es válido siempre. ¡No podemos aplicarlo absolutamente a todo menos a nuestro origen! Es, cuando menos, curioso que Niesztche, Marx, Freud, y otros pensadores en los que muchos se apoyan para negar la existencia de Dios, defiendan que la razón es una facultad que no es digna de confianza porque es una capacidad evolucionada (tal como lo expresó el propio Darwin), así que la conclusión a la que llegamos es definitiva: ¿rechazamos por la razón aquello que no podemos demostrar por medio de la razón, teniendo en cuenta que no podemos confiar en la razón? ¡No tiene ningún sentido!

Si afirmamos que el método científico es la única manera de conocer la realidad, tenemos que demostrar esa afirmación; y, si solo podemos hacerlo de una manera racional, la misma ciencia se constituye juez y parte en el asunto. Se trata de un círculo vicioso del que no podemos salir, porque solo podemos verificar los principios científicos a través del mismo método científico. A esto tenemos que añadir que no podemos hacer un número infinito de comprobaciones para saber si algo siempre va a reaccionar de la misma manera: imaginemos que alguien dice que no existen los gorilas blancos, ¡durante cientos de años la ciencia certificó que era así! Hasta que alguien se encontró con el famoso *Copito de nieve* que fue durante mucho tiempo la *insignia* del zoológico de Barcelona. Lo que era una ley universal de repente se desmoronó y, con ella, todo se vino abajo[4].

Por otra parte, en la base del método científico defendemos que los efectos que vemos ahora, son producto de las mismas causas que observamos en este momento: de otra manera no podríamos saber nada sobre el pasado. Si ahora todo tiene una causa, tiene que haberla tenido también en el pasado. Defender que algo surge al azar (sin ninguna causa externa), implica romper todo el procedimiento científico justo en el momento más importante: el primero. Como veremos en otro capítulo, no podemos afirmar que el universo apareció al azar al principio, y a partir de ese momento, toda la información que ha surgido es perfecta y causada. Imagina que en un lugar inexplorado del Amazonas, el ser humano llega por primera vez y, de repente, ve tulipanes en un pequeño prado, sembrados en una figura perfecta con cada color determinado, formando

---

4 Podríamos poner cientos de ejemplos diferentes en cuanto a qué sucede cuando enfrentamos lo desconocido, y cómo las leyes universales que nosotros *defendemos* pueden, en ocasiones, caer por su peso. Cuando Cristóbal Colón, y otros *descubridores* llegaron a América, la sorpresa de los nativos al ver cajas que venían del mar con personas dentro, fue monumental. Tardarían tiempo en asumirlo, así como en comprobar que aquellos seres que luchaban contra ellos protegidos por armaduras, eran seres humanos y no *dioses*. El hecho de que no existieran *en su mundo*, ni pudieran razonar sobre su existencia, no quiere decir que no fueran reales.

el dibujo de la bandera de un determinado país. Inmediatamente todos dirán que un ser humano (quizás nacido en ese país), estuvo allí antes. ¿Por qué? ¿No pudo ser que algunas semillas llegaran a aquel lugar por otro medio? ¿Qué la propia naturaleza lo hiciera así? Es impresionante escuchar los argumentos que a veces defendemos, porque algo tan sencillo como encontrar tulipanes en un lugar que no es normal, nos lleva a la conclusión de que tuvo que existir un agente inteligente para diseñarlo, pero jardines enteros, bosques, vegetación, (¡toda la naturaleza!), muchos siguen afirmando que surgieron al azar.

Además, estamos hablando no solo del principio y el desarrollo de lo natural, sino también del funcionamiento diario de las leyes y las consecuencias de esas leyes. Para seguir la argumentación necesitamos un ejemplo de un rango diferente: Estoy haciendo un guiso en la cocina, y tú llegas a la una del mediodía para ver cómo va y compruebas la temperatura del agua, lo que hay dentro de la tartera, y mides el tiempo de cocción. Vuelves a la una y cinco, a la una y diez, y una vez más a la una y cuarto, para verificar que la temperatura sigue constante desde hace quince minutos, así que desarrollas una teoría *probada* en cuanto a la hora exacta en la que coloqué cada alimento en la olla, cuando comencé a preparar el plato y cuándo estará listo para la comida. Eso es lo que el método científico puede decirnos en este momento en cuanto a lo que ha sucedido en la tierra, en el pasado. Lo que nadie sabe es que el gas de mi casa falló de una menos diez a una menos cinco, así que durante esos cinco minutos no pasó nada, y además veinte minutos antes coloqué la tartera en el fuego cuando lo encendí, pero una llamada telefónica muy importante hizo que lo apagase, para encenderlo más tarde. Por otra parte, tampoco sabes que justo antes de que llegara, bajé la temperatura de cocción, porque me encanta hacer los guisos *a fuego lento*.

Sé que algunos pueden dudar de mi ejemplo, porque el examinador *solo* ha podido medir en cuatro ocasiones el proceso de mi guiso, pero a esas mismas personas me gustaría recordarles que las mediciones que tenemos ahora mismo, de todo el universo, son mucho menores, dado que estamos hablando de los últimos doscientos años, en un sistema solar que *aparenta* haber existido durante miles de millones de años. ¿Ese sistema solar siguió las leyes naturales siempre de la misma manera? Es posible, pero nadie puede asegurar que sea así. ¡Con cuatro mediciones, mi guiso tiene muchísima más fiabilidad de lo que sabemos en cuanto a la historia del universo!

Lo aparentemente ilógico, puede ser absolutamente real

Por otra parte, como hemos visto más arriba, en los últimos años, el método científico se encuentra también con el *problema* de la mecánica cuántica: la gran mayoría de los físicos nos explican que estamos intentando comprender lo que ocurre dentro de los átomos de acuerdo a las leyes que conocemos, pero nos estamos encontrando con *mundos* nuevos en donde todo lo que habíamos demostrado parece no tener sentido. Eso implica que algunas de nuestras observaciones pueden no ser correctas (¡de hecho, sabemos que los datos pueden variar cuando hay un observador!) y, por lo tanto, nuestras conclusiones pueden no ser correctas. Aquellos que pretenden explicar lo que está sucediendo, nos dicen que lo que descubrimos se opone completamente a la *razón*, no solo por la dualidad onda/partícula de los componentes interiores del átomo, sino también por el hecho de que muchos de ellos puedan estar en varios lugares, ¡en el mismo momento! El sentido común nos dice que es imposible, pero la física nos demuestra que sí lo es[5]. En el interior de los átomos nos encontramos electrones, protones, e incluso partículas más pequeñas que tampoco pueden ser observadas, pero se sabe que están ahí. ¡A nadie se le ocurre afirmar que no *existen* porque no puedan ser *comprobados!*[6].

Estamos hablando de los límites del método científico como tal: para examinar la estructura o el funcionamiento de algo material, prever qué pueda suceder, o simplemente explicar las motivos que hacen que actúe de una determinada manera, tenemos que ir a la ciencia; pero si queremos explicar las causas del funcionamiento de la materia, el origen de las leyes naturales, las decisiones que alguien toma o las motivaciones que le llevan a tomar esas decisiones, tenemos que usar otro tipo de métodos que la antropología, historia, sociología, psicología, medicina e incluso la filosofía pueden darnos. La ciencia no tiene la capacidad para hablar del sentido de la vida, ni de ninguna de las cuestiones fundamentales de la existencia, porque no son su objeto de estudio. Si defendemos (como debe ser) que la ciencia no puede detenerse, esa necesidad de investigar (el llamado *espíritu científico*, llegar al fondo de todo), tiene que sobrepasar el método empírico. De hecho, el naturalismo puede ser el mayor enemigo de ese *espíritu*, porque nos impide ver más allá de lo observable materialmente, y la ciencia por definición tiene que seguir adelante, a veces, incluso *a ciegas*. Tenemos

---

5   Es curioso que la mecánica cuántica nos esté enseñando que ir contra el *sentido común* no es algo anticientífico. Eso puede ocurrir cuando hablamos de ciertas cualidades de Dios, como por ejemplo, el hecho de que exista en tres personas diferentes; que viva fuera del tiempo y del espacio; que su energía sea infinita, etc. Cuando intentamos describir la eternidad, o cuando nos adentramos en otros temas más o menos *espirituales*, puede parecernos que vamos en contra de la razón, pero eso no quiere decir que no sea real lo que estamos descubriendo.

6   Una vez más, no podemos usar el argumento que muchos defienden en cuanto a que Dios no existe porque no puede ser demostrada racionalmente su existencia. De una manera muy clara podemos ver las consecuencias de sus acciones en las vidas de muchísimas personas. No podemos usar esa dualidad de criterios para admitir algo en la física cuántica, y decir que es imposible cuando argumentamos sobre la existencia de Dios.

que seguir investigando por la vía que sea. Por ejemplo la ciencia médica avanza, no solo por la repetición de los hechos, sino por la investigación: primero en animales y después en personas, porque muchas veces nos enfrentamos a enfermedades desconocidas. Incluso, en algunas ocasiones (como en el caso de las pandemias), no hay tiempo para experimentar: se necesitan nuevos métodos y nuevos caminos, de tal manera que hay que correr ciertos riesgos, pero, ¡esa investigación es la que salva vidas! El hecho de no tener ideas preconcebidas (que muchos defienden que son la base de la ciencia) es lo que da nueva luz a la investigación y nos ayuda a mejorar.

Un detalle más: las leyes de una determinada ciencia pueden llegar a ser contradictorias si intentamos aplicarlas en otra diferente: no hay un *punto común* entre ellas. Por ejemplo, en matemáticas *el orden de los factores no altera el producto*, pero en química aplicar esa ley puede causar la muerte. Necesitamos descubrir las leyes de cada una y comprender que tratarlas de la misma manera es imposible. Ese simple hecho nos está explicando mucho más de lo que algunos naturalistas quieren admitir: cada ciencia no puede haberse desarrollado de una manera independiente, tanto en sus leyes como en nuestra investigación de ellas, tiene que existir un Creador que las haya diseñado de una manera perfectamente diferenciada. Alguien que pueda *verlas* en su totalidad, de tal manera que esas leyes no *luchen* entre sí y puedan coexistir creando un ámbito perfecto para la vida: si no fuera así, sería completamente imposible la existencia del universo.

Por último, jamás debemos olvidar que somos agentes experimentadores: cuando algunos intentan reproducir formas elementales de vida partiendo de aminoácidos y otros caldos de cultivo, tratando de explicar lo que *realmente* ocurrió con el origen de la vida, olvidan un *pequeño* detalle: lo que se ha conseguido ha sido debido a la intervención humana, así que la vida tiene que ser manipulada por un agente inteligente que dirige, controla y manipula. Cada vez que logramos un avance en algún campo de la ciencia demostramos, al mismo tiempo, que necesitamos experimentadores. Si hablamos de cambios genéticos, por ejemplo, sabemos que puede existir manipulación genética, pero ¡alguien tiene que ocasionarla! El método científico, que tanto defendemos, nos obliga a admitir que no pueden ocasionarse cambios de ningún tipo si no existen agentes que los ocasionen.

El método científico no es, por lo tanto, la panacea que lo resuelve todo, primero porque la razón no es el único medio para comprender todo lo que sucede en el universo; y segundo porque las declaraciones de la ciencia sobre la ciencia no pueden considerarse en sí mismas, ¡son una tautología! Al final, sería lo mismo que decir que Dios existe porque existe. Si algunos quieren atacar ese tipo de *razonamiento circular*,

¡deberían tener cuidado para no caer en él! ¡La ciencia no puede demostrar, *por su propio método*, que ella es la única fuente de conocimiento! Filósofos como Hume intentaron *escapar* de ese problema explicando que solo existen dos tipos de verdades:

Las que lo son por definición (como los axiomas matemáticos).

Las que pueden demostrarse por medio del método científico.

Suena perfectamente lógico, pero la falacia está en que no se pueden mantener ninguno de los dos tipos: en primer lugar porque los principios matemáticos o los axiomas considerados como fundamento del método científico deben probarse. ¡No siempre resultan ser verdad! Por poner un ejemplo muy simple, siempre se defendió que la distancia más corta entre dos puntos era la línea recta, hoy se sabe que no siempre es cierto. Por poner otro ejemplo, la física de Newton ha sido superada hoy por la física cuántica con principios que hace solo treinta años parecerían casi imposibles. Solo podremos asegurar algo mientras las condiciones y las circunstancias sean exactas, y aun así tampoco debemos arriesgarnos mucho al afirmar que siempre será así. A veces la ciencia puede decir que algo es verdad solo para descubrir, cuando aparece una circunstancia desconocida, que esa teoría no tiene sentido.

Y, como hemos visto, la falacia del segundo ítem es todavía más clara. No podemos afirmar que *el método científico es el único que puede llevarnos a la verdad en una materia determinada*, porque esa misma afirmación ¡no puede ser probada por el mismo método científico! No se puede defender porque es una contradicción palpable ¡La ciencia no puede probarse a sí misma! El método científico no puede demostrar que sus postulados son verdaderos por medio de su propio método.

Las conclusiones lógicas a las que podemos llegar: la razón como un regalo de Dios

Llegamos juntos hasta aquí, así que, aunque no estés de acuerdo conmigo, déjame decirte que la Biblia explica que Dios es el origen de nuestra capacidad para razonar, porque nos hizo semejantes a Él: el Creador de las leyes de la naturaleza quiso que pudiéramos parecernos a Él, no solo para comprenderlas, sino también para *someterlas*. Nuestra capacidad para razonar es un regalo suyo. Nadie creía eso cuando la Biblia fue escrita: los dioses tenían comportamientos *locos*, y hacían lo que querían (eso se pensaba al ver el fuego, las tempestades, los truenos, las lluvias, etc.), de tal manera que al ser humano le era difícil *razonar* sobre lo que existía. En ese momento, y en uno de los primeros libros que se registran en la historia de la humanidad, el Pentateuco (hace más de cuatro mil años), Dios dice que hay que amarle *con toda la mente*[7]; es decir, llegar hasta lo más profundo de la razón para que nuestra razón esté implicada en el amor al Creador.

Dios nos regaló la razón no solo para conocerle a Él, sino también para investigar el universo. Desde el principio de la historia de la humanidad, Él fue la garantía para el saber, para la epistemología, y para llegar a la metafísica, porque sabemos que la física como tal necesita tener un fundamento en el *mundo* de las leyes. Si rechazamos a Dios, ¿dónde encontramos aquello que mantiene todo en su lugar? ¿En las mismas leyes? ¿Se sostienen por sí mismas? No podemos descansar en la *nada*, como implicaría seguir el método científico paso a paso ¡hasta llegar a lo realmente importante, el origen y la base de todo! Ese salto al vacío nos deja sin ninguna posibilidad de seguir hacia ningún lugar: nos conformamos con mirar el *reloj* y estudiarlo sin preocuparnos en absoluto la razón por la que existe y quién lo construyó. No queremos reconocer que el universo sigue ahí existamos nosotros o no, que las leyes del universo seguirían siendo las mismas aunque nosotros no estuviéramos presentes. La razón necesita encontrar las leyes que sostienen el universo, o al menos inferir que esas leyes permanecen mientras las estudiamos, hasta que lleguemos a comprobar si hay otras leyes superiores a esas, o si las que habíamos enunciado eran incorrectas. Aun en el caso en que se demuestre que algunas de esas leyes no eran como pensábamos, necesitamos volver a confiar en otras nuevas para que nuestra razón y nuestros sentidos no enloquezcan... y eso es imposible sin un Creador.

El problema de defender la razón por medio de la razón

Si la racionalidad humana no tiene ningún fundamento válido aparte del pasado evolutivo, ¿por qué tenemos que confiar en ella? Ninguna teoría naturalista por sí misma puede explicar el surgimiento ni el fundamento de la razón, por eso Hawking y otros físicos afirman que la filosofía ha muerto. ¡El problema es que con ella se muere la razón también! Solo podemos acceder a la verdad si usamos la razón; pero no existe ninguna manera de demostrar que, evolutivamente, desarrollamos una razón capaz de comprender el universo, desvelar las teorías matemáticas, o simplemente ser conscientes de lo que hacemos y decimos, ¡no existe razón de nada!

La conclusión es obvia: no podemos defender la razón por la razón: necesitamos algo o alguien exterior a ella, o la justificación para debatir deja de tener valor. La única manera de que los argumentos sean válidos es que

---

7   Jesús se refiere a ese mandamiento, escrito en el libro de Deuteronomio, cuando dice: *Ama al Señor tu Dios con todo tu corazón, con toda tu alma, con toda tu mente y con todas tus fuerzas (Marcos 12:30).*

algo externo a ellos los sustente. Siempre tiene que haber una referencia externa, incluso en el caso de que hablemos de una realidad individual. Si no es así, estamos permanentemente sometidos a un engaño. Imagina que yo digo que he marcado cincuenta tiros libres seguidos en el campo de básquet que hay cerca de mi casa; tienes dos opciones, creerlo o no, pero no puedes estar seguro de ninguna de las dos opciones, salvo que haya por lo menos un testigo fiable. Es un ejemplo simple, pero ¿qué podríamos hacer en todas las ocasiones en las que nuestra vida depende del conocimiento de ciertas circunstancias? ¿A quién hacemos caso? Si no hay referentes externos válidos, todo se viene abajo, porque la fe que tendríamos que ejercer no tendría validez racional alguna.

Si no existe un referente externo, podemos discutir sobre conceptos (porque existen conceptos diferentes), y podemos responder intelectualmente a esos conceptos y disentir de otras personas, ya que no existiría un pensamiento único: todas las ideas tendrían el mismo valor. En ese sentido, no se puede defender que nadie puede estar absolutamente seguro de lo que está afirmando, y aplicarlo a todo en la vida, menos al conocimiento de Dios. En último caso, deberías decir *probablemente Dios no existe*, cosa que muchos han hecho (¡No pueden atreverse a más!) pero que no pueden certificar. Sería lo mismo que afirmar: *probablemente Jaime no marcó cincuenta tiros en su entrenamiento de básquet* pero ¿y si lo hice? ¿Te jugarías la vida por defender esa afirmación?

Algunas teorías científicas pueden parecernos más razonables que otras, no porque estén demostradas, sino porque sus fundamentos nos convencen más. Si no existe un referente externo a la razón, no podemos ir más allá de esa afirmación: no podemos decir que creer en Dios es irrazonable o que no puede demostrarse, porque gran parte de la ciencia vive bajo los mismos parámetros. Recuerda lo que henos visto sobre la física cuántica, en la que se van adoptando nuevas teorías, aunque a veces lleguen a ser casi incomprensibles o se enfrenten a la razón. Una vez más, si no existe un referente externo, cualquier idea puede defenderse como razonable y válida, incluida la existencia de Dios. Así que, más vale que los que defienden que Dios no existe, encuentren ese referente externo a ellos.

La razón también nos enseña que la falta de evidencias no implica que algo no sea real: Las evidencias revelan que un suceso o fenómeno está ahí, pero de la ausencia de ellas no se deriva la inexistencia de un determinado fenómeno. Científicamente hablando no podemos argumentar que algo que no vemos o no conocemos no puede existir. La ciencia vive de la investigación de lo que no conoce; negarlo es simplemente morir. Eso ocurriría con una enfermedad que está oculta, pero no la *vemos* hasta que sus consecuencias son terribles.

Creer lo improbable, la diferencia con lo imposible o lo increíble

Algunos defienden que creer en Dios implica entrar en el mundo de lo imposible o lo increíble, y no es cierto. Es más, lo que sí podemos afirmar es que, dejar de lado a Dios en cuanto a nuestra existencia, significa entrar en el terreno de lo improbable. Como veremos en uno de los últimos capítulos, en ese sentido, tanto religiosos como ateos beben de la misma fuente. El profeta lo definió perfectamente al escribir: *A un trozo de madera le dicen: "Tú eres mi padre", y a una piedra le repiten: "Tú me has dado a luz". Me han vuelto la espalda; no quieren darme la cara. Pero les llega la desgracia y me dicen:"¡Levántate y sálvanos!"*[8]. Unos, los religiosos, inventan dioses naturales o imaginarios de madera, de piedra, o incluso etéreos, ante los cuales postrarse y adorar, porque han llegado a la conclusión de que son ellos quienes los han creado. Otros, defienden los procesos naturales como la fuente de la vida, sin necesitar a ningún Creador, porque esos procesos *son* sus dioses. En ese sentido, la humanidad no ha avanzado tanto como creemos; el motivo de nuestra adoración sigue siendo el sol, la luna, las estrellas, las galaxias, el universo, las leyes o la Naturaleza con mayúscula. Los religiosos adoran para impresionar a sus supuestos dioses; los que defienden que Dios no existe, para encontrar una razón al pensar en su propio nacimiento y el significado de sus vidas. En ambos casos, el Creador es puesto a un lado porque otro *dios* nos conviene más, la naturaleza[9].

Como iremos viendo a lo largo de diferentes capítulos, el Creador se hace evidente, sobre todo, de un modo espiritual, así que no podemos culparle a Él si nuestra razón (en parte), no ha podido llegar a dónde está. Dios está presente y no está callado, en la naturaleza, la historia, la cultura, la vida de muchas personas, la conciencia, etc., pero además, sigue ofreciéndonos la entrada a un mundo espiritual en el que las evidencias son mucho más claras. No podemos reaccionar diciendo: *no me interesa y prefiero no hablar de ese tema*, porque eso significaría cerrar las puertas de la investigación. O nos comprometemos con la realidad y buscamos la verdad por todos los medios posibles, o caemos en la irracionalidad y los prejuicios, por muchos títulos que tengamos o por muy sabios que aparentemos ser. Como decía más arriba, esa actitud sería la misma de cualquier persona que no quiere ir al médico ni hacerse un chequeo, creyendo que así no tendrá ninguna enfermedad, hasta que llega el día fatal en el que su salud ya no tiene remedio. En cualquier situación de la vida, decir que algo no nos preocupa,

---

8 Jeremías 2:27.

9 Mientras pensamos en lo que está sucediendo, no estaría de más recordar lo que está escrito el final de la frase que leímos en el texto bíblico del profeta Jeremías: cuando todos se encuentran en apuros, suelen pedirle a Dios que se levante (esté donde esté), y les salve ¡aunque no crean en Él! Pero bueno, como solemos decir, *eso es otra historia*.

no elimina sus consecuencias. Por eso, si defendemos que *Dios debería haber sido más claro para que yo le creyese,* lo hacemos solo para enmascarar nuestra huida hacia delante, porque sería lo mismo que afirmar: *el gobierno debería hacer más campañas para mejorar la salud,* sin preocuparnos nunca de la nuestra. Dios sigue estando ahí, y las consecuencias de ignorarlo seguirán con nosotros, hagamos lo que hagamos y pensemos lo que pensemos. Decir *yo no elegí una vida así,* no cambia nada, de la misma manera que no altera para nada mi realidad que yo diga: *no elegí nacer en Ourense, o tener tales padres, o haber ido a tal colegio de pequeño.* No solo no hay manera de volver atrás, sino que tampoco tenemos ningún derecho a quejarnos por lo que ha sucedido. Eso es algo que nuestra razón comprende perfectamente: la realidad existe independientemente de que nosotros la aceptemos o no.

5. Las evidencias de la fe

¿Recuerdas lo que hablamos al principio en cuanto a la razón, las creencias y la fe? Todos tenemos fe y vivimos por fe, seamos creyentes o no. Ejercemos nuestra fe en objetos que usamos cada día: los medios de transporte, las medicinas, aparatos eléctricos, etc., y también en hechos relacionados con otras personas, como cuando esperamos que lleguen los primeros días del mes para que paguen nuestro salario.

Pero también confiamos en otras personas, ejerciendo nuestra fe en lo *desconocido,* como por ejemplo, su amor por nosotros, basándonos en evidencias que no podemos medir: el cariño, su manera de comportarse, su honor, etc. Fuimos diseñados para tener fe y establecer nuestra confianza en otros, aunque esa situación muchas veces tenga muy poco que ver con nuestra razón; de ahí la conocida frase: *el corazón tiene razones que la razón desconoce.* Es imposible vivir de una manera exclusivamente racional: nuestro conocimiento se obtiene en base a mediciones, observaciones, exámenes, estadísticas, etc. Esas *mediciones,* las registramos en nuestro entendimiento estableciendo principios y leyes, de tal manera que lo material entra dentro de lo racional; pero cuando queremos conocer a alguien de una manera personal, lo hacemos por otros medios: no nos bastan las mediciones de su cuerpo o sus órganos. En ese caso, el conocimiento es completamente diferente, porque lo que nos interesan son las reacciones, los sentimientos, las ideas, las actitudes, etc., todo lo que tiene que ver con un mundo muy diferente a lo que esa persona es *materialmente.* En las relaciones personales nos adentramos en lo *espiritual,* porque incluso el trato no depende solamente de lo que esa persona siente o piensa, sino también de nuestras reacciones hacia ella.

Por eso, cuando hablamos de fe, intuición, memoria, percepción, incluso empatía, estamos definiendo medios que pueden ser considerados menos exactos que los racionales, pero que están ahí, y no solo hay que contar con ellos, sino que no pueden ser subyugados por la razón porque no son inferiores ni contrarios a ella. Pueden llegar a afirmarla e incluso confirmarla en situaciones en las que esta no encuentra una salida.

En ocasiones los argumentos van más allá de la razón, y entonces debemos ejercer la fe. ¿Cómo explicarlo? Si vas al huerto de mi padre, encontrarás tomates. Si nadie sabe lo que ha ocurrido, puede decirnos que las semillas de los tomates fueron sembradas y por eso surgieron. Es una explicación absolutamente correcta y científica, pero si yo te digo que fue mi padre quién las sembró estamos añadiendo información muy útil que completa la verdad. Es cierto que la anterior ya era verdad, pero con la nueva información llegamos al fondo del asunto. La persona de ciencia haría muy mal en rechazar esa información (la verdad sería siempre incompleta), y el que no quiere admitir la ciencia haría muy mal en rechazar la información del proceso que solo ella puede dar (¡Puedes echar semillas en la carretera y jamás tendrás tomates!). Recuerda que incluso algunas proposiciones matemáticas y físicas no pueden demostrarse directamente sino con argumentos indirectos que certifican su veracidad; como por ejemplo, cuando conocemos que un planeta sale de su órbita normal porque otro planeta o satélite le atrae: no podemos medir lo que sucede, pero sabemos que está ocurriendo al ver las *consecuencias* de la acción.

Por lo tanto, si hay otras vías para llegar a la existencia de Dios (conciencia, sentimientos, historia, lógica, teología, etc.), debemos estudiarlas con el mismo entusiasmo; no para desechar la razón (¡eso jamás!), sino para complementarla.

Admitir o no admitir que Dios existe. Nuestra cosmovisión

Con los datos que tenemos, cada persona elabora una cosmovisión en la que sustenta su vida, una manera de ver el mundo sostenida por los principios que cree que son *verdad*, o simplemente de acuerdo a aquello que le conviene: esa cosmovisión obedece a principios y razones que nosotros hemos establecido de antemano. De nuestra *visión* de la realidad depende si vamos a permitir que los hechos que estudiamos (sea en el ámbito que sea), moldeen nuestras ideas en el futuro, o no. Muchos han afirmado que jamás permitirían dejar que surgiese un diseñador en ningún momento de sus investigaciones, porque su cosmovisión lo rechaza: si se entreviera que Dios está ahí, no encajaría con su esquema naturalista del universo y, por lo tanto, iría en contra de su manera de ver la vida, ¡eso no se podría aceptar!

Si en cualquier otro tipo de estudio decidiéramos hacer lo mismo sería un auténtico desastre: imagina que formas parte del cuerpo de policía que investiga un asesinato, y todas las pruebas apuntan a que el mayordomo es el culpable, pero como no quieres admitirlo (es íntimo amigo tuyo), buscas cualquier salida con tal de que él no sea acusado. En tu *cosmovisión* del crimen no admites un mayordomo asesino, así que cualquier otra conclusión es correcta, ¡las pruebas no importan! El matemático John Lennox cita en uno de sus libros al genetista Richard Lewontin cuando afirma: *tomamos partido por la ciencia a pesar de lo manifiestamente absurdos que son algunos de sus planteamientos (…) y de muchos argumentos endebles, y ello es así porque tenemos un compromiso previo con el materialismo*[10]. Cuando reaccionamos así, la ciencia pasa a ser el dios en quien creemos, esté o no equivocada. Muchos de los que hablan de la *fe ciega* de los creyentes deberían reconocer que ellos mismos prefieren hundirse en la ignorancia, y en esa misma fe ciega en lo que otras personas dicen, ¡antes de admitir que un ser supremo pueda existir!

La cuestión es que la ciencia, en sí misma, no puede tener una cosmovisión, ¡simplemente nos muestra lo que sucede! Cada vez que las personas de ciencia quieren introducir un credo o una cosmovisión en base a lo que ven, pierden por completo el norte, porque entran en el campo de lo filosófico, intentando sostenerlo con hechos materiales. ¡Y eso que la gran mayoría de los naturalistas siguen afirmando que la filosofía ha muerto! Cualquier categoría moral, o sentido, o significado de la vida, va más allá de los presupuestos científicos[11]. Por eso la ciencia no puede ser la guía exclusiva de la humanidad, porque no puede darnos un sentido. De hecho, ninguno de nosotros espera que lo haga, porque sabemos que no puede responder a las preguntas que tienen que ver con lo fundamental de la vida: nadie la usa para escoger a su pareja, por poner el ejemplo más simple; es cierto que puede darle algunos parámetros para la elección, pero el amor está muy por encima de todo eso ¡desde luego!

La motivación es la actitud que existe en el corazón, la mente y la voluntad de una persona para llevar a cabo una acción determinada. Los motivos que tenemos dentro de nosotros para conseguir alguna cosa o simplemente para hacer algo suelen ser dirigidos por el valor que le damos a esa persona, situación u objeto, ya sea un valor objetivo o subjetivo. Esa motivación tiene que ver con querer alcanzar un bien último y definitivo

---

10   https://www.azquotes.com/quote/543163

11   Un constructor de coches, por muy bueno que sea, no puede tomar decisiones sobre la vida familiar del conductor o de los ocupantes del vehículo que ha construido. Puede dar ideas sobre cómo conducir de una manera determinada, junto con buenos consejos para que el automóvil pueda durar más, pero no puede hacer mucho más que eso. Incluso si el comprador acaba estropeando el automóvil debido a su manera de conducirlo, ¡no puede hacer nada! En ese sentido, el *conocimiento científico* del equipo que construye un automóvil, no sirve de mucho.

para nosotros, consciente o inconscientemente, porque de acuerdo a ese motivo tomamos decisiones en la vida[12].

Nuestra cosmovisión define nuestra vida: podemos moldearla y reformarla conforme vamos adquiriendo conocimientos nuevos pero, desgraciadamente, casi nadie lo hace. Las personas toman decisiones en razón a sus convicciones, o a lo que creen conveniente para su vida: sus decisiones están marcadas por sus principios (o por la falta de ellos), y por aquello que creen que es importante. Aun así, no podemos demostrar siempre que estamos vivos, salvo para nosotros mismos: si alguien nos exigiera que le demostrásemos nuestra existencia podríamos hablarle y responder a sus preguntas, u otras personas podrían certificar que están con nosotros en este mismo momento, pero no podemos vivir demostrándolo de una manera continua. ¿A dónde queremos llegar?, al hecho de que, aunque no se puedan demostrar continuamente ciertas creencias básicas, no significa que no sean ciertas. Algunos pueden defender que la existencia de Dios es real porque oran, leen la Biblia, creen ver situaciones extraordinarias en las que el Creador interviene, etc. Sé que no se puede demostrar su existencia de esa manera, pero tampoco podemos decir que esa evidencia no es válida, si para millones de personas lo es. Las mismas personas que certificarían que tú existes, defienden lo mismo de Dios, y es obvio que no están locas, ni podemos decir que todo el que afirma que habla con Dios está *fuera de sí*, ¡tendríamos que *eliminar* a la mitad de la humanidad!

Por eso necesitamos seguir haciéndonos preguntas trascendentales, porque de otra manera, creer que sostenemos una postura científica cuando simplemente hemos abandonado la investigación, acaba siendo una de las mayores paradojas del siglo XXI. ¿Existe Dios? *No*, suele ser la respuesta. Lo que hay dentro de nosotros, lo espiritual, ¿de dónde surgió? ¿Es eterno? *No podemos saberlo*, dicen. ¿Tiene algún sentido la vida? *No, simplemente vivimos procesos naturales*. ¿Tienen todas las vidas humanas el mismo valor? *Sí, pero no existe un fundamento objetivo para ello*. Así podríamos seguir durante bastante tiempo y con muchas otras preguntas, porque ese es el tipo de respuestas que recibimos y, aparentemente, ¡todos se quedan tan tranquilos!

Si no tenemos respuestas ni queremos admitir que no las tenemos, es porque no nos interesa otra alternativa: no queremos examinar las evidencias de la existencia de un Creador. La afirmación de que Dios no existe le basta a muchos, ¡sin ninguna otra prueba! Su cosmovisión es limitada, Dios no cabe en ella, ni permiten que nadie les demuestre que pueden estar

---

12 Creo que no hace falta recordar que algunos objetos pueden no tener ningún valor objetivo para muchos, pero sí un valor casi *absoluto* para una persona, como por ejemplo una foto de un ser querido.

equivocados. Lo curioso del caso es que la gran mayoría de los ateos señalan a los creyentes por defender lo mismo: una cosmovisión cerrada en la que Dios existe y lo controla todo, sin dar más argumentos. De esta forma, el diálogo de *sordos* se eterniza, porque los que no creen en Dios dicen que es *porque no existe,* y los que creen dicen: *porque existe,* sin que se pueda llegar a establecer ningún tipo de metodología básica para fundamentar las dos afirmaciones. No importa que uno de los grupos se haya colocado una bata científica encima de sus razonamientos, porque algunos, defendiendo el método racional, terminan convirtiéndose en personas *irracionales.* El creyente puede llegar a tener dudas e intenta verificar los datos para ver si esas dudas pueden resolverse, pero, normalmente, el ateo no duda nunca, de ninguna manera.

Esa es una de las razones por las que cuando un pensador ateo se *convierte* (usando la terminología cristiana), pasa a ser un entusiasta defensor de la existencia de Dios, y es incapaz de callarse o de mantenerlo en secreto. Después de haber pasado tanto tiempo defendiendo lo que ahora se da cuenta de que es indefendible, y sin poder argumentar contra lo inescrutable, cuando puede hablar de las razones por las que cree en Dios, no solo se encuentra ante un mundo espiritual completamente abierto y nuevo, también se siente así en el mundo racional al que tantas veces había renunciado, sin querer reconocer que lo estaba haciendo.

Por si fuera poco, muchas personas que no quieren creer en Dios, son supersticiosas y tienen creencias espirituales: tocan madera cuando hablan de la muerte, no quieren pasar por debajo de una escalera, no quieren ver ni en pintura un gato negro, etc. Viven de acuerdo a creencias que ellos mismos pueden controlar y que no les comprometen a nada, pero atribuyen propiedades espirituales a objetos materiales, lo que termina siendo una idolatría: si situación es *racionalmente peor* que si creyeran en Dios, porque adoran ídolos que se sabe a ciencia cierta (nunca mejor dicho), que están muertos y no tienen ningún poder.

6. La existencia de Dios, la base para la ciencia

Cuando Descartes dijo: *pienso, luego existo* reveló, en cierta manera, que el punto de partida de nuestra existencia es la misma duda. Si podemos razonar sobre lo que pensamos (incluso lo que dudamos), es porque estamos aquí. Solo alguien que existe puede reflexionar sobre su propia existencia: no podemos defender que vivimos en un mundo lleno de engaños, en el que la naturaleza nos ha esclavizado y nuestra razón no tiene valor, porque el engañado no puede saber si está engañado o no, salvo que él mismo haya anulado esa capacidad de manera voluntaria. Si duda de lo que está ocurriendo es porque algo está ocurriendo.

Esa duda es el regalo que recibe nuestra razón para seguir investigando.

El universo obedece a leyes racionales, pero muchos dicen que no tiene una *razón* para su existencia o para desenvolverse como lo hace: simplemente es así y punto. Todos admiten que está lleno de evidencias inteligentes, pero sin que haya nadie detrás de esas evidencias. De hecho, solo podemos verificar que las leyes permanecen inamovibles (usamos el método científico para investigarlas), pero no podemos explicar la razón por la que es así. ¡Muchos incluso defienden (usando el mismo método científico), que no existe ninguna razón!

Si no tenemos una razón objetiva, no podemos profundizar en la ciencia, porque corremos el riesgo de ser engañados permanentemente: necesitamos leyes lógicas y razonamientos válidos; ellos son el sustento de las teorías de todas las ciencias. ¿Cómo surgieron esas leyes? ¿Alguien las creó? El propio método científico nos muestra que cualquier tipo de proceso no puede llegar a la perfección si no es guiado por algo o alguien. Sin ese *Alguien*, no existe una garantía de que lo que observamos sea válido, y mucho menos que las conclusiones a las que llegamos puedan ser correctas: tiene que existir una realidad absolutamente objetiva y ajena a nosotros, que no dependa de lo que nosotros somos, hacemos o investigamos. Tiene que existir un referente externo, un fundamento mediante el cual podamos seguir adelante en nuestra investigación, porque ese sería el garante de las ideas. Dios dejó esa información escrita en las leyes que sostienen el universo[13]. La energía que dio a luz a lo material, el sustento de todas las leyes, seguirá siempre ahí, ocurra lo que ocurra con lo creado.

Si nos asusta adentrarnos en una investigación que bordee lo espiritual porque creemos que no tenemos el valor suficiente para enfrentarnos a ella, ¿por qué no partir de algo más sencillo y comprobar si históricamente existió Jesús y lo que hizo fue tal y como lo conocemos hoy? ¿Por qué no arriesgarse a conocer la verdad de los hechos, de sus palabras y de su impacto en millones de personas? ¿Por qué seguir manteniendo el *no sé si hay algo m*ás allá, o si se puede saber no me importa? ¿Tenemos miedo de adentrarnos en una investigación que puede cambiarnos la vida? ¡Puede ser! Pero tenemos que reconocer que en el fondo no nos sentimos bien si vivimos negando la posibilidad de ese *viaje*.

---

13   La Biblia dice: *La hierba se seca y la flor se marchita, pero la palabra de nuestro Dios permanece para siempre* (Isaías 40:8). Como veremos más adelante, es esa Palabra la que creó el universo y sigue sosteniéndolo.

Más contenido audiovisual:

CAPÍTULO 2
Más allá de la materia, la existencia de lo sobrenatural

Cristopher Reeve fue el *Superman* más conocido de la historia del cine, pero en una de esas *ironías* de la vida, quedó tetrapléjico después de un accidente al caerse de su caballo. Él mismo reconoció que al saber que ya no volvería a poder valerse por sí mismo, su primer pensamiento fue suicidarse, pero cuando se lo comentó a su esposa, ella le dijo: *Te amo, todavía sigues siendo tú*; eso le *devolvió la vida*. Más tarde escribió un libro titulado precisamente así: *Todavía yo*. Christopher comprendió que seguía siendo él mismo, pasara lo que pasara con su cuerpo; sin importar lo que le había acontecido físicamente.

Puede parecer una verdad demasiado simple decir que lo material lo conocemos a través de nuestros sentidos, pero no lo es, porque sin ellos no podríamos constatar su existencia, independientemente de que los fenómenos fueran reales o no. A través de los sentidos podemos ser conscientes de la realidad porque nos muestran la existencia de las cosas en primer lugar, y nos enseñan lo que es material, de tal manera que lo que estudiamos pasa a *formar parte* de nosotros, aunque siga siendo completamente ajeno a nuestra vida. A partir del momento en que conocemos *algo*, se establece una relación directa con nosotros mismos y con todo lo que ya formaba parte de nosotros, de tal manera que convertimos la información que recibimos en algo subjetivo, adaptándolo a nuestro pensamiento.

Los sentidos también nos informan sobre las ideas, decisiones, palabras, conclusiones y razones de las demás personas: oímos lo que nos dicen y sabemos lo que *piensan* cuando lo expresan, de tal manera que podemos abstraer ese tipo de conocimiento. Damos un *salto* más allá de lo material cuando asociamos cada estructura determinada a un lenguaje, y lo colocamos en nuestro mundo de las ideas. Así que, a través de los sentidos recibimos pensamientos, sentimientos y sensaciones que no podemos medir de una manera exclusivamente material. La *división* entre materia y espíritu está mucho menos clara de lo que muchos manifiestan, porque esa capacidad de razonar sobre lo que nuestros sentidos experimentan es lo que nos hace diferentes: alguien creó nuestros sentidos de una manera radicalmente diferente a los de un animal. Ese Creador sería no solamente el *culpable* de que podamos pensar y razonar sobre todo lo que entra desde el exterior por medio de nuestros sentidos, sino también la garantía de que las conclusiones a las que llegamos son válidas.

El supuesto engaño de los sentidos

Muchos se preguntan si la consciencia de lo que sentimos, y aun la realidad material misma que experimentamos, es cierta y está objetivamente demostrada. Algunos afirman que lo que oímos, vemos, tocamos, etc., no es tal como lo experimentamos. Esa fue una de las bases de discusión de la filosofía de Kant en su momento, y no es una discusión cualquiera, dado que la ciencia se basa en el estudio de los fenómenos que observamos, así que, si asumimos que vivimos en un supuesto engaño, no podríamos seguir investigando, y/o ninguna de las conclusiones a las que podamos llegar tendrían *sentido*. Kant defendía que no se puede conocer la verdad objetiva porque esa verdad nos llega siempre a través de nuestros sentidos, y por lo tanto es imposible llegar a una verdad absoluta. No es cierto, porque estamos discutiendo sobre un conocimiento objetivo de la verdad, y dado que todos hablamos sobre el mismo tipo de conceptos, esas realidades están ahí ajenas a nosotros. De no ser así, cada uno tendría una percepción de la realidad diferente.

Por otra parte, si defendemos que percibimos lo material exclusivamente por medio del aprendizaje, y es este el que nos *engaña*, tendríamos que llegar a la conclusión de que fueron los primeros seres humanos quienes *inventaron* los conceptos y la razón. Si fuera así, ¿por qué a lo largo de la historia no hemos sido capaces de cambiar esos conceptos? Algunos creen que la ciencia ha avanzado lo suficiente como para llegar a explicarlo todo, pero ¿no hemos sido capaces de desarrollar una nueva percepción de la realidad sobre la que discutir? Las realidades de nuestro pensamiento, e incluso la misma capacidad de compartirlas y discutir sobre ellas, tienen obligatoriamente que venir desde fuera de nosotros.

Todos podemos comparar nuestras percepciones de la realidad con las de los demás, y ver si coinciden o no. Por ejemplo, reconocemos que algo es *verde* porque le hemos asignado esa palabra a un color determinado, hasta ahí podemos coincidir; el problema comienza cuando comenzamos a interpretar la realidad, aunque esa realidad sea la misma para todos. Dos personas están hablando entre ellas mientras las observamos a distancia, y uno de nosotros puede afirmar: *creo que el que está a la izquierda está enfadado...* pero otro enseguida añade: *no, yo le conozco y es su manera de hablar, su carácter es así*. La segunda persona que observa tiene acceso a una información que yo no tengo, así que esa información le ayuda a interpretar lo que está viendo. Una situación tan sencilla como esta nos enseña que podemos tener problemas en cuanto a la interpretación de la realidad, que no se trata únicamente de lo que nuestros sentidos observan o reciben. Pero eso no significa que lo que observamos no sea real: cuando nos ponen ejemplos de algo en lo que nuestros sentidos supuestamente nos engañan[1], somos capaces de reconocer que estamos viendo algo que no es del todo exacto, así que nos damos cuenta de que estamos siendo engañados. ¡Ese proceso no sería posible si realmente estuviéramos siendo engañados! El que se equivoca y se da cuenta, está argumentando con su razón; así que podemos concluir que, aunque haya momentos en los que nuestros sentidos distorsionen la realidad, no podemos aplicar la excepción a la regla general de que podemos fiarnos de ellos, en la gran mayoría de las investigaciones.

Por decirlo de otra manera, cuando alguien afirma que está sucediendo lo que no es cierto, y nosotros comprobamos que es un engaño, estamos interpretando que quieren engañarnos, por lo tanto usamos un criterio para decidir lo que es seguro y lo que no. Es cierto que ese criterio no puede decidirse por mayoría (la mayoría no siempre tiene la razón), ni tampoco por la sabiduría de alguien, ni mucho menos por una decisión subjetiva; pero el mismo hecho de que estemos hablando de ese criterio significa que (de alguna manera) existe. Por lo tanto, es imposible que los sentidos nos engañen *siempre* a todos.

1. La búsqueda del conocimiento es un afán por conocer lo sobrenatural

Desde una posición naturalista, es la materia la que generó nuestro afán de conocer, experimentar, y estudiar: lo hizo a través de diversos procesos evolutivos. Si eso fuera cierto, deberían explicarnos algunas situaciones que no solo lo contradicen frontalmente, sino que, además, demuestran todo lo contrario:

- La primera, el ser humano no necesita comprender el universo para poder subsistir. No tiene que saber cuántas galaxias hay para que su vida sea plena, por poner solo un ejemplo. Así que el conocimiento no tiene que ver con la supervivencia en primer lugar.
- La segunda, el tiempo y los recursos que gastamos investigando, muchas veces lo sacamos de otras cosas más *necesarias*. Investigamos simplemente por el placer de investigar, de saber qué hay más allá de lo

---

1 Como cuando nos presentan esos dibujos con imágenes atravesadas por líneas curvas en un determinado trazado, lo que hace que el dibujo entero tome una apariencia equívoca, y tengas que fijarte mucho para que la vista no te *engañe* en cuanto a lo que te preguntan.

que vemos y comprender las razones de lo que todavía desconocemos. Esa *necesidad* viene de nuestro interior, pero no es un deseo útil en absoluto, salvo que reconozcamos que investigamos para poder vivir mejor, pero entonces estaríamos hablando de una cualidad superflua en cuanto a disfrutar de la vida. ¡Y todos reconocemos que a veces es justamente todo lo contrario! Aunque parezca un contrasentido, muchas veces, cuanto menos conocemos, más disfrutamos.

- La tercera situación sería explicar la razón por la cual nos preocupa lo que nos preocupa. Eso es mucho más que un juego de palabras: ¿Por qué estamos hablando de lo que estamos hablando? ¿Cuándo comenzó el hombre a razonar? ¿Por qué sintió esa necesidad? ¿De dónde se derivó el deseo de conocer las leyes y el origen del universo? ¿Por qué el ser humano se siente infeliz si no trasciende, cuando se defiende que la trascendencia es una invención?

- La cuarta, el ser humano vive y se expresa en niveles que son imposibles de explicar materialmente, como el hecho de ser conscientes de nosotros mismos, o la habilidad de tomar decisiones libres. No solo tenemos la posibilidad de reflexionar sobre las circunstancias que nos rodean, sino que también podemos tomar decisiones en cuanto a todas las cosas y situaciones. Nuestro intelecto percibe las ideas, las estructura y las expresa. Es curioso que esas mismas características aparecen reflejadas en el proceso de nuestro nacimiento: el útero materno *recibe, concibe y da a luz.*

- La quinta, si realmente estamos formados por materia y nada más, no nos debería importar en absoluto si Dios existe o no. ¡Ni siquiera debería ser un objeto de discusión! El argumentar sobre la existencia de Dios, o el decir que Él no existe es una prueba absolutamente radical de que nuestra mente es mucho más que la materia que la compone: somos más espirituales de lo que algunos quieren admitir. En algún momento tuvo que existir un origen de todas esas preguntas, y la necesidad de conocer las respuestas. La idea de *dios* no es necesaria para ningún animal evolucionado; nadie se plantearía su existencia porque no tiene sentido, de la misma manera que un elefante no se preocupa por el calentamiento global (aunque lo esté sufriendo), porque va más allá de su comprensión cognitiva. Sé que parece una comparación muy burda, pero cada proceso de nuestro pensamiento *vive* de lo que recibe desde el exterior; así que de alguna manera esa necesidad de reconocer o negar al Creador, delata que lo tenemos más cerca de lo que pensamos.

Razonamos sobre todo lo que vemos, hacemos introspección sobre nuestro pasado, investigamos el presente e intentamos prever nuestro futuro porque no somos simples *animales racionales* derivados de complejos procesos naturales, sino mucho más que eso. La necesidad de hablar sobre lo espiritual delata nuestro deseo de eternidad, y nos enseña que tiene que existir algo más allá de lo que vemos y observamos con nuestros sentidos.

El ser evolucionado solo necesita sobrevivir

Para decirlo de una manera muy sencilla, el ser humano evolucionado vive exclusivamente para la supervivencia. El *ser espiritual* busca la verdad en cualquier campo en el que se encuentre, no importa incluso que a veces esas respuestas no le *sirvan* para nada; debe seguir buscando la verdad aunque las conclusiones a las que llegue le hagan daño, porque un ser humano supuestamente evolucionado obedecería a la naturaleza y sería incapaz de romper sus leyes. Si tenemos la capacidad, no solo de comprender esas leyes sino también de vencerlas, es porque vivimos en un nivel superior a lo material.

Somos mucho más que seres exclusivamente materiales: disfrutamos de nuestras decisiones aunque a veces nos cuesten la vida. Nos embarcamos en una nave espacial (por poner un ejemplo muy simple) para investigar el universo aun al riesgo de que ese artilugio pueda estallar y terminar con nuestra existencia, defendemos nuestra libertad porque pensamos que no está determinada por nada ni por nadie, y así podríamos seguir con muchas otras afirmaciones. Tenemos *algo* que nos diferencia absolutamente de todos los demás seres; no reconocerlo es vivir ciegos a la realidad, aunque realmente ¡ese *no reconocimiento* es una prueba más de la espiritualidad de quién lo niega! Porque la negación lleva implícita una dimensión más allá de lo material. El hecho de que podamos discutir sobre esa dimensión significa que ya estamos reconociendo la posición en la que estamos, aunque nos empeñemos en negarlo, porque sería un absurdo: como discutir si podemos comunicarnos o no: el hecho de que ya lo estamos haciendo, termina con la discusión.

2 . No existe una separación determinada entre cuerpo y espíritu

Cuando *examinamos* al ser humano, nos encontramos con la sorpresa de que no existe una separación delimitada entre materia y espíritu, entre el cuerpo y el *yo*. Ni siquiera se puede determinar dónde radican las emociones, o dónde encontrar el proceso de tomar decisiones, porque cada pensamiento que tenemos *influye* en todos los órganos de nuestro cuerpo.

Materia y espíritu están íntimamente ligados y es imposible separarlos. Pensamientos, sensaciones, emociones, decisiones, reflexiones, etc., recorren absolutamente todo nuestro cuerpo sin que tengamos la más mínima posibilidad de verificar dónde se encuentran en cada momento. Las últimas investigaciones sobre localizaciones en nuestro cerebro admiten que existen zonas que se activan o se inhiben en ciertos momentos de nuestra vida dependiendo de lo que estamos haciendo: pero aun así, nuestro sistema nervioso se encarga de trasladar esa misma actividad a todo el cuerpo en cuestión de décimas de segundo. Esa es una de las razones por las que sentimos nervios en el estómago, nuestras manos sudan cuando tenemos miedo, o todo nuestro cuerpo parece flotar en un momento de placer. La relación entre todos los miembros es tal, que se habla de sensaciones psicosomáticas y de enfermedades psicosomáticas.

Si queremos examinar los fenómenos del alma (personalidad, decisiones, sentimientos, pensamientos, etc.), no podemos usar pruebas empíricas, tenemos que dar un salto en la investigación, y ese salto es arriesgado y difícil: se trata de ir más allá de lo sensorial, aunque los sentidos nos puedan dar información sobre lo espiritual también. Nuestras decisiones afectan al mundo espiritual más de lo que pensamos, en dimensiones que todavía no sabemos ni conocemos; de la misma manera que el enfado, la preocupación, la amargura, el odio, etc., influyen en nuestro cuerpo. Hay una interacción entre lo espiritual y lo material: no es el cerebro el que piensa, decide, ama, siente, se alegra o sufre, ¡todo el cuerpo lo hace! Somos cada uno de nosotros los que pensamos, sentimos, amamos, etc., de una manera diferente. Los animales reaccionan de la misma manera a los mismos impulsos. Actúan en *manada* y se puede estudiar su comportamiento e incluso observar algunas pautas de lenguaje simple, porque todos responden a los estímulos de la misma manera. El comportamiento del ser humano es impredecible: cada ser es absolutamente diferente, y no obedece a criterios evolucionados porque cada persona *examina* e *introduce* dentro de sí mismo lo que percibe del exterior de una manera diferente. Este sería un momento genial para aplicar la famosa *Navaja de Ockham* en el procedimiento científico, (nos enseña que la respuesta más simple suele ser la correcta), para concluir que, si reaccionamos de una manera diferente ¡es porque somos diferentes!

En la vida podemos experimentar diferentes tipos de fenómenos:

- En primer lugar fenómenos físicos, que, como hemos visto más arriba, tienen que ver con todo lo que *percibimos* a través de los sentidos.

- En segundo lugar, nos encontramos con que nuestra mente tiene la capacidad de estudiar esos fenómenos. Podríamos experimentar las sensaciones físicas sin ninguna posibilidad de interactuar con ellas, (más allá de buscar lo más placentero o huir del dolor), como cualquier animal puede hacer; pero no, somos capaces de derivar ideas y razones de lo que vemos, oímos, sentimos, etc., e interactuar con nosotros mismos y con los demás, en cuanto a esas ideas.

- Eso nos lleva a un tercer nivel, el de *tratar* con los fenómenos relacionados con nuestra voluntad: razonamos y compartimos ideas con los demás, de tal manera que llegamos a *influenciarnos* mutuamente, tanto en nuestros pensamientos como en la conducta.

- Si seguimos *ascendiendo*, nos encontramos con los juicios de valor que tienen que ver con lo que pensamos, los conocimientos que tenemos, las decisiones que tomamos, y en último término, con nuestra propia libertad. Muchas circunstancias pueden influir en cómo se forman esos juicios dentro de nosotros, pero tenemos que concluir que cada uno defiende lo que cree que es moralmente correcto, aun a costa de enfrentarse a otros.

- En quinto lugar, vivimos fenómenos relacionadas con lo inconsciente: situaciones en las que, aparentemente, no tenemos nada que hacer o decir, pero en las que nuestro cuerpo reacciona de una manera que nos resulta a veces desconocida para nosotros mismos. En cierta manera, es como si nuestra mente tomara decisiones por sí misma; pero aun en esa *inconsciencia* cada uno reaccionamos de una manera diferente ante los mismos estímulos.

- Ese *inconsciente* surge de nuestra personalidad, de lo que realmente somos: nuestro carácter. Aquello que nos define interna y externamente, y que está dentro de nosotros de tal manera que nos hace únicos, como vamos a ver más adelante.

- En el último nivel aparecen los llamados *fenómenos espirituales*: no pueden ser conocidos, medidos ni estudiados racionalmente de una manera exclusiva, porque escapan a cualquier tipo de clasificación. Hablamos de amor, libertad, paz, contentamiento, etc., pero también de otras cualidades que *atraviesan* todos los niveles, como la imaginación o la creatividad. Nuestro espíritu impregna todo lo que somos para formar nuestro *yo*, que está compuesto por la unión de todos los fenómenos, todo nuestro ser material y espiritual.

Lo que no puede definirse como materia también existe

Podríamos decir que somos realmente *humanos* por lo espiritual, no solamente por lo material. Es cierto que lo exterior es diferente en cada persona, pero realmente es el carácter, las ideas, los sentimientos, las decisiones, etc., lo que nos hace únicos[2]. Muchos tienen la confianza de que en algún momento podrán ubicarse los lugares exactos (en nuestro cuerpo) donde asentar esos pensamientos, sentimientos, emociones, decisiones, etc., pero aun así, ese descubrimiento no nos llevaría a conocer cuál es el origen de nuestros pensamientos, o cómo surge una idea dentro de nosotros. Mucho menos conocer el proceso por el cual llegamos a deducciones y conclusiones que nunca antes habíamos escuchado o meditado ¡incluso dando soluciones imaginarias a situaciones imaginarias!

Para darnos cuenta de qué estamos hablando, debemos recordar que Isaac Newton comprendió, al ver caer una manzana de un árbol, que la ley de la gravedad era igual en cualquier lugar del planeta y en todas las circunstancias: una ley que atrae a todos los cuerpos hacia la tierra. Todos podemos llegar a comprender esa ley; lo que es imposible, no solo para Newton sino también para cualquier otra persona, es medir la reacción que esa misma manzana ocasionaría en cualquier otro que estuviera sentado debajo de ese árbol. Miles de personas habían contemplado una caída similar debajo de muchos árboles en lugares diferentes, pero fue Isaac el que derivó de ello la existencia de una ley universal. Si seguimos con nuestro ejemplo, el dolor del golpe en la cabeza del espectador puede ser igual (¡aunque eso también habría que verlo, porque cada persona reacciona al dolor de una manera diferente!), pero la sensación sería diferente si está descansando tranquilo o si está hambriento. En el primer caso la manzana puede ocasionarnos inquietud y cierta amargura; en el segundo, esa caída puede ser lo mejor que nos haya ocurrido en ese día. ¡Y solo estamos hablando de los supuestos más simples!

Es cierto que la ley de la gravedad fue *descubierta* porque alguien con una mente racional contempló la caída de esa manzana; pero también es igual de cierto que el conocimiento no puede quedarse ahí: la reacción individual e íntima de cada persona o incluso de la misma persona en diferentes circunstancias ¡tiene que ser estudiada también! No podemos negarnos o hacer oídos sordos a esa sensación, si no queremos ser nosotros mismos el freno de una nueva investigación *racional*. Una investigación que va mucho más allá de lo que se ve o se puede medir con instrumentos materiales. Lo que hizo que Isaac comprendiera

---

2   Como veremos más adelante, nuestro ser espiritual *recorre* todo nuestro cuerpo. Lo que es curioso, es que no podemos *verlo* ni saber dónde *localizarlo*. En la Biblia está muy claro lo que es realmente importante: *Así que no nos fijamos en lo visible, sino en lo invisible, ya que lo que se ve es pasajero, mientras que lo que no se ve es eterno.* (2 Corintios 4:18). Al fin y al cabo, las ideas, sentimientos, decisiones, sensaciones, incluso ¡las razones!, etc., nos sobreviven; lo material termina destruyéndose. Lo espiritual es lo que permanece.

y formulara la ley estaba en su interior: era algo espiritual que no tenía nada que ver con el árbol, la manzana, o incluso como estaba el tiempo meteorológico en ese momento.

Por si fuera poco, cuando formulas una ley después de haber observado uno o varios fenómenos, explicas lo que ha sucedido siguiendo el procedimiento de la metodología científica, pero esa ley está *sometida* a las palabras y a la explicación racional que le estás dando. Sería una definición racional que todos pueden entender, y que *existe* aparte de los elementos materiales que *actuaron,* y aparte, también, de la persona que la formuló. Estará ahí aunque esos fenómenos hayan pasado, y por supuesto después de que la persona que la haya formulado haya fallecido. En cierta manera esa ley es independiente a todo y a todos, así que, esa racionalidad va mucho más allá de lo material, y está mucho más cerca de lo espiritual de lo que muchos creen.

3. El problema del naturalismo

El naturalista defiende que solo se puede investigar lo que existe materialmente: no hay nada más allá de la masa y la energía que la transforma. El problema es que si usamos el naturalismo para explicarlo todo, tenemos que describir no solo lo que vemos, sino también lo que no alcanzamos a comprender, de tal manera que ese mismo naturalismo pasa a ser filosófico y, por lo tanto, la base de nuestro *mundo* de las ideas. Tarde o temprano, el naturalismo deja de serlo, porque no puede mantenerse a sí mismo sin fundamentarse de una manera filosófica en un mundo *inmaterial*. Más temprano que tarde, el naturalismo da el salto al mundo espiritual, ¡y no solo eso!, a partir del momento en el que nuestra manera de ver el universo regula nuestros razonamientos ¡se convierte en un sentimiento religioso! Somos *naturalistas* tan religiosos o más que aquellos que defienden la realidad espiritual, porque no queriendo dar un paso más allá de lo racional, hemos convertido toda disputa científica en una cuestión de voluntad: la de no querer admitir lo que no podemos controlar racionalmente. Sigue siendo cuando menos curioso, que se acuse a otros de tener una *muleta* para las cosas que no pueden comprender, cuando desde el razonamiento natural ¡no se admite la existencia de lo que no se puede entender!

El *salto* de admitir que existe lo espiritual, es imposible que algunos quieran darlo, porque jamás podrían reconocer un origen para nuestro espíritu. No hay manera racional de demostrar ese origen, y por lo tanto habría que comenzar a hablar en términos espirituales, cosa que no se puede permitir de ninguna manera: no podría estudiarse con los actuales métodos científicos, y (sobre todo), implicaría ir más allá de la razón en algún momento. La existencia de un mundo que no podemos medir con nuestros parámetros materiales supone que muchas situaciones se nos pueden escapar de las manos (nunca mejor dicho), y muy pocos quieren seguir por ese camino. Creen que en la base de su metodología científica está el hecho de que tenemos que controlarlo todo, explicando los procesos materiales a través de la ciencia, de tal manera que se excluya un origen de todo[3]. Por eso de ninguna manera se puede admitir nada espiritual, porque desde ese momento habría que explicar un origen de lo espiritual ¡Mucho más *peligroso* para el naturalista que el propio origen de la materia!

Necesitamos explicar nuestro sistema de creencias

El naturalismo tiene que fundamentar todo su sistema aferrándose a la razón, de manera que la lógica de sus pasos se vea refrendada por la realidad. Necesita no solo explicar la causalidad del universo, sino también su finalidad. Si no existe una respuesta, nos encontramos con situaciones cuando menos paradójicas: algunos psiquiatras y psicólogos intentan resolver la gran mayoría de las situaciones que se les presentan, medicando cada sensación y recetando remedios para cada *sentimiento*. Es cierto que algunas de las llamadas enfermedades del alma son ocasionadas por disfunciones en el sistema nervioso, o pueden ser debidas a somatizaciones de nuestros sentimientos; pero intentar resolver todo de una manera naturalista sin tener en cuenta que si se habla del *alma* es por algo, significa no solo no poder encontrar la razón de una determinada dolencia, sino también reducir al ser humano a una serie de estímulos y respuestas, que terminan por hacerle totalmente dependiente de fármacos y tratamientos materiales. Si lo que queremos es encontrar la localización de cada emoción en el cerebro y/o en el cuerpo, para poder entrar en lo más profundo de la personalidad humana acompañados de un bisturí y de multitud de productos farmacéuticos, vamos a introducir al ser humano en una cárcel de sensaciones de la que le será imposible salir.

No está de más recordar que si solo fuéramos exclusivamente materia, sin ningún tipo de *ajuste* espiritual, no podríamos hacer algo tan sencillo como escoger entre opciones diferentes[4], a veces incluso eligiendo situaciones aparentemente contradictorias. La conducta humana no

---

3 Aunque nos referiremos más adelante a esa frase, una y otra vez, para no tener que admitir un origen de la vida, nos dicen: *el universo es lo que siempre ha existido y siempre existirá.* Como si eso fuera la *caja de Pandora* que soluciona todos los problemas de la ciencia.

4 De hecho, muchos físicos naturalistas defienden que la libertad (el libre albedrío, la capacidad para tomar decisiones) no existe, como vamos a ver en el capítulo dedicado al tema.

obedece a las leyes naturales: la física, la química, la biología obedecen a leyes universales, pero las ciencias humanas a duras penas pueden mantener su *status* de ciencia de una manera tradicional, porque nadie puede controlar el espíritu de una persona. La libertad en la toma de decisiones no puede medirse: cada persona decide de tal manera que no podemos gobernar (*¡gracias a Dios!*). Si, al llegar a este punto, alguien defiende que no somos más que materia, entonces debe explicar también (¡si de verdad ama el método científico!), cómo surgió ese *algo más* sin ningún tipo de origen exterior a nosotros.

4. Lo espiritual, lo más profundo y esencial de nuestro ser

Mi objetivo al escribir este párrafo no es que los demás sepan lo que he escrito y como fui capaz de ordenar palabras y espacios de manera que puedas leerlo. ¡Lo que realmente deseo es que comprendas mis razonamientos y mis motivaciones, quiero que discutas conmigo, que podamos llegar a un acuerdo o a un desacuerdo, quiero que sepas como me siento cuando digo algo y como se sienten los que lo escuchan! ¡Quiero ir más allá de la tinta y el papel, incluso más allá de las mismas palabras y de los espacios entre ellas, más allá de la comprensión de lo que está escrito! Eso es algo cien por cien espiritual: nadie sabe dónde localizar mi deseo de ser comprendido y el del lector de intentar comprenderme, ni ¡todavía más importante!, la razón por la que podemos y/o queremos llegar a ello.

Podemos leer ciertas ideas en un libro, y esas ideas son materiales porque usan un lenguaje establecido que permite comunicarnos con el escritor del libro y entenderlo; pero desde el mismo momento en el que la idea *penetra* dentro de nosotros, comienza un proceso que escapa a lo simplemente racional, porque sí, es cierto que esa idea llega a nuestro cerebro y podemos situarla mediante diferentes sensaciones de nuestro sistema neuronal, pero lo que esa idea ocasiona en nuestro cuerpo va mucho más allá del lenguaje que usa o los pensamientos que deja entrever. No leemos exclusivamente con nuestros ojos y nuestra mente, sino también con el corazón, con nuestro cuerpo y ¡con nuestra alma! ¡Esa espiritualidad es una de las razones por las que la misma idea puede derivar en consecuencias completamente diferentes, dependiendo de la persona que la está leyendo!

Lo espiritual se sumerge en un nivel mucho más profundo que el del propio significado. Nuestra esencia espiritual *juega* con los significados y los significantes. No podemos olvidar que ellos viven porque nosotros somos; lo espiritual es trascendental en nuestra existencia: no podemos definirnos a nosotros mismos ni a los demás sin ese tipo de conocimiento. Al entrar en el mundo de las ideas, la razón poco más puede hacer: como cuando quieres recorrer un bosque y vas con tu vehículo por la carretera, pero los caminos se hacen más estrechos y tienes que bajarte y seguir andando. Para adentrarse en lo espiritual tenemos que caminar por fe, ella nos ayuda a *ver* lo que existe a nuestro alrededor, y que no es esencialmente materia[5].

Sobrepasar los límites de la razón: el origen de lo espiritual

Para cualquier defensor del método científico, no le debería significar ningún problema dar un salto para entrar en un mundo donde la razón no nos deja llegar de una manera plena, pero sí podemos entrever lo que puede existir. De todos los *saltos* que ha dado en su argumentación, ese sería uno de los más sencillos, porque no se trata de eliminar la razón, sino de usarla para acceder a un nivel superior. Los que creemos en Dios sabemos que esa es la puerta que Dios ha dejado entreabierta, para que entremos en una dimensión diferente. No se trata solo de lo que ya conocemos, sino de lo que podría llegar a suceder. Si decimos de entrada que Dios no existe, jamás podremos acercarnos a esa puerta.

En los últimos años se está hablando mucho de la inteligencia emocional, e incluso algunos van más allá al escribir sobre inteligencia espiritual, porque se han dado cuenta de que hay algo más importante que el simple conocimiento de datos, leyes y formas. Todos hablan del conocimiento en una dimensión más amplia, porque pensamientos, sensaciones, emociones, y decisiones están tan relacionados entre sí, que es prácticamente imposible saber dónde comienza y dónde termina cada uno. Si nos hemos preguntado de dónde viene nuestra capacidad racional, también debemos preguntarnos sobre el origen de la espiritualidad. ¿En qué momento de la evolución natural las personas comienzan a reflexionar y pensar, si defendemos que ningún ser espiritual intervino en ese proceso? ¿Cuándo comenzó el ser humano a tener conciencia y consciencia? ¿Cuándo se dio ese salto de calidad entre la vida animal y la racional? ¿Fue así en todos los seres humanos en un determinado momento, o hubo un primer ser en el que *prendió la chispa* del conocimiento y la razón? A nivel naturalista prácticamente nadie se ha preocupado de ese *detalle,* y muy pocos investigadores aportan explicaciones más o menos plausibles para ese fenómeno incomprensible materialmente. Si un simple cambio de postura en la evolución homínida (como el hecho de pasar al llamado *homo erectus*) ha hecho correr ríos de tinta en la investigación, ¿no es mucho

---

5   De la misma manera que los colores existen pero no tenemos como demostrárselo a alguien que ha nacido ciego, lo espiritual está ahí; aunque no podamos medirlo de la misma manera ni *localizarlo* en una circunstancia material.

más importante e intrínsecamente complicado que, de un día para otro, el ser humano haya *decidido* pensar?

La validez del método racional para las preguntas trascendentales en la vida

Desgraciadamente, la ciencia no puede responder a ninguna de las preguntas importantes que nos hacemos en la vida: no solo en cuanto al origen de la razón, sino también el sufrimiento, la toma de decisiones, la complejidad de las relaciones, el deseo de búsqueda de la libertad, la necesidad de comunicación, nuestra identidad personal, etc. Condenar a alguien a vivir sin resolver esas preguntas, o simplemente darle respuestas fáciles, significa abandonarlo perpetuamente a la frustración de no encontrar sentido en la vida. No podemos usar solo las herramientas del método racional y empírico para examinar las situaciones que no tienen nada que ver con lo estrictamente material. Todas las situaciones trascendentales de nuestra existencia se resuelven en base a parámetros espirituales que viven muy por *encima* de lo natural, tal como hemos visto: libertad, amor, sentido, paz, amistad, alegría, amargura, etc. ¡Podríamos escribir miles de páginas sobre su trascendencia! La cuestión es que cuando necesitamos resolver una situación importante en la vida, siempre tiene que ver con lo espiritual, y necesita una solución *más allá* de lo material[6].

En una situación determinada podemos tener paz o sentirnos bien, pero si volvemos a *vivir* las mismas circunstancias ya no sentimos lo mismo. Cada vez que escuchamos algo o hablamos con alguien, aunque digamos las mismas palabras o vayamos al mismo lugar, lo vivimos de una manera diferente. ¿De dónde viene esa creatividad y esa profundidad en nuestras relaciones con nosotros mismos, con los demás, y con todo lo que nos rodea? Vivimos, siempre, más allá de lo material, experimentamos dimensiones espirituales continuamente: nuestra vida está muy por encima de las circunstancias y los estímulos materiales.

Si veo a alguien golpeando a otra persona, reconozco que es un fenómeno material, pero inmediatamente pienso la razón por la que lo hace (lo que me obliga a ir un paso más allá de lo que veo), y de la misma manera, mi *yo* comienza a pensar en cómo pedir ayuda o impedir que sigan pegándose, porque creo que no es una buena solución que se estén haciendo daño. En unos segundos paso de algo específicamente material, a *sentir* el

---

6 Incluso, a veces, acusamos a algunas personas de ser *frías* o *insensibles.* cuando son capaces de decidir exclusivamente por razonamientos de pros y contras, y no ver más allá. No queremos vivir así, porque nos damos cuenta de que nos convertiríamos en *monstruos.*

daño o el dolor que uno de los dos (o ambos) pueden sufrir, me pongo en el lugar de ellos, o ¡por lo menos!, tomo la decisión de que esa situación no debe continuar. Todas las decisiones surgen de algo material, pero que no tienen nada que ver con las leyes de la energía, la física de los golpes, el peso de cada uno de ellos, etc. Las razones por las que se golpean (un enfado, algo que uno de los dos ha hecho, etc.), va más allá de la materia, y tanto los sentimientos que expresan como las sensaciones que vivirán cuando dejen de golpearse, son exclusivamente *espirituales*. Todos esos fenómenos, los puedo sentir yo aunque esté completamente ajeno a la escena. De hecho, si lo viera y no me preocupara en absoluto, se podría deducir que soy insensible, ¡incluso se me juzgaría por esa indecisión! Quien me contemplara como espectador de esa escena, estaría juzgándome espiritualmente a mí también, porque estaría tomando una posición sobre mi postura moral ante ese hecho. Por lo tanto, no podemos medir lo espiritual con parámetros materiales, de la misma manera que es imposible medir los años que tengo de vida en capacidades cúbicas, ni las veces que late mi corazón con un metro[7].

Cuando la materia misma va más allá de lo material

En los últimos años hemos descubierto que la materia necesita, dentro de sí misma, información que la defina, de otra manera no existiría. No importa si es materia inerte o materia viva: ambas están compuestas de átomos y partículas que les dan una forma determinada y unas características determinadas.

Si hablamos de materia viva, el ADN es lo que define esas características; más adelante hablaremos sobre eso. Si examinamos cualquier otro tipo de materia, encontramos que la información es la que le da forma (eso es lo que significa originalmente la palabra). En ese caso, la materia es pasiva, pero la información es activa. La naturaleza puede tener información en sí misma que lleve a cabo los procesos de transformación de la materia, como por ejemplo cuando una semilla cae a tierra y, con el tiempo, se transforma en trigo: dentro de esa semilla está la información necesaria para llevar a cabo esa transformación. Esa información no puede surgir por sí misma ni la naturaleza puede generarla: podemos tener madera para hacer una casa, pero la madera jamás podrá hacerlo sola, necesita un agente

---

7 Como veremos en el siguiente capítulo cuando hablemos de la materia inerte, la gran sorpresa de los últimos años es la *aleatoriedad controlada* de los electrones: el hecho de que se comporten como onda y como partícula al mismo tiempo. Todos han comenzado a hablar sobre la *metafísica* de la física. Hasta ahora creíamos que solo lo que podíamos observar era real; pero ahora sabemos que algunos elementos físicos cambian con nuestra observación, e incluso hay muchos que ¡no pueden ser observados! Eso nos debería hacer reconocer que lo espiritual también es real, aunque no pueda ser observado.

transformador. Pueden pasar millones de años de madera amontonada y agentes exteriores (aire, agua, temperatura, etc.) que influyan en ella, si no hay inteligencia e información, jamás surgirá un barco. ¡La naturaleza, no puede generar esa información por sí misma!

El naturalismo defiende que no existen fuerzas ni seres sobrenaturales. Incluso si definimos de una manera *espiritual* a las emociones, sensaciones, decisiones, etc., nos explica que su origen es exclusivamente natural, debido a nuestro sistema nervioso. El argumento es, *si no lo necesitamos, no existe*. Es obvio que si le aplicamos a cualquier metodología científica ese argumento, llegamos a la ridiculez: lo que sucede es que el naturalismo defiende las explicaciones naturales porque no quiere entrar en lo sobrenatural, como hemos visto.

El miedo a lo milagroso

Pocas situaciones han enfrentado tanto a los naturalistas con los creyentes como la cuestión de los milagros. Después de la existencia de Dios, es el tema que ha hecho correr más ríos de tinta: una y otra vez, los ateos han reiterado que la naturaleza no permite, ni puede permitir que se infrinjan sus leyes.

La cuestión es que los milagros pueden existir sin ir en contra de las leyes de la naturaleza, porque en todas ellas puede haber excepciones que las confirman, como la lógica nos enseña. De hecho, gran parte de la investigación científica está orientada a que se realicen *milagros*, logrando vencer leyes en base a otras leyes *superiores*: por ejemplo, las leyes aerodinámicas hacen que los aviones puedan volar sin preocuparse de la atracción irresistible de la ley de la gravedad. En otro campo, a nivel médico podríamos decir que seguimos luchando contra la muerte para intentar vencerla, ¡lo más anticientífico sería pensar que no es posible ese *milagro*! Si podemos intervenir en la naturaleza, no anulando las leyes sino dominándolas, ¡cuánto más no podrá hacerlo el Creador!

Como esa afirmación parece demasiado simple, necesitamos poner un ejemplo: a muchos de nosotros nos gusta el circo; uno de los espectáculos preferidos es el de los trapecistas. Prácticamente todos los circos tienen una red colocada a media altura por si alguno de los trapecistas comete un error grave en su vuelo y no es capaz de agarrarse a la barra o a uno de sus compañeros. La red impide una muerte segura, o al menos lesiones vitales graves, pero no anula la ley de la gravedad. La red protectora no va en contra de la naturaleza, de la misma manera que la ley natural no puede *impedir* que la red amortigüe la caída y salve a nuestro amigo. La ley sigue ahí, pero nosotros podemos realizar acciones que la anulan para nuestra conveniencia y seguridad, y ¡nadie diría que somos crueles por infringir esa ley y salvar una vida humana! La naturaleza no *sufre* en absoluto por ese *milagro*.

De eso se trata cuando hablamos de *milagros*, no de alterar las leyes, sino de vencerlas sin anularlas: la ley de la gravedad no es menos poderosa porque hayamos salvado la vida al trapecista. No nos puede extrañar que un *Ser Superior* pueda hacer milagros cuando Él quiera sin violar las leyes que Él mismo ha diseñado, porque de ninguna manera hace *de menos* a esas leyes. Si seguimos con el mismo ejemplo, si no hubiéramos colocado la red, el trapecista podría haber caído en una posición determinada, de tal manera que no se hubiera hecho ningún daño, y entonces todos exclamarían: ¡*fue un milagro!* Al escuchar esa frase nadie iría a comprobar si la ley de la gravedad sigue siendo fiable, o si el público ha enloquecido al hacer tal afirmación[8].

Tenemos la posibilidad de usar las leyes naturales de una manera inteligente para cualquier propósito: por ejemplo, en algunas granjas se le hacen poner huevos varias veces al día a las gallinas, engañándolas apagando y encendiendo las luces: haciendo *creer* a su organismo que la noche ha terminado cuando realmente solo han pasado tres o cuatro horas. Influimos en la naturaleza con un propósito a pesar de que las leyes siguen ahí. No podemos negarle a Dios el derecho a hacerlo para un buen objetivo, cuando nosotros lo hacemos por motivos egoístas.

Pero no son los milagros en general los que molestan a ciertos investigadores, sino el *milagro* por excelencia: la resurrección de Jesús de Nazaret. Aun en la argumentación de ese hecho (del que hablaremos más adelante), debemos dejar claros algunos detalles: hasta hace no mucho, se decía que era imposible que alguien que acababa de morir pudiese volver a la vida. Hoy se practican técnicas de *resucitación* por medio de aparatos desfibriladores, que tienen mucho éxito en los minutos siguientes al *fallecimiento*, cuando el corazón de un ser humano se para. Si alguien hubiese hablado de eso hace cien años, le habrían tildado de *loco*. Déjame que te diga algo: si yo fuera médico y llegara a idear un aparato que pudiera hacer volver a la vida a una persona después de un par de horas de su fallecimiento, sería un genio y ganaría (¡como mínimo!) un premio Nobel. Si Jesús lo hacía por la sencilla razón de que Él es la fuente de la vida, y su energía es millones de veces superior a la de cualquier desfibrilador, muchos le definen como

---

8   No debemos olvidarlo, porque tanto la Biblia como la historia nos enseñan que Dios ha intervenido en muchas ocasiones realizando milagros para *ayudarnos* a conocerle, y para que nos demos cuenta de que Él nos cuida. Decir que eso es imposible, sin ninguna otra argumentación, no solo significa tratar de *locos* a los testigos presenciales de esas situaciones, sino también demostrar la propia ridiculez de nuestros argumentos.

un engañador, y, quien crea en Él, es poco más que un tonto. Es obvio que mantener este tipo de argumentos no tiene ningún sentido racional. Si un día, se pudiera llegar a resucitar a una persona varias horas después de muerta, la ciencia vería ese fenómeno como un *avance extraordinario*. Si Dios lo hace ahora, nos dicen que somos irracionales y crédulos, por darle más importancia a la fe que a los hechos; y además seguirían argumentando que ¡lo que hemos visto es imposible porque las leyes de la naturaleza no se pueden romper!

Al final, el problema no es el milagro, sino quien lo hace. ¿Nosotros? ¡Claro! Por eso *somos inteligentes*. ¿Un ser superior? ¡De ninguna manera! No me entiendas mal, simplemente estoy intentando que todos nos situemos en el mismo nivel de la argumentación: es curioso que quienes no creen en las pruebas históricas sobre un milagro concreto (como la resurrección de Jesús), incluso con testigos oculares, ¡si creen en alguien que dice que los milagros son imposibles, sin que nos dé ninguna prueba! Basta con decir: *no se pueden infringir las leyes de la naturaleza,* para que todos lo crean sin chistar. Cualquier juez que actuase de la misma manera sería inmediatamente juzgado por prevaricación: la evidencia y los testimonios son más importantes en un proceso científico que las opiniones. Las pruebas son más poderosos que las creencias. ¡En eso tenemos que estar de acuerdo!

Por lo tanto, la ciencia no puede demostrar que los milagros sean imposibles. Tampoco puede probar causas sobrenaturales, porque para el método científico no existen, así que tenemos que concluir que no es tanto que la ciencia no crea en los milagros, sino que estos sobrepasan su método de estudio. La ciencia no puede explicar la razón por la que yo abandono mi trabajo en un momento al saber que mi mujer me necesita, tomando una decisión extraordinaria sin ningún motivo aparente, porque la ciencia no puede medir que yo la amo. Ese amor me *obliga* a hacer algo extraordinario y fuera de mi comportamiento normal. Eso es lo que ocurre con los milagros.

Dios puede transmitir información que haga que las partículas se muevan de una determinada manera, porque las leyes no fueron diseñadas de una manera abstracta o al azar, sino para que la naturaleza las interprete de una manera exacta. El hecho de que Dios intervenga no impide que esas leyes continúen tal como son. Cuando Hawking afirma: *(El determinismo científico…), es la base de toda la ciencia y un principio que desempeña un papel muy importante a lo largo de este libro. Una ley científica no es tal si solo se cumple cuando un ser sobrenatural decide no intervenir*[9], no recuerda (o no quiere recordar) que nosotros mismos intervenimos en las leyes para nuestro propio provecho: en muchas ocasiones la propia investigación científica nos *obliga* a vencer esas mismas leyes, como hemos

---

9   Hawking, S. *El gran diseño*, Crítica, Barcelona 2010; página 38.

visto en el caso de los aviones y la ley de la gravedad. Las leyes siguen ahí, pero tenemos el privilegio de dominarlas, el Creador nos concedió esa posibilidad, porque Él mismo no está limitado por su creación, aunque sea Él quién haya promulgado esas leyes para que funcionen de una manera determinada. Afirmar que todo está determinado sin ninguna posibilidad de alteración, es vivir de espaldas a la propia realidad de la investigación científica: si todo fuera como Laplace o Hawking afirman, todavía estaríamos en la edad de piedra.

5. Las limitaciones de la razón para llegar al Creador

La metodología racional por sí misma no puede llegar a una verificación de la existencia de Dios, porque Dios es espíritu, así que solo podemos llegar a conocerle a través de un conocimiento espiritual. Solo cuando damos ese *salto* podemos colocarnos en una dimensión diferente. Podríamos argumentar que si fue Dios el que nos creó, debería haberlo hecho de tal manera que pudiéramos llegar a él racionalmente… Aparentemente es un buen argumento porque, de hecho, Dios nos regaló esa capacidad, pero el problema es que nuestra respuesta a esa revelación, como vamos a ver más adelante, fue no querer reconocerle. ¡De hecho lo seguimos haciendo hoy! Perdimos la conexión con Él, así que necesitamos ayuda para escucharle. No porque Él no quiera, sino porque nosotros le damos la espalda. Una persona que está sorda, pierde la capacidad para disfrutar de la música. Puede ver a una orquesta tocando, e incluso puede sentir el tacto de un instrumento o los golpes de la percusión, pero no puede escuchar las melodías y armonías, porque se mueven en una dimensión que ha perdido.

Entrar en esa dimensión diferente no es una cuestión de cantidad sino de calidad: no se trata de saber mucho, sino de conocerlo de una manera diferente, en ocasiones incluso de manera contradictoria, porque lo espiritual puede llegar a contradecirse con lo natural. Los principios que defendemos en un razonamiento natural, pueden estar equivocados cuando queremos aplicarlos en otra dimensión. Si volvemos al mismo ejemplo, un sordo de nacimiento podría llegar a creer que la belleza de la música percutida y visual es el máximo nivel al que alguien puede aspirar, sin alcanzar a disfrutar de la complejidad sonora de una sinfonía. ¡Sería imposible que alguien intentara convencerle de lo contrario, porque jamás lo ha experimentado!

Para comprender a dónde quiero llegar necesitamos volver al ejemplo de las dos personas que se están golpeando: el daño infringido físicamente puede ser idéntico, si pudiéramos medir los golpes, y estos se sucedieran con la misma intensidad; pero las consecuencias de cada uno de esos golpes es muy diferente en el interior de cada uno. Es más, todos sabemos que incluso una sola palabra puede hacer más daño que un golpe, porque alcanza a la dimensión espiritual de quién la escucha; los razonamientos trascienden lo material. En nuestro espíritu no podemos aplicar aquello de que dos más dos son cuatro; lo natural tiene que juzgarse con razonamientos naturales, y lo espiritual con *razonamientos* espirituales, para que nos entendamos.

Esa es la razón por la que, si renunciamos a lo espiritual, no podemos conocer a Dios de una manera personal. Quizás lleguemos a conocer algunas de sus características, apreciar su creación o inferir racionalmente que necesitamos un diseñador excelente para todo lo que vemos, pero sin poder relacionarnos personalmente con Él. ¡A nadie debería extrañarle esa afirmación! Cualquier relación es espiritual: no podemos tener amistad con alguien a un nivel exclusivamente material, sin compartir sentimientos, pensamientos, decisiones, reflexiones, etc. Esa amistad entre dos personas es un reflejo de la amistad que podemos tener con nuestro Creador: nuestra relación con Él debe ir *más allá*, así como la relación entre dos personas alcanza su cenit cuando llega hasta lo más profundo del ser de cada uno. Nadie quiere tener relaciones exclusivamente materiales o corporales con los demás: queremos sentir, hablar y escuchar, amar, decidir y ayudar, necesitamos emocionarnos y que nos emocionen; entusiasmarnos y apasionarnos junto a otras personas. Hemos sido creados así: lo espiritual es lo que realmente nos llena, aquello que no podemos perder ni nadie puede quitárnoslo. Lo material puede irse de un día para otro, lo espiritual permanece[10].

Un grave problema: la muerte de la espiritualidad

Cuando hablamos de una persona, podemos referirnos a ella a nivel físico (lo que recibimos de ella por nuestros sentidos), biológico (su vida), psicológico (el yo), social (relación con los demás), cultural (el entorno y su manera de ver la naturaleza), espiritual (individualmente y en su relación con los demás), y transcendental (su relación con el *más allá* y, por lo tanto, con Dios). Los niveles están completamente entrelazados de tal manera que no podemos desechar ninguno, porque todos interactúan entre sí[11]. Todas las disciplinas que se aproximan a cada uno de esos niveles, no pueden vivir una sin la otra: medicina, antropología, biología, sociología, psicología, teología, etc.

---

10   Esa es la razón por la que Dios ofrece una relación que dura por toda la eternidad, porque es en ese campo donde encontramos sentido en nuestra vida.

11   Como mucho, podríamos decir que, cuando llega la muerte, aparentemente solo queda la parte física del ser humano hasta que se destruye por completo, pero aun así, Dios nos habla de un cuerpo transformado *en el futuro*.

Es curioso que en los últimos años, con la anunciada *muerte* de Dios, la espiritualidad haya crecido en el primer mundo de una manera desorbitada: los libros de autoayuda, esoterismo, profecías, mundo de lo oculto, sectas, religiones orientales, etc., están entre los más vendidos. Querer ser espiritual sin Dios es como pretender vivir sin respirar, tarde o temprano nos falta el aliento; perdemos nuestro yo, porque lo espiritual no sabe dónde fundamentarse: el ser humano se pierde a sí mismo, porque no sabe hacia dónde mirar ni dónde buscar. Puede que algunos piensen que podemos introducirnos en el mundo espiritual de esa manera; como argumento es perfecto, al menos te permite dar el primer paso. Lo que es completamente ilógico es no querer seguir porque queremos hacerlo a *nuestra manera*. Es como si queremos llegar a la casa de un determinado amigo únicamente por medio de una autopista. O esperamos a que haya autopistas que lleguen a todas las casas del mundo (lo cual será imposible), o tenemos que seguir otro tipo de vías. Puede que incluso hasta caminos sin asfaltar, si el lugar que al que queremos llegar merece la pena. Y no hay nada que merezca más la pena que la búsqueda de significado en la vida.

Muchos siguen defendiendo que nadie ha creado la materia, ni la vida, ni el espíritu. Se sostiene científicamente que todo tiene una razón, ¡eso es algo que todos admiten! ¿Para todo menos para el fundamento de todo? ¿El origen de la vida, del espíritu, de la mente, y de nuestros pensamientos, y por lo tanto el origen de nuestro significado como personas, no tiene una razón? Dios nos hizo de tal manera que incluso lo espiritual se siente y se descubre por medio de la materia: el amor se expresa en nosotros, en la naturaleza, en nuestro cuerpo, y por medio de nuestros sentidos podemos llegar a conocer situaciones que trascienden a lo simplemente material. Vivimos en lo espiritual y lo sobrenatural todos los días de nuestra vida. Cada día pensamos, amamos, decidimos, sentimos, etc., procesos que no son naturales en sí mismos, sino que van más allá.

Por si fuera poco, cuando nos adentramos en el mundo espiritual encontramos el poder y la energía para crear. Como vimos, no es la materia la que tiene esa habilidad, sino las ideas que transforman esa materia por medio de un agente que crea (o destruye) de acuerdo a esas ideas. Nuestra mente es espiritual, y las ideas que tenemos y plasmamos en aquello que construimos (por ejemplo un automóvil), son información no material que influyen y se plasman en la materia. Cuando pensamos, razonamos, reflexionamos, imaginamos, etc., escogemos lo que queremos hacer, y recordamos experiencias del pasado, planificamos el presente, o imaginamos el futuro. Todo eso existe, en principio, solo en nuestra mente, por lo tanto, en nuestro ser espiritual. De esa manera repetimos el proceso de creación que Dios realizó, porque lo que creamos surge de nuestro interior. Usamos todo lo que *encontramos*, pero ya hemos comenzado a hacer surgir algo material por medio de la energía[12], así que estamos mucho más cerca de demostrar lo que Dios ha hecho: con nuestras investigaciones nos acercamos cada día más a lo que Dios es y hace, aunque muchos no quieran darse cuenta ni reconocerlo.

Otra gran sorpresa: la espiritualidad de la materia

Entonces, si sobrepasamos los límites de la razón, ¿a dónde llegamos? Pues déjame decirte que ese *paso de fe*, se da en cada momento en el que alguien desarrolla una teoría tan avanzada que es difícil seguirla, incluso en el mundo de la ciencia. Cuando Einstein promulgó la teoría de la relatividad, casi nadie en el mundo podía ni siquiera comprenderla, porque establecía parámetros en los que el tiempo, la velocidad, la energía, la materia y el espacio estaban comprendidos de una manera tal que nadie hasta ese momento había conseguido entrever. En cierta manera iba más allá de lo *racional*, pero la ciencia comprendió que tenía visos de realidad, así que hubo que asumir muchos de los principios por *fe*, aunque no pudieran demostrarse. A partir de ese momento comenzaron a escribirse tesis sobre lo que pasaría si el hombre viajase a la velocidad de la luz: teóricamente, podría ir a un planeta, y al volver los demás habrían envejecido y él no. ¿Realmente sería así? Los datos científicos nos dicen que sí, pero jamás nadie ha podido comprobarlo. Solo se puede conocer por fe. Fe en que las condiciones del viaje y de los que *quedan aquí* sean las mismas. ¿Alguien puede asegurarlo? No, de ninguna manera, porque estaríamos entrando en una nueva dimensión. ¿Es posible viajar en el tiempo? Los que se entusiasman argumentando sobre lo que tiene únicamente que ver con lo probable, son muchas veces los mismos que no admiten hablar de un Dios que se mueva en una dimensión espiritual, o que no esté limitado por el tiempo, y por lo tanto, pueda viajar al pasado, presente y futuro sin problemas. No solo no es justo no aceptar esa posibilidad, sino que tampoco es científico hacerlo[13].

De esta manera llegamos a una conclusión que a algunos les puede asustar: el que rechaza investigar lo espiritual tiene que vivir permanentemente esclavizado a los principios naturales, los únicos que pueden ser observados físicamente. Eso puede sonar muy bien, pero la realidad es que todavía tenemos mucho para descubrir en nuestro universo. Por ejemplo, la existencia de materia oscura en el universo: en realidad, no sabemos de qué está

---

12   Eso no debería extrañarnos en absoluto, porque en el CERN (Suiza) se ha llegado a obtener partículas de materia por medio de la aceleración de la energía, dentro del llamado *acelerador de partículas*.

13   No está de más ahora escribir un pequeño paréntesis, diciendo que si Dios viajara a la velocidad de la luz, podría sobrepasar los límites del tiempo. ¡Y eso hablando de uno solo de los parámetros de la relatividad!

compuesta, ni conocemos su funcionamiento en la expansión del universo ni en las órbitas de las estrellas, pero se sabe que está ahí porque hemos comprobado su influencia en esas órbitas. De hecho se le llama *materia oscura* porque se desconoce su contenido; es un tipo de materia que no emite radiación y, por lo tanto, resulta *invisible* a nuestras investigaciones. Lo que sí sabemos es que el universo no podría mantener su funcionamiento sin ella.

La física actual, no solo ha comprobado la existencia de la materia oscura, sino también de la energía oscura. De toda la energía existente en el universo, solo conocemos y podemos medir poco más del cinco por ciento. Más del noventa por ciento de lo que existe no puede ser detectado absolutamente por ningún medio de los que podemos usar, o por ningún instrumento que hayamos podido inventar. Por eso hablamos de materia oscura y energía oscura, porque no pueden encontrarse propiedades similares a las que conocemos, ni en la materia ni en la antimateria. Tampoco se pueden cuantificar ni medir, porque no sabemos las propiedades que tienen ni las leyes que las dirigen. Solo ese cinco por ciento es materia que funciona tal como nosotros creemos, con las leyes que conocemos. Esto nos debería llevar a una reflexión: ¿a alguien se le ocurriría pensar que en ese noventa por ciento restante no pueden operar fuerzas que no son exclusivamente materiales, o que nosotros no podemos examinar en este momento? Algunas personas sí lo afirman, porque no pueden *permitir* que Dios esté *detrás* de esa materia o esa energía. Si los naturalistas afirman que no existe vida espiritual porque no podemos medirla, deberían al menos reconocer que su conocimiento del universo es limitado, y que muchas de sus afirmaciones son completamente gratuitas y sin sentido.

El vacío dentro de la materia. ¿Es la materia realmente espiritual?

Para salir de ese atolladero, algunos han comenzado a defender la idea de que vivimos en un mundo virtual[14] con un gran ordenador gobernándolo todo; un mundo en el que las personas pueden tener consciencia. Si fuera así, nos encontramos con el mismo problema, ¿quién diseñó ese ordenador y todos los programas necesarios? ¿Tendríamos conciencia de que somos conscientes para conocerlo? Alan Turing defendió en su momento que un mundo simulado podría ser consciente, pero seguimos con los mismos problemas en cuanto a su comienzo, y en cuanto a las leyes que lo mantienen en funcionamiento.

Nuestro universo está diseñado de tal manera que podemos llegar a conocer la verdad y profundizar en el conocimiento de su funcionamiento

---

14 Algunos físicos la han expuesto, como Ed Fredkin, que defiende que el mundo es un gigantesco autómata celular.

hasta lo más profundo. No es un laberinto sin sentido, sino un perfecto engranaje en el que se pueden descubrir no solo los fenómenos, sino también sus causas, y las leyes que los originan. Si tenemos la posibilidad de estudiar no es porque el azar nos abre camino, sino por la suprema inteligencia que encontramos en cada paso que damos, independientemente de que creamos en que esa inteligencia es la de un Creador o surgió solo por casualidad. Por eso, no está de más recordar que el *vacío*, como tal, no existe. Siempre nos vamos a encontrar (¡cómo mínimo!), con partículas electromagnéticas que aparecen y desaparecen en él[15].

Porque podemos razonar, tenemos que acercarnos al Creador en *espíritu y verdad*[16], es decir, de una manera espiritual y verdadera; porque Él es el origen de todo lo espiritual dentro de nosotros, y la fuente de la verdad absoluta que dirige el universo y sus leyes. Puede que esa sea una de las razones por la que Einstein manifestaba su deseo de llegar a conocer la mente de Dios *(todo lo demás son minucias,* afirmó). La Biblia dice que Dios se revela a nosotros mostrándonos parte de esa mente[17]. Quizás no estamos preparados en este momento para dar un salto tan grande, pero si conviene mencionar aquí que el Creador se vale de lo material (palabras, expresiones, incluso gestos, etc.), para hablarnos a cada uno personalmente y, así, llegar a lo más profundo de nuestro espíritu.

Eso es lo que todos esperamos: de la misma manera que alguien que construye un automóvil, puede ser admirado por lo que ha hecho pero no esperaría que sus hijos, sus amigos, o simplemente la gente en general se relacionaran con él, solo en términos de lo que significa ese automóvil, sino que le preguntasen por sus motivaciones, sus sentimientos o sus ideas cuando lo construyó; la pregunta que toda persona espera no es tanto: *¿qué es esto?,* sino, *¿por qué hiciste esto, qué hay de ti en lo que hiciste?* Todos necesitamos ir más allá de lo material, queremos expresar como nos sentimos, y que otros puedan comprendernos; nos encanta explicar las razones por las que hacemos lo que hacemos porque nuestro amor a alguien o a algo, va más allá de la materia de lo que está hecho. Siempre hay algo *espiritual* que

15   La Biblia dice que Dios es Espíritu y está en todas partes, así que la *nada*, como tal, tampoco puede definirse.

16   Juan 4:24

17   *Ahora bien, Dios nos ha revelado esto por medio de su Espíritu, pues el Espíritu lo examina todo, hasta las profundidades de Dios. En efecto, ¿quién conoce los pensamientos del ser humano sino su propio espíritu que está en él?. Asimismo, nadie conoce los pensamientos de Dios sino el Espíritu de Dios. (…) de modo que expresamos verdades espirituales en términos espirituales. El que no tiene el Espíritu no acepta lo que procede del Espíritu de Dios, pues para él es locura. No puede entenderlo, porque hay que discernirlo espiritualmente* (1 Corintios 2:10-15).

nos atrae, aun de un simple objeto[18]. De esa manera reflejamos el carácter del Creador, porque somos seres espirituales por naturaleza. Dios nos explica las razones por las que nos hizo, y cómo podemos vivir cada día, no solo más cerca de Él, sino también más felices con nosotros mismos y con los demás. Solo podemos encontrarnos con Dios en ese nivel espiritual. No se trata de que no podamos *ver* a Dios, se trata que estamos intentando buscarlo con las herramientas equivocadas.

Jesús afirmó que cuando una persona no quiere *ver* a Dios es ciega. Ese ejemplo es impresionante, porque cuando entramos en una habitación oscura pueden hablarnos y nosotros podemos hablar, oler y sentir, aunque no podamos ver lo que hay; con el tiempo puede llegar un momento en el que *conozcamos* todos los elementos y personas que hay en el interior de la habitación pero jamás podremos describir su *parecido* porque no tenemos luz, o a lo máximo podemos confiar en lo que nos dicen y repetir las descripciones que escuchamos, pero jamás sabremos si es verdad hasta que no llegue la *luz* a la habitación. En ese momento sí podemos ver lo que estamos oyendo, tocando, oliendo, etc. Si no tenemos *luz* espiritual en nuestra vida no podemos llegar a *ver* a Dios, porque nos falta algo esencial para verlo. Por eso la Biblia dice que Dios es *luz,* y esa luz puede llegar a nuestro espíritu por medio de su mismo Espíritu; es imposible verlo o comprenderlo *plenamente* de otra manera.

Más contenido audiovisual:

---

18   Como comentamos anteriormente, y a modo de ejemplo, una foto tiene valor por lo que se ve en ella, no por la materia de la que está hecha: trae a nuestro corazón recuerdos, motivaciones, sensaciones, deseos, etc.

CAPÍTULO 3
Las leyes del universo y las fuerzas de la naturaleza

En la película *Las vidas posibles de Mr. Nobody* (dirigida por Van Dormael, 2009), uno de los protagonistas, Nermo, un niño de cinco años habla sobre el conocimiento de su padre: *Papá dice que se pude predecir exactamente en qué punto exacto del cielo estará Marte, incluso dentro de cien años. Pero lo curioso es que papá no sabe lo que va a suceder dentro de diez minutos.* Es una frase genial, porque el universo se sustenta en ese funcionamiento exacto de sus leyes: observamos la naturaleza y la investigamos, porque existe objetividad y sus leyes se cumplen siempre, tienen sentido. Su funcionamiento continuo certifica que existe una verdad absoluta y ajena a nosotros.

Las teorías de la ciencia

Esa verdad objetiva y *última* que lo sustenta todo, permanece sin que nosotros podamos intervenir, por lo tanto, no somos imprescindibles: las leyes siguen estando ahí aunque nosotros no podamos estudiarlas. El universo es anterior a nosotros, y no depende de nuestra existencia.

Imitamos lo que la naturaleza hace para saber cómo surgió la vida, contemplamos el diseño inteligente detrás de lo que estudiamos, pero no podemos crear leyes que sustenten la naturaleza, ¡A duras penas podemos comprender cómo funcionan después de cientos de años de investigación! El propio Stephen Hawking, en su libro *El gran diseño* afirma que nuestro universo está *Regido por las leyes de la naturaleza y creado conforme a un plan que algún día aprenderemos a leer*[1]. Stephen no quiere decir que ese plan lo diseñó Dios, pero sí afirma que todavía nos queda mucho para saber *leer* las leyes de la naturaleza. Sea quién sea que las diseñó es más inteligente que nosotros; y si defendemos que nadie lo hizo, entonces deberíamos reconocer que la *naturaleza* es más inteligente que el ser humano.

Debemos encontrar, o ¡por lo menos!, investigar cual es el origen de esas leyes perfectamente entrelazadas e interdependientes, y que existen más allá de que nosotros podamos observarlas o no. Nuestra labor es

---

1 Hawking, S. *El gran diseño*, Crítica, Barcelona 2010, página 23.

descubrirlas porque no las hemos creado nosotros. Son leyes ajustadas y sincronizadas de una manera perfecta para que la vida sea posible y para que nosotros podamos razonar sobre ellas. Los naturalistas dicen que surgieron de la misma naturaleza, y no tienen ningún sentido en absoluto; si fuera así, la pregunta es obvia: ¿por qué podemos comprenderlas si ese hecho no nos sirve para nada?

Las mismas leyes rigen todo el universo, tanto en la galaxia más lejana como en nuestra propia tierra. Algunos dicen que es así, simplemente porque la materia lo ha hecho así, pero no defendemos ese proceso en ningún otro tipo de investigación. Si en una barriada encuentras mil casas construidas de la misma manera, con la misma estructura, igual número de habitaciones, etc., la conclusión es que fueron hechas por el mismo constructor o copiadas unas de otras, ¡nadie defendería que todas las familias construyeron exactamente igual sin estar de acuerdo! Necesitamos explicar el origen de las leyes del universo: toda nuestra investigación gira en base a esas leyes, y por más que el naturalismo intente defenderlo, ningún tipo de evolución habría sido posible sin ellas. Siempre decimos: *si la situación del universo es como la actual, los seres vivos se desarrollaron de tal manera*, pero ¿quién hizo que las leyes naturales sean exactamente así? ¿Cómo y cuándo surgieron? ¿La vida se desarrolló al mismo tiempo que las leyes físicas? ¿Más tarde? En nuestro cuerpo, los mecanismos biológicos están perfectamente diseñados: el funcionamiento de cada órgano, el crecimiento, los llamados relojes biológicos, la estructura del ADN (calificada de *milagrosa* por todos los investigadores), etc. ¿Todo surgió de una manera espontánea? ¿Toda la información perfectamente diseñada?

La obediencia a las leyes naturales

No estamos lanzando preguntas al aire para demostrar nuestro desconocimiento (¡que es inmenso!), sino para intentar encontrar respuestas racionales a lo que vemos, porque, ¡de eso se trata la argumentación científica! Por eso necesitamos seguir preguntándonos, ¿cómo obedecen las leyes los objetos inanimados? En la naturaleza hay millones de partículas que nadie puede *controlar* y que son el objeto de estudio de la física, la química, e incluso la mecánica cuántica (como por ejemplo, el funcionamiento de partículas subatómicas), ¿quién hizo que reaccionen exactamente de esa manera? ¿Cuál es el origen de la energía para que sigan funcionando? ¿Por qué las partículas nunca salen de su *órbita*? ¿De dónde vienen las leyes físicas que las dirigen? ¿Existieron antes que los procesos o los materiales que dominan? ¿Existen independientemente de los objetos? Descansar en las leyes físicas es una buena opción, pero ¿y si por cualquier razón desaparecen o cambian? ¿Y si fueron motivadas por alguien o algo que no sabemos, y que puede hacerlas desaparecer? Nuestra posición es mucho más débil de lo que creemos, ¡Nuestra fe en lo natural tiene que ser inmensa!

Las leyes del universo se mantienen estables e inamovibles, pero eso no puede demostrarse por medio del método científico; podemos verificarlo pero no demostrarlo: no podemos explicar que siempre haya sido así ni tampoco conocer el *poder* que las originó, ni encontrar lo que las sustenta. Muchos físicos dicen que el universo tiene sentido en sí mismo, con una capacidad para ser racional, es decir, para mantener por sí mismo las leyes. El problema es que si defendemos eso, llegamos a la conclusión de que la estabilidad de la ciencia depende de algo que no puede demostrarse por sus propios métodos. Me recuerda a cuando no sabemos que decirle a nuestros hijos y les contestamos *porque sí, porque lo digo yo*. Eso puede ayudarnos a salir del paso, pero desde luego no es una respuesta lógica ni mucho menos científica. Decir que el universo se sostiene *porque sí,* es caer en la misma falacia.

No es un tema menor, porque el desarrollo de la gran mayoría de las leyes físicas es lo que hace que la vida sea posible. Eso nos enseña que las leyes no pudieron evolucionar, siempre tuvieron que ser constantes, porque de otra manera no se habría podido desarrollar el universo hasta ser como es ahora: algunos defienden que esas leyes existieron desde la expansión del universo, pero de alguna manera tendrían que haber surgido antes, porque de no ser así, el universo no habría podido expandirse.

La respuesta que algunos dan es que el hecho de que la naturaleza tenga leyes consistentes y constantes es un auténtico milagro. Como veremos más adelante muchos defienden que vivimos en el mejor mundo posible y que hemos tenido una suerte extraordinaria. En esas dos frases se resumen todas sus conclusiones.

El desarrollo de la ciencia se basa en la fidelidad de las leyes naturales

Lo que observamos nos hace entrever que las leyes de la naturaleza son absolutas y se cumplen siempre; no hay excepciones. Eso es lo que más nos asombra de la naturaleza, que sea predecible y nos descubra sus leyes para poder investigarlas. No solo la racionalidad perfecta del universo, sino también su unidad en todos los campos. Todo está perfectamente entrelazado, siguiendo el mismo patrón, como si hubiera sido diseñado de una manera única. Si hubiera alteraciones, nuestro sistema *desaparecería*. Por eso nos asombra ver que el universo es *inmune* a los cambios de estructura; las leyes continúan ahí y no podemos hacer nada para cambiarlas. En cierta manera, las leyes de la naturaleza pueden ser tomadas como absolutas, pero cuando nos acercamos a ellas descubrimos que tiene que haber *algo más* que las sustente. El propio Hawking lo admite al escribir: *La mayoría de las leyes de la naturaleza existen como parte de un sistema mayor y mutuamente interconectado de leyes*[2]. Lo que significa que, si afirmamos que nadie diseñó el universo, tenemos que encontrar otra fuente del orden imperante. Tenemos que descubrir ese *sistema* mayor.

¿Por qué el universo reacciona tal y cómo lo hace? ¿Por qué se desarrollaron las leyes exactamente cómo lo necesitábamos? Algunos hablan del azar y la necesidad, pero la necesidad jamás es más fuerte que el caos, salvo que un agente exterior intervenga: siempre hemos comprobado que, si el caos no es guiado por algún ser inteligente, termina derivando en más caos. ¡Hace falta ejercitar una fe absolutamente extraordinaria para creer que, en el surgimiento y funcionamiento de las leyes del universo, el caos derivó en orden, simplemente por necesidad!

Los mensajes enviados al exterior

El astrónomo James Jeans afirmó en una ocasión que el Diseñador del universo era matemático, porque todas las leyes del universo pueden expresarse en términos matemáticos[3]; personalmente creo que la información en el universo tiene su origen en la inteligencia que la creó. Es curioso que muchos defiendan que toda información necesita una inteligencia que la diseña, pero la más complicada que existe, la que sostiene el universo, ¡fue producto del azar! Para que podamos entender la incongruencia de ese argumento, podemos referirnos a una situación conocida: la administración espacial norteamericana (NASA) tiene un programa de búsqueda de inteligencia extraterrestre (SETI) en el que invierten millones de dólares colocando radiotelescopios y satélites en el espacio, con el fin de encontrar algún tipo de señal racional en el universo que verifique si realmente existe vida extraterrestre. De una manera muy simple, podríamos decir que se envían mensajes esperando una respuesta del exterior, es decir, que haya un agente que identifique la información útil; no solo información que maneje conceptos, sino también

---

2 Hawking, S. *El gran diseño*, Crítica, Barcelona 2010, página 32.

3 En la Biblia, en el libro de Daniel 8:13 cuando menciona a Dios como "el que hablaba", literalmente en el hebreo usa una palabra (palmoni) que significa "Numerador", lo que definiría perfectamente a Dios como el Creador de los principios matemáticos. De hecho esos principios aparecen en la simbología de los números a lo largo de toda la Palabra de Dios, así como en el llamado "código secreto" de las palabras en el hebreo original (en el que cada letra tiene un valor numérico), como muchos han estudiado profundamente.

que desarrolle una capacidad de elección, porque cualquier tipo de actividad inteligente implica escoger entre diferentes informaciones, para quedarse con la que el agente cree que es la correcta o la necesaria, o simplemente la que le conviene personalmente.

Si se encontrase algún tipo de información racional en otro planeta u otra galaxia, nadie diría que ha sido por azar o necesidad, sino que la conclusión sería que existe vida que soporta y activa esa información. El propio Carl Sagan había repetido, una y otra vez en sus programas de televisión, que si se recibiera un solo mensaje codificado con información precisa desde cualquier lugar del universo, deberíamos reconocer que había vida inteligente. ¡Pero los millones de mensajes codificados con información absolutamente exacta en todos los seres vivos en la tierra, siguen defendiendo que surgieron al azar![4]

Las cuatro fuerzas de la naturaleza

Existen cuatro fuerzas en la naturaleza, en ellas se basan las leyes que dominan todo el universo y lo mantienen en funcionamiento.

1. La gravedad es la fuerza mas débil de las cuatro, pero actúa sobre toda la materia en el universo. La gravedad es la única que siempre es atractiva, nunca repele; y ejerce su *poder* sea cual sea la distancia. Cualquier partícula la *sufre* de acuerdo a su masa o su energía, por muy pequeña que sea; pero también ejerce su poder sobre estrellas situadas a millones de años luz de nosotros. Puede decirse que es la que determina la estructura del universo, a pesar de ser más débil que las otras tres.

   Algunos físicos dicen que la ley de la gravedad es la base de todo, incluso se han aventurado a afirmar que subsiste por sí misma; pero, como vamos a ver, no puede ser cierto, porque el hecho de que todos los objetos que tienen masa se atraigan entre sí, hace que la propia ley dependa de la materia a la que aplica esa presión.

---

4   Aunque es un tema que desarrollaremos más adelante, en este momento podrían surgir muchas más preguntas: ¿por qué no hacer lo mismo con Dios? ¿Por qué tantas personas se burlan de los que quieren encontrar a Dios y *buscan* un tipo de información diferente? Es más, si dudamos de que existe, ¿por qué no decirle: si *existes, revélate a mi*? ¿Porqué muchos no quieren hacerlo? ¿Es menos *científico* buscar la fuente de nuestra espiritualidad (que sí sabemos que existe), que enviarle mensajes a los extraterrestres, si hasta ahora todo nos muestra que no existen?

Las partículas que ejercen la fuerza de la gravedad se llaman gravitones: no han sido detectadas todavía, a pesar de que son partículas con masa, pero se supone que están ahí.

2. El electromagnetismo es el responsable de todas las fuerzas estudiadas por la química y la biología; actúa sobre partículas con carga eléctrica. Esa fuerza electromagnética la transportan los bosones y los fotones que son un tipo de bosón, las partículas cuánticas de la luz.

La fuerza electromagnética, actúa en los electrones y los quarks dentro del átomo, y en cualquier tipo de partícula cargada eléctricamente. Es mucho más fuerte que la gravedad; de hecho, entre dos electrones la fuerza electromagnética puede ser billones de veces más potente que la gravitatoria. El electromagnetismo hace que los electrones giren alrededor del núcleo del átomo: los electrones están cargados negativamente, y los protones (en el núcleo) positivamente, de ahí ese *giro* continuo y absolutamente *perfecto* para que la materia no se desintegre.

3. La fuerza o energía nuclear débil es la que produce la radioactividad, y fue la que originó el universo. La ejercen también los bosones, electrones, neutrinos y quarks.

4. La fuerza nuclear fuerte mantiene unidos a los protones y neutrones dentro del núcleo. Sin esa fuerza el universo se descompondría. Trabaja en el interior de los átomos, y mantiene a los quarks unidos dentro del protón y el neutrón. Es mucho más potente que la gravedad (millones de veces más), pero la ley de la gravedad puede ejercer su fuerza entre estrellas en una galaxia, o incluso entre las galaxias entre sí, mientras que la fuerza nuclear ejerce su potencia dentro del átomo. Una mínima variación de cualquiera de las dos fuerzas haría que todo el universo se desintegrara.

Cuando estudiamos la fuerza nuclear, nos asombra el equilibrio perfecto entre materia y antimateria: los quarks que forman el protón no tienen energía para convertirse en antielectrones y anularse mutuamente. Cada tipo de partícula tiene su antipartícula; cuando chocan ambas, se aniquilan y dan a luz energía. Tenemos que recordar que, en el mundo cuántico, nunca se origina algo de la nada. Las partículas subatómicas que aparecen se producen porque energía se convierte en materia o materia en energía, pero incluso el llamado vacío cuántico no es vacío en absoluto. El mismo Hawking afirma. *Es ciertamente una suerte para nosotros que sus cantidades sean desiguales, porque si hubieran sido las mismas, casi todos los quarks y antiquarks se hubieran aniquilado entre sí en el universo primitivo y hubiera quedado un universo lleno de radiación, pero apenas nada de materia. No habría habido entonces ni galaxias, ni estrellas, ni planetas sobre los que la vida humana pudiera desarrollarse* [5].

¿Suerte? ¡Sin esa energía nuclear fuerte el universo no se mantendría unido! A estas cuatro leyes se las llama leyes aparentes. Tal como funcionan esas leyes es imposible que el universo pueda ser de otra manera, porque un desequilibrio mínimo entre las fuerzas de la gravedad y la electromagnética nos llevaría al caos completo. De hecho, si alguna de estas cuatro fuerzas no estuvieran dentro de sus parámetros establecidos y variasen solo en un porcentaje menor a un uno por ciento, la vida en el universo sería completamente imposible.

La indeterminación del universo y la influencia en las leyes

En los últimos años, con el surgimiento de la mecánica cuántica nos estamos adentrando en el llamado azar cuántico. Cuanto más nos introducimos en el estudio de los elemento subatómicos, encontramos más indeterminación. De hecho, dentro del núcleo de los átomos esa indeterminación es aparentemente absoluta, y digo *aparentemente* porque obedece a un patrón que hace que la vida sea posible: si realmente fuera absoluta, el universo no podría existir. De una manera que no podemos comprender, existen *leyes* que regulan la *libertad* de las partículas más pequeñas.

A nivel general no existe esa indeterminación en el universo, sino un determinismo por el que las leyes son iguales en el pasado, el presente y el futuro (como afirma Laplace), aunque nadie puede explicar la razón de que sea así, *simplemente existen y ya está,* es la respuesta socorrida. Lo que nos sorprende es que la indeterminación subatómica nos permite influir en las leyes, algo que según la física determinista sería imposible. Aunque no lo creas, vivimos con la impresión de que cada descubrimiento de la mecánica cuántica nos acerca más a Dios: sabemos que la información puede influir en el movimiento de las partículas, de la misma manera que influye el observador que está midiendo esos movimientos. La física de partículas nos enseña que estas pueden comportarse de diferente manera si alguien las está observando o no, con lo cual muchos han comenzado a exclamar

5   Hawking, Stephen. *Historia del tiempo*, Crítica, Barcelona 2001, página 110.

que entramos en la sinrazón de la razón, o como algunos lo han definido, en la *metafísica* de las leyes cuánticas.

Conociendo esto, no debería extrañarnos en absoluto que Dios pueda añadir información sin cambiar absolutamente nada en las leyes, y esa información influya en la materia, dentro de la propia indeterminación: es la información que provee la visión del observador. Esa puede ser una de las maneras más sencillas para explicar cómo Dios puede moverse libremente en medio de la información e influir en el presente y en el futuro, sin *tocar* absolutamente nada, y respetando la libertad de las decisiones de cada persona.

Hasta hace poco se creía que los átomos eran lo más pequeño que existía, pero ahora se sabe que están formados por electrones que giran a la velocidad de la luz alrededor de protones y neutrones. En la segunda mitad del siglo XX se descubrió que los tres estaban compuestos por partículas más pequeñas llamadas *quarks*, menores incluso que la longitud de onda de la luz. Los electrones pueden comportarse como partículas y como ondas, depende de las circunstancias, pero si se conoce donde están, no se puede conocer su movimiento y viceversa; así que, cuando medimos la velocidad de una partícula no podemos definir su posición. Es el llamado principio de indeterminación de Heisenberg: no podemos medir al mismo tiempo la posición y el movimiento de la luz dentro de un átomo. Tampoco podemos definir si es partícula u onda en un momento específico porque por decirlo de alguna manera, todo está en un cambio continuo; ese electrón se podría comportar como onda o como partícula, ¡incluso dependiendo de quién lo observa! Planck determinó que la luz, los rayos X, y las ondas solo pueden ser emitidos en cierta forma que el llamó *cuantos* (ahí comenzó el estudio de la mecánica cuántica); cuando medimos la posición o la velocidad de una partícula con un cuanto de luz, esa misma luz va a influir en la velocidad de esa partícula, de ahí la dificultad de medir la velocidad sin intervenir en ella.

Así que, cuanta mayor sea la precisión con la que medimos la velocidad de una partícula, menor será para definir su posición, y viceversa. Eso contradijo gran parte de la física determinista, en cuanto a predecir lo que puede suceder en el futuro, en el movimiento o la velocidad de las partículas. De hecho, Hawking afirma que *Ni siquiera se puede medir el estado presente del universo de forma precisa*[6]. Las partículas *viven* en un llamado estado cuántico, que es una combinación entre su posición y su velocidad.

---

6 Hawking, Stephen. *Historia del tiempo*, Crítica, Barcelona 2001, página 55.

La mecánica cuántica predice algunos de los resultados posibles, pero no puede darnos una certeza absoluta de lo que está ocurriendo[7].

A conclusiones parecidas llegó el experimento de *doble rendija*, de Fuller junto a otros científicos austríacos, que lanzaban *fullerenos* (el nombre que se le ha dado a las moléculas, en honor al descubridor) contra una doble rendija, comprobando que la posición y la trayectoria de las moléculas no pueden estar determinadas de antemano, de hecho, incluso los resultados nos dirían que están en varios lugares a la vez. Aunque nos parezca increíble, las partículas toman todos los caminos posibles y lo hacen de una manera simultánea[8]. Esa es la razón por la que algunos llegan a creer que los elementos más pequeños de la materia pueden llegar a comportarse como *seres espirituales*: se ha llegado a hablar de la espiritualidad de la materia. Richard Feynman explicó que una partícula no sigue un camino en el espacio como describía la física clásica, como para ir de A a B, sino que puede ir por todos los caminos posibles, y a veces toma más de un camino al mismo tiempo. Cuando alguien afirmaba hace pocos años que Dios podía estar en muchos lugares al mismo tiempo, casi le podían tener por loco, pero ahora se descubre que los electrones pueden llegar a hacerlo.[9]

Los seres humanos somos criaturas compuestas por un número de átomos extraordinario (¡más que estrellas en el universo!) que actúan de una manera absolutamente perfecta. Las leyes de la naturaleza determinan las probabilidades de las actuaciones de los protones, electrones y neutrones, pero no la certeza de esas actuaciones, de tal manera que cada partícula tiene la posibilidad de estar ¡en cualquier lugar del universo! Como hemos visto que no se puede conocer su posición y su movimiento al mismo tiempo, si supiéramos una posición exacta, el movimiento podría llegar a ser ¡infinito! Y cuando llegamos a conocer sus movimientos, podemos asegurar que está en varios lugares al mismo tiempo. Por otra parte, existe otra característica de la física cuántica que se define como la *no localidad*: es decir, la influencia mutua que existe entre partículas, porque actúa independientemente de lo cerca o lejos que puedan estar. Dos fotones, por ejemplo, si se excitan, se influyen mutuamente de tal manera que cualquier reacción en el uno opera en el otro aunque estén a millones de kilómetros de distancia. Nadie sabe a causa de qué.

---

7   ¡De la misma manera sucede con la libertad humana! Solo podemos exponer las *posibles reacciones* de las personas delante de una situación, pero, ¡no podemos saber qué decisión va a tomar cada persona en cada momento!

8   Ese simple hecho nos muestra que es perfectamente posible que Dios conozca todas las decisiones de todas las personas, y no solo eso, ¡que pueda estar en todos los lugares al mismo tiempo!

9   Recuerda que los electrones forman parte de los átomos que componen la luz, y como veremos más adelante, la Biblia nos enseña que Dios es luz.

Como vimos anteriormente, incluso la observación influye en la realidad y la define: dependiendo de qué o quiénes estén observando, las partículas reaccionan de una u otra manera. Así que deberíamos preguntarnos: ¿somos reales porque Dios nos crea y nos ve? ¿Somos lo que somos solo cuando estamos delante de Dios, y si no es así, perdemos nuestro significado? ¡Eso es lo que la naturaleza está intentando enseñarnos! No es extraño que muchos digan que entramos en el campo de la espiritualidad. El propio Hawking explicaba que ciertos postulados de la física cuántica entran en contradicción con nuestro concepto intuitivo de la realidad; las leyes cuánticas no solo van contra los sentidos, ¡sino también contra la razón! Es como si la percepción se hubiera vuelto contradictoria en sí misma, de tal manera que la ciencia no puede seguir adelante con lo que es capaz de comprobar, sino simplemente tiene que *confiar* en que las leyes que descubre reflejan realmente lo que está sucediendo, ¡aunque sean contrarias a la razón! Si nosotros como observadores podemos influir de esa manera en el interior de los átomos, no estaría de más recordar que la Biblia enseña que Dios puede *modificar* la naturaleza con su energía.

Lo absoluto de la relatividad

La fórmula esencial de la teoría de la relatividad nos dice que la materia es una forma de energía; la *definición* de la fórmula nos diría que la energía es igual a la masa por la velocidad de la luz al cuadrado (E: mc2), con lo que sabemos que la energía es proporcional a la masa y también que la materia está íntimamente relacionada con el espacio y el tiempo, de tal manera que no se pueden separar ninguno de los componentes. Si hay materia, necesariamente tiene que haber energía, espacio y tiempo. Y si existe el tiempo es porque tenemos espacio y materia. Ninguno puede existir sin el otro: si defendemos que todo comenzó al azar, el universo tendría que estar colapsado de tal manera que una primera explosión de energía diese origen a la materia, al espacio y al tiempo, viniendo de un estado en el que ninguno de los tres existiría antes. ¿Cómo fue y qué ocasionó esa explosión? Las cuatro fuerzas de la naturaleza, ¿surgieron en ese momento o ya existían? Si ya existían, ¿hubo una fuerza estabilizadora que *guio* todo el proceso hasta hacer surgir la vida tal como la conocemos ahora? Demasiadas preguntas sin respuesta como para pensar que el azar lo gobernó todo de una manera perfecta, sin fisuras y sin el más mínimo error. Solo una *ayuda* externa podría haberlo ocasionado.

Aun más, la única manera de observar las leyes o saber cómo funcionan es examinándolas a través de su impacto en la materia, el espacio, la energía y el tiempo. Esto es así porque no podemos ver las leyes, ni sabemos dónde están ni lo que hacen, ni si son ajenas a la materia, el espacio y el tiempo o dependientes de ellas. Supuestamente las leyes existen fuera de la dimensión temporal, espacial y material[10]. Por ejemplo, la ley de la gravedad descubierta por Newton nos explica que cuanto más separadas estén las estrellas, menor será la atracción entre ellas, y debido a la atracción gravitatoria podemos predecir la órbita de la tierra, del sol, y de los demás planetas, pero la fuerza gravitatoria de cada estrella no puede ser ni mayor ni menor de lo que es en la actualidad, ni tampoco aumentar o decaer de una manera más rápida cuando se están alejando, porque una mínima variación haría imposible la vida en la tierra.

Al ver esto, algunos han propuesto que el universo tiene algún mecanismo o ley que implica la restauración de sí mismo, de tal manera que le permite seguir funcionando y manteniendo la energía necesaria para la vida. Volvemos a la necesidad de una teoría unificadora que lo sustente todo: Frank Tipler definió esa ley como *punto omega* en su libro *La física de la inmortalidad*. Ese supuesto *punto omega* lo sostiene todo. La cuestión es que cuando lees la definición que le da el físico, te das cuenta de que tiene todas las características que siempre se le han atribuido a Dios; el problema es que Tipler no quiere admitir la existencia de un Creador. Si lo hiciera, sabría que la Biblia explica que la Palabra de Dios es la que mantiene las leyes del universo: tiene poder para hacerlo, energía en sí misma para expresar todo y a todos, y contiene la información codificada para mantener al universo unido. Es la verdadera teoría M del universo. Además es una palabra personal, inteligente, que sabe lo que hace porque tiene poder, inteligencia y voluntad para hacerlo[11].

---

10   ¿No nos suena exactamente igual a los argumentos sobre la existencia de Dios? Sabemos que está ahí, pero no podemos *verlo* de una manera directa porque vive independientemente del tiempo, del espacio y de la materia.

11   *Y él –Cristo– es antes de todas las cosas, y en él todas las cosas permanecen* (Colosenses 1:17). *En él están escondidos todos los tesoros de la sabiduría y el conocimiento* (Colosenses 2:3). Jesús es la auténtica Teoría M, la *Palabra* que creó el universo y la información que lo sostiene. ¿Cómo podía haber escrito Pablo algo tan directamente relacionado con el funcionamiento del universo, hace dos mil años, si Dios no lo hubiera inspirado? Estamos hablando de conceptos que tienen solo treinta o cuarenta años, y que están perfectamente explicados en la Biblia ¡hace más de dos mil! Esa palabra que mantiene las leyes del universo es Jesús: Él forma parte de la mente de Dios no solo para crear el universo, sino también para conservarlo, porque la creación sigue tan dependiente de Dios (en cuanto a la energía para seguir funcionando), como en el primer momento: *El Hijo es el resplandor de la gloria de Dios, la fiel imagen de lo que él es, y el que sostiene todas las cosas con su palabra poderosa.* (Hebreos 1:3).

La esencia de la luz

Durante mucho tiempo, algunos investigadores defendieron que la luz estaba compuesta por partículas; otros, por ondas. Hoy sabemos que la luz es ambas cosas al mismo tiempo: *La velocidad de la luz es igual para todos, pero cuando la luz viaja alejándose del campo gravitatorio de la tierra va perdiendo energía y su frecuencia disminuye. Una persona situada arriba, tendría la impresión de que todo lo que ocurre en la tierra transcurre más lentamente*[12]. Ahora mismo estamos viendo la luz de las estrellas tal como era hace miles de años: el resplandor de la estrella más cercana a nosotros, tarda unos cuatro años en llegar a la tierra. Las estrellas están a miles de millones de kilómetros de distancia de nosotros. Nuestra galaxia tiene un diámetro de alrededor de cien mil años luz, pero se sabe que es una entre varios miles de millones de galaxias existentes. Conocemos también que cuanto más lejos está una galaxia, a más velocidad se aleja de nosotros; eso es lo que nos ayuda a verificar que el universo actualmente se está expandiendo con una velocidad entre un cinco y un diez por ciento mayor cada mil millones de años. Algunos dicen que puede llegar a contraerse en algún momento, pero no se sabe si esa afirmación es un deseo, un sueño o una locura, porque no hay ninguna prueba para ello.

Einstein explicó cómo la gravedad afecta a la luz también; hasta ese momento no se conocía esa experiencia. De acuerdo a la teoría de la relatividad, nada puede viajar más rápido que la luz, así que si una estrella tiene un campo gravitatorio tan fuerte que absorbe su propia luz, nada podría *salir* de esa estrella, todo sería absorbido, por eso se le llamó a ese tipo de estrellas *agujeros negros*. Aun así se sabe que los agujeros negros emiten partículas y radiación porque tienen energía, pero no podemos *verlos* porque se *tragan* su propia luz. Esa atracción absoluta sugiere que cualquier materia que se acercase a uno de esos agujeros sería inmediatamente absorbida por su fuerza de gravedad y caería en él.

La partículas de la luz son creadas a partir de la energía, en forma de pares partícula/antipartícula, pero nadie es capaz de decir de dónde surgió esa energía. La energía para crear partículas en el universo es espectacularmente grande, el propio físico Guth dijo: *Se dice que no hay una comida gratis, el universo es la comida gratis por excelencia*[13]. Como muchos no pueden admitir que esa energía viene de Dios, afirman que el universo mismo la

---

12 Hawking, Stephen. *Historia del tiempo*, Crítica, Barcelona 2001, página 215.

13 Esa *comida gratis* es la gracia de Dios: la Biblia nos dice que Dios da para todos, creyentes y no creyentes; y, además, en abundancia: no mide nada de lo que da, sino que siempre se *excede* en su don (Santiago 1:5).

origina, sin saber cómo[14]; nadie puede explicar el origen de la energía que lo originó todo, ni tampoco la que lo mantiene todo por medio de una ley unificada: *Parece que la sucesión de teorías más y más refinadas debe tener algún límite a medida que vamos hacia energías cada vez más altas, por lo tanto, debe existir una teoría definitiva del universo*[15]. Por decirlo de una manera simple, la teoría de la relatividad general nos enseña cómo funciona todo a gran escala, mientras que la mecánica cuántica demuestra el funcionamiento dentro de los átomos, a escalas muy pequeñas. La ciencia busca hoy una teoría unificadora de las dos, que permita la conjunción de las leyes no solo entre la teoría de la relatividad y la mecánica cuántica, sino sobre todo, en la interacción de las cuatro fuerzas del universo entre sí, porque esos parámetros son perfectos y exactos hasta el más mínimo detalle.

Dios interviene en el universo

Dios estableció las leyes de la naturaleza para que creamos en Él. Hizo que todo tuviera sentido y que permaneciera de la misma manera durante siglos: es su manera de enseñar a todos que Él está ahí. Todo depende del Creador porque le ha dado la capacidad para *auto-regularse* de esa manera. Nosotros podemos diseñar un reloj al que darle cuerda todos los días, pero también podemos diseñarlo de tal manera que reciba la energía de la luz o del movimiento, para no darle cuerda nunca más; el primer caso nos obliga a estar presentes, el segundo demuestra nuestra inteligencia porque el reloj no nos *necesita* más, ¡eso es lo que Dios hizo! Algunos científicos afirman que es imposible la interacción de Dios con el mundo físico en tiempo real, porque si Él vive *en otras dimensiones*, no puede adaptarse a la nuestra. El ejemplo que pone William Dembski, es genial:

"Imagine que está solo en una habitación en la que hay diez cajas dispuestas en hilera. Abre la primera caja y ve un papel con el siguiente texto: «Hola, ¿cómo va todo?». Usted responde: «Bastante bien, salvo que no encuentro mi cartera y tengo que pagar unas cuentas». Luego abre la segunda caja y en el interior hay un papel que dice: «La dejaste sobre la repisa de la chimenea mientras le cambiabas el pañal a tu bebé», ante lo cual usted responde: «Es verdad, ¿pero cómo lo sabes?». Al abrir la tercera caja, encuentra un papel con el texto: «Soy Dios, y tengo algunos asuntos importantes que conversar contigo». Y así continúa abriendo las cajas una tras otra, hasta completar la diez y se da cuenta de que está participando en una

---

14   De hecho, nadie sabe ni puede definir exactamente lo que es la energía. Sabemos como actúa y como medirla, pero no lo que es ni su origen.

15   Hawking, Stephen. *Historia del tiempo*, Crítica. Barcelona 2001, página 83. Hawking no quiere admitir que la energía más alta es la esencia de Dios. ¡La información de esa esencia es lo que sostiene el universo!

conversación coherente, en tiempo real y de enorme importancia para su vida. La pregunta que me gustaría plantear no está referida a la identidad del interlocutor (que dice ser Dios) sino a este otro punto: ¿Cuándo fueron colocados los papeles en el interior de las cajas? Después de leer el mensaje en la última caja, usted se siente intrigado. Revisa las cajas pero no encuentra máquinas que pudieran haber insertado los papeles en el momento preciso durante la conversación; tampoco encuentra evidencia de micrófonos ni transmisores ocultos. En realidad, al recorrer la habitación se da cuenta de que es una unidad totalmente aislada que carece de adelantos tecnológicos. Por lo tanto, no es posible que los papeles se hayan introducido en las cajas mientras usted estaba allí. Su sorpresa es aun mayor al examinar detenidamente las cajas y descubrir que toda la evidencia sugiere que esos mensajes fueron escritos y colocados en las cajas cientos de años antes de que usted naciera. Según parece, la información que había en las cajas, aunque recién se haría efectiva el día que usted entrara en esa habitación, había sido colocada allí siglos antes.

Este experimento teórico demuestra cómo un mundo que es un nexo casual cerrado gobernado por leyes naturales inviolables pudo, en principio, permitir una interacción desde el exterior en tiempo real (…), un mundo que excluye la intervención contrafáctica no puede evitar que Dios prevea la conformación y la dinámica del mundo de tal modo que los efectos materiales esperados se logren, aun cuando aparezcan como extraordinarios y revelen un Dios que se ocupa de los detalles puntuales. Solo se requiere que Dios desarrolle la información necesaria desde el comienzo para que ella puedo luego expresarse en el momento y lugar apropiados"[16].

¡Dios conoce el futuro! De hecho gran parte de nuestro mundo vive bajo la información de lo que se desarrollará en el futuro, como por ejemplo cuando una semilla tiene *dentro de sí misma* todo lo que necesita un árbol o una planta para desarrollarse en los días y meses próximos. Las leyes de la naturaleza nos enseñan que el futuro *está escrito* de antemano en cuanto al desarrollo de muchas situaciones. Dios pudo construir un universo indeterminado, como nos dice la mecánica cuántica en el cual nosotros tomamos decisiones libres, pero en el que Él, a través de la información, puede conocer las consecuencias de todas las decisiones. La libertad del hombre es total porque sus acciones *transforman* el mundo, pero el dominio de Dios sobre todo también lo es, porque sabe qué decisiones estamos tomando. La discusión entre dos mundos, en uno de los cuales Dios no puede intervenir porque las leyes del universo lo impiden (el universo cerrado y la física determinista) y el otro en el que Dios interviene en cada momento y el

---

16   Dembski, William A. *¿El fin del cristianismo?*, B & H, Nashville 2009, páginas 145-146.

hombre no tiene libertad (la predestinación fatal que algunos defienden), está absolutamente superada, porque ninguno de esos dos mundos es real.

El universo observado por su Creador

Hemos visto, a través de la física cuántica, que el *corazón* del universo puede cambiar cuando es observado, dado que una partícula no tiene una posición definida, a la vez que una velocidad definida en un mismo *momento*. Como muchos no quieren admitir que el *observador influyente* sea el Creador, buscan todo tipo de salidas a esa situación. Hablar de la existencia de Dios en los parámetros de la física puede parecer escandaloso, pero no lo es en absoluto: *Todos los físicos creen en los electrones, aunque no los puedan ver y nunca observaremos un quark*[17], repite una y otra vez Hawking, y es cierto; se sabe que los quarks no pueden ser observados individualmente, pero seguimos investigando en esos campos porque creemos que existen. Pero no todo termina ahí: *si la excentricidad de la órbita de la tierra fuera próxima a la unidad los océanos hervirían cuando alcanzáramos el punto más próximo al sol y se congelarían cuando alcanzásemos el punto más lejano... (...) Hemos sido afortunados de tener un planeta cuya excentricidad orbital sea próxima a cero* y más adelante: *hemos tenido suerte en la relación entre la masa del sol y su distancia a la tierra...*[18]. No solo Hawking, sino absolutamente todos los físicos y matemáticos que no aceptan la posibilidad de la existencia de un Creador, hablan una y otra vez de la fortuna, la suerte, el azar, etc., ¡sin dar ninguna otra explicación! *Las peculiares características de nuestro sistema solar, parecen extrañamente compatibles con el desarrollo de la vida humana, sino también las características del conjunto del universo, y eso es mucho más difícil de explicar (...), las fuerzas de la naturaleza tenían que ser tales que los elementos más pesados —especialmente el carbono— pudiesen ser producidos a partir de los elementos primordiales y permanecer estables durante al menos miles de millones de años*[19]. *Si se cambian las reglas de nuestro universo solo un poco, las condiciones necesarias para nuestra existencia dejan de cumplirse. Si no fuera por una serie de intrigantes coincidencias en los detalles precisos de las leyes físicas, parece que no hubieran podido llegar a existir ni los humanos ni formas de vidas semejantes a las que conocemos*[20]. Al final, debemos admitir que la *suerte* es el dios de muchos, porque el universo está preparado de una manera perfecta para nuestra existencia, ¡hasta el mínimo detalle!

---

17 Hawking, S. *El gran diseño*, Crítica, Barcelona 2010, páginas 11, 13, y varias veces más a lo largo del libro...
18 Hawking, S. *El gran diseño*, Crítica, Barcelona 2010, página 57.
19 Hawking, S. *El gran diseño*, Crítica, Barcelona 2010, página 172.
20 Hawking, S. *El gran diseño*, Crítica, Barcelona 2010, páginas 176 y 181.

De ahí surge la pregunta: ¿El mundo podría ser de otro modo? Dios eligió crear el mundo tal como es, un universo inteligible, que depende de algo o alguien más allá de sí mismo. Las leyes de la física se consideran necesarias, pero ¿realmente lo son? Algunos piensan que no, porque el universo podría haber comenzado de otra manera y ser de otro modo, pero entonces la vida sería imposible. Por esa razón, nadie puede argumentar que una ley se fundamenta en otra, y un acontecimiento en otro y así hasta el infinito. Tarde o temprano tendríamos que llegar a una fuente de energía o un ser de donde surgiera todo lo demás: Dios es el único ser absolutamente necesario, Si Dios existe, el universo no podría existir sin Él, y si creó las leyes, estas no pueden existir sin Él. De no ser así, tendremos que creer que lo imprescindible es la *suerte*; pero de eso hablaremos más adelante.

La incomparable belleza de las leyes

Todavía nos quedan algunas situaciones que resolver en cuanto a las leyes, y una que no nos puede parecer banal es la cuestión de su belleza. Todos los estudiosos admiten que nuestro universo derrocha belleza en las leyes físicas y matemáticas: verdadero arte sobre el que se dibujan los procesos biológicos, auténtica genialidad en la información genética, absoluta perfección en el cuerpo humano y así podríamos estar hablando de cientos de situaciones diferentes en todo lo que tenemos la posibilidad de estudiar. Los investigadores viven asombrados ante tanta belleza aparentemente *inútil*, más cuando se quiere defender que solo lo que tiene un motivo y una utilidad puede prevalecer durante los supuestos procesos naturales de selección. ¡Incluso la mayoría de los científicos defienden que cuanto más bella es una ley, más posibilidades hay de que sea cierta!, y de hecho se escogen siempre los principios más extraordinarios como una forma de actuación, porque suelen ser los que dan la respuesta correcta. Decía al principio del párrafo que deberíamos resolver ese problema, porque lo que estamos viendo no tiene ningún sentido en un mundo evolucionado y pragmático; la belleza solo tiene sentido cuando es creada.

En la mecánica cuántica por ejemplo, encontramos fluctuaciones aleatorias que jamás destruyen las leyes o *se van* de ellas; esa libertad cuántica nos lleva a una cierta *irracionalidad* de la racionalidad con la que se comporta. Steven Weinberg llegó a decir que *cuanto más comprensible es el universo, más sin sentido parece a la vez*. Pero eso es por no comprender que lo aparentemente irracional es una respuesta permitida por el Creador para salvaguardar nuestra libertad. *Dios estableció un orden que no puede ser cambiado*[21]. El mundo tiene sentido y obedece a unas leyes ordenadas

---

21 Salmo 146:8.

porque el Creador dejó impreso su sello: la información que está detrás de las leyes es perfecta, esa es la razón por la que podemos racionalizar todo lo que vemos y nos ocurre. Una vez más, como Einstein aseguró: *lo más incomprensible del universo es que sea comprensible.* En ese sentido, Dios dejó huellas de su carácter en todo el universo, no solo en cuanto a la estructura, la belleza y el funcionamiento de las leyes, sino también ¡en lo más profundo de la materia![22].

La naturaleza como un dios

Nuestro problema comienza cuando escribimos Naturaleza con N *mayúscula*, porque desde ese momento le atribuimos las propiedades que tiene Dios. Muchos no creen en Dios, pero hacen de la Naturaleza su dios; dejan de creer que existe un Creador personal y pasan a creer en una naturaleza impersonal que hace lo mismo que antes se le atribuía a Dios: una naturaleza capaz de cuidarse a sí misma. Un ser superior espiritual que existe desde siempre no puede admitirse, pero una naturaleza material que sí lo hace es perfectamente asumible, ¡mucho más cuando esa naturaleza no nos pide ninguna responsabilidad por nuestros actos! Así que, cualquier tipo de decisión final en cuanto a lo que somos, se reduce a si creemos en el naturalismo o en Dios. La naturaleza por sí misma, o Dios por sí mismo.

No es una discusión fácil, porque personas de ciencia defienden las dos cosmovisiones: la lucha no es entre ciencia y Biblia sino entre dos dioses diferentes, aunque los naturalistas no quieran hablar de que estén *defendiendo a un dios*. El naturalista afirma que nuestra razón, nuestra conciencia y nuestros pensamientos surgen de la materia, pero no *espiritualmente*, porque no se admite ningún tipo de espíritu, divino o humano. Carl Sagan afirmó en reiteradas ocasiones en su programa de televisión que *el Cosmos es lo que siempre existió y siempre existirá*, sin ningún otro tipo de explicación: el universo es inteligible y comprensible, tiene leyes que nos permiten examinarlo de una manera impresionante. Esas leyes

---

22   Como vimos, las partículas en el interior del átomo se están moviendo continuamente: obedecen a las leyes cuánticas y no guardan reposo en absoluto. De la misma manera, como veremos más adelante, el Creador se expresa en una actividad constante en tres personas dentro de sí mismo. La Biblia dice que las tres personas se sirven la una a la otra; que el Verbo es movimiento, y el amor está en movimiento siempre, porque si no fluye no es amor. Dios nos creó para regalarnos su amor, para que nos supiésemos amados: no es una idea extraña en absoluto, porque cuando vemos que todas las personas *adoran* a alguien o a algo, comprobamos que sus vidas giran alrededor de esa persona o hecho. ¡La diferencia cuando nuestra vida *gira* en torno a Dios es absoluta, porque confiamos en nuestro Creador, Él es la fuente de la vida!

podrían haber sido arbitrarias o cambiantes, pero ¡todo lo contrario!, tienen una fidelidad que *asusta*, ya que todos los principios matemáticos y físicos se sostienen debido a esa fidelidad. Incluso operaciones que no hubiéramos imaginado tienen resultados reales porque se aplican a un universo perfectamente diseñado. La ciencia en sí misma no puede explicarlo, sino vivir de ello. No puede dar con el origen de su propia investigación, simplemente se abraza a la realidad de lo improbable basada en una perfección incomprensible. Si le damos la espalda a Dios, tenemos que llegar a ese tipo de afirmaciones que nos hacen huir de la propia razón: *el universo es lo que siempre existió y existirá*. En un espacio y tiempo perfectamente inteligibles, esa afirmación nos hace muchísimo daño como seres racionales, porque descubre nuestras motivaciones y nuestro deseo de *cerrar los ojos* a las evidencias que observamos.

Una cosmovisión que rechaza la existencia de un Creador

Como hemos visto en el anterior capítulo, la ciencia no puede razonar por sí misma: son las personas las que toman decisiones y sacan conclusiones de acuerdo a sus principios. Nuestra manera de ver el universo condiciona la apreciación de cada descubrimiento. Jamás debería ser así, pero comprobamos, día a día, que para algunos vale cualquier cosa, con tal de no creer en Dios. Los contrastes en las conclusiones que se defienden son impresionantes:

- Es imposible que haya un Creador que sea eterno, pero el universo sí puede ser eterno.
- La ciencia se basa en lo que podemos comprobar, ver, experimentar, etc., pero si hay una teoría que necesitemos para explicar el origen del universo, de la que no tenemos absolutamente ninguna referencia física, matemática o de ningún tipo, ¡podemos creer en ella!
- Defendemos la ley de la causalidad, siempre, mientras esa causa última no nos lleve a Dios. Todo tiene una causa física, pero si entrevemos que pueda existir un Creador, entonces no se puede admitir.
- La libertad personal y moral no existe: es una ilusión, porque todo está determinado por nuestra materia. Pero yo sí puedo usar esa libertad inexistente para defender que Dios no existe, y para atacar todo aquello con lo que no estoy de acuerdo, e intentar convencer a todos los que *no son libres* (como defiendo), para hacerlo.
- No existe una moral superior, ni podemos defender una moral objetiva y absoluta; pero sí es objetivo y absoluto lo que nosotros defendemos.

A muchos les cuesta reconocer que comprender las causas de un suceso, y tener el poder para generar esas causas son dos situaciones radicalmente diferentes: una cosa es que sepamos las razones de un hecho, y otra muy diferente que nosotros mismos podamos ser capaces de operar esas razones y que esos parámetros se establezcan bajo nuestro trabajo y nuestra energía. Ese es uno de los problemas irresolubles para nosotros, no solo en la comprensión del universo, sino en su funcionamiento. El día en el que alguien cree una ley como la de la gravedad y la ponga a funcionar, podría llegar a afirmar que Dios no está ahí y que no es necesario; pero aun habiendo hecho eso, si realmente es sincero/a se quedaría más intranquilo que nunca, porque habría demostrado que ¡alguien tuvo que crear esa ley! Dios puede crear, porque todo lo que existe está en su mente y tiene energía para hacerlo. Por decirlo de alguna manera, cuando uno escribe un libro las palabras *salen* al exterior, pero tienen su origen en la mente del creador que las expresa; nosotros expresamos lo que hemos aprendido, pero Dios lo posee todo desde la eternidad, nadie colocó allí esas palabras o esa energía.

Las leyes se cumplen por la fidelidad de quien las creó y las mantiene funcionando. Cualquier sistema operativo, eléctrico, mecánico, etc., de un edificio o un barrio se sostiene porque hay un grupo de personas que mantienen su funcionamiento: siempre hay alguien que sostiene las *leyes* físicas en un sistema dado, de otra manera, todo se viene abajo[23]. El orden absoluto en las leyes naturales, refleja el control de Dios, en el sentido de que Él ha diseñado un plan perfecto para que todo funcione. Las leyes de la naturaleza nos muestran la verdad y la fidelidad de Dios, podemos confiar en Él, porque no cambia, su palabra es verdad. Cuando Dios dice algo, lo cumple siempre.

En nuestro universo, el sol, la luna y las estrellas nos ayudan a guiarnos en el espacio y en el tiempo, de tal manera que son mucho más que simples fuentes de luz[24]. Jesús dijo a sus discípulos que la luz no estaba en noso-

---

23   La Biblia nos enseña que todo se mantiene unido en Jesús (*de Él, por Él, en Él y para Él son todas las cosas*, Colosenses 1:15-18). El lo creó todo y lo mantiene en funcionamiento. Dios mantiene todo en el Hijo, que es la Palabra, la información, la fuente, el principio y el final de todo. Como vimos más arriba, ¡Él *es la* **ley universal** que busca la ciencia como fundamento todas las demás leyes! Las leyes de la naturaleza fueron colocadas por Dios como garantía de su fidelidad también, porque Él las sostiene: *Así dice el Señor: Si yo no hubiera establecido mi pacto con el día ni con la noche, ni hubiera fijado las leyes que rigen el cielo y la tierra* (Jeremías 33:25).

24   —¿*Acaso el día no tiene doce horas?* —respondió Jesús—. *El que anda de día no tropieza, porque tiene la luz de este mundo. Pero el que anda de noche sí tropieza, porque no tiene luz* (Juan 11:9-10). La luz del sol nos guía, sin ella nosotros no podríamos vivir, ni ver lo que hay a nuestro alrededor, de la misma manera la luz de la luna de noche; pero no solo eso: también la posición de ambos astros puede guiarnos para llegar a nuestro destino, tanto

tros, sino en el exterior, y que nos sirve, no solo para alumbrar, sino para guiarnos. Eso sucede con todo tipo de luz, incluida la *luz intelectual*: los razonamientos, los pensamientos, la guía de lo que hacemos y meditamos, etc., está en el exterior, viene de afuera adentro. No la tenemos dentro de nosotros, sino que tenemos que recibirla desde nuestro Creador. Jesús dijo: *El que me sigue tendrá la luz de la vida*[25], porque Él mismo es la luz del mundo, intelectualmente, espiritualmente, incluso físicamente porque Dios es luz y en su esencia está la fuente de toda energía.

Más contenido audiovisual:

---

de día como de noche. De otra manera no podríamos saber dónde estamos, a dónde vamos, ni el momento del día en el que vivimos.

25   Juan 8:12.

CAPÍTULO 4
El origen de la vida

Una fe insensata en la autoridad es el peor enemigo de la verdad
(Albert Einstein)

En 1892 un hombre de poco más de 70 años viajaba en el tren, y sentado a su lado un joven universitario leía un libro de Ciencias. El caballero, a su vez, leía un libro de portada negra. En un momento, el joven percibió que se trataba de la Biblia.

Sin ningún tipo de presentación previa, el muchacho interrumpió la lectura del viejo y le preguntó:

—Señor, ¿usted todavía cree en ese libro lleno de fábulas y cuentos?

—*Sí*, pero no es un libro de cuentos, es la Palabra de Dios. ¿Estoy equivocado?

—Pero claro que lo está. Creo que usted debería estudiar Historia Universal. Vería que la Revolución Francesa, ocurrida hace más de 100 años, mostró la miopía de la religión. Solamente personas sin cultura todavía creen que Dios hizo el mundo. Debería conocer un poco más lo que nuestros científicos dicen de todo eso.

—Y... ¿es eso mismo lo que nuestros científicos dicen sobre la Biblia?

—Bien, como voy a bajar en la próxima estación, no tengo tiempo de explicarle, pero déjeme su tarjeta con su dirección para mandarle material científico por correo con la máxima urgencia.

El anciano abrió cuidadosamente el bolsillo derecho de su bolso y le dio su tarjeta al muchacho. Cuando este la leyó, se quedó estupefacto. En la tarjeta decía: Profesor Doctor Louis Pasteur, Director General del Instituto de Investigaciones Científicas. Universidad Nacional de Francia.

Después de recordar esta historia, no está de más reseñar una de las frases más famosas del Profesor: *Un poco de ciencia nos aparta de Dios. Mucha, nos aproxima a Él.* Dr. Louis Pasteur (1822-1895).

1. El origen del Universo

Después de todo lo que hemos visto hasta aquí, nuestra argumentación tiene que llevarnos hasta el comienzo de todo, el origen de la vida. Las distintas opciones que tenemos en cuanto al comienzo del universo son:

El Universo existe desde siempre

Algunos afirman que el universo ha existido desde siempre. Si fuera así, el espacio y el tiempo también tienen que ser eternos, de la misma manera que la energía generada. Bajo esta teoría, ya no tenemos que hablar de un principio y por lo tanto, tampoco de una fuerza motivadora de ese comienzo.

El problema es que, según la teoría de la relatividad, la materia y la energía están relacionadas con el tiempo, así que es imposible que existiera ninguna de ellas sin un comienzo temporal. Por otra parte, todas las leyes de la entropía nos enseñan que la energía se está consumiendo (por ejemplo, el sol se enfría y pierde cuatro millones de toneladas de materia por segundo), lo que nos enseña que hubo un momento en el que todo *comenzó* o *explosionó* y a partir de entonces todos los elementos están perdiendo energía sin posibilidad de recuperarla. No se conoce ningún ciclo o fuerza que nos permita *empezar* otra vez, ni tampoco ningún tipo de energía que se regenere a sí misma: todo se está desgastando, como si esa *explosión* fuera apagándose poco a poco.

Por otra parte, un universo eterno es incompatible también con la existencia de procesos físicos irreversibles, ¡centenares que vivimos cada día! Estrellas que se apagan, personas que nacen y mueren, energía que jamás se recupera, materiales que se *consumen*, etc. Por si fuera poco, jamás se ha encontrado ningún proceso físico que pueda permanecer inalterable y sea ajeno al paso del tiempo, para que podamos definir que es *eterno*. Así que no podemos pensar en un universo eterno compuesto, ¡en su totalidad!, por procesos finitos en el tiempo. Como hemos visto en el capítulo anterior, eso de que *el universo es lo que siempre ha existido y siempre existirá*, puede sonar muy bien, pero no tiene absolutamente ninguna base científica.

Un Universo eterno y cíclico que se expande y se contrae continuamente

Algunos la consideran una variante de la postura anterior: el universo es eterno y cíclico, se expande y se contrae de una manera continua. De nuevo las dificultades son imposibles de vencer: en primer lugar, como vimos más arriba, si el universo vive en el espacio y en el tiempo, así que es completamente lógico que la causa de su energía y de su conservación tiene que estar más allá del espacio y del tiempo. Además, necesita una fuente de energía *eterna* en su conservación actual; si el universo se expande y se contrae, ¿de dónde surge la energía para que sea así? Aun defendiendo que esa energía pueda producirse por sí misma, tenemos que explicar la razón por la que el universo no está en *expansión* exclusivamente, sino que también se mueve en rotaciones cada vez mayores: actualmente observamos que tiene un sentido exacto, no solo cada galaxia, sino también todos los componentes de ella. Aun y con todo, no resolvemos el origen de la materia o su supuesta eternidad, aunque sea un universo que se expande y se contrae.

Muchos admiten ese *mito* del eterno retorno: todo viene y va, y siempre retorna. Esa idea ha sido defendida desde tiempos casi remotos sin ningún tipo de argumentación; pero incluso así se afirma que el universo pudo haber surgido de la nada, sin ninguna energía previa. El propio Hawking escribe en varias ocasiones que: *porque hay una ley de la gravedad en el universo podemos saber que ha surgido de la nada.* Si eso fuera cierto, deberíamos explicar de dónde surgió esa ley, y la fuerza que la hace funcionar. Las fuerzas magnéticas tienen un origen y necesitan energía; la energía está siempre en movimiento, de tal manera que la que se pierde no se recupera jamás, como mucho puede sufrir una transformación. Tendríamos que hablar de que existe una fuente de energía eterna que sea el origen de toda la energía existente ahora. Una vez más, estaríamos hablando de Dios.

La física cuántica se aplica en cuanto a las partículas microscópicas, pero no se puede aplicar en el universo macroscópico como un todo: no se puede formular una teoría cuántica de la ley de la gravedad por ejemplo, como sostiene Hawking para decir que esa ley pudo ser el origen del universo, porque las leyes tienen un diseño, no pueden funcionar por sí mismas. Argumentar que el universo es perfecto y por lo tanto tiene que existir, ya que sus leyes son imprescindibles para su existencia, es lo mismo que decir que Dios es el ser mas perfecto que existe y por lo tanto tiene que existir. No podemos defender un argumento cuando nos conviene y rechazar el mismo argumento cuando no nos conviene.

Para salir del *apuro*, Edward Witten formuló en los años 90 una teoría en la que explicaba que la materia estaba compuesta por cuerdas de energía (la famosa teoría de cuerdas) que vibran y que es imposible medirlas o demostrar su existencia, porque son infinitamente pequeñas. Lo curioso del caso es que no existe posibilidad alguna de demostrar esa teoría, ni nada puede aventurar que esas cuerdas puedan ni siquiera existir, simplemente es un salto más en la imaginación científica para dejar satisfecha la irracionalidad.

Universos múltiples

Hawking afirma: *El universo empezó espontáneamente surgiendo en todos los estados posibles, la mayoría de los cuales corresponden a otros universos*[1]. La teoría de los miles de millones de universos diferentes y paralelos nos dice que nosotros estamos justo en el que permite la vida: hemos tenido la *suerte* de que nuestro universo tiene todas las condiciones para vivir, y es una suerte inmensa, porque somos los únicos que podemos razonar sobre eso. En los miles de millones de universos que existen, no hay otra posibilidad de vida porque las circunstancias exactas para ella, se dieron en el nuestro. Una vez más, no tenemos absolutamente ninguna prueba, ni siquiera remota, de la posible existencia de esos universos.

Hawking continúa diciendo que *la multitud de universos surgen de una ley física*[2], defendiendo que no necesitamos un creador: *Nuestra presencia selecciona de este vasto conjunto solo aquellos universos que son compatibles con nuestra existencia. Aunque somos pequeños e insignificantes a escala cósmica, ello nos hace en un sentido, señores de la creación*[3]. ¡Impresionante manera de no decir prácticamente nada! Aspiramos a ser señores de la creación, de algo que nosotros no hemos hecho, porque como he mencionado en otras ocasiones, nosotros no creamos las leyes, simplemente las descubrimos.

La única opción es *creer* que existen esos universos en una realidad paralela o virtual, aunque sea imposible verlos o ¡ni siquiera *saber* que están ahí! El ejemplo que algunos han puesto es que si mil millones de monos teclearan un ordenador de manera continua, alguno podría llegar a escribir una novela como *El Quijote,* ¿alguien puede creerse eso? Aunque esa posibilidad pudiera darse estadísticamente con un porcentaje absolutamente irreal, en la vida *normal* sería imposible: millones de monos pueden estar escribiendo toda su vida y no solo no surgiría *El Quijote,* ¡ni siquiera podrían escribir más de un párrafo con sentido![4]. Por si fuera poco, estamos

---

1 Hawking, S. *El gran diseño*, Crítica, Barcelona 2010, página 156.
2 Hawking, S. *El gran diseño*, Crítica, Barcelona 2010, página 16.
3 Hawking, S. *El gran diseño*, Crítica, Barcelona 2010, página 16.
4 Las posibilidades matemáticas de escribir una sola palabra con sentido son casi infinitas, y no solo eso, tendrían que multiplicarse por el número de teclas del ordenador para la siguiente palabra, (recuerda que también tienen que aparecer espacios, puntos, comas, etc.). Ese número de posibilidades se *volvería* más infinito todavía porque no podría admitir un error en la confección de las siguientes palabras. Un párrafo tan sencillo como el que estoy escribiendo ahora, quedaría completamente inutilizable si simplemente añado una letra de máss. ¿Lo ves? ¡Tendría que comenzar otra vez! No hace falta

hablando de *agentes* que modifican la realidad, así que necesitaríamos a alguien que jugara ese papel en el caso de los universos múltiples. Realmente, ¡los *milagros* son mucho más posibles en la mente de las personas ateas que en las de los creyentes! Muchos prefieren creerlo porque, para que hubiera un universo preparado para la vida como el nuestro, con miles de millones de galaxias y años luz de distancia entre una y otra, ¡tendría que haber miles de millones de universos parecidos!, pero sin haber llegado a producir las condiciones exactas para nuestra existencia.

Los miles de millones de galaxias que conocemos no nos admiten pensar en millones de universos, sino todo lo contrario, porque esos millones de galaxias existen bajo las mismas leyes de nuestro universo. Por más que investigamos, no aparecen universos inútiles en los que la vida sea imposible porque algunos elementos evolucionaran de una manera diferente. ¡No existe ninguna prueba de eso! Para que la teoría de universos múltiples fuera verdad, tendría que haber espacios múltiples y tiempos múltiples, así como leyes de conservación múltiples. ¡Todo tendría que estar multiplicado por miles de millones de situaciones diferentes! y ¡por lo menos!, tendríamos que encontrar algún vestigio de alguna de esas situaciones para certificar que lo que estamos diciendo es cierto. Nadie formaliza una teoría científica sin ninguna prueba en absoluto. La única salida que nos queda sería afirmar que en esos múltiples universos el tiempo y el espacio no existen, y por eso la vida es imposible, porque, ¡una vez más!, no tenemos ni la más mínima prueba para creer que eso pueda ser así.

Como veremos más adelante, no podemos defender racionalmente tanta *suerte*. Es como si lanzamos una moneda al aire cien mil veces seguidas y siempre sale *cara*. Podríamos explicarlo diciendo que la moneda está trucada, o decir que esa posibilidad existe porque se podrían lanzar infinito número de monedas en infinito número de lugares, y entonces existe la posibilidad de que salga cara cien mil veces, y esa posibilidad nos tocó a nosotros. Una cosa es decir que *hemos tenido mucha suerte* de que las condiciones de nuestro universo sean las ideales para vivir, y otra muy diferente es no ver en absoluto ninguna otra referencia de *mala suerte*. Sería como decir que la moneda salió cara millones de veces seguidas y jamás saldrá cruz, ¡hagas lo que hagas con ella! Tenemos constancia de que en la formación y el desarrollo de nuestro universo no hubo *pasos atrás* por decirlo de alguna manera, ni siquiera momentos de incertidumbre: no hemos tenido mucha suerte en un momento determinado, ¡sino millones de veces

ser un genio en matemáticas para darse cuenta de que cada palabra bien usada implica miles y miles de posibilidades de seguir redactando bien las palabras siguientes. Para escribir algo tan simple como esta nota se necesitarían miles de miles de miles de millones de *monos* ¡escribiendo miles de millones de años, y aun así no lo lograrían!

seguidas! Sería como si una persona juega a la lotería todos los días de su vida, ¡y le toca siempre! Y esa comparación todavía no se equipararía con la realidad, porque la vida de una persona está limitada a ochenta o noventa años, ¡nada que ver con los millones de años que se manejan en el desarrollo del universo! ¡Imposible que alguien defienda tanta *suerte*!

Por si no fuera suficiente con lo que hemos visto hasta ahora, tenemos que comprender que los miles de millones de universos no esquivan el problema del origen de nuestro universo, porque si se defiende que es difícil de creer que nuestro universo tuvo un principio, entonces, para salir del paso, ¡formulamos una teoría de que hay miles de millones y nosotros estamos en el que la vida es posible! Así que para no tener que encontrar el origen de un solo universo, decidimos que hay miles de millones de ellos, ¡de los que tampoco sabemos su origen ni podemos explicar cómo han surgido! Tampoco podemos explicar el hecho de que funcionen las mismas leyes en otros posibles universos, o que haya leyes diferentes: para resolver una situación sin salida, multiplicamos nuestro problema por miles de millones. Me impresiona la capacidad que tienen algunas personas para creer cualquier cosa. ¡Aun si fuera cierto que hay miles de millones de universos, sería mucho más racional creer que Dios hizo esos miles de millones de universos, de los que solo uno admite la vida tal como la conocemos! La creencia en un creador es mucho más racional que cualquier tipo de manifestación de un azar imposible.

Por otra parte, no podemos olvidar que necesitamos una ley de *condiciones iniciales* para hablar del comienzo de esos universos múltiples, o mejor dicho, millones de leyes de condiciones iniciales, ¡una por cada universo que aparece!, o numerosas leyes de desarrollo de esos universos múltiples, si consideramos que siempre existieron y se expanden y se contraen infinitamente. Es absurdo postular un millón de universos para justificar lo que ocurre en el nuestro. Al final, la teoría de los universos múltiples solo pretende cambiar la idea de un Dios aparentemente *desconocido* por la de miles de millones de universos absolutamente desconocidos y ¡sin ninguna posibilidad de examinarlos!

Un universo que comenzó a existir

Es la teoría que se mantuvo siempre, hasta los últimos años. Al principio, la ciencia defendió la creación, pero en los últimos tiempos, se postuló una primera gran explosión llamada *Big Bang*. Hoy muchos no quieren admitir esa teoría, porque hablar de un principio implicaría también el origen del tiempo, la energía, el espacio, etc., y eso podría indicar que alguien tuvo que ser la causa de esa primera explosión.

Sabemos que el universo está expandiéndose actualmente: cuanto más lejos está una galaxia de nosotros, más rápido se mueve; eso es lo que descubrió Edwin Hubble con su telescopio en el año 1929. Si se expande ahora es porque en el pasado, las galaxias estaban juntas, o más próximas. Se dice que hubo un tiempo en el que el universo era pequeño de una manera casi infinita, y extraordinariamente denso, antes de que comenzara a expandirse. Si se admite el Big Bang, el universo tendría en principio un tamaño ínfimo y una temperatura extremadamente caliente para que al expandirse la temperatura de la radiación fuera disminuyendo. Después de un millón de años, el universo tendría que seguir expandiéndose de una manera casual. Más tarde los electrones y los núcleos comenzarían a combinarse (una vez que descendiera la temperatura) para formar átomos. Aunque continuara expandiéndose, en algunas regiones se habría detenido y en otras la velocidad se habría moderado por medio de la ley de la gravedad, ¡todo esto sin ninguna razón aparente ni ningún estímulo exterior! Lo que sucedió más tarde *por algún azar[5], no está completamente claro[6], se piensa que se desarrollaron posiblemente como resultado de combinaciones de azar[7], por alguna razón inexplicada[8]. Si la velocidad de expansión un segundo después del Big Bang hubiese sido menor, en cien mil billones, el universo se habría colapsado de nuevo antes de que hubiese alcanzado nunca su tamaño actual[9]. Toda la historia de la ciencia ha consistido en una comprensión gradual de que los hechos no ocurren de una forma arbitraria, sino que reflejan un cierto orden subyacente, el cual puede estar o no divinamente inspirado[10]. Es difícil entender cómo tales condiciones caóticas iniciales podrían haber dado lugar a un universo que es tan uniforme y regular a gran escala, como lo es actualmente el nuestro[11].* Una y otra vez las frases se repiten para intentar explicar el origen del universo, la tierra, las formas más primitivas y todos y cada uno de los procesos en los que las *decisiones* que toma el universo (si hablamos de esa manera) son siempre correctas y exactas para que la vida pueda surgir.

Cualquier investigación científica obliga a que haya un número lo más reducido posible de hechos accidentales. ¡Lo realmente imprescindible sería que no hubiera ninguno! En el origen y desarrollo del universo, los hechos accidentales asumidos por muchos investigadores, ¡se cuentan por centenares! Para salir del atolladero de no querer reconocer un comienzo personal, algunos físicos explican que las partículas que observamos en

5   Hawking, Stephen. *Historia del tiempo*, Crítica, Barcelona 2001, página 160.
6   Hawking, Stephen. *Historia del tiempo*, Crítica, Barcelona 2001, página 161.
7   Hawking, Stephen. *Historia del tiempo*, Crítica, Barcelona 2001, página 162.
8   Hawking, Stephen. *Historia del tiempo*, Crítica, Barcelona 2001, página 163.
9   Hawking, Stephen. *Historia del tiempo*, Crítica, Barcelona 2001, página 163.
10 Hawking, Stephen. *Historia del tiempo*, Crítica, Barcelona 2001, página 164.
11 Hawking, Stephen. *Historia del tiempo*, Crítica, Barcelona 2001, página 165.

la física cuántica, surgen de la *nada*, y de la misma manera podría haber surgido el universo, pero realmente no es así: las partículas pueden aparecer como transformaciones de energía en materia, o de materia en energía; pero nunca aparece algo absolutamente nuevo, conocemos que siempre hay un origen para todo.

Así que, dado que prácticamente todos están de acuerdo en que el universo se está expandiendo y enfriando al mismo tiempo, deberíamos pensar en algunas posibilidades que podrían haberse dado:

1. El universo, una vez que comenzó a existir (por la razón que sea), podría haber durado segundos, horas, días, meses o años porque sería imposible *mantenerse* a sí mimo.

2. El universo podía haber sido un caos desordenado.

3. El universo podía haber derivado en un caos con cierto orden, que permitiera la vida en algunos momentos solamente.

4. El universo podía haber tenido leyes que no fueran absolutas, sino que cambiaran con el paso del tiempo, o con la pérdida de energía: un universo con una fecha de caducidad muy cercana.

5. El universo pudo haber tenido leyes que fueran completamente imposibles de examinar por nuestra parte. De la misma manera que tenemos imposibilidades físicas (no podemos volar por nosotros mismos), podría haber habido imposibilidades racionales. De hecho, eso hubiera sido lo más lógico, si nos atenemos a las limitaciones físicas que tenemos, pero no es así. Adaptamos nuestro pensamiento a lo que conocemos del universo, y construimos la ciencia por lo que conocemos de él. El universo tiene un diseño perfecto y comprensible con leyes invariables que permiten la vida de una manera extraordinariamente ordenada y compleja.

2. El origen de la vida

Vivimos en un universo lleno de información precisa y exacta. ¿Cómo puede surgir esa información de la nada desarrollándose de un proceso simple a otros más complejos? Cualquier tipo de información surge al revés: alguien o algo más complejo origina una información más simple. Cuanto más complicada es la información, la mente que la diseñó tiene que ser más inteligente. Un niño de dos años puede decir ciertas frases pero no puede escribir un libro. Yo puedo escribir un libro, pero no puedo explicar lo que un Nobel de física haría. Un físico puede describir algunas leyes, pero no sabe quien las puso ahí: cuanta mayor complejidad en la información, más inteligente tiene que ser la mente que da esa información.

La complejidad y la especificidad son características de la inteligencia. Hace años visitamos con toda la familia la ciudad de Ginebra, y en uno de sus parques encontramos un reloj hecho flores de colores. Si has estado allí, lo recordarás, porque casi todos los que visitan la ciudad hacen una foto en el lugar. El contorno, los números, incluso las manillas están formadas por figuras de flores de colores, y todos saben que fue diseñado y se plantaron las semillas de esa manera: nadie defendería que surgió de una manera aleatoria o que la naturaleza misma lo formó así. Cuanto más complejo es algo, más necesario es un diseño inteligente. Para que algo o alguien pueda ser el fundamento de todos los demás organismos tiene que tener poderes específicos para hacerlo e intencionalidad para guiar los procesos. Y no solamente eso, necesita facultades para corregir y arreglar aquello que no sigue el orden establecido, ¡la naturaleza por sí misma jamás lo hace ni tiene la capacidad para hacerlo!

La complejidad absoluta de la información en los seres vivos

Si examinamos la información en el interior de los seres vivos nos encontramos elementos codificados con un proceso determinado que marca el ADN y muestra el código genético de cada ser. El ADN se replica a sí mismo y es copiado o transcrito por el mensaje del ARN, que a su vez, es transmitido a los aminoácidos por otro proceso codificado, y estos se ensamblan en forma de proteínas. Las proteínas se unen a partir de los aminoácidos, así que el orden en el que las proteínas se ensamblan en la cadena es trascendental para formar el genoma de cada persona, su identidad genética. Por decirlo de alguna manera es como si cuando estás escribiendo, no solo importan las letras o las palabras, sino que todo esté en un orden específico y único. Si se altera un solo aminoácido, en muchas ocasiones puede llegar a generar una sustancia diferente. Cualquier mínimo problema en uno solo de los procesos de información, hacen que el ser *diferente* deje de funcionar de una manera perfecta y sea desechado. Todo eso guiado siempre mediante códigos e informaciones exactos, porque la vida es información con significado específico y perfectamente diseñado. Son mecanismos tan complicados, que los propios biólogos admiten que dan la impresión de haber sido diseñados de una manera perfecta; pero descartan esa idea debido al hecho de que no se admite que nadie pueda haber intervenido, no debido a la observación y experimentación con los organismos, si no por una idea preconcebida. ¿Cómo surgió esa información de células simplemente materiales y no inteligentes? La respuesta que nos dan es que el desarrollo exacto del origen de la vida y las causas que lo llevaron a cabo, jamás será conocido.

El código genético tiene una información absolutamente ordenada y exacta, la cadena de ADN contiene un mensaje preciso formado por las cuatro letras ACGT, con lo que el genoma humano llega a contener más de tres mil millones de letras con una complejidad irreducible. "Entre las diversas clases de aminoácidos hay 20 implicados en la elaboración de las proteínas, de manera que, si tenemos una mezcla de unos 20, la probabilidad de conseguir el aminoácido correcto en una posición específica de la secuencia de la proteína es de 1/20. De ahí se sigue que la probabilidad de conseguir 100 aminoácidos en la secuencia correcta sería de (1/20) elevado a 100, es decir, increíblemente pequeña. Estos cálculos se refieren a una sola proteína. Pero la vida tal como la conocemos requiere cientos de miles de proteínas y se ha calculado que la probabilidad de que estas se produzcan por azar es de al menos 1 en 10 elevado a 40.000"[12]. La posibilidad de que 20 aminoácidos se encadenen al azar en una secuencia significativa en una proteína, y que luego 239 de estas proteínas formen una estructura apropiada dentro de una célula (por decir dos pasos tremendamente sencillos dentro de los múltiples pasos que se dieron en el origen de la vida), es de 1 en 10 elevado a 119775, es decir un 1 seguido por un kilómetro y medio de ceros.

Esa información en el ADN es básicamente la misma en todos los seres vivos de la tierra, desde las bacterias hasta el ser humano; si hubiera sido una información evolucionada, sin ningún tipo de agente exterior, deberíamos preguntarnos: ¿cómo se autorreplicó para desarrollar seres cada vez más estructurados, cuando el método científico nos enseña que es imposible que lo simple derive en lo más complicado? El ADN solo puede tener su origen en una causa inteligente, no solo que lo haya creado en un principio, sino también que ponga en desarrollo todo su potencial para llegar a generar seres vivos de las más diferentes especies. Por si fuera poco, los genes no encierran en sí mismos todo lo que es la vida en sí: el ser humano tiene un 98 % de genes en común con un chimpancé. ¿Está en el 2% restante la capacidad para reflexionar y pensar? También tenemos genes en común con una manzana y con otros animales, entonces, ¿qué nos diferencia? ¿Los procesos químicos simplemente, como defienden los naturalistas? Es obvio que no es así, porque cuando fallecemos, todos los componentes físicos y químicos permanecen dentro de nosotros, ¿por qué no tenemos vida? La realidad es que nadie sabe exactamente qué es la vida ni dónde ubicarla en nuestro ser.

En este momento deberíamos preguntarnos, ¿por qué el universo lo oculta? Si somos capaces de llegar hasta las leyes cuánticas que incluso, a veces, parecen ir en contra de nuestra intuición y, ¡desde luego!, más allá de

---

12   Lennox, John C. *¿Ha enterrado la ciencia a Dios?*, CLIE, Terrassa 2005, páginas 76-77.

todo tipo de razón, ¿por qué el universo no nos permite adentrarnos en lo más fundamental? No existe ningún mecanismo físico que oriente los cambios y las mutaciones que son válidos para la evolución, nada que decida lo que es útil y lo que no, lo que es bueno y lo que no. Si se defiende la evolución, obligatoriamente tiene que ser guiada por un Creador. El problema es que para el que no cree en Dios, la selección natural lo es todo, y tiene que creer en ella con toda su alma, de otra manera el sistema se desmorona por completo: el dios de la casualidad es todopoderoso, porque tiene que explicar no solo el origen del orden exacto (ya vimos que es una probabilidad imposible), sino también el origen de la información dentro de cada una de esas proteínas y explicar también el hecho de que ¡la naturaleza, por sí misma, jamás ha podido generar esa información!

El ADN de una célula tiene el equivalente a miles de libros de información dentro de sí mismo: en nuestro cuerpo tenemos 800 mil millones de células trabajando continuamente de una manera perfecta para lo que es un mecanismo de su capacidad. Cada día mueren dos millones de esas células y son reemplazadas por otras tantas: eso ocurre desde el mismo momento en que nacemos y mientras dura *nuestra vida*. El ADN transmite la información que controla esa vida, con las cuatro letras formadas de los elementos químicos. Algunos dicen que los seres humanos somos solamente máquinas portadoras de ADN que se reproducen a sí mismas con un automatismo lineal: no existe nada más que células nerviosas que se regulan a sí mismas. Cada vez que afirmamos algo así, estamos haciendo filosofía de la ciencia, porque al no explicar lo que realmente ocurre, simplemente afirmamos que no somos nada más que células que transmiten información, y todos tienen que creerlo, aunque no tenga ningún sentido lo que estamos proponiendo.

Para los naturalistas, nuestros pensamientos solo son elementos electro-químicos de información sensorial. Las células nerviosas trasladan esa información a nuestro cuerpo y a nuestro cerebro sin que haya el más mínimo interés por parte de *nadie* de que sea así, ¡simplemente ocurre! Eso es el reduccionismo físico más absoluto: defender una argumentación diciendo que lo único que ocurre es que tenemos destellos racionales basados exclusivamente en componentes químicos y sensoriales, pero que no tienen nada que ver con la razón. El problema es que para llegar a esa conclusión están usando la misma razón.

El origen de la información

El código genético es el mismo para todos los seres vivos pero con pequeñas variaciones de lectura, con lo que demuestra tener un origen común[13]. Siempre se defendió que los genes evolucionaban de lo simple hacia lo complejo, pero se ha demostrado que no es cierto. Por ejemplo, los llamados genes *hox* pueden ayudarnos a encontrar curación para enfermedades: tenemos esos genes en común con todos los seres vivos, pero, ¡jamás pasan información de una especie a otra, ni modifican la especie ni transmiten cambios en ninguna de las especies! Como hemos visto anteriormente, algunos mencionan el ADN común entre seres humanos y simios, pero también es común con la gran mayoría de los animales y las plantas: todos viven en la misma atmósfera, se alimentan de organismos similares, disfrutan del mismo medio, etc. Como hemos visto, lo que hace la diferencia es el orden de las letras del ADN, no una mejora en la calidad o en la cantidad de información, así que no puede existir una *evolución* de un orden a otro: algo o alguien tiene que haber alterado ese orden determinado, ¡una y otra vez!

Además, las llamadas máquinas celulares son idénticas en el ser humano, los animales y las plantas, no evolucionaron de ninguna manera: son las mismas en todos los seres vivos, ¡desde el principio![14] Son máquinas de alta precisión que no han modificado en absoluto su funcionamiento en miles de miles de años. Las más pequeñas células bacterianas que no llegan a una billonésima parte de un gramo, son fábricas con miles de piezas perfectamente entrelazadas en una maquinaria molecular impresionante, mucho más complicada que cualquier máquina que nosotros hayamos construido. Pueden llegar a tener miles de millones de átomos dentro de cada una; forman un motor tan complejo que tiene asombrados a todos los que estudian el mundo microscópico. Esos órganos absolutamente complejos y casi infinitamente pequeños, además de irreductibles en cuanto a su complejidad, porque no funcionarían de ninguna otra manera, son el mayor desafío a la evolución porque certifican que sería imposible que surgieran por sí

---

13   Ese origen común es la mente del Creador, pero podemos admitir que en este momento de la argumentación, algunos todavía no estén de acuerdo.

14   Las máquinas con miles de proteínas que se entrelazan en cada célula son idénticas en el hombre, los animales y los vegetales. Las del ser humano no son más complejas por ser un *animal* más *evolucionado*. Los naturalistas defienden que las mutaciones y los cambios en los genes pasaban a las proteínas, pero esos cambios en las proteínas no se aprecian después de miles de años; las células siguen construyendo los mismos tipos de máquinas multiproteicas sin que aparezca ninguna variación.

Se ha demostrado que los genes *Hox*, comunes a personas y animales, han existido de la misma manera desde el principio. Un gen del ser humano, incluso podría curar a una mosca, pero no cambia en absoluto: permanece inmutable en todos los seres vivos. ¡Desde el principio de la historia! En ese tipo de genes nos sigue impresionando que la información que tienen es la de cada especie, sin ninguna variación: de un gen *Hox* de mosca siempre saldrá una mosca, y del ser humano, siempre un ser humano, aunque sean idénticos. ¿Cómo es posible si, como defienden los naturalistas, nadie intervino en el proceso?

mismos. Resulta que lo aparentemente más simple es lo irreductiblemente más complicado: ¡el diseño de esos órganos es extraordinario! Nadie jamás ha podido explicar cómo pudieron surgir esos elementos ni cómo se estructuraron, porque sus movimientos son igualmente complejos, capaces de girar en varias direcciones perfectamente sincronizadas, y siempre *saben* como hacerlo: la máquina más perfecta que se conoce apenas mide un par de micras, y es una bacteria que vive en nuestro intestino: es más compleja y con más información en sí misma que cualquier máquina creada por el ser humano. El diseño de los mecanismos que activan esa pequeña célula es impresionante, ni siquiera un avión último modelo puede llegar a tener esa complejidad, en un organismo minúsculo.[15]

Esa célula asume, de una manera casi increíble, lo que le llega del exterior en forma de alimento y energía para generar cadenas metabólicas complejas que nosotros ni siquiera seríamos capaces de descubrir. Esa simple célula que vive dentro del intestino humano puede llegar a tener más de cien mil piezas interconectadas que tienen dentro de sí toda la información necesaria para regenerarse una y otra vez... como si cada vez que se estropease la pantalla de nuestro ordenador, el mismo ordenador fuera capaz de arreglarla y generar una nueva. Cualquier aparato que nosotros fabricamos necesita revisión, recarga de energía, etc., pero aun así, tarde o temprano termina resultando inútil, si no tiene un mantenimiento adecuado. Aparentemente la naturaleza no lo necesita, o lo recibe de una fuente desconocida para nosotros.

Como hemos visto, la secuencia del ADN del genoma humano tiene más de tres mil millones de pares básicos. Todos los elementos que lo integran funcionan perfectamente y al mismo tiempo. El ADN es mucho más avanzado que cualquier programa de ordenador, por eso el mayor *problema* para los defensores del naturalismo es el origen de la vida. Imposible determinar cómo se han unido los aminoácidos para crear el ADN, cuando todas las piezas son imprescindibles para su funcionamiento: es imposible fabricar ADN sin proteínas y proteínas sin ADN, todo tiene que funcionar al mismo tiempo. Por otra parte, el ADN no puede copiarse a sí mismo: todos los intentos de hacer un ADN o ARN autorreplicante han fracasado. Así que el problema no es solo como se formó la primera célula, sino cómo esta originó las siguientes.

¿Cómo explicamos, entonces, el origen de la vida? Podemos referirnos a las respuestas conocidas:

---

15 Para conocer el funcionamiento de los microorganismos unicelulares, cf. los libros: Strobel, Lee, *El caso del Creador,* Vida, Miami 2009 y Cruz, Antonio, *A Dios por el ADN*, CLIE, Terrassa 2017.

La vida surgió al azar

Muchos afirman que la vida surgió debido a una combinación entre el azar y la necesidad. Para comprender de qué estamos hablando tenemos que comenzar por definir exactamente qué es el azar.

1. En primer lugar nos encontramos con el azar como indeterminación, lo que hoy se define como probabilidad cuántica dentro del átomo. En este tipo de azar, no hay ausencia de intención porque todo apunta a algo más allá del átomo mismo, a una razón superior, a una ley superior debido a la actividad que cada fenómeno desarrolla, porque aunque defendamos que gobierna el azar, todo sigue un orden (¡algunos prefieren hablar de un desorden!) perfecto; de otra manera la vida no sería posible. Si, como se defiende, la indeterminación fuera total, tendríamos miles de reacciones diferentes a un mismo estímulo, por lo que la materia estaría desintegrándose continuamente, cosa que no sucede, ¡como es obvio!

La realidad nos enseña que las reacciones a los estímulos permanecen (por eso podemos estudiarlas), aunque sea de una forma indeterminada, tal como explica el principio de incertidumbre de Heisenberg. El azar como tal deja de ser la explicación plausible cuando podemos examinar lo que está sucediendo, y comprobamos que obedece a leyes y estructuras exactas. Cuando estudiamos el llamado *azar* cuántico puede dar la impresión de que algunos fenómenos no tienen causa, pero no es así: si fuera de esa manera no sería posible observarlos. Si nosotros somos la causa de un fenómeno experimental o de sus variaciones cuando lo observamos, es porque ese fenómeno tiene una causa, aunque nos dé la impresión de que no sea cierto.

Así que, si realmente fueran procesos cuánticos sin causa (algunos incluso dicen que el propio Big Bang podría haber sido un evento así), entonces, ¿de dónde saldrían las leyes que gobiernan los procesos cuánticos? ¿Por qué esos fenómenos cuánticos obedecen a leyes y se comportan siempre de una manera determinada? Si realmente el azar fuera el dominador de cada movimiento, el funcionamiento futuro sería irregular y/o impredecible, pero no es así. Al hablar de *azar cuántico* estamos describiendo una indeterminación perfectamente establecida que hace que todo funcione de acuerdo a las leyes cuánticas. En el fondo, es un tipo de *azar* que ni siquiera debería llamarse así, porque no solo podemos examinarlo y hacer variar su movimiento, sino que es la base *firme* (¡vaya ironía!) del funcionamiento del universo dentro de cada átomo, ¡esa indeterminación es lo que ocasiona que nuestro universo sea estable!

Por otra parte, el llamado vacío cuántico no es la *nada* como a veces se pensó, sino que está formado por fenómenos de energía que sobrepasan las leyes físicas y que desconocemos ahora mismo, tanto su origen como su funcionamiento. Nadie sabe la razón por la que existe ese vacío[16]. El físico Peter Higgs, intentando explicar el origen y la estructura de la masa, desarrolló la teoría del célebre *bosón de Higgs*. Algunos explican que ese bosón hace el papel de *dios*, porque puede ser el origen del resto de la materia. Otros hablan de la materia oscura y los agujeros negros para explicar el origen de la masa, como si el universo llegara a surgir por la acción de alguna energía invisible; pero todo son intentos por encontrar ideas imposibles de demostrar. Eso nos ha llevado al hecho de que incluso esa teoría del bosón de Higgs ha sido prácticamente abandonada por casi todos, menos por los que siguen buscando ese bosón.

Para que nos entendamos, podemos convenir en que cierto tipo de diseño en el universo puede surgir al azar a través de diferentes parámetros, como cuando el mar golpea la arena en la playa y se puede llegar a formar una imagen que se parezca a algo determinado; pero si examinamos la velocidad del viento, el volumen del agua, la ley de la gravedad, etc., llegamos a descubrir que incluso cada golpe de agua responde a un conjunto de variables, ¡aunque esas variables sean aleatorias! El mar no *golpea* la arena porque sí; y de todas formas, ¡el agua jamás logrará construir un castillo de arena aunque esté miles de años *intentándolo*.

2. Nos referimos al azar también cuando hablamos de *suerte* en cuanto a probabilidad matemática. Como hemos visto, varios autores se refieren a esa suerte cuando hablan del origen de la vida. Si es así, debemos preguntarnos: ¿cómo sabemos cuales son las probabilidades matemáticas de un suceso? Pensemos en un ejemplo: si alguien compra un billete de lotería, tiene una probabilidad entre los cientos de miles de boletos jugados. El ejemplo nos sirve para medir la probabilidad, para que podamos comprenderlo, pero no es necesariamente el mejor, porque alguien decide cuál es el número que lleva el premio, aunque sea por sorteo. Es decir, tenemos un *agente* manipulador de cierto tipo de suerte, aunque ese agente sea inconsciente.

Ese tipo de *suerte* implica siempre a alguien porque está dentro de un sistema en el que hay una toma de decisiones, un diseño. No se puede definir que algo *aparece* por sí mismo, en el sentido de que *has tenido suerte*. Por ejemplo si alguien te dispara y por un centímetro no te da en el corazón, y

---

16   Ese supuesto *vacío* es parte de la creación de Dios, porque Él no hizo el Universo de la *nada*, en el sentido en el que nosotros comprendemos el término, sino a partir de su propia energía y de la información que sustenta esa energía. Su creatividad no necesita nada material para desarrollarse, porque, tal como la fórmula de la teoría de la relatividad demuestra, la materia no es más que una forma de energía.

salvas la vida, no es una cuestión de azar, sino de mala puntería de quien quería matarte. Aunque parezca raro decirlo, siempre hay algo o alguien detrás de la *suerte* que hace que el resultado sea diferente. Si encontramos un billete de cien euros en la calle, nuestra suerte es debida a que alguien lo perdió o lo dejó allí, el billete no apareció por sí mismo. Podríamos dar miles de ejemplos más en cuanto a ese tipo de azar, para darnos cuenta de que esa probabilidad no puede darse sin que exista *alguien* detrás. No se puede hablar de suerte/azar cuando algo tiene un diseño determinado, porque es imposible que surja de esa manera, siempre hay un agente detrás de los sucesos.

3. Una tercera definición de azar tendría que ver con la arbitrariedad, es decir, un tipo de azar en el que no existe ningún tipo de intención, como cuando salimos de casa a pasear y no nos importa en absoluto a dónde vamos; simplemente caminamos. Aun en ese tipo de casos, ese azar necesita un ser pensante, aunque ese ser no esté, aparentemente, tomando decisiones.

Cuando nos adentramos en ese tipo de azar, necesitamos razonar sobre las diferentes posibilidades: supongamos que sacamos una carta de una baraja, el as de corazones. Barajamos las cartas y volvemos a sacar una carta cien veces seguidas, y ¡siempre es el as de corazones! ¿A qué conclusiones llegaríamos? Solo hay tres *posibilidades*:

1. La baraja está trucada, todas las cartas son el as de corazones.

2. Tenemos muchísima *suerte*.

3. Vivimos en un mundo en el que millones de personas están haciendo lo mismo y al mismo tiempo, y por la ley de la probabilidad, nosotros sacamos el as de corazones y otras personas están sacando otras cartas diferentes.

Escoge tu respuesta al experimento y después trata de explícaselo a la persona con la que has *apostado* que siempre sale el as de corazones, y espera que te crea cuando le das la respuesta número dos o la tres, ¡porque será imposible!, y es absolutamente lógico. Lo curioso es que muchos defienden las posturas dos y tres en el origen del universo, simplemente para dejar a Dios fuera de la ecuación.

Permíteme un ejemplo personal en cuanto al azar aleatorio: tengo en mi Iphone más de 44.000 canciones, y me encanta tenerlo en ese modo, el *aleatorio*, porque así puedo escuchar canciones completamente diferentes (Obras clásicas, Beatles, Abba, Juan Luis Guerra, o incluso alguna de las de mi hija Iami, etc.). Si escuchara la misma canción dos veces seguidas, pensaría: ¡*vaya casualidad!* Porque es prácticamente imposible que eso pueda ocurrir. Pero si la escucho tres veces seguidas (1 multiplicado por 44.000 posibilidades, por 43.999 por 43.998, es decir una entre miles de miles de miles de millones), rápidamente iría a verificar el funcionamiento del Iphone, porque estaría convencido de que está averiada esa función, ¡solo después de tres hechos registrados! Algunos prefieren creer que el azar es el que gobierna miles y miles de hechos diferentes en nuestro universo de una manera absolutamente ordenada, precisa y perfecta, aunque saben que las probabilidades de que sea así van mucho más allá de la imposibilidad.

4. Dado que los otros tres tipos de *azar* no nos llevan a ningún sitio, debemos examinar el azar puro y simple: la llamada *coincidencia*, es decir, cuando no existe ninguna intención de parte de nadie, ni de las circunstancias, ni de las leyes que miden el fenómeno que estamos estudiando. Por ejemplo, voy en el tren y comienzo a hablar con la persona que va a mi lado, y de repente, nos damos cuenta de que los dos nacimos el mismo día (17 de Abril). No hay absolutamente nada que regule ese hecho, ni nadie detrás de él, simplemente es una coincidencia.

Las coincidencias siempre tienen que ver con datos, hechos o situaciones que no necesitan a *nadie*, y que no pueden tener alguna organización detrás. Pero imagina que para llegar a mi destino, dependiese de que esa persona que está a mi lado haya nacido el mismo día, de otra manera el revisor no me permitiría viajar, y no sólo eso: el camarero que me sirve la comida en el tren debería haber nacido el mismo día también, así como quién viniera a buscarme para llevarme a casa, etc. ¡Sin que nadie lo organizara! Todos sabemos que jamás podría llegar a casa, ¡sería imposible encontrar a ese número de personas debido a circunstancias coincidentes una tras otra! En ese sentido ni siquiera necesitamos hablar de posibilidades matemáticas, porque todos nos damos cuenta de que las coincidencias aleatorias no se suceden una tras otra, ¡nunca!

Cuando algunos defienden ese tipo de azar como fuente del origen de la vida, olvidan que es matemáticamente y físicamente imposible. ¡Imposible de todas maneras! La *suerte que hemos tenido* de la que muchos hablan, no es más que querer enmascarar lo imposible. ¿Te imaginas que la vida de los dos que viajan en el tren dependiera de esa coincidencia? ¿Que tuvieran que encontrarse, sin saberlo, el mismo día, mes y año, y si no fuera así, morirían? ¿Y que la vida de toda la humanidad dependiera de ese encuentro? La posibilidad real sería tener que tomar el mismo tren miles de días, miles de veces hasta que se diese esa *casualidad*, y desde luego, ¡su vida no puede depender de ello! Lo más normal es que en ningún lugar del mundo en este momento haya dos personas desconocidas sentadas uno al lado del otro, que hayan nacido el mismo día, con lo que, ¡todos estaríamos muertos! ¡Y estamos hablando solamente de una de las miles de *coincidencias* que tendrían que darse para que la vida sea posible!

No debe parecernos un ejemplo macabro, porque la naturaleza desecha los fallos del sistema por sí misma, y lo que no es *normal*, termina siendo estadísticamente inapreciable, e incluso la misma naturaleza no le permite la posibilidad de reproducirse. Si examinamos las pruebas con atención, nos damos cuenta de que en los cuatro tipos de azar, o tiene que aparecer algún agente que actúe, o el mismo azar imposibilita su capacidad de generar una línea continua de causas/efectos imprescindibles en un orden determinado.

En los últimos años, las investigaciones, tanto de lo inmensamente grande (el espacio exterior), como de lo inmensamente pequeño (la física de partículas), nos enseñan que todo está perfectamente estructurado de una manera asombrosa. Aunque existieran millones de situaciones aleatorias en un primer *caldo de cultivo* que generó la vida y se diera la correcta, ese proceso tendría que volver a cumplirse cientos de miles de veces seguidas para seleccionar (¡sí, seleccionar, los propios naturalistas usan esa palabra!) la respuesta correcta en cada momento y desechar los millones de respuestas falsas en todos y cada uno de los procesos siguientes, ¡sin excepción! Un solo camino equivocado haría que la vida desapareciera. Alguien tendría que *guiar* ese camino; no solo una vez, sino miles de veces. ¡El mismo hecho de que podamos comprenderlo demuestra que hay una inteligencia que lo guía! De no ser así, tendríamos que llegar a muchas situaciones en las que el funcionamiento del universo sería incomprensible; el mismo azar delataría la existencia de *saltos* en el proceso. Si todo es perfectamente comprensible es porque hay una mente que sabe lo que está ocurriendo.

En ese sentido, cuando todos hablan de *azar* le están atribuyendo implícita y explícitamente las características de Dios: seleccionando lo útil y dejando a un lado lo que no funciona o que va por un camino equivocado. Un azar que dirige cada uno de los pasos de la selección natural y enfatiza las mutaciones favorables. Un azar que traslada la información precisa para que no exista ninguna parada en ningún momento del proceso. Un azar que calibra exactamente cada una de las mediciones exactas para que la vida sea posible y las ajusta de una manera perfecta. Un azar que desarrolla inteligencia en el ser humano… ¡Así podríamos seguir de una manera casi infinita!

Para comprender cómo se relaciona el azar con la información, podemos poner un ejemplo que, quizás, a todos nos ha sucedido alguna vez. Llevamos nuestro teléfono móvil en el bolsillo y sin darnos cuenta, presionamos la pantalla con nuestros movimientos, y estamos enviando un mensaje a un amigo, con caracteres de información aleatoria: *sadknrasivoew…*

Nuestro amigo sabrá que el envío del mensaje fue accidental y podremos excusarnos sin problemas; pero si recibe un mensaje que diga: *Estoy cansado de que nunca me contestes, eso no lo hace un amigo,* sabrá que lo hemos enviado de una manera intencionada, por más que nos excusemos después si le ha parecido mal, e intentemos decir que fue accidental, ¡jamás lo creería! El envío y la información son los mismos, *jugamos* con los mismos caracteres, pero en un caso la persona que lo recibe discierne que se trata de un error porque es una información sin sentido, y en el otro reconoce que alguien le está enviando información: hay un ser inteligente detrás del mensaje. Nuestro teléfono puede estar enviando mensajes de una manera accidental durante todo un día sin darnos cuenta de que lo estamos pulsando al caminar, pero aunque estuviéramos enviando mensajes durante miles de años, jamás (ni siquiera por azar), podría enviar frases perfectamente construidas, porque no tiene esa capacidad, ¡y mucho menos responder de una manera coherente a otros mensajes! No solamente por la información en sí misma, sino porque tenemos el mismo patrón de información que la persona que escribe: no son signos al azar producto de un suceso determinado de una manera casual, sino una información perfectamente diseñada confeccionada por una mente inteligente.

En este caso, la comparación con la naturaleza aparece en toda su amplitud cuando reconocemos que nuestro teléfono no solo debería expresar esa información, sino que debería hacerlo una y otra vez, desde el mismo momento en el que *encontrase* la solución perfecta (es decir, debería dejar de pulsar teclas incorrectas cuando las frases fueran ininteligibles), tal como ha hecho la naturaleza en todos sus procesos, pero aun así, por si fuera poco, deberíamos preguntarnos quién puso ese teléfono ahí para que tuviera la posibilidad de enviar esos mensajes, y pudiera reactivarse por sí mismo (como sucede con los procesos vitales). ¡Y con una batería (energía) que nunca se acabara! Es cierto que a diferencia de un teléfono móvil, la naturaleza tiene vida, pero esa misma vida complica aun más lo que estamos afirmando, porque deberíamos encontrar de dónde ha salido la energía para que cada uno de los procesos siga adelante, la capacidad para discriminar en qué momento ese mismo proceso evolutivo ha dado con la *tecla correcta* y, además, cómo surge la inteligencia dentro de la naturaleza, para seguir probando variaciones aleatorias hasta llegar al éxito final.

Cada uno puede creer lo que quiera creer, pero es obvio que explicar el origen y el funcionamiento de la información específica y compleja dentro de la naturaleza, sin una inteligencia superior que la haya diseñado, es absolutamente imposible de explicar por el método científico, o por cualquier otro método que se le quiera aplicar a ese proceso. Albert Einstein afirmó: *El azar no existe, Dios no juega a los dados,* al ver lo que sucedía con las ondas y las partículas porque pensaba, ¡y creía!, que detrás tenía que haber una fuerza que aunase todo y lo *controlase*. El azar no es un principio del que podamos fiarnos en absoluto.

Por si fuera poco, necesitaríamos contestar a otra pregunta todavía más inquietante: ¿Por qué el azar es considerado como un elemento beneficioso para nosotros, si las leyes naturales nos enseñan que todos los resultados que se derivan de él, y no del seguimiento de esas leyes, son absolutamente catastróficos? Todos sabemos que el azar ¡deriva en un sinsentido absoluto! Si tiras una moneda al aire, el azar determinará si cae cara o cruz independientemente del resultado que yo prefiera, eso lo entiende todo el mundo; entonces, ¿cuál es la razón por la que el azar siempre nos *favoreció* no solo en cuanto al origen de la vida, sino absolutamente en todos los procesos posteriores sin fallar ni en uno solo? Para que nos entendamos, ¿por qué salió *cara* millones de veces seguidas, sin interrupción? ¿Miles de *casualidades* al mismo tiempo y millones de resultados favorables en los años siguientes? Se trata sin ninguna duda, de una cuestión de fe mucho mayor que cualquier otra situación que podamos proponer. ¡La ciencia, defendiendo ese planteamiento, necesita más fe que nadie! ¡Que no nos hablen de *saltos de fe* o *de fe ciega*!

El origen de la energía

Uno de los mayores problemas de la cosmovisión naturalista es explicar el origen de la energía, porque sin esa energía nada tendría sentido. Como hemos visto, las partículas subatómicas están en continuo movimiento; es obvio que en algún momento tuvo que comenzar no solo ese movimiento, sino también la energía que necesita, porque sabemos que no se sostiene por sí mismo. Conocemos que cada partícula tiene su correspondiente antipartícula, y cada materia su antimateria. Cuando se encuentran se aniquilan entre si liberando energía; eso nos llevaría a una pregunta muy simple: si la materia se originó por procesos naturales, ¿por qué no se originó la misma cantidad de antimateria? Porque el problema es que materia y antimateria se anulan mutuamente; solo si hubiera un diseñador podría comprenderse, Dios tuvo que haberlo creado así.

La idea de que las propias leyes del Universo son las que han traído la vida no tiene sentido. Las leyes físicas no pueden surgir por sí mismas, solo *mantienen*, por decirlo de alguna manera, el orden existente. No existe una sola ley física que origine por sí misma materia, energía o información, sin que esa ley sea aplicada en la materia, o sea manipulada, por diferentes agentes, ¡mucho menos posible es que esa ley dé origen a todo: a la materia, a la energía y a la información! Cuando experimentamos y hacemos comprobaciones es porque *alguien* manipula las circunstancias para ver qué sucede. Ninguna ley efectúa esa dinámica por sí misma.

Los físicos dicen que la necesidad de las leyes es lo que hizo que aparecieran, es decir, porque era imposible que la materia surgiera sin leyes, estas aparecieron al mismo tiempo, como algo perfectamente diseñado. El propio Hawking dice que vivimos en un mundo antrópico, ¡porque necesitamos que sea así! Todo surgió por *necesidad*. Es curioso que estamos hablando del mismo argumento que algunos usan para demostrar la existencia de Dios *(Dios existe porque es un ser absolutamente necesario e imprescindible)*, pero lo aplicamos a la materia y las leyes. Nos dicen que no podemos defender ese argumento para un ser superior que pueda crear lo que vemos (lo cual sería lógico); mientras se proclama exactamente el mismo argumento para la existencia de leyes y materia que se crean a sí mismas (lo cual es completamente ilógico).

El ajuste fino del Universo, un mundo antrópico

El Universo está diseñado de una manera absolutamente exacta para la vida: la estructura fina y el orden del universo es algo tan absolutamente extraordinario que todos están admirados. El universo está diseñado para sostener la vida, el ser humano vive en el universo perfecto para él, creado con una exactitud milimétrica. Hawking, y muchos otros físicos, no dejan de reconocerlo: *Si hubiese sido diferente nosotros no estaríamos aquí*[17]. *Puede que un día descubramos una teoría unificada completa que prediga todas esas cantidades* (las cantidades fundamentales, como la magnitud de la carga eléctrica del electrón y la relación entre las masas del protón y del electrón, dice más arriba) (…) *El hecho notable es que los valores de esas cantidades deben haber sido ajustados sutilmente para hacer posible el desarrollo de la vida*[18]. Para comenzar por lo más simple, deberíamos notar que los niveles exactos de resonancia de carbono y oxígeno son los que hacen posible las moléculas de los seres vivos, una mínima variación en cualquiera de ellas haría nuestra vida imposible; la física, la biología y la química están predeterminadas de tal manera que es imposible creer que el azar pudiera haberlo hecho. La posibilidad de que los aminoácidos, ¡de una sola célula humana!, se hayan formado al azar matemáticamente va mas allá del infinito. El universo necesita una inteligencia diseñadora: el avance de la ciencia nos ha revelado que Dios no es el que resuelve los problemas que encontramos a los que no sabemos dar una explicación, sino todo lo contrario. Como muchos han afirmado, habría sido mucho más sencillo refutar a Dios antes de conocer

---

17   Hawking, S., *Historia del tiempo*, Crítica, Barcelona 2001, página 167.
18   Hawking, S., *Historia del tiempo*, Crítica, Barcelona 2001, página 167.

los resultados de la gran mayoría de las investigaciones sobre el universo (en los últimos treinta años), que ahora mismo; y lo más impresionante es que ese *proceso* lejos de detenerse, cada vez nos acerca más al conocimiento de la mente del Creador.

Los físicos que no creen en Dios aseguran que el principio antrópico de que un Creador lo diseñase todo para nosotros *es muy difícil de creer*, aunque todos reconocen que el mundo tiene apariencia de haber sido diseñado, pero no se quiere reconocer esa apariencia, porque no quieren aceptar que nadie esté *detrás de la puerta*. Todos los sistemas y leyes en los que se basa la vida son sistemas *completos* de una manera irreductible: no pueden variar en lo más mínimo para que todo funcione de una manera correcta. Hablamos de un sistema completo de una manera irreductible, cuando son sistemas armónicos que requieren que todas las partes funcionen al mismo tiempo y de la misma manera, para que el sistema total pueda funcionar. No puedes variar absolutamente nada.

El conocido bioquímico Henderson, llegó a decir que el ajuste del entorno es demasiado perfecto como para que haya surgido accidentalmente, y dejó en el aire la pregunta que tantos se siguen haciendo: *¿Qué tipo de ley es capaz de explicar lo que estamos viviendo?* Aun sin saber de dónde surgieron los elementos ni la energía para que todo sucediera, los matemáticos nos dicen que la posibilidad de que hubiera surgido al azar una primera explosión del Big Bang es de 10 elevado a 60. ¡La más mínima variación habría hecho que el universo se colapsara! ¡Ni me imagino lo que dirían los defensores del naturalismo si la posibilidad de que Dios existiera fuera de 10 elevado a 60! Nos tomarían por locos. Por eso necesitamos mencionar simplemente dos o tres detalles en cuanto a las constantes en la vida, que no pueden variar en lo más mínimo:

- En primer lugar el nivel de oxígeno y el nivel de dióxido de carbono en la atmósfera: el astrónomo Fred Hoyle demostró que el carbono, absolutamente imprescindible para la vida en la tierra, se produce a partir del helio de las estrellas, sobre todo las de gran tamaño. Demostró que el carbono se origina en el encuentro de tres núcleos de helio a una gran velocidad, que se unen a raíz de ese encuentro. Fred definió esa reacción como absolutamente *afortunada*: una *manifestación* del azar que nadie hubiera imaginado que podría producirse. Él mismo dijo que era como si las leyes de la física fueran diseñadas de tal manera que todo lo que ocurría dentro de las estrellas tenía que haber sido deliberado, como si *alguien* estuviera jugando con las leyes.

- En segundo lugar, la ley de la gravedad y la relación entre las fuerzas planetarias es absolutamente extraordinaria, así como la relación perfecta entre la gravedad de la tierra y la luna. Una desviación de una centésima de milmillonésima (una desviación prácticamente imposible de apreciar) ¡haría imposible la existencia del sol!

- En tercer lugar, podemos hablar del *número pi*, que está incorporado a la propia estructura del universo en todas las leyes matemáticas. La conclusión a la que Paul Davis llega, con uno solo de los parámetros que se miden, es impresionante: "El hecho es que estamos aquí, y lo estamos gracias a unas disposiciones maravillosamente felices. Nuestra existencia no puede, por sí misma, explicar esas disposiciones. Cabría encogerse de hombros ante esta cuestión, y dejarla de lado, alegando simplemente que nos sentimos muy dichosos de que el universo haya tenido las condiciones justas para que floreciese en él la vida, pero que eso es una peculiaridad del destino sin mayor significado. Nuevamente, es una cuestión de juicio personal"[19]. "Aun el escéptico más testarudo estaría tentado seguramente a concluir que «algo está pasando aquí»"[20].

- En cuarto lugar, si la masa de cualquiera de los elementos de la materia (los más elementales del átomo, como el protón o el neutrón), variase en un porcentaje ínfimo (¡menos de un 0,5 por ciento!) la misma materia no sería posible[21].

---

19 Davis, Paul, *La mente de Dios*, McGraw-Hill, Madrid 1993, página 127. El autor menciona solo uno de los parámetros al escribir: "Supongamos que pudiera demostrarse que la vida sería imposible al menos que el ratio entre la masa del electrón y del protón estuviera dentro del 0,00000000001 por ciento de un número completamente independiente –digamos, una centésima parte del ratio de las densidades del agua y el mercurio a 18 grados centígrados (64,4 grados Fahrenheit)".

20 Davis, Paul, *La mente de Dios*, McGraw-Hill, Madrid 1993, página 127.

21 Las condiciones del universo cuya variación haría imposible la vida, son prácticamente innumerables. Reseñamos aquí parte de un trabajo no publicado de Miriam Ruíz (Licenciada en Física Optoelectrónica) para la Universidad de Santiago de Compostela:
"La existencia de la vida requiere un ajuste muy fino de las cuatro fuerzas fundamentales de la física: gravedad, nuclear fuerte, nuclear débil y electromagnética. Exige que las partículas fundamentales, la energía y las dimensiones de espacio-tiempo del universo permitan que el efecto túnel cuántico y la relatividad operen exactamente como lo hacen. Actualmente los investigadores han descubierto 34 características que deben tomar valores definidos muy estrechamente para que la vida de cualquier tipo exista. A continuación paso a exponer una lista de estas características y las razones por las que deben ser definidas en forma tan estrecha. La probabilidad de que un planeta logre los parámetros necesarios para el sustento de la vida también es sumamente asombrosa. Solamente teniendo en cuenta 75 parámetros esta probabilidad asciende a 10 elevado a - 99.
Parámetros:
1. Constante de la fuerza nuclear:
Si fuera mayor, no se formaría hidrógeno; los núcleos atómicos para la mayoría de los elementos esenciales para la vida serían inestables, no habría química de la vida.

Si fuera menor, no se formarían elementos más pesados que el hidrógeno, no habría química de la vida.

2. Constante de la fuerza nuclear débil:
Si fuera mayor, demasiado hidrógeno se convertiría en helio en la gran explosión, por lo tanto, las estrellas convertirían demasiada materia en elementos pesados, haciendo que fuera imposible la química de la vida.
Si fuera menor, poco helio sería producido por la gran explosión, por lo tanto, las estrellas convertirían poca materia en elementos pesados, con lo que la química de la vida sería imposible.

3. La constante de la fuerza gravitatoria:
Si fuera mayor, las estrellas serían demasiado calientes y se consumirían rápidamente y en forma demasiado peligrosa para la química de la vida.
Si fuera menor, las estrellas serían demasiado frías como para encender la fusión nuclear, por lo tanto, muchos de los elementos necesarios para la química de la vida nunca se formarían.

4. Constante de la fuerza electromagnética:
Si fuera mayor, las uniones químicas serían perturbadas, los elementos más pesados que el boro serían inestables ante la fisión.
Si fuera menor, las uniones químicas serían insuficientes para la química de la vida.

5. Relación entre la constante de la fuerza electromagnética y la constante de la fuerza gravitatoria:
Si fuera mayor, todas las estrellas serían por lo menos un cuarenta por ciento más masivas que el sol, así que la combustión estelar sería demasiado breve para sustentar la vida.
Si fuera menor, todas las estrellas serían por lo menos un veinte por ciento menos consistentes en su masa que el sol, y por lo tanto serían incapaces de producir elementos pesados.

6. Relación entre la masa del electrón y la masa del protón:
Si fuera mayor, las uniones químicas serían insuficientes para la vida.
Si fuera menor, igual.

7. Relación entre la cantidad de protones y la cantidad de electrones:
Si fuera mayor, el electromagnetismo predominaría sobre la gravedad impidiendo la formación de galaxias, estrellas y planetas, igual si fuera menor.

8. Velocidad de expansión del universo:
Si fuera mayor no se formarían las galaxias.
Si fuera menor el Universo se colapsaría, antes de que se formaran las estrellas.

9. Nivel de entropía del universo:
Si fuera mayor, las estrellas no se formarían dentro de las protogalaxias.
Si fuera menor, no se formarían las protogalaxias.

10. Densidad de masa del universo:
Si fuera mayor, la superabundancia del deuterio de la gran explosión haría que las estrellas se consumieran demasiado rápido para que se formara la vida.
Si fuera menor, una cantidad insuficiente de helio de la gran explosión resultaría en una escasez de elementos pesados

11. La velocidad de la luz:
Si fuera mayor, las estrellas serían demasiado luminosas para soportar la vida.
Si fuera menor, las estrellas no serían lo suficientemente luminosas para soporta la vida.

12. Edad del universo:

Si fuera mayor, no habría estrellas del tipo del sol en una fase de combustión estable en la parte correcta para la vida en nuestra galaxia.

Si fuera menor, las estrellas de tipo del sol en una fase de combustión estable todavía no se habrían formado.

13. Uniformidad inicial de la radiación:
Si fuera más uniforme, las estrellas, los racimos de estrellas y las galaxias no se habrían formado.
Si fuera menos uniforme, el universo consistiría mayoritariamente de agujeros negros y espacio vacío.

14. Distancia media entre galaxias:
Si fuera mayor, la formación de estrellas habría sido lo suficientemente tarde en la historia del universo debido a la falta de materia.
Si fuera menor, los tirones gravitacionales desestabilizarían la órbita del sol.

15. Densidad del racimo de galaxias:
Si fuera más denso, las colisiones y las uniones de las galaxias perturbarían la órbita solar.
Si fuera menos denso, la formación de estrellas sería lo suficientemente tarde en la historia del universo y sería obstaculizada por la falta de materia.

16. Distancia media entre estrellas:
Si fuera mayor, la densidad de los elementos pesados sería demasiado escasa como para que se formaran planetas rocosos.
Si fuera menor, las órbitas planetarias serían demasiado inestables para la vida.

17. Constante de estructura fina, describe la separación de estructura fina de las líneas espectrales:
Si fuera mayor, todas las estrellas serían por lo menos un treinta por ciento menos masivas que el sol.
Si fuera mayor que 0,06, la materia sería inestable en los campos magnéticos grandes.
Si fuera menor, todas las estrellas serían por lo menos un ochenta por ciento más densas en masa que el sol.

18. Velocidad de descomposición del protón:
Si fuera mayor, la vida sería exterminada por la liberación de la radiación.
Si fuera menor, el universo contendría una cantidad insuficiente de materia para la vida.

19. Relación entre los niveles de energía nuclear de C12 y O16:
Si fuera mayor, el universo contendría una cantidad insuficiente de oxígeno para la vida.
Si fuera menor, el universo contendría insuficiente cantidad de carbono para la vida.

20. Nivel de energía en base del He4:
Si fuera mayor, el universo contendría insuficiente cantidad de carbono y oxígeno para la vida, igual que si fuera menor…

21. Velocidad de descomposición de Be8:
Si fuera más lenta no se produciría ningún elemento más pesado que el berilio, por lo tanto no habría química para la vida.
Si fuera más rápido, la descomposición del neutrón produciría tantos neutrones como para colapsar todas las estrellas en estrellas neutrónicas o agujeros negros.

22. Relación entre la masa del neutrón y la masa del protón:

Si fuera más alta, la descomposición del neutrón arrojaría pocos neutrones como para la formación de muchos elementos pesados esenciales para la vida. Si fuera más baja, la descomposición del neutrón produciría tantos neutrones como para colapsar a todas las estrellas en estrellas neutrónicas o agujeros negros.

23. Exceso inicial de nucleones sobre antinucleones:
    Si fuera mayor, la radiación impediría la formación de planetas.
    Si fuera menor, la materia sería insuficiente para la formación de galaxias o estrellas.

24. Polaridad de la molécula de agua:
    Si fuera mayor, el calor de la fusión y de la vaporización sería demasiado grande para la vida.
    Si fuera menor, el calor de la fusión y la vaporización sería demasiado pequeño para la vida: el agua líquida no trabajaría como solvente para la química de la vida, el hielo no flotaría, lo cual conduciría a un congelamiento descontrolado.

25. Erupciones de las supernovas:
    Si fueran demasiado cercanas, demasiado frecuentes o demasiado tardías, la radiación exterminaría la vida sobre el planeta.
    Si fueran demasiado lejanas, poco frecuentes o demasiado tempranas, los elementos pesados serían demasiado escasos para la formación de planetas rocosos.

26. Binarias enanas blancas:
    Si fueran demasiado pocas, existiría poco flúor para la química de la vida.
    Si fueran demasiadas las órbitas planetarias serían demasiado inestables para la vida.
    Si se hubieran formado demasiado temprano, habría insuficiente producción de flúor.
    Si se hubieran formado demasiado tarde, el flúor habría llegado demasiado tarde para la química de la vida.

27. Relación entre la masa de la materia exótica y la masa de la materia ordinaria:
    Si fuera mayor, el universo colapsaría antes de que las estrellas del tipo solar pudieran formarse.
    Si fuera menor, no se formaría ninguna galaxia.

28. Cantidad de dimensiones efectivas en el universo primitivo:
    Si fuera mayor, la mecánica cuántica, la gravedad y la relatividad no podrían coexistir, la vida sería imposible, igual que si fuera menor.

29. Cantidad de dimensiones efectivas en el universo actual:
    Si fuera menor las órbitas de los electrones, del planeta y de las estrellas se volverían inestables, igual resultado si fuera mayor.

30. Masa del neutrino:
    Si fuera mayor, los racimos de galaxias y las galaxias serían demasiado densos.
    Si fuera menor, no se formarían los racimos de galaxias, las galaxias y las estrellas.

31. Ondas de la gran explosión:
    Si fueran mayores, los racimos de las galaxias y las galaxias serían demasiado densos para la vida, los agujeros negros predominarían y el universo se colapsaría antes de que se pudiera formar un lugar para vivir.
    Si fueran menores, las galaxias no se formarían porque el universo se expandiría demasiado rápido.

32. Tamaño del factor de dilatación relativista:

Si fuera menor, ciertas reacciones químicas esenciales para la vida no funcionarían correctamente, igual si fuera mayor.

33. Magnitud de la incertidumbre en el principio de incertidumbre de Heisenberg:
    Si fuera mayor, el transporte del oxígeno a las células del cuerpo sería demasiado grande y algunos elementos esenciales para la vida serían inestables.
    Si fuera menor, el transporte de oxígeno a las células del cuerpo sería demasiado pequeño y ciertos elementos esenciales para la vida serían inestables.

34. Constante cosmológica:
    Si fuera menor, el universo se expandiría demasiado rápidamente para formar las estrellas del tipo solar.
    Los racimos de galaxias son grandes bloques constituyentes del cosmos, estructuras que contienen miles de galaxias cada una.
    Los elementos pesados, son por su tipo de peso y densidad molecular, los que tiene más de 4,5 g/cm3 y propiedades tóxicas para el cuerpo humano... Plomo, arsénico, selenio, uranio, aluminio, plutonio, etc.
    Las binarias enanas blancas son estrellas que se encuentran en su fase final
    Albeldo es el porcentaje de radiación que cualquier superficie refleja respecto a la radiación sobre sí misma, la reflectividad de la superficie terrestre, la energía reflejada desde la tierra al Universo.
    Una estimación de la probabilidad de que un planeta logre los parámetros necesarios para el sustento de la vida.

Parámetro:	*Probabilidad de caer dentro del rango requerido*
Tamaño de la galaxia	0,1
Tipo de galaxia	0,1
Ubicación de la galaxia	0.1
Ubicación de la estrella respecto del centro de la galaxia	0.2
Distancia de la estrella del brazo espiral más cercano	0.1
Cercanía de la nebulosa solar a la erupción de la supernova	0.01
Sincronización de la formación de la nebulosa solar respecto de la erupción de la Supernova	0.01
Cantidad de estrellas en el sistema	0.2
Fecha del nacimiento de la estrella	0.2
Edad de la estrella	0.4
Metalicidad de la estrella	0.05
Excentricidad orbital de la estrella	0.1
Distancia de la estrella del plano galáctico	0.1
Masa de la estrella	0.001
Luminosidad de la estrella con relación a la especiación	0.0001
Color de la estrella	0.4
Producción de H3+	0.1
Cantidad de supernovas y sus ubicaciones	0.01
Tipos, cantidades y ubicaciones de binarias enanas blancas	0.01
Distancia del planeta de la estrella	0.001
Inclinación de la órbita planetaria	0.5
Inclinación del eje planetario	0.3
Velocidad del cambio de la inclinación del eje planetario	0.01
Período de rotación planetario	0.1

Velocidad de cambio en el período de rotación planetario — 0.05
Excentricidad de la órbita planetaria — 0.3
Gravedad de superficie (velocidad de escape) — 0.001
Fuerza de la marea — 0.1
Campo magnético — 0.01
Albedo — 0.1
Densidad — 0.1
Espesor de la corteza planetaria — 0.01
Proporción de océanos y continentes — 0.2
Velocidad de cambio de la proporción de océanos a continentes — 0.1

Parámetro:	*Probabilidad de caer dentro del rango requerido*
Distribución global de continentes	0.3
Frecuencia y extensión de las edades de hielo	0.1
Cantidad de colisiones de asteroides y cometas	0.1
Cambio en la cantidad de colisiones de asteroides y cometas	0.1
Masa del cuerpo que chocó con la tierra primitiva	0.002
Sincronización de la colisión del cuerpo con la tierra primitiva	0,05
Velocidad de cambio en la cantidad de colisiones de asteroides y cometas	0.1
Proximidad y masa de Júpiter	0.01
Excentricidad de los planetas principales	0.1
Inestabilidades orbitales de los planetas principales	0.1
Velocidad de deriva y cambio de velocidad de deriva de los planetas principales	0.1
Transparencia atmosférica	0.1
Cantidad de descarga eléctrica atmosférica	0.1
Presión atmosférica	0.1
Variantes de temperatura atmosférica	0.01
Nivel de oxígeno en la atmósfera	0.01
Nivel de dióxido de carbono en la atmósfera	0.01
Nivel de cloro en la atmósfera	0.1
Cantidad de hierro en los océanos	0.1
Cantidad de ozono troposférico	0.01
Cantidad de ozono estratosférico	0.01
Cantidad de ozono mesosférico	-01
Nivel de vapor de agua en la atmósfera	0.01
Proporción de oxígeno a nitrógeno en la atmósfera	0.1
Cantidad de gases de invernadero en la atmósfera	0.01
Frecuencia y extensión de los incendios de bosques	0.01
Mineralización del suelo	0.1
Cantidad de aerosoles de sales marinas	0.1
Cantidad de microbios nitrificantes en el suelo	0.01
Cantidad de hongos mycorrhizal en el suelo	0.01
Cantidad de azufre en el suelo	0.1
Cantidad de azufre en el núcleo del planeta	0.1
Actividad tectónica	0.1
Velocidad de disminución del movimiento tectónico	0.1
Actividad volcánica	0.1

En cualquier rango que uno investigue, los parámetros en los que se mueven las leyes de la naturaleza, y el ajuste fino para la existencia de la vida son tan absolutamente exactos que nadie puede estudiarlos sin *sospechar* que han sido afectados de una manera directa por alguien que quería que la vida existiese. Y no porque no exista otra explicación, sino porque esa, precisamente, es la explicación perfectamente ajustada a las leyes de la ciencia.

Algunos han llegado a decir que la *naturaleza* tiene un funcionamiento inteligente y que es capaz de *razonar* las leyes y circunstancias para la vida. Si decimos que la naturaleza tiene esa capacidad, ¿no estamos diciendo que nuestro dios es la naturaleza? Porque si le damos esa capacidad a la naturaleza y defendemos que las leyes que genera y controla son eternas, estamos diciendo que Dios existe, ¡aunque le hemos puesto otro nombre para no reconocer que es Él! Anthony Flew explica una parábola impresionante[22] diciendo que, si llegamos a una habitación de un hotel, y todo absolutamente es como nosotros lo habríamos soñado: el estilo de música, los colores, la decoración, nuestra comida favorita, la ropa que nos han comprado, los libros que íbamos a leer, las películas preparadas para visionar, etc., es porque alguien que nos conoce íntimamente lo ha preparado todo. ¡Nadie creería que el dueño del hotel acertó por casualidad! Los físicos nos dicen que el mundo está perfectamente preparado para nuestra existencia, ¡sabía que íbamos a venir!

El universo no tiene conciencia de sí mismo ni de los procesos que se ocasionan dentro de él. Todos los que no admiten que existe un Creador dicen que los procesos evolutivos fueron realizados de una manera inconsciente: las leyes del universo funcionan sin fallo en los miles de años que

Disminución de la actividad volcánica	0.1
Viscosidad del núcleo de la tierra en los límites del núcleo	0.01
Proporción entre la biomasa y la caída de cometas	0.01
Regularidad de la caída de cometas	0-1
Factores de dependencia (estimados)	100.000.000.000
Requerimientos de longevidad (estimados)	0.00001

La probabilidad de la concurrencia combinada de los 75 parámetros, 10 elevado a -99.

Personalmente creo que una probabilidad tan grande y teniendo en cuenta la existencia finita del universo sin tiempo indefinido como para que cualquier probabilidad fuera posible, no puede ser fruto de la casualidad. Mi interpretación personal es un diseño inteligente, una entidad quizás viviendo en muchas más dimensiones que nosotros no sujeta a las leyes del espacio y del tiempo, y con toda la energía imaginable a su disposición para lograr cualquier cosa. Como soy cristiana para mí este ser se llama Dios. Sé que para algunos parece pura especulación pero que cada cual saque sus propias conclusiones".

22   Flew, Antony, *Dios existe*, Trotta, Madrid 2012, página 103.

llevamos investigando, de una manera inconsciente. ¡Nuestro universo representa la perfección de la inconsciencia para muchos! Si defendemos que las leyes originaron la vida, deberíamos decir que sí, pero ¿pueden surgir leyes absolutas al azar? Hawking afirma que la ley de la gravedad es la base para la existencia, ¿quién la puso en el universo? ¿Existió siempre? ¿Es la ley de la gravedad el dios que estábamos buscando? Porque las características que los físicos le dan, tienen mucho más que ver con la metafísica: una ley infinita, eterna, omnipotente, que es el fundamento de todo, que sostiene a todo el universo, etc. ¿Una ley impersonal e irrazonable (porque no tiene consciencia de sí misma y de los efectos que causa) y cuyo origen es desconocido puede ejercer la misma influencia en el mundo que un creador personal, consciente e inteligente?

El proceso creativo-evolutivo, Dios es imprescindible

Si reconocemos que el universo tuvo un principio, deberíamos hacernos algunas preguntas sobre el llamado proceso evolutivo; aunque no es el objetivo de este estudio, nos pueden ayudar. Muchos han intentado colocar al Creador frente a la evolución, quizás con el mismo objetivo que los naturalistas: echar a Dios de nuestra cosmovisión. No vamos a solucionarlo ahora, por la sencilla razón de que Dios pudo haber creado el mundo tal como Él quiso, pero (¡por lo menos!) deberíamos examinar algunos *detalles* realmente importantes.

Para comenzar, no sabemos realmente lo que sucedió en la naturaleza hace dos mil años ni las condiciones que se daban en ese momento, porque no teníamos las posibilidades de investigar como lo hacemos ahora, así que debemos ser sinceros: ¿cómo podemos certificar lo que sucedió hace, supuestamente, millones de años? ¡Lo máximo que podemos afirmar es que ciertas circunstancias se habrían dado si las leyes y las reacciones del universo a ellas, fueran exactamente iguales a cómo son ahora! Quienes defienden un proceso evolutivo naturalista sin Dios, deberían aportar (¡cómo mínimo!):

- Explicación del origen de la vida a partir de la materia, es decir, como la vida surgió sin ninguna intervención externa.
- Presencia, en las capas más antiguas de los fósiles, de organismos rudimentarios.
- Aparición progresiva y más o menos continua de formas de vida, de lo simple a lo complejo, y de una manera irreversible.
- Presencia de formas de transición entre especies, familias, géneros, etc.
- Presencia de, ¡por lo menos!, alguna serie evolutiva que muestre el paso de una forma a otra.

- Explicación de los factores que han transformado a ciertas especies, y que han dejado intactas a otras desde su primera aparición en las capas más antiguas.

- Demostración de las leyes naturales que permitan esa transformación y justificación de la desaparición de muchas de esas leyes.

Cualquier tipo de evolución necesita tener una base sólida en la explicación de estos siete simples puntos para que el sistema entero no se caiga. La realidad es que no hay NI UNO SOLO de los siete que se pueda demostrar, ni siquiera entrever su demostración. Fallan todos[23].

Por otra parte, la adaptación al medio natural es algo que está siendo cuestionada en este momento en muchos campos de la ciencia, porque

---

23   No es este el momento ni el lugar para el debate, pero cualquier naturalista que defienda una evolución impersonal debería explicar:

- La rotación retrógrada de varios planetas, así como la rotación retrógrada de algunos satélites de esos planetas, ¿cómo es posible si la evolución requiere uniformismo? Los evolucionistas afirman que el origen del sistema solar es por extensión, así que todo debería seguir el mismo movimiento siempre.
- La razón de que algunas especies hayan permanecido inalterables por *millones* de años, como, por ejemplo, la cucaracha.
- El cuerpo magnético de la tierra se está desvaneciendo: cada 1400 años el imán terrestre pierde la mitad de intensidad que poseía. Si vamos hacia atrás, solo puede existir ese campo, durante unos 15.000 años. ¿Qué sucedió antes de eso?
- En Biología encontramos procesos libres y ciegos para llegar a donde estamos. Mutaciones al azar y selección natural espontánea. No existe ningún tipo de información natural que discierna por sí misma esas mutaciones, simplemente existieron y los procesos siguieron el camino correcto de una manera inimaginable y al azar. *No hay propósito en el universo,* se dice. *Todo surge porque debe ser así.*
- Lo mismo ocurre en cuanto al registro fósil. Los paleontólogos afirman que un sistema evolutivo como el que se defiende tendría que haber dejado vestigios de miles de series semi-desarrolladas, especies intermedias, etc. El problema es que no se ha encontrado ni una sola, y todos los esfuerzos para explicar el comportamiento de un supuesto homínido a partir de un hueso de mandíbula o de un diente tiene muchísimo más de ciencia ficción de lo que algunos creen. Desde Darwin han pasado más de cien años, y actualmente los registros fósiles de los que disponemos en todo el mundo han llegado a ser más de 250.000, ¡sin que se haya encontrado ninguna especie intermedia! Es curioso que lo que más les llama la atención a los investigadores es el llamado fenómeno de *aparición repentina,* por el que los fósiles que aparecen de nuevas especies, lo hacen de una manera absolutamente *milagrosa* sin ningún tipo de transformación: las especies siempre están perfectamente formadas tal como las conocemos, o tal como se extinguieron. Otra vez, si la investigación no estuviese absolutamente moldeada por la cosmovisión prejuiciada, nadie mantendría de acuerdo a los restos de los que disponemos, que hubo evolución de especies, sino que todas aparecieron como las encontramos ahora o como se conocieron en el pasado.

tanto el medio, como el ser que se adapta al medio, necesitaron desarrollarse al mismo tiempo y en perfecta conexión, lo cual es completamente imposible cuando uno no puede vivir sin el otro, ¡ni un solo minuto! La única manera en la que una vida podría existir sería que el medio fuera creado precisamente para esa vida en particular. No se puede contradecir el argumento del plan, porque precisamente, ¡toda investigación científica se basa en la existencia de un plan que no cambia, de una estructura que se mantiene, de unas leyes naturales que permanecen firmes!

Solo un detalle más: la selección natural exige elegir entre opciones distintas en cada momento: se tiene que tomar una dirección determinada entre esas millones de líneas de información para ir acertando con la correcta para seguir el proceso[24]. La casualidad es imposible de una manera natural porque nunca debería equivocarse. Como hemos visto, la teoría de que esa selección tomó siempre las mejores decisiones es matemática y físicamente imposible. No existe ningún proceso que por sí mismo tome siempre las decisiones correctas, salvo que Alguien esté detrás de ese proceso. La selección natural jamás se puede explicar por sí misma; de hecho muchos científicos ya no creen en ella.

Todo lo que comienza a existir tiene una causa

Si queremos hablar del origen del universo necesitamos explicar cómo pudo surgir lo orgánico desde lo inorgánico, lo perfectamente estructurado desde lo desestructurado y lo inmaterial (la vida) desde lo material. ¿Cómo surgió el primer ente (molécula, aminoácido, lo que sea) a partir de la materia sin vida? Todavía hoy nadie tiene la respuesta a esa pregunta; pero aun debemos ir más allá: ¿Cómo se reprodujo esa materia viva, y fue capaz de generar desde sí misma un mecanismo de reproducción permanente desde entonces? Cuando estudiamos el universo, uno de los problemas que tenemos es no aplicar la interdisciplinariedad en el método científico, porque, por ejemplo, la biología no puede asumir las mismas leyes que la física, ni a la inversa. Tenemos que comprenderlas a las dos y complementarlas. Además, de esas propiedades individuales (de los genes) surgen no solo propiedades físicas, sino también *espirituales* (sentimientos, pensamientos, decisiones) algo que ni la física ni la biología pueden explicar. Por poner un ejemplo muy simple, para reproducirnos, experimentamos placer, de otra manera quizás la raza humana ya se

---

24 Es altamente significativo ver el estudio que Hugh Ross hace en su libro *El Creador y el Cosmos*, en las páginas 152 a 196, sobre los parámetros que hacen posible la vida, y cómo la variación mínima en cualquiera de ellos la haría completamente imposible. ¡Solo variando uno! Y son docenas y docenas de ellos que fueron diseñados de una manera específica y perfecta.

habría extinguido. Ese placer es el reflejo de un diseño perfecto, ya desde el principio.

No hay otra posibilidad: si el universo comenzó a existir, es porque tiene una causa; alguien hizo que diera ese *primer paso* y lo programó para los millones de pasos siguientes, o simplemente fue usando su energía aplicada en la materia que habría creado, para que todo funcionara de una manera perfecta. Es cuando menos curioso que se admita que algo material puede ser infinito de una manera cíclica (el universo), sin tener un principio, pero un ser (Dios) que viva en otra dimensión que no conocemos, ¡no es posible su existencia porque no tiene un principio! La metodología científica afirma que cualquier sustancia material tiene un principio (¡sin excepción!), pero como algunos no permiten que exista un Creador en su cosmovisión, defienden que el universo en sí (todo lo material que existe), puede haberse contraído y expandido eternamente ¡sin principio ni final!

El naturalismo es una opción religiosa más

La conclusión de los naturalistas es obvia, pero no deja de asombrarnos: *El universo está ahí y eso es todo* dicen muchos físicos. ¡No quiero ni imaginar lo que habría ocurrido si yo dijera: *Dios está ahí y eso es todo!* La ciencia no puede dar respuestas sinsentido. De hecho, el Creador no admite ese tipo de respuestas, ¡ni siquiera para hablar de sí mismo!

Imagínate que recibes en tu cuenta mil millones de euros de alguien desconocido. Preguntas en el banco y te dicen: *Lo ha hecho alguien que te quiere mucho.* ¿Te quedarías tranquilo? ¿No querrías saber quién es y (¡cómo mínimo!) agradecerle? ¡No! Simplemente dices: ¡Qué inmensa suerte he *tenido!* Y te vas a casa tan tranquilo y lo olvidas para siempre… Ni te preocupa investigar nada más. Y si un día alguien te dice que hay una posibilidad de que sepas quién es esa persona, tú respondes: *No me importa, simplemente disfruto de la suerte que tengo. No me interesa.* ¡Esa es una de las razones por la que algunos físicos no admiten el término *suerte* y prefieren hablar de *accidente!* Pues recibiste esos mil millones de euros por accidente, y nadie jamás va a reclamarlos ni echarlos en falta ni saber de dónde han salido. ¿Estás más tranquilo? Muchas personas apoyan las teorías naturalistas simplemente porque piensan que es una manera de desmarcarse de Dios, no por ninguna razón científica, por eso el naturalismo es una opción religiosa más, de hecho podría considerarse como la mayor religión que existe, porque impone un tipo de fe en la naturaleza, sin ningún tipo de comprobación y sin ninguna racionalidad detrás de los fenómenos. Simplemente hay que creer que todo surgió así y punto.

3. La única posibilidad: Dios creó el universo

El científico y premio nobel George Wald, solía explicar los saltos que solemos dar en cualquier tipo de argumento y los métodos que utilizamos, con tal de *apartar* al Creador: *Lo imposible pasa a ser posible, lo posible probable, lo probable virtualmente cierto...* Sin embargo, jamás habríamos admitido ningún salto similar en cualquier argumentación sobre la existencia de Dios.

Según las conclusiones a las que estamos llegando, tiene que existir un ser atemporal e inteligente (por lo tanto personal), que haya dado origen al universo. Alguien que subsiste por sí mismo, que no es causado por nada ni por nadie, que no depende de su creación, un ser necesario que no necesita a nadie; alguien que pueda razonar y sea capaz de crear inteligencia, diseño, belleza, etc. Tiene que ser la primera causa que lo origina todo, alguien completamente independiente de todo lo que origina, del universo, de todo. Como veremos, tiene que vivir en dimensiones diferentes para poder dar comienzo al tiempo, al espacio, la energía y para crear la materia. Tiene que ser personal para poder crear la consciencia que los seres humanos tenemos.

La creación es un acto de inteligencia, de razonamiento y de energía; de fuerza e imaginación creadora. Comienza con una idea que se realiza materialmente, porque la fuente de la creatividad son las ideas y la imaginación. Solo cuando hablamos de creación, en nuestro caso, podemos diseñar algo a partir de lo ya existente; pero aun así, ese algo es *diferente*, como es el caso de las artes. Por eso establecemos la diferencia entre crear y diseñar: crear es hacer algo completamente nuevo, sin que necesitemos nada, ni materiales ni ninguna otra cosa: el acto de crear es algo absoluto. Diseñar es hacer algo a partir de lo que ya existe, de materiales o ideas anteriores. La naturaleza puede diseñar en algunos momentos por medio de procesos naturales, pero no puede crear. Nosotros podríamos crear, pero para todas nuestras ideas, (incluso las que surgen de nuestra imaginación), usamos imágenes y conceptos ya existentes. No podemos crear algo radical y absolutamente nuevo. Dios hace las dos cosas, crea y diseña.

Dios puso en el ser humano aliento de vida; *expresa algo* de sí mismo en su creación, sin agotarse jamás: se refleja en cada uno de sus seres creados. Conocemos a Dios por su creación y por su carácter, sobre todo su amor; un amor que gobierna todo, que crea y que redime[25]. ¿Cómo debe haber

---

25 *Porque así dice el Señor, el que creó los cielos;*
el Dios que formó la tierra, que la hizo y la estableció;
que no la creó para dejarla vacía, sino que la formó para ser habitada
(Isaías 45:18).

sido el proceso creativo? Al principio, el universo estaría desordenado[26], Hawking y muchos otros lo admiten[27]. Hoy sabemos que la entropía mide el grado de desorden de un sistema, y cualquier sistema siempre camina hacia el desorden si no se usa energía para detener o reparar ese proceso. De tal manera que, si al principio todo era un desorden, *alguien* tuvo que haber aportado *energía* e *información* para que el universo se expandiera.

Sabemos que la energía no puede ser creada de la nada, y ¡por si fuera poco!, la segunda ley de la termodinámica nos enseña que todo tiende a empeorarse y a perder energía; así que, *de algún lugar* tuvo que salir esa energía. El propio Hawking afirma: *Einstein una vez se hizo la pregunta: "¿Cuántas posibilidades tenía Dios al construir el universo?". Si la propuesta de la no existencia de frontera es correcta, no tuvo ninguna libertad en absoluto para escoger las condiciones iniciales. Habría tenido todavía, por supuesto, la libertad de escoger las leyes que el universo obedecería[28].* No existe ninguna otra razón, de no ser que Dios construyó el universo de una manera perfecta; y no solo el universo, sino también los seres humanos. El Creador sí que tuvo la libertad para escoger las condiciones iniciales, porque ese era el mundo que quería construir, y esa es la razón también por la que crea seres libres: la verdadera libertad implica hacer algo de una manera perfecta y buena ¡aunque fuera la única elección posible![29].

---

26 ¡Moisés lo describió así hace cuatro mil años! (Génesis 1:2) Pero no solo eso: a lo largo de la Biblia encontramos centenares de afirmaciones relacionadas con la ciencia (aunque la Biblia no es un libro científico) escritas en momentos en los que era imposible que nadie pudiera, ni siquiera, ¡comprender lo que Dios estaba diciendo! Son una certificación de que es Él mismo quien está explicando el origen y el funcionamiento de nuestro universo. Hay muchos estudios hechos sobre esas afirmaciones, pero por poner un ejemplo, en el libro de Job, encontramos lo siguiente: *¿Acaso puedes atar los lazos de las Pléyades, o desatar las cuerdas que sujetan al Orión?* (Job 38:31). Las Pléyades son una agrupación de 250 soles/estrellas, de las que recientemente hemos comprobado después de ser fotografiadas por la NASA en diferentes ocasiones, que siempre viajan juntas, en la misma dirección *(los lazos de las Pléyades)*. Por otra parte, la gran nebulosa de Orión, está compuesta por tres estrellas que se están aflojando y separando, tal como menciona el versículo que leímos. De no haber sido el Creador quién diera esa información hace más de cuatro mil años (cuando fue escrito el libro de Job) es imposible que nadie pudiera afirmarlo o predecirlo.

27 Hawking, Stephen. *Historia del tiempo*, Crítica, Barcelona 2001, página 193.

28 Hawking, Stephen. *Historia del tiempo*, Crítica, Barcelona 2001, página 222.

29 Como hemos visto anteriormente, el principio de incertidumbre de Heissenberg, explica lo que sucede en el interior de los átomos, donde estos pueden moverse de una manera completamente aleatoria, como si tuvieran *conocimiento de su libertad*. Es un ejemplo de la libertad que Dios da a los seres humanos: no había otra manera de que lo comprendiéramos y de que esa *libertad* fuera real: ¡ese principio de incertidumbre sería igual aunque no hubiera mal en el universo!

Uno de los problemas de los naturalistas es no comprender el carácter del Creador. El hecho de que haya una sola opción correcta no implica eliminar la libertad, sino establecer los principios para que esa libertad pueda ejercerse: en muchas ocasiones no podemos identificar la libertad ni el poder creador con la posibilidad de múltiples elecciones. Por ejemplo, en las leyes matemáticas, el resultado de una ecuación es uno (el verdadero), ¡los resultados falsos son infinitos! Llevar a cabo la ecuación de una manera correcta es la única manera de ejercer la libertad para encontrar el resultado exacto: la libertad no implica, en ese momento, poder elegir infinitos resultados equivocados. Por eso Dios es absolutamente libre tomando siempre la decisión exacta y bondadosa. Y en este caso, su elección fue crearnos para que pudiéramos comprender y disfrutar, no solo de esa libertad, sino también (sobre todo) de la relación con Él.

Los supuestos "problemas" de la creación

Hasta el día de hoy, todos discuten sobre si Dios creó el universo en siete días literales. Lo que está claro en la Biblia son las diferentes etapas de la creación: los primeros *días* que menciona el libro de Génesis pueden haber sido períodos de tiempo, porque la palabra en el original lo admite. De todas maneras no es lo más trascendente del asunto: Moisés (el escritor) explica que primero es la tarde y después la mañana en cada día; primero la oscuridad y después la luz, tal como hemos descubierto recientemente. En el cuarto día nos dice que el sol, la luna y las estrellas fueron creadas para señalar los *días, estaciones* y *años* como si la medida anterior fuera diferente. Incluso en eso la Palabra de Dios, a pesar de no ser un libro *científico* en primer lugar, explica de una manera exacta lo que ocurrió: hoy se pueden verificar tres épocas de oscuridad, seguidas de tres épocas de luz en el desarrollo del universo, que se corresponden de una manera perfecta con los tres primeros *días* de la creación.

Otra cuestión es que, Albert Einstein, a partir de la teoría de la relatividad, demostró que la energía puede *crear* materia. Todo se creó y se sostiene por medio de la energía, de la palabra: *Bastó que Él hablara y los cielos fueron formados*[30]. El principio del universo se debió a una explosión de energía y luz, tal como la Biblia lo dice; las dos son imprescindibles: la energía para crear y la luz como información para diseñar todo lo creado. La vida surgió de un Creador que es, no solo el origen y la fuente de la vida (con toda la información contenida en el ADN), sino también aquel cuya energía sostiene el universo desde ese primer momento.

La tercera idea clave, que estudiaremos más adelante, es que Dios *se introduce* en la temporalidad al crear la tierra, porque establece un *comienzo*

---

30   Salmo 33:6.

para algo que *ha creado*; y a partir de ese momento, hace *comenzar* el tiempo en la existencia de lo que acaba de crear[31]. Esa es la razón por la que no se puede hablar de *qué o quién* creó a Dios, porque no existe la temporalidad en Él, fue Él quién la diseñó al relacionarla con el espacio, la energía, la materia, y en último caso, ¡con nosotros mismos! El Creador no necesita una causa o un comienzo, porque el tiempo no existía antes de que Él lo creara. Cuando Dios describe el *proceso creativo* en el libro del Génesis, se está *sometiendo* al tiempo que Él mismo ha creado, así que tenemos que comprender el relato en relación a nuestro tiempo, no al suyo, porque Él es eterno[32].

En ese sentido, quizás alguien pueda mencionar el problema de la distancia entre las galaxias: sabemos que hay miles de millones de años luz entre ellas, porque la luz de una estrella tarda esa cantidad de años en llegar a nosotros. Puede que sea así, pero también es posible que Dios haya colocado las estrellas en un lugar determinado y en un momento determinado. No es un engaño por su parte, porque, ¡la Biblia dice que lo hizo así! Por ejemplo, si vemos una determinada postura en las bolas de una partida de billar, podemos calcular la fuerza con la que la bola blanca golpeó a las otras quince bolas, el ángulo, la posición, etc., y así descubrimos lo que pudo haber sucedido; pero imagínate que el dueño del juego te dice: *no, yo coloqué las bolas en esa situación para comenzar el juego,* ¡ya no tendrías que calcular nada! En ese sentido, no se trata de cuestionar la constancia de la naturaleza, sino el conocer cómo fue el inicio de todo. Un ejemplo incluso más sencillo: cuando uno compra una casa que tiene un terreno con árboles, podemos saber la fecha de la construcción de la casa por los árboles que se han plantado, pero también puede haber árboles que ya estaban allí cuando llegaron los dueños. ¡Y también pudieron traer árboles ya crecidos para trasplantarlos! La clave no es solo nuestra investigación, sino, ¡sobre todo!, la información que nos dan.

Como vimos anteriormente, Hubble anunció que el Universo se está expandiendo, de tal manera que tuvo que tener un comienzo en el que estaba condensado y/o colapsado. En ese sentido el sincronismo entre las etapas de la creación escritas por Moisés y lo que la ciencia afirma es total: primero el universo, después las estrellas, y en ese orden, la tierra, los mares, la vida surgiendo del mar, los vegetales, los animales, el ser humano: ¿Qué posibilidad había de que Moisés lo supiera hace más de cuatro mil años? Dios no hizo magia como si todo surgiera con un *chasquido* de sus dedos, sino que hizo que las leyes que controlaban la materia fueran desarrollándose de acuerdo a su proceso creativo. Además, la Biblia dice que cuando Dios crea la tierra, lo hace para que la misma naturaleza produzca

---

31 La Biblia dice que Dios creó el tiempo, "hizo los siglos" (Hebreos 1:2).
32 Génesis 1:11, 20, etc.

todo aquello para lo que ha sido diseñada: una forma original de crear, sin intervenir *directamente* en cada situación, como cuando plantamos una semilla y la propia naturaleza hace que se desarrolle un ser vivo vegetal porque esa semilla ha sido diseñada por el Creador de esa manera. Eso es lo que ha llevado a algunos a creer que es la misma naturaleza la responsable del proceso, pero no es así, porque sería completamente imposible si el Creador no le hubiera dado esa posibilidad. Dios puso la información dentro de ella.

Esa es la razón por la que cuando Dios dice *produzca la tierra*, está diseñando todo en base a lo que Él mismo ha creado, porque ha provisto las leyes y le ha dado la posibilidad de reproducirse. *Produzcan las aguas*, ¡Dios le da a las aguas la capacidad de producir vida![33], ¡un acto creador a partir de algo que Él mismo ha creado! Dios establece el tiempo, las estaciones, los días, los años, al crear el sol, la luna y las estrellas[34]. Dios dio las estructuras y las leyes para que cada materia produjese la vida siguiente; pero cuando habla del ser humano, la Biblia dice que vuelve a crear[35], y le da también al ser humano la posibilidad de seguir multiplicándose. Nosotros podemos tener hijos, es nuestra la responsabilidad hacerlo o no hacerlo; Dios no necesita intervenir en cada situación, aunque sabe lo que está sucediendo, nos regaló a nosotros esa posibilidad; podemos *producir* vida por medio del acto sexual que Él diseñó.

Dios escribió las causas físicas en la naturaleza, su libro *material*. Dios *delega* muchas de las causas en la naturaleza creada por Él, sabe que va a funcionar, porque Él mismo hizo ese diseño. Dios usa ese tipo de procesos para que comprendamos la linealidad del tiempo, el antes y el después, la espera y las consecuencias de las leyes, tanto físicas como espirituales. No solo creó el espacio y el tiempo, sino que nos introdujo en los dos.

La Biblia dice que es la energía, la palabra de Dios, es lo que dio a luz el universo: hablar y actuar forman parte de la misma esencia de Dios. Lo que Él dice se cumple siempre, esa es la razón por la que podemos confiar y descansar en Él de una manera incondicional: de la misma manera que las leyes de la naturaleza se cumplen siempre, su palabra permanece y no puede variar. Sabemos que la ley de la gravedad no va a desaparecer, porque la naturaleza se colapsaría y se destruiría; así también sabemos que

---

33 Génesis 1:20: *Y dijo Dios: "¡Que rebosen de seres vivientes las aguas".*

34 Génesis 1:14: *Y dijo Dios: "¡Que haya luces en el firmamento, que separen el día de la noche; que sirvan como señales de las estaciones, de los días y de los años".*

35 Génesis 1:27: *Y Dios creó al ser humano a su imagen; lo creó a imagen de Dios. Hombre y mujer los creó.* Hizo algo completamente nuevo con el ser humano, una creación nueva porque no es producto de la tierra ni de las aguas, sino una creación directa de Él: *Dios el Señor formó al hombre del polvo de la tierra, y sopló en su nariz hálito de vida, y el hombre se convirtió en un ser viviente.* (Génesis 2:7).

lo que Dios dice se cumple, de otra manera, la vida misma desaparecería. Si podemos vivir seguros es porque Dio s mismo es la garantía de todo lo que vemos[36]. Dios crea el mundo con su energía: al nombrar las cosas cobran vida, porque tienen dentro de sí mismas la información que Dios ha puesto en cada una de ellas[37]. Por eso nadie puede vivir *físicamente* sin Dios, porque su luz y su energía mantienen el universo y son la fuente de la vida[38].

---

36   En el Salmo 33 se describe como todo fue hecho por la palabra de Dios, y la ener-gía del Creador es la que crea y sustenta todo.
Por la palabra del Señor fueron creados los cielos,
y por el soplo de su boca, las estrellas.
Él recoge en un cántaro el agua de los mares,
y junta en vasijas los océanos.
Tema toda la tierra al Señor;
hónrenlo todos los pueblos del mundo;
porque él habló, y todo fue creado;
dio una orden, y todo quedó firme. (Salmo 33:6-9)
37   En el Salmo 29, la expresión *la voz de Dios* se repite una y otra vez para señalar que fue la energía de su palabra la que sustenta el universo.
38   Salmo 36:9: *Porque en ti está la fuente de la vida; en tu luz vemos la luz.* Juan 1:3-4: *Todas las cosas fueron hechas por medio de Él, y sin Él nada de lo que ha sido hecho, fue hecho. En Él estaba la vida, y la vida era la luz de los hombres.*

Más contenido audiovisual:

CAPÍTULO 5
Nada más que la verdad

Todos somos muy ignorantes.
Lo que ocurre es que no todos ignoramos las mismas cosas.

(Albert Einstein)

El deseo de conocer la verdad vive en lo más profundo del ser humano: buscamos la verdad siempre porque creemos que la *necesitamos*, ¡incluso verdades que no nos afectan en absoluto! Conocer quién ganó el último campeonato de fútbol de un país o saber que Oslo es la capital de Noruega no nos influye en nuestra vida personal (podríamos vivir sin saberlo), pero queremos conocer la verdad en todos los ámbitos; nuestra curiosidad no tiene límites y ese deseo no puede ser explicado si defendemos que solo nos preocupamos por aquello que necesitamos.

Todos necesitamos algún absoluto por el que guiar la vida, incluso aquellos que defienden que no existen (esa es su *verdad absoluta*, ¡que no existen absolutos!). Esa sencilla afirmación, que suena a filosófica, nos lleva al fondo del *asunto* cuando queremos hablar de la existencia de Dios, como veremos más adelante: en realidad no existen ateos, sino personas con dioses diferentes. Para muchos, su absoluto es vivir de la mejor manera posible sin complicarse la vida, disfrutando todo lo que puedan; para otros su absoluto es el naturalismo, o el azar, o la ciencia, o ¡incluso ellos mismos! Todos confían en algo o alguien que gobierna su universo. Todos tienen algún absoluto que dirige sus decisiones y a lo que entregan su vida, aunque sea de una manera inconsciente[1].

1. El sinsentido del relativismo, su relación con la verdad

Hay quienes no lo reconocen y defienden que toda verdad que conocemos es relativa. No es cierto, en primer lugar existe una realidad absoluta para

---

1 Esa es la razón por la que la Biblia no habla en contra del ateísmo sino de la idolatría; en ese sentido, el ateísmo realmente no existe porque todos adoran a alguien: si dejamos a Dios de lado, buscamos otros dioses en quién confiar.

todos: la vida misma. Si le decimos a alguien que su vida es relativa y le puede ser quitada por cualquier causa, ¡veríamos como su relativismo filosófico desaparece por completo![2]

En segundo lugar, y en todos los casos (por definición), esa vida no es relativa. ¡No puedes estar relativamente vivo o muerto! O una cosa o la otra.

En tercer lugar, cuando defendemos nuestras opiniones, solemos tomar las de los demás (sobre todo si son contrarias a las nuestras), como relativas. Como no podemos defender que dos posturas contradictorias son verdaderas al mismo tiempo, si no existiera un criterio para la verdad y esta siempre fuera relativa, absolutizamos esa verdad (la nuestra) al compararla con la de los demás, con lo cual estamos cayendo en una incongruencia absoluta. No es que no exista una verdad absoluta, ¡esa verdad absoluta es lo que creemos nosotros! ¡Son nuestras opiniones! Aunque aparentemente defendamos que son relativas.

En cuarto lugar, en el día a día, la verdad existe y no es relativa, ¡nadie quiere que lo sea! No defendemos el relativismo en una cínica médica, un tribunal, un banco o delante de una máquina de la que pueda *depender* nuestra vida (ascensor, avión, automóvil, etc.). Por si fuera poco, si la verdad fuera relativa, deberíamos pasar la vida entera buscando las verdades relativas que tengan que ver con nosotros, porque en ello nos va la vida: si no sabemos *adaptarnos* a esas supuestas verdades relativas podríamos morir, como por ejemplo si estamos comiendo algo venenoso, o tomando una medicina que va a hacernos daño. De cualquier manera tenemos que defender la verdad, y encontrar los hechos en los que está basada esa verdad, ¡aunque creamos que es relativa! Pero si encuentro que esas verdades relativas son válidas, es decir, que sus contrarios (*el seguir comiendo alimentos envenenados*, por ejemplo), son equivocaciones terribles para mi existencia, cada una de esas verdades relativas se convierten inmediatamente en absolutas, así que el relativismo como tal no existe.

En quinto lugar, cualquier investigación metodológica es medida en base a un absoluto. Lo mismo sucede en todos los momentos en la vida en los que sea imprescindible conocer la verdad. Normalmente, no puedes comparar situaciones, cualidades o sustancias relativas, salvo que sea un estudio exclusivamente material, y las repercusiones de esa comparación no sean importantes. Si yo digo que un coche es grande, siempre lo es en base a algo o a alguien: es grande comparado con una bicicleta, pero pequeño si lo comparo con un camión; pero esa comparación no influye en mi vida personal, salvo que sea ese automóvil o esa bicicleta sean los que me

---

2 Es cierto que algunas personas se quitan la vida, pero lo hacen porque de alguna manera deja de tener sentido para ellos, sea por las circunstancias que sea. De no ser así, todos quieren seguir viviendo.

NADA MÁS QUE LA VERDAD

atropellen. Pero cuando afirmamos algo a nivel moral es porque tenemos que compararlo con alguien, con otra situación o con una cualidad determinada. Si digo que *Juan es bueno* es porque tengo en mi mente y en mi corazón una idea preconcebida de la bondad y la aplico a Juan. Esa idea de *bondad*, funciona como un absoluto para mí, aunque no quiera reconocerlo.

En sexto lugar, todos defienden que las leyes de la naturaleza son absolutas. A nadie se le ocurriría decir que la ley de la gravedad es relativa, y quizás esta tarde a partir de las 18:00 h puede cambiar (por poner un ejemplo un poco absurdo). Nuestra vida se sostiene porque prácticamente todas las leyes naturales son absolutas, y podemos investigar nuestro mundo precisamente por la misma razón.

En séptimo lugar, si el conocimiento fuera relativo, no podríamos admitir prácticamente ningún tipo de leyes lógicas, como por ejemplo la ley de la no contradicción, es decir, *dos frases contradictorias no pueden ser ciertas al mismo tiempo*. Obviamente muchas personas defienden el relativismo moral, como decíamos antes, pero jamás defienden que las leyes son relativas. Dos ingenieros no pueden examinar un puente y el primero afirmar que puede soportar 1000 kg de peso y el segundo decir que no puede soportar ningún peso en absoluto. Una de las dos frases tiene que ser verdadera, y si alguien quisiera defender la relatividad de las dos, podría conducir un camión cargado por encima del puente y en ese mismo momento probaría la verdad de una de las dos afirmaciones.

Por último, todos los que defienden un conocimiento relativo, tienen amigos, se casan, tienen hijos, etc. Nunca piensan: *este es mi amigo relativo* (no les importa que le digan la verdad o no), o *mi hijo relativo* (no deberían defenderse si le quitan la custodia, por ejemplo) o mi *novio/novia relativo* (jamás deberían tener un problema de celos o infidelidad, por supuesto). ¡Y no hablemos de las cuestiones económicas! Jamás he escuchado a nadie decir: *yo gano una cantidad relativa cada mes, a veces incluso no me pagan nada, pero no me importa, porque todo es relativo*.

Por si fuera poco, jamás debemos olvidar que todas las definiciones del relativismo tienen que mantenerse como absolutas, de otra manera ese relativismo dejaría de existir. En el mismo momento en el que defiendas una afirmación absoluta, todo tu razonamiento deja de ser relativo, como por ejemplo: *no existe la ley de la no contradicción, no existe la verdad absoluta, el relativismo es la única verdad*, etc. Si queremos definir las bases del pensamiento relativo deberíamos reconocer que se defienden como leyes absolutas. No tiene sentido: es una falacia mental, no solo imposible de sostener, sino un juego en sí mismo. El relativista se engaña a sí mismo y quiere que los demás sigan su engaño, porque si alguien dice que el relativismo es verdadero, ¡su defensa del relativismo está basada en una verdad absoluta!

Lo que estoy diciendo va mucho más allá de un juego de lenguaje: Si defendemos que no existen leyes válidas para todo el universo, estamos asumiendo el principio de no contradicción, porque *hay leyes válidas para todo el universo*, y su contrario sería una afirmación falsa. Si el relativismo fuera verdadero sería una norma válida, por lo tanto no se puede defender una proposición y su contradictoria al mismo tiempo. El relativista dejaría de serlo porque está abrazando una proposición absoluta, una verdad absoluta, lo cual sería imposible para él.

Quien defiende el relativismo no quiere conocer la verdad: algo puede ser verdad para nosotros, pero no para él. Es la postura más fácil, su cosmovisión es sencilla, porque jamás tiene que demostrar nada. ¡Ni siquiera tienes que demostrar lo que estás diciendo! *Esto es verdad para mí; en mi universo, en mi concepción de la vida, en mi sistema de creencias es verdad.* Pero cuando actúo así, la categoría en la que estoy instalando a la verdad, no es aquella que dice que no existe una verdad absoluta, sino, ¡miles de verdades relativas que yo mismo he convertido en absolutas!

Podemos dudar de nosotros mismos y de casi todo lo que nos rodea, pero no de la verdad, porque tiene que estar establecida como premisa válida para que podamos avanzar en cualquier campo. La verdad existe, aunque tengamos que añadirle condicionantes. Las circunstancias no relativizan la verdad, sino que la certifican: si has pagado por este libro el precio de venta al público, eso es una verdad. Puede que alguien te lo haya regalado, que lo hayas conseguido por un precio rebajado, que alguien te lo haya dejado, o que lo hayas encontrado porque alguien lo perdió (si lo has robado porque defiendes que la propiedad privada es relativa, envíame tu dirección para ver si hay algo en tu casa que necesito… ¡Es broma, claro! ¿Broma relativa?). Todas estas son circunstancias que certifican que el precio de venta del libro es el que figura en él, y no cambian ese precio en absoluto.

La intolerancia relativa

Tenemos que ser sinceros con nuestros argumentos: si defendemos el relativismo es porque creemos que nadie tiene la razón, ¡incluidos nosotros mismos! No puedo decir: *toda la verdad es relativa, menos cuando hablamos de un ser Creador, porque no existe, ¡eso es una verdad absoluta!* Si defendemos el relativismo, tenemos que defender también que quizás, ¡pueda ser cierto que Dios exista![3]. No sirven para nada los argumentos del tipo: *lo que ciertas personas*

---

3 Para un relativista afirmar: *Dios no existe* no puede ser una verdad absoluta, porque él defiende que las verdades absolutas no existen. De tal manera que tiene que argumentar que esa afirmación (Dios no existe) es solo una verdad *relativa*, con lo que estaría admitiendo que, ¡podría ser verdad su contrario, es decir, que Dios existiera!

dicen está condicionado por su trasfondo racional, religioso, sociológico, etc., menos lo que yo defiendo. Sea cual sea el tipo de verdad que proclamamos, tenemos que aplicarla a nosotros mismos. Defender algo y vivir de una manera completamente diferente es un ejemplo de hipocresía mayúsculo, seas creyente o no.

Esa es la raíz del problema: a veces queremos adaptar la verdad a nuestras creencias, cuando deberíamos hacer lo contrario: un científico puede *cerrar puertas* a ciertas investigaciones porque los resultados pueden *escaparse* de sus manos. No podemos defender que nuestra manera de ver el mundo es *superior* a la de los demás, por eso no sirve decir: *todas las creencias religiosas están superadas, o están condicionadas, o son atrasadas, etc.* Hay que demostrar lo que estamos planteando, porque cuando algunos luchan contra la creencia en Dios de otras personas, lo que quieren es *salvarlos* de esa supuesta *irracionalidad.* Están haciendo exactamente lo mismo que los creyentes que también quieren *salvarlos* a ellos: al final, el objetivo y las motivaciones son las mismas. No podemos afirmar que las personas que creen en Dios son integristas porque defienden sus ideas y no son tolerantes; porque los que no creen en Él, hacen exactamente lo mismo. Y si ponemos el *grito en el cielo*, y decimos que no se puede adoctrinar a nadie de una manera integrista diciéndole que hay Dios, podemos hacer lo mismo al decir que los escépticos, agnósticos, ateos, etc., son igualmente proselitistas cuando quieren convencer a todos de que no lo hay.

Si algo es verdad, es verdad. Y si es relativo, es relativo para todos.

El hecho de no comprender algo tan simple es lo que hace que (contrariamente a lo que algunos piensan y defienden), la persona relativista sea el más intolerante, porque no quiere admitir ninguna verdad absoluta como tal. ¡Todos los que se atrevan a defenderlo serán señalados! El grave problema es que, al hacer esto, todos los que defienden la verdad relativa están en la misma situación que quien defiende la verdad absoluta: imagínate que dices (por poner un ejemplo matemático para no herir susceptibilidades), que la suma de dos más dos es cuatro; existen posibilidades infinitas de error (tres, cinco, seis, siete, etc.); pero si defiendes que no se puede saber cuánto es dos más dos, o que dos más dos pueden ser cuatro, cinco, seis, siete, ¡estás reconociendo implícita y explícitamente que no existe ningún posible error en esa ecuación! Tan acertado estaría el que dice que dos más dos son cinco, como el que defiende que dos más dos son tres millones. ¡Es obvio que en algunos casos la respuesta correcta está más cerca que en otros, aunque estemos hablando de un error!

Si defendemos una verdad relativa, entonces son los demás los que tienen que asumirla: el mundo gira alrededor de nosotros, porque *esa* verdad está dentro de cada uno, nadie puede ni tiene derecho a convencerte de lo contrario. Pero si reconocemos que puede existir la verdad absoluta, esta tiene que vivir fuera de uno mismo, de tal manera que tienes que ser tolerante: tienes que defender algo y saber que es así independientemente de tu existencia y de lo que tú opinas. La intolerancia radica, entonces, en que el relativista es alguien que defiende la verdad *absoluta* en el peor de los casos posibles, porque defiende SU verdad. Por eso es el más absoluto intolerante, porque lo que cree que defiende como su verdad desde un punto de vista relativo, no solo no puede razonarse (ha eliminado el enfrentamiento racional), sino que tampoco permite que nadie pueda desmontar su error (sea cual sea), porque su propia creencia relativa ha pasado a ser el mayor absoluto posible: está enfrentando su verdad a todo y a todos.

Jamás debemos olvidar algo muy sencillo: lo que no puede razonarse, ni existe la posibilidad de pensar que sea un error, se convierte en el mayor dictador. Queriendo o sin quererlo, el que defiende un conocimiento relativo se convierte en un absolutista. Si defiendes una verdad determinada en una teoría, alguien puede llegar a convencerte de que estás equivocado: si crees que todos tienen la verdad de una manera relativa, nadie puede convencerte de nada, tu verdad es la verdad, sea cual sea. Por eso, cualquier tipo de absoluto te parece intolerante, pero lo que realmente ocurre es que, ¡te estás viendo en tu propio espejo!

Esa es una de las razones por las que en el pensamiento oriental, mayoritariamente relativista, el sentimiento religioso *crea* miles (¡millones a veces!) de dioses, porque si no existe un absoluto, millones de dioses relativos pasan a ser millones de absolutos. Y no solo eso, como veremos más adelante, bajo ese paraguas relativista se defienden muchas diferencias de clases sociales, castas, culturas, etc. Al final, el poderoso siempre manda. ¡En el relativismo, el que está en la cima es el más absoluto de todos, porque tiene *poder* para defender que sus ideas son las más importantes! Tanto, que es capaz de negar hasta la misma realidad. Desgraciadamente la historia lo ha demostrado en muchas ocasiones: cuando los relativos personales se convierten en absolutos, el mundo tiembla.

Esa supuesta tolerancia se ha convertido en un absoluto

De eso vive la posmodernidad, donde todo se cuestiona porque todas las interpretaciones son válidas. Esa es la razón por la que la tolerancia es un absoluto: te dicen que no puedes defender que lo que crees es correcto, y ser tolerante a la vez. No puedes defender una verdad absoluta porque eso *hiere* a quien no piensa de la misma manera. Hasta el lenguaje se observa *con lupa* porque cualquier opinión no admitida por la pluralidad tolerante puede desencadenar un odio desenfrenado hacia ti. ¡Tenemos que medir las palabras más que nunca!

Lo curioso del caso es que la sociedad en sí misma se ha vuelto completamente intolerante con los que creen haber llegado a alguna conclusión válida, correcta y definitiva sobre determinados temas. Si vas en contra de alguna de esas conclusiones eres considerado intolerante, no importa la amabilidad con la que puedas expresarte. A día de hoy, muchas personas de ciencia, maestros, intelectuales, especialistas de los medios de comunicación, etc., ya no buscan la verdad, simplemente defienden criterios que no incomoden a nadie, no importa cuales sean. Nadie tiene derecho a cuestionar lo que los demás dicen, porque vivimos en una sociedad tolerante. Olvidan que si somos tolerantes con las ideas de los demás, también debemos serlo con los que defienden la verdad: si decimos que somos tolerantes pero no admitimos a cierto tipo de personas, es que realmente somos intolerantes.

Tenemos que recordar que lo que es importante es ser tolerantes con las ideas, pero no en cuanto a los hechos que se derivan de esas ideas, o simplemente con los que conocemos en la realidad. Si alguien piensa y defiende que los elefantes son de color violeta y salen a volar las noches de luna llena, podemos ser tolerantes con esa persona, pero no podemos serlo con un profesor que lo enseñe como algo real. Se pueden tener ideas falsas, pero no se pueden defender como verdaderas a menos que se demuestre que lo son, de lo contrario caminamos hacia nuestra propia destrucción. Esa es la razón por la que la tolerancia no puede ser tomada como un absoluto: cuando alguien ha bebido de más o ha tomado drogas, no le permitimos conducir; podemos ser tolerantes en cuanto a que beba alcohol, pero no en cuanto a poner en peligro su vida y la de los demás. Esa es una ley absoluta que no admite excepciones. Por lo tanto, sí hay absolutos en la realidad, y esos absolutos no están en nuestra razón, sino que la razón los reconoce. La verdad existe fuera de nuestro pensamiento. Las leyes existen fuera de nuestra percepción. Los fenómenos existen fuera de nuestros sentidos.

Puede que no estés de acuerdo conmigo en cuanto a esa argumentación, pero déjame decirte que lo que muchas veces defendemos en el campo moral o social, es imposible trasladarlo al día a día natural: la ciencia no es tolerante, las leyes de la naturaleza tampoco. Infringir una ley de la naturaleza significa, en muchas ocasiones, perder la vida. La enfermedad nos mata, tenemos que luchar contra ella. Los organismos que nos rodean y atacan nuestro cuerpo son todo, menos tolerantes. Y no solo eso, todos los que vivimos en un régimen democrático nos damos cuenta también de que, a pesar de lo que muchos digan, la tolerancia depende siempre del objeto o la situación a la que va dirigida; por eso (por poner un ejemplo muy sencillo), ante la violencia de género se dice: *tolerancia cero*. ¡Y así tiene que ser! Por lo tanto, la tolerancia jamás puede ser un absoluto; la verdad, sí.

Relativismo y lenguaje

Para salir del atolladero, algunos dicen que el lenguaje es relativo y por eso no podemos definir la verdad. Cada afirmación que hacemos tiene parte de verdad, pero no podemos convertirla en un absoluto, porque el mismo lenguaje la limita. Es cierto que una misma frase puede tener significados muy diferentes para varias personas aun en las mismas circunstancias, pero también tenemos que convenir en que hay verdades válidas para todos, y que la gran mayoría de las palabras tienen un significado real en su contexto. Si no fuera así la comunicación sería imposible.

La frase: ¡Corre todo lo que puedas, huye!, cuando estás a la puerta de una casa en la que se declaró un incendio, tiene un solo significado y una sola idea, independientemente de la persona que la diga y el lugar, porque te va la vida en ello. No es una frase relativa que necesite ser estudiada y meditada. Puede que parezca un ejemplo terriblemente sencillo, pero nos muestra que la relatividad en el lenguaje tiene una vida muy corta. Por si no lo crees, podemos examinar una situación diferente: aunque tu profesor universitario de filosofía defienda un relativismo a ultranza en el lenguaje y el conocimiento, más vale que uses bien las palabras y las proposiciones que escribes en tu examen porque de otra manera recibirás un suspenso nada relativo, y como consecuencia, quizás no puedas terminar tu carrera. ¡Y eso sí que no es relativo para nadie en absoluto! Si a ese profesor le contestas que incluso sus ideas y sus frases son relativas, así que no necesitas estudiarlas, y mucho menos plasmarlas en un examen, ¡atente a las consecuencias!

Relativismo moral, el "problema" de la bondad y la justicia

La gran mayoría de las personas buscan la seguridad de las leyes matemáticas y físicas: en un mundo que no pueden controlar, y en el que muchas circunstancias y situaciones son injustas y, aparentemente, no obedecen a ninguna causa, esa seguridad les tranquiliza. Quizás no defiendan la verdad *absoluta* en ningún otro campo del saber, pero sí quieren que las leyes naturales se comporten de esa manera[4].

Cualquier tipo de moralidad basada en el relativismo implica que no existe un absoluto moral exterior a nosotros, así que cada uno podría defender sus derechos morales en base a cualquier tipo de ideas. Incluso el engaño podría ser un principio válido, así que, a partir de ese momento, el más sabio sería el más hábil para pasar por encima de los demás, si

---

4   Aunque gran parte de la humanidad no quiere asumirlo, déjame decirte que ¡mucha más seguridad puede darnos el Creador que hizo esas leyes y las sustenta!

queremos mencionar un ejemplo muy sencillo. El hecho de que no exista una verdad moral nos llevaría (¡ya lo está haciendo!) a la desorientación total en cuanto a los principios, porque nadie podría defender lo contrario a lo que nosotros pensamos.

Si volvemos a la situación que mencionamos al principio, nos encontramos con momentos en los que nuestro *yo* está por encima de la verdad. Hacemos lo que hacemos porque nos conviene de alguna manera, porque no queremos ser descubiertos, porque estamos obteniendo una ganancia demasiado importante, o simplemente queremos salirnos con la nuestra y demostrar que tenemos razón. En ese momento decidimos mentir o simplemente faltar a la verdad: es un salto que damos a sabiendas en muchas ocasiones así que, cuando estamos acostumbrados a vivir de esa manera, es la *verdad* la que nos obedece a nosotros. A partir de ese momento *vivimos* una mentira, porque ya no somos nosotros los que damos el salto consciente, sino que lo hacemos de una manera inconsciente: creyendo nuestras propias mentiras. Eso le ocurre a muchas personas, que a base de mentir una y otra vez, terminan sin saber qué es verdad y qué no lo es. Les sucede no solo al enfrentarse a una realidad objetiva, sino también en la mayoría de sus pensamientos, recuerdos y sentimientos.

Hasta aquí todos pueden estar de acuerdo, pero el problema llega cuando, aun en el caso de ser aceptada una verdad, yo no estoy de acuerdo con ella si, por ejemplo, un aumento de sueldo mío, pasa inevitablemente por el hecho de que varias personas pierdan parte del suyo. Esa sería la verdadera raíz del problema; el relativista lo es siempre que no se toquen sus derechos, porque toda persona en el mundo tiene una verdad absoluta: su *yo*. Todos defendemos que existe una verdad absoluta cuando hablamos de nuestros negocios, de lo que nos pertenece, o de la justicia que merecemos.

Cualquier tipo de orden moral será imposible bajo una creencia relativista, y no solo por el engaño en sí mismo, sino porque las normas estarían cambiando en cada momento. Imposible, por lo tanto, sostener una moral bajo principios relativos como veremos en un próximo capítulo. Alguien podría decir: *Sí, pero podemos llegar a principios comunes para todos que sirvan de base para la convivencia.* De acuerdo, pero enfrentamos dos problemas irresolubles: esos principios dependerían de nuestras decisiones (en el mejor de los casos), y de los razonamientos de los que están en los círculos del poder, con lo que se convertirían en principios absolutos de una manera u otra. Como veremos, aunque defendemos conocer la verdad en todo, no solemos hacerlo en cuestiones morales, simplemente porque no queremos obedecer esa verdad, no por ninguna otra razón. No queremos saber que el tabaco mata, que el alcohol termina destruyéndonos, que el juego crea adicción, etc., por poner ejemplos muy simples. No queremos saber que hay una ley moral que si se infringe, pagamos las consecuencias, de la misma manera que lo hacemos si vamos contra una ley física.

El problema de la verdad fragmentada

Un problema añadido es que el relativismo nos arrastra al fenómeno de la verdad fragmentada: vivimos en una *cultura fragmentada* porque no se admite una verdad superior, así que todo se diluye en cientos de compartimentos diferentes. Incluso a nivel científico, varias especialidades pueden proponernos soluciones contradictorias al mismo problema, sin que eso le asombre a nadie. La especialización del conocimiento nos ha llevado a esa fragmentación: muchos son verdaderos genios en su especialidad, pero incapaces de colocar ese conocimiento en una visión del universo. Tenemos miles de *verdades* relativas especializadas, de tal manera que muy pocas personas puedan intentar resolver las lecturas contradictorias sobre el mismo universo. Al final, nuestro conocimiento *depende* de lo que los especialistas nos dicen en determinados campos, ¡ellos sí que defienden verdades absolutas en su especialidad! Lo que muy pocos comprenden, es que a los poderes económicos les conviene que vivamos así, porque cada uno solo conoce una parte, la de su *cadena de montaje* en la ciencia; así que muy pocos pueden atreverse a ver el total de lo que están haciendo. Muy pocos pueden permitirse *pensar*.

Con el tiempo, nos hemos acostumbrado a que nuestro *yo* viva fragmentado. Lo físico, lo emocional, lo espiritual, lo social, lo familiar, lo personal… cada una de nuestras facetas subsiste de una manera diferente, y no somos capaces de entendernos a nosotros mismos porque más allá de vivir una *sencilla esquizofrenia* de doble personalidad, intentamos subsistir en docenas de mundos diferentes en los que la única manera en la que (creemos) podemos encontrarnos a nosotros mismos, es buscar nuestro propio bien. De tal manera que la sociedad posmoderna está formada por millones de personas que viven buscando satisfacerse a sí mismas, lo máximo posible en el mayor de situaciones posibles, ¡con el mínimo de posibilidades de hacerlo!

El relativismo espiritual

Por último, donde el relativismo alcanza su máximo esplendor es en el campo espiritual: nada vale y todo sirve. Esa es la razón por la que, para muchos, no existe cura para los males del alma y del espíritu, simplemente tratamos de aplacar los síntomas: falta de significado, tristeza, cansancio, ansiedad, inseguridad, amargura, infelicidad, etc. Muchos no quieren admitir que las causas de esas situaciones van mucho más allá del nivel físico; para que nos entendamos, si yo tengo un problema de exceso de grasa, el médico me pide que guarde un régimen alimenticio y me cuide. Alguien que tenga dinero podría decirle: *no, mejor me opera y me extrae toda la grasa que sobra y después ya veremos lo que hago.* Puede parecer una opción (¡de hecho hay personas que lo hacen!), pero va más allá de toda lógica porque la consecuencia es que seguirá destruyendo su vida si no se cuida. Si alguien tiene un cáncer causado por el tabaco en uno de sus pulmones, y tienen que extirpárselo, no veríamos lógico que después de la operación le dijese al médico: *voy a seguir fumando, porque aun me queda otro pulmón.* Ese tipo de posturas existenciales nos parecen tontas y crueles, pero, ¡es lo que solemos hacer a nivel espiritual! Intentamos *resolver* las consecuencias de nuestra manera de actuar, pero seguimos viviendo a nuestra manera, ¡no queremos enfrentar las causas de nuestros problemas!

Esa concepción relativista del universo defiende que es imposible llegar a saber si Dios existe, y lo hace dando cuatro *pasos* muy concretos:

1. Dios no existe, por lo tanto no hay una *norma* externa ni absoluta; nadie puede garantizar una verdad con mayúsculas.

2. Si Dios realmente existe no puede ser conocido, por lo tanto, tampoco puede ser alcanzada esa *norma* absoluta externa a nosotros.

3. En caso de que, de alguna manera, pueda llegar a ser conocida una verdad absoluta porque Dios la revelara, yo no estoy de acuerdo.

4. Aunque se demostrase que esa norma absoluta podría ser un bien para todos, yo no la aceptaría: mi vida es mía.

No hace falta que diga que, para muchos, los pasos tres y cuatro son los primeros en la lista, de tal manera que no les importan los argumentos sobre el primero o el segundo. No tiene sentido seguir investigando porque su propia voluntad ha puesto el freno a todo tipo de razonamiento. *Si hubiera una verdad absoluta, yo no quiero creerla, ni me importa;* con ese paso tan simple vuelve a demostrar la contradicción de todos sus principios, porque, ¡su voluntad es absoluta, está por encima de todos sus razonamientos por muy *relativos* que crea que son!

Debemos recordar de nuevo la famosa frase de Descartes: *pienso luego existo;* muchos subordinan el ser al pensar, quizás por haber comprendido la frase en una sola dirección. Si el pensar es más importante que el ser, la verdad pasa a ser relativa, porque el pensamiento lo domina todo. Puede parecer lógico, pero realmente es el ser el que sigue siendo crucial, ¡no se puede pensar sin ser! Por eso la verdad tiene que ser absoluta, porque el ser absoluto (Dios) es el garante de la verdad: el único que es *ser* en sí mismo y vive por sí mismo, cuya esencia y existencia son indivisibles. Para nosotros la existencia es un regalo de Dios, y en esa existencia comprendemos cual es nuestra esencia y la razón por la que podemos pensar. Así que, inmediatamente después de esa frase, deberíamos decir: *porque existo, tengo la capacidad para pensar.*

2. Las características de la verdad

Debemos investigar para llegar a conocer la verdad absoluta, o ¡por lo menos!, acercarnos lo más posible a ella. El método científico lo demanda sea cual sea la especialidad: si hay leyes absolutas, nuestro deber es dar con ellas. Como hemos visto anteriormente, todos tenemos algún absoluto: tú mismo/a que estás leyendo, si estás comparando lo que estoy escribiendo con alguna otra argumentación, esa argumentación es lo absoluto para ti porque tiene más importancia que lo que yo estoy escribiendo. Estás defendiendo tus propias ideas, precisamente porque son aquellas en las que crees y piensas que son las mejores.

La verdad es exclusiva

La verdad no solo es absoluta, sino que tiende a ser exclusiva por definición. Los principios contradictorios no pueden ser verdaderos al mismo tiempo. *Dios existe* o *Dios no existe*: uno de los dos enunciados tiene que ser verdad y el otro falso. *Estoy vivo* o *no estoy vivo*; no puedo defender que no estoy vivo porque hoy he tenido un mal día o porque estoy enfermo. Puedo estar disfrutando más o menos de la vida, pero mientras estoy escribiendo estas palabras es porque tengo aliento de vida en mi interior.

La verdad está basada en hechos y obedece a razonamientos exactos en todas las situaciones de la vida: un juez no puede dictar sentencia basado en suposiciones relativas. Un médico no puede operar en base a intuiciones, o un ingeniero no puede construir un puente con vigas *agnósticas*, es decir, sin que se sepa si pueden sostener un peso o no. Todos, sin excepción, creen en algo exclusivo porque les va la vida en ello, incluso aunque alguna de esas *verdades* puedan venirse abajo más adelante. Para seguir el ejemplo que vimos anteriormente, a nivel matemático *dos más dos son cuatro*. Una vez que acordamos esa *verdad*, tenemos que concluir que todos los demás resultados son erróneos; esa es una verdad exclusiva porque excluye cualquier otra multitud de respuestas (5, 6, 3, 7, etc.).

El siguiente paso que tenemos que dar es pasar de esas pequeñas verdades exclusivas a una verdad absoluta que las agrupe a todas, es decir, caminar de lo particular a lo universal. No podemos defender afirmaciones absolutas, sin que haya un todo que sostenga cada una de nuestras conclusiones, porque a veces, esas verdades podrían contradecirse entre sí, y todo el sistema se vendría abajo. Por eso, la verdad es independiente de lo que creemos, de lo que hacemos, del tipo de persona que seamos y donde estemos, de nuestros conocimientos, etc. Lo que es verdad sigue siendo verdad, aunque un millón (o mil millones) de personas decidan que no es así. Si todo el mundo se pusiera de acuerdo en que la ley de la gravedad no existe, nada cambiaria en la realidad ni en el funcionamiento del universo. Lo mismo podemos decir de cualquier tipo de verdad histórica o social: si doscientos millones de brasileños creen sinceramente que el mundial de fútbol celebrado en su país en el año 2014 lo ganó Brasil, no cambia el hecho de que no es verdad y fue Alemania quien lo consiguió. La verdad es exclusiva y solo *deja de serlo* (para nosotros, individualmente), cuando nuestro conocimiento en algún campo es muy pequeño y no somos capaces de conocerla en su totalidad, pero de eso hablaremos más adelante.

La verdad es independiente a nosotros, es objetiva

La verdad siempre estuvo ahí: las leyes de la naturaleza dirigen el universo antes de que las hubiéramos descubierto. La verdad lo es para todos, independientemente de quienes sean y donde estén. Esa cualidad de la verdad le *obliga* a permanecer: las verdades físicas permanecen, porque de otra manera la vida no existiría. En ese sentido, solo existen dos posibilidades: o defendemos que es completamente ajena a nosotros y siempre está ahí sin que sepamos cómo, o pensamos que alguien es el garante de esa verdad.

Como la verdad es independiente a nosotros, permanece aunque nadie la defienda. ¡Incluso aunque nadie la conozca! Por ejemplo, en nuestro sistema solar, los planetas giran alrededor del sol sin importar si el ser humano lo sabe o no. En ese sentido, un hecho es verdad aunque nos empeñemos en que no lo sea. Como decíamos más arriba, todo tipo de leyes (naturales, físicas, matemáticas, etc.) están siempre ahí; siguen existiendo *fuera* de nosotros. Por eso la verdad no depende de nuestras decisiones, es universal (¡para todas las personas del mundo!). Si no fuera así, la vida sería imposible. Si alguien pudiera *controlar* la verdad nada tendría sentido, ¡incluso aunque quisiera hacerlo para el bien común!

Encontrar la verdad objetiva en cada campo es imprescindible en la vida: en este momento, estoy escribiendo mientras disfruto de un crucero con toda mi familia. Si es posible que estemos navegando es porque seguimos *verdades objetivas*: las coordenadas, el lugar donde están las islas, la profundidad de los mares, etc. El capitán del barco no puede sostener una verdad subjetiva, porque nos llevaría a encallar, o podríamos desembarcar en Malta, en lugar de ir a Venecia. Esa *manera de vivir* es absoluta en cientos de actividades cada día: la verdad objetiva en cada campo dirige nuestra vida.

La relación entre la verdad y razón

A veces pensamos que conocemos la verdad porque razonamos sobre lo que está sucediendo, pero esa razón no es la única manera de examinar algo: la realidad no siempre es como nuestros sentidos nos informan. Aunque no lo hacen siempre, como vimos en un capítulo anterior, si es cierto que a veces los sentidos pueden engañarnos; así que, al menos en esos momentos, la razón no es la única vía. Existen situaciones que van más allá de lo que puede llegar a comprender.

Para comenzar, tenemos que recordar que es imposible conocer *toda* la verdad: nadie puede leer todos los libros que hay en el mundo ni conocer todas las opiniones; por muy sabio que sea, siempre *se le escapará* algo. Esa es la razón por la que la verdad no puede ser subjetiva, no puede estar dentro de nosotros como un concepto, porque jamás conocemos todo lo que está sucediendo, ni las motivaciones por las que algunas personas hacen ciertas cosas. Podemos conocer la verdad de los procesos materiales, pero cuando intentamos *entrar* en el interior de las decisiones que tomamos, (no solo de otras personas sino a veces incluso ¡de nosotros mismos!), no podemos comprender todo lo que está sucediendo. La razón no puede explicarlo todo.

De la misma manera podemos engañarnos, al investigar la realidad, si partimos de una premisa falsa. Todos hemos vivido situaciones en las que *creíamos* que algo estaba sucediendo, para más tarde darnos cuenta de que todo era producto de un primer engaño. Esa es la razón por la que se habla de verdad objetiva, una verdad que esté *fuera* de nosotros, porque de otra manera, siempre correríamos el riesgo de ser engañados por otra persona o circunstancia. Necesitamos un referente externo para certificar que esa realidad es así como nosotros pensamos.

Por si fuera poco, nuestra libertad, la conciencia, la moral, etc., no pueden ser examinados con los sentidos. Solo los resultados de nuestras acciones o decisiones pueden serlo, pero no el acto en sí ni la decisión. Eso nos demuestra que hay mucho más que lo que podemos ver, sentir, oler, escuchar o tocar, así que el propio método racional debe admitir la crítica y el examen, si no, no es racional. No podemos decir que algo no tiene sentido sencillamente porque defendemos que no lo tiene. Si no se admite la afirmación *Dios está ahí y punto*, tampoco podemos decir *la razón está ahí y punto* o *las leyes de la naturaleza están ahí y punto*.

El escepticismo ante la verdad es imposible: si defiendo que nada es verdad bajo argumentos racionales, ¡estoy usando argumentos racionales para decir que no hay argumentos racionales! Sería como decirme a mí mismo que no puedo razonar conmigo mismo; la misma reflexión implica la posibilidad de reflexionar, ¡no puedo ser escéptico en cuanto a eso! Como hemos visto anteriormente, los escépticos pueden llegar al extremo de dudar incluso del propio lenguaje para proclamar que está corrompido por los ámbitos de poder, ¡pues que dejen de usarlo, y así tan contentos! Pero no lo hacen: siguen escribiendo libros y dando conferencias a pesar de que desconfían del lenguaje. ¿Tenemos que confiar en el lenguaje de ellos y la expresión de sus ideas, pero no en el de nadie más?

Hegel definió que de una tesis y su antítesis, podemos llegar a la síntesis: de los contrarios puede aparecer una nueva razón y una nueva verdad. Ya no hay contradicciones, sino que en ambos extremos puede haber algo de verdad. De hecho eso es lo que defiende el posmodernismo, muy de acuerdo con la gran mayoría de las filosofías y creencias que vienen de oriente: No importa lo correcto o lo incorrecto, lo que hacemos cada uno es lo válido. Ya no se investiga sobre la verdad porque está dentro de cada uno.

¡Aun hay más! Muchos afirman que la verdad es aquello que funciona: si algo está bien es válido; si es útil es verdadero. En el pragmatismo, el fin justifica los medios, porque lo que nos interesa, en último caso, es que todo funcione. Pero esa manera de ver el mundo nos lleva a un grave peligro en el terreno moral: Si todo lo que termina bien está bien, sin importar lo que ocurra *por el camino*, podemos defender cualquier tipo de conducta. ¡Todos encontraríamos decisiones *útiles* que restarían derechos a las demás personas! A veces, incluso, a costa de su propia vida.

La verdad y la lucha por el poder

¿Cuál es la razón? Todos pretendemos buscar y defender la verdad, pero el egoísmo y la ambición están dentro de nosotros. Solo nos sentimos bien cuando todos están de acuerdo con lo que proponemos. Conforme van pasando los tiempos, los grupos políticos, instituciones, universidades, medios de comunicación, empresas, etc., se cierran a opiniones diferentes: solo defienden las suyas propias. La sociedad que estamos construyendo es absolutamente totalitaria:

1. Impone sus ideas a la fuerza. Puede ser una fuerza legal o simplemente coercitiva (la *cara* que ponen algunos al decir que estás en contra de algo que todos aceptan).

2. No existe el bien o el mal moral, sino que son los tribunales de justicia los que deciden lo que está bien o no. Esa es una de las razones por las que la corrupción es una de las lacras de nuestra sociedad:

todo está bien con tal de que no te descubran[5].

3. La verdad en las escuelas y universidades se establece en base a ideas políticas y sociológicas; las educativas o pedagógicas han pasado a un segundo plano, porque los planes de estudios los moldea el poder político.

4. Los grupos de información dependen del poder económico: cada medio de comunicación informa de acuerdo a lo que *su grupo* le dicta. Estamos ante el problema de la llamada verdad *impuesta*, que tiene que ver con las explicaciones que los medios de comunicación dan a una situación determinada. Realmente no existe la información libre de prejuicios.

5. La comodidad y el bienestar de las personas son más importantes que la verdad. Si una mentira hace bien, se mantiene sin rubor. Todos saben que si se defiende una mentira el suficiente número de veces por un número importante de personas, muchos terminarán creyéndola.

Cualquier idea es aceptada con tal de que sigas *dentro del sistema*: los poderosos no quieren que razonemos sobre lo que sucede cada día. No solo en cuanto a las cuestiones espirituales, sino también en todos los aspectos de la vida. ¡Sobre todo en aquellos que tienen que ver con la economía! Aquellos que ejercitan su capacidad para pensar suelen ser considerados peligrosos porque, normalmente, suelen ir en contra del *sistema*. No tanto porque se opongan a la sociedad establecida, sino sobre todo, porque esta no les permite llegar a ninguna conclusión que pueda contradecir al poder. Para evitar eso, se necesita tener ocupadas a las personas todo el tiempo posible. Pensar es peligroso.

Los que lo tienen todo y están *por encima* de los demás a nivel económico, social y político, no quieren que saquemos nuestras propias conclusiones: está todo perfectamente diseñado para que no nos cuestionemos nada. De una manera subliminal en muchas ocasiones, nos enseñan a tomar decisiones haciéndonos creer que somos nosotros los que decidimos de una manera libre, pero en realidad su influencia en nuestro pensamiento ha sido tan grande que solemos hacer lo que nos dicen. Por eso no les conviene que pensemos ni quieren que discutamos las razones de casi nada, solo podemos hablar de situaciones intrascendentes: los medios de comunicación nos arrastran a argumentar sobre deportes, moda, consumos,

---

5 Un funcionario del servicio de aduanas contó la historia de un hombre que entró en el país, y al cubrir el informe preceptivo respondió a la pregunta: *¿Estuvo en la cárcel alguna vez?* No. *¿Por qué?* (esa segunda pregunta iba dirigida, como es obvio, a aquellos que sí habían estado en la cárcel) pero él respondió: *Porque no me atraparon.* Podríamos decir que, al menos, era un ignorante sincero.

programas insustanciales, series, youtubers, etc., pero no vas a encontrar en ellos espacio para decisiones personales, problemas sociológicos, divulgación científica y ¡mucho menos! argumentos espirituales. Les conviene tenernos muy ocupados con lo pasajero y, en la mayoría de las ocasiones, ridículo. La decisión de quién le da mejores patadas a un balón tiene muchísima más cobertura, tanto económica como informativa, que la investigación sobre una enfermedad terminal.

Todo vale con tal de no perder el control de la situación económica, política y sociológica. Vivimos en un juego que les conviene a todos: por una parte la religión no les permite pensar a los que son adictos a ella, porque se darían cuenta de su engaño; pero por otra parte el ateísmo/agnosticismo se viste de modernidad para que los que no creen que Dios existe, dejen de pensar también. Si logran *controlar* o *eliminar* a Dios, saben que es imposible encontrar un referente externo, no solo en cuanto a lo absoluto sino (¡sobre todo!), para no tener que rendir cuentas de lo que hacen. Una persona ignorante puede ser manejada, engañada, manipulada, etc., y existe la posibilidad de quitarle su libertad aunque se le esté *vendiendo* que es más libre que nunca. El poder lo controla todo: la verdad, la moral, el conocimiento, el significado de cada persona, el pensamiento, la ciencia, ¡todo!

Dios no es el *opio* del pueblo, como decía Marx, sino precisamente todo lo contrario: Él es la única defensa contra el poder; la única posibilidad de lucha contra la injusticia y la única herramienta para transformar el mundo, si realmente tomamos en serio sus palabras y no queremos *utilizarlo* como muchos han hecho a lo largo de la historia, y como vamos a explicar en uno de los últimos capítulos. Sin Dios perdemos la capacidad de pensar, razonar y disentir.

La "verdad" como instrumento de control

Esa es la razón por la que muchas personas quieren *tener la verdad* solo para controlar a los demás, saben que quienes conocen la verdad de cada situación, terminan teniendo el poder en sus manos, y depende de su bondad cómo ejercerán ese poder. Por ejemplo, si sabes como manejar la energía atómica, depende de tus intenciones si vas a ayudar o a destruir el mundo. De una manera mucho más sencilla, si conoces algo malo que le está sucediendo a una persona, puedes decidir ayudarla, ignorarla o hundirla.

La verdad en sí misma es neutral, pero las consecuencias de su conocimiento depende de nuestras motivaciones. Pablo escribió: *El conocimiento envanece, pero el amor ayuda a todos*[6], porque solo la confianza en una persona absolutamente buena (Dios) puede hacernos vivir tranquilos. Cuando la verdad es manejada por opciones políticas, económicas, sociales, morales, etc., siempre nos traerá problemas; no por sí misma, sino por lo que hacemos con ella. En esa trampa han caído todos, no solo los que no creen en Dios, sino también todas las religiones, que terminan convirtiéndose en guardianes de sus propias ideas y son capaces de matar por ellas. Pero, si bien es cierto que en nombre del cristianismo se han cometido muchas barbaridades, también lo es que hoy se asesina a cristianos en muchos países donde se defienden religiones con miles de dioses, o en otros en los que la exclusividad de su *dios* no tolera incrédulos al mismo.

La verdad y sus consecuencias

La verdad exige que reaccionemos ante ella, no es suficiente con creerla o no. Conocer la verdad y no vivirla es como leerse el menú de un buen restaurante e irse tranquilo a casa sin haber comido nada. De hecho, conocer la verdad y no actuar es casi peor que no saberla. Cuando estamos enfermos y sabemos cómo ser curados tenemos que llevar a cabo ese proceso, porque no sirve de nada conocerlo si no lo aplicamos: la verdad exige reacción y cambio. Necesitamos tomar decisiones, el conocimiento tiene que ser racional, pero también experimental. Solo encontramos significado real en nuestra vida cuando tomamos decisiones después de conocer la verdad, porque nadie quiere ser engañado[7].

La verdad debe expresarse y, por definición, suele *actuar* para darse a conocer. Por ejemplo, si has escalado el Everest, ese hecho es una verdad individual, pero no se puede certificar si nadie lo conoce. La verdad necesita ser proclamada, aunque siga teniendo valor por sí misma y nadie pueda cambiarla; por eso tiene que ser expresada para que pueda ser garante de otras verdades futuras. La verdad escondida termina siendo inútil, aunque siga siendo verdad: el silencio no transforma la vida, porque la verdad no manifestada *permite* el engaño. Si alguien tuviese una curación para el cáncer y la guardara para sí mismo, esa curación sería real, pero los efectos de esa verdad serían completamente inútiles para el resto de la humanidad. Por eso la verdad no es un producto de una simple discusión filosófica, sino que es acción y debe llegar a todos, porque la ignorancia somete a la

---

6 1 Corintios 8:1.

7 *La verdad os hará libres* (Juan 8:31-32). La verdad transforma la vida de las personas y la sociedad. La filosofía por sí misma, nunca encontró la verdad absoluta a pesar de haberla buscado durante siglos. La ciencia conoce cada día algo más de verdad, pero lo que desconoce es mucho más de lo que ha conseguido descifrar. Solo cuando conocemos la verdad alcanzamos la libertad de no ser engañados por los demás, ¡ni por nosotros mismos!

esclavitud a todos aquellos que no pueden, no quieren o no saben enfrentarse con la verdad[8].

La verdad siempre se abre paso, de tal manera que, no solo no podemos ocultarla sino que sobrepasa nuestro entendimiento. Deseamos y necesitamos conocerla, porque a nadie le gusta equivocarse, ¡mucho menos si le va la vida en ello! Aunque a veces queremos ocultarla porque nos descubre o nos delata. Aun así, siempre queremos conocerla y, si es posible, usarla a nuestro favor cuando la necesitamos[9].

Por si fuera poco, la verdad vive por sí misma. En contraste con ella, la mentira no tiene poder, no puede sostenerse: necesita que alguien la defienda de una manera constante porque en cuanto no es afirmada muere, porque, ¡la mentira depende siempre de otro! Por si fuera poco, su único valor se cifra en la cantidad de verdad que contiene. Si algo es una mentira absoluta es muy difícil que se sostenga ni un minuto. En ese sentido decir: *Dios no existe* sería una mentira absoluta, porque nadie es capaz de demostrarlo con todas sus consecuencias. Los que lo afirman, simplemente lo presuponen o como mucho lo suponen: se defiende que Dios no existe, pero siglos de *lucha* contra Dios no han desterrado la certeza de que Él sigue estando ahí.

La verdad libera

Solo la verdad puede liberarnos, porque su expresión nos enfrenta con la realidad objetiva: si un investigador llega a conocer que se avecina una tormenta que puede destruir una ciudad, esa verdad debe expresarse, porque la verdad se desarrolla por completo cuando es proclamada. Su exclusividad le obliga a vivir en medio de las relaciones personales liberando a

8 Después de la guerra de Secesión en Estados Unidos, Abraham Lincoln decretó la libertad de todos los esclavos, pero el fin de la esclavitud tardó muchos años en llegar a todo el país. Por una parte, muchos terratenientes y mercaderes de personas mantuvieron en la ignorancia a los esclavos: jamás les dijeron que eran libres. Por otra parte, muchos esclavos no creyeron que ese decreto fuera *real*, y siguieron viviendo sin disfrutar de su derecho de libertad. Por no saberlo o por no creerlo, la libertad no llegó a todos.

9 Esa es la razón por la que en la Biblia se presenta a *la verdad* como una persona, como vamos a ver más adelante, y esa persona es Jesús. Él es el *Verbo*, la verdad en acción, creando y transformando el mundo. La verdad es siempre activa, porque tiene vida en sí misma, y se refiere a algo que ocurrió, ocurre u ocurrirá invariablemente. No puede vencerse ni ocultarse. Por eso es un verbo que se expresa. La verdad es *testaruda* e *indomable,* o te pones a su lado, o serás *aplastado* por ella. No porque quiera destruirte, sino porque se defiende por sí misma. Las suposiciones y opiniones viven por unos momentos, la verdad es eterna.

quienes la conocen, esa es la razón por la que la verdad se asocia siempre con la libertad: te ayuda a elegir conociendo lo que está ocurriendo.

La verdad está siempre ahí, por encima de nuestras opiniones. El engaño tiene que imponerse a la fuerza y defenderse constantemente. Nadie que mienta puede ser libre, porque esa mentira le *ata* para siempre, ¡tiene que recordarla y defenderla en todo momento! La verdad es exclusiva, la mentira suele ser inclusiva: cuando la mentira se propaga, hace esclavos a aquellos que la defienden. Por ejemplo, si hablamos de un caso de corrupción política, acaban esclavizados tanto el que soborna como el que se deja sobornar. Solo la verdad puede liberar a los dos, la mentira les incluye a los dos en su *cárcel*.

La verdad no tiene que justificarse a sí misma porque permanece inalterable. El engaño necesita adoctrinamiento, no puede vivir sin algún tipo de argumentos, ese es uno de los problemas de la sociedad moderna: como no existe una verdad con mayúsculas, las verdades con minúsculas deben ser impuestas, tienen que tener *publicidad*. El resultado es que vivimos en la lucha por imponer la verdad de cada uno, defender la verdad de cada uno, exaltar la verdad de cada uno.

La verdad exige no solo la expresión, sino también la impresión

La verdad es reconocida por todo nuestro ser: la realidad objetiva y absoluta cuando se *relaciona* con nosotros sigue manteniendo sus cualidades, pero su semilla germina dentro de cada uno. Esa es la razón por la que la verdad tiene que ver con el corazón, las fuerzas, los sentimientos, las sensaciones, ¡con todo lo que somos!, además de con la mente: es siempre experimentada[10]; lo que nosotros creemos que es la verdad nos da las pautas para tomar decisiones, y siempre tenemos que razonar con ella porque *quiere* dirigir nuestros pasos. Todos tenemos una verdad absoluta dentro de nosotros, aunque en último término, nosotros mismos nos sintamos por encima de esa verdad, (tenemos el poder de ocultarla), al menos aparentemente. Esa es la razón por la que la verdad tiene que ser vivida, la información tenemos que hacerla nuestra, dentro de lo posible. Cuando nos dicen que un lugar es extraordinariamente bonito, solo cuando estamos allí *vemos* esa verdad que conocíamos de oídas. De hecho, a veces luchamos e incluso podríamos llegar a morir para defender la verdad. Eso debería hacernos pensar: si la vida es el valor más valioso, ¿por qué la entregamos

---

10 El verbo que se usa en el Antiguo Testamento para *conocer* en el idioma original hebreo, tiene que ver con un conocimiento integral. O sabemos, con todo lo que somos, o no sabemos nada. Incluso es el mismo que se usa (entre otros significados) para referirse al acto sexual: el conocimiento más íntimo entre mujer y hombre.

para defender una verdad sin la cual podríamos seguir viviendo? Algunos podrían decir que *para no vivir de cualquier manera*, pero ningún ser no racional hace eso, es imposible explicarlo debido a procesos naturales: a veces decidimos seguir y defender aquello que (sabemos) nos va a quitar la vida. ¿Cuál es la razón? Defender nuestra verdad, aunque tenga poco sentido: a veces nos enfrentamos por verdades absolutamente innecesarias como, por ejemplo, defender nuestro equipo deportivo preferido. Necesitamos ese sentido en la vida porque vivimos de las verdades absolutas, aunque no queramos reconocer su existencia: para nosotros, nuestro equipo es el mejor de una manera absoluta, así como nuestras ideas políticas, nuestros gustos, etc. Eso nos da seguridad... aunque, en muchas ocasiones, nos aleje de la verdad.

Todas estas razones nos llevan a una conclusión aparentemente superficial, pero absolutamente demoledora: hoy en día los escépticos parecen intelectualmente más interesantes, porque esa es la imagen que se está *vendiendo* en la sociedad, de tal manera que un escéptico siempre parece ser más inteligente que un creyente. El problema es que el escéptico suele ser un conformista social, porque su mismo escepticismo le condena: como hemos comentado en otras ocasiones, no podemos llegar a alguna postura científica simplemente por abandono. El que se considera ateo tiene que demostrar que Dios no existe, porque eso es lo que defiende. Si no puede hacerlo, entonces tenemos que hablar de *antiteístas*: personas que se oponen a Dios y a su existencia, y de hecho, muchos prefieren que se les defina de esa manera[11].

---

11 Te agradezco que sigas conmigo a lo largo de toda la argumentación, porque si nos negamos a reflexionar, podemos llegar a ser *necios,* al no querer examinar las razones que nos dan. ¡Esa actitud no es exclusiva de las discusiones sobre el Creador! Recuerda que todavía puedes hablar con personas que defienden que la tierra no es redonda o que el hombre no llegó a la luna, por poner un par de ejemplos muy conocidos.

Déjame mencionar un detalle muy importante en este punto: en la Biblia y en el idioma original hebreo, aparecen tres palabras para *necio* o *ignorante*.

1. "Kesil" el que no quiere pensar. El descuidado que se deja llevar, aquel al que nada le preocupa, el que *pasa* de todo. Demasiado común en el día de hoy.

2. "Evil" es el terco, el que no quiere entrar en razones ni discierne argumentos. Aquellos que *se niegan a creer. Algunos eran persuadidos con lo que se decía, pero otros no creían.* Hechos 28:24.

¡Haz la prueba! Puedes decirle a una persona que es mala, cruel, despiadada, o cualquier otro calificativo que creas que pueda herir su corazón. ¡A muchos no les importará en absoluto! Eso sí, jamás le digas a alguien que es *tonto* o *ignorante*, porque puedes salir mal parado. Eso nadie lo acepta, aunque sea por haberse negado a reconocer la realidad.

3. "Nabal" el necio en sí mismo, el cerrado de mente, el que quiere vivir su vida y hacer lo que quiere sin importarle las consecuencias. ¡Puede incluso que sea una persona inteligente! Pero quiere tener la razón y no dar su brazo a torcer por nada del mundo.

3. La Verdad con mayúsculas

El deseo de conocer la verdad en todos los campos debe ser nuestra motivación, pero, a veces, el conocimiento no es moralmente neutro porque tendemos a interpretar las teorías y los procesos que estudiamos. Otra circunstancia que debe hacernos pensar es que ese mismo conocimiento no exige una vida moralmente correcta: puedes ser un científico de renombre y ser malvado; una cosa no va en contra de la otra. Sin embargo, no puedes decir que crees en Dios y ser una mala persona: por definición tu vida es una contradicción si haces eso. Como hemos visto, esa es una de las razones por las que cuando la Biblia usa la palabra *conocimiento* es siempre algo experimental: si dices que sabes algo y no vives en consecuencia con lo que sabes, entonces no sabes nada en realidad; te engañas a ti mismo. Por eso en la Biblia se condena, no tanto a quienes pueden llegar a mentir en un momento determinado, sino más bien a aquellos cuya vida entera es una mentira[12].

La verdad absoluta es una persona

Dios nos ha hecho de tal manera que necesitamos a otros, pero nosotros le dimos la espalda a Él, y ese acto llevó implícito crear un abismo en las relaciones con los demás. Esa es una de las razones por las que el hombre moderno no recibe ni cree la verdad como tal, porque todo gira alrededor de sí mismo, mientras que la verdad exige la relación: debe ser compartida y *disfrutada* por todos. Por eso la *verdad absoluta* se identifica con una persona, y se refleja en nosotros cuando nos relacionamos con esa persona, de tal manera que esa relación hace que la verdad pase a ser exclusiva e inclusiva, expresa e impresa, exige el conocimiento y vive fuera de Él, es relacional y vive por sí misma, es objetiva y subjetiva al mismo tiempo; más allá de todas las definiciones, de la misma manera que Dios está más allá de todos los límites[13].

¿Cómo es posible? Dado que la verdad es una persona, su objetividad se reviste de subjetividad (pasa a vivir dentro de nosotros); es relacional,

---

Dice el necio en su corazón: Dios no existe (Salmo 14:1), es una frase que no está escrita para herir, ¡sino para hacer pensar! Fíjate que la afirmación *Dios no existe* no sale de la mente, ¡sino de corazón! Algunas personas pueden llegar a ver pruebas de que Dios existe, pero es su corazón el que les hace negarlo: si Dios existe, su corazón (y por lo tanto, ¡toda su vida!) tiene que ser diferente, y eso no quiere aceptarlo.

12 Apocalipsis 21:8.

13 Jesús explica algo que es realmente impresionante: *Os equivocáis porque ignoráis las escrituras y el poder de Dios* (Mateo 22:29), es decir, lo que Dios dice (las escrituras, su palabra), y lo que hace (su poder). ¡Las dos cosas! Las palabras y la energía que hay en ellas para crear y sostener a la naturaleza. ¡La verdad y sus consecuencias en la vida de cada persona!

porque conocemos la verdad cuando nos relacionamos con ella; y también se vuelve particular, porque cada uno la recibimos en nuestro interior de una manera diferente. Al conocer a quien es la verdad, la recibimos de una manera exclusiva, porque nos hace únicos a cada uno de nosotros. Recuerda que, en muchos momentos, podemos conocer la verdad objetiva, universal y absoluta, pero sin que nuestra vida cambie. Solo cuando la hacemos subjetiva y particular la tomamos como nuestra: sigue siendo la misma verdad absoluta, pero vive dentro de nosotros porque se relaciona con cada uno. En ese sentido, la verdad es una persona que nos busca; no es un concepto abstracto o absoluto sino una relación que cambia la vida, que le da significado. Las personas son felices cuando viven a la luz de esa verdad personal, ¡Jesús fue el único que dijo que era la verdad![14].

La verdad que admite las dudas

Terminamos con lo más sorprendente de todo: puesto que la verdad permanece, no se ve salpicada en absoluto con nuestras dudas. No pierde ni un ápice de su poder ni de su fiabilidad aunque miles de personas duden de esa realidad, ¡siempre sigue ahí! No importa cuántos la defiendan o la maltraten. Algo que parece tan sencillo como eso, es muy importante para nuestra vida personal, porque es imposible vivir sin dudas: la estabilidad y permanencia de la verdad son definitivas para nosotros de tal manera, que pueden coexistir perfectamente la verdad y las dudas, porque esas mismas dudas pueden llegar a ser la base de nuestras creencias.

Pasar por momentos difíciles es algo normal para cualquier persona: la seguridad en lo que creemos crece a lo largo de los años cuando atravesamos el *desierto* del sufrimiento y el dolor. Sin querer ofender a nadie, a veces se generaliza diciendo que los cristianos *no tienen ninguna duda*, pero más bien habría que hablar de *naturalistas integristas* que no admiten absolutamente ningún razonamiento contrario a sus pensamientos. Hasta el creyente más fiel puede tener momentos de duda, pero el problema de algunas personas de ciencia es que ¡jamás! dudan de nada, al menos aparentemente: aseguran que lo que no pueden resolver ahora se comprenderá en el futuro (¿Y no dicen que la fe es un sentimiento religioso?), y que las lagunas inexplicables actualmente nos enseñan que estamos en el buen camino. Si realmente creemos eso, la pregunta es muy sencilla: ¿Cómo puede ser lo irracional una prueba de que estamos dirigiéndonos a lo racional? Al final, el naturalismo es una religión más necesitada de fe que ninguna

---

14 Juan 14:6.

otra creencia, porque quien es ateo no puede admitir en ningún momento que Dios pueda existir, no puede tener ninguna duda[15].

Mientras tanto, Dios nos da la posibilidad de *buscarle* por todos los medios; en ese sentido, la existencia de Dios no solo calma nuestra razón, sino que provee la base argumental para que esta tenga sentido. Para llegar a la dimensión divina no estamos dando *un salto de fe*, sino construyendo un puente perfectamente afianzado en los pilares de la investigación, el conocimiento del universo, la fortaleza de nuestro significado como personas, la estabilidad de la mejor cosmovisión posible, la sensibilidad espiritual y, ¡por supuesto!, la confianza en su Palabra. Dios mismo ha dicho que premia *a los que le buscan*[16]. Esa es la razón por la que Dios permite que dudemos. ¡La Biblia está llena de personas que lo hicieron! Ningún ser humano habría podido diseñar algo así, pero Dios sabe que por nuestras limitaciones y nuestra debilidad no podemos vivir de otra manera; esa es la base de todas las relaciones, ¡aun cuando amamos a alguien con todo nuestro ser, a veces surgen las dudas en cuanto a nuestro comportamiento o el suyo! Por eso la fe vive acompañada de dudas, crece con ellas, lucha con ellas y en el proceso de vencerlas, ¡se fortalece! La fe es lucha, siempre está en acción. ¡La Biblia dice que la fe que no actúa está muerta![17].

Un creyente dice: *No sé si hay algo, pero quiero saberlo*. El que cree es el que realmente tiene los ojos abiertos porque quiere conocer más, no se conforma con lo que sabe y siente, aunque sabe y siente que Dios está ahí; pero de la misma manera que un niño quiere saber más de sus padres aunque a veces no pueda comprender su manera de actuar, el que cree quiere saber y conocer más del Creador. El cristianismo no es una creencia para obtener una *salvación eterna* como pueden postular muchas otras, sino que es una relación para conocer la verdad, y con esa verdad, ¡transformar el mundo! Ese es el secreto, porque Dios no pide *convertir* a nadie sino hacer discípulos de la Verdad[18]. Jesús afirmó: *Para eso he venido al mundo, para dar testimonio de la verdad*[19]. Si la verdad está escondida, todos tienen derecho a

15 Cualquier persona que defiende que Dios no existe, si duda de lo que cree, debería investigar si es cierto o no, como hemos visto en varias ocasiones. La *huida hacia delante*, no tiene ningún sentido, porque el ser humano *decidió* no creer en Dios. Fue una decisión, ya que no existían razones para no creer: *A causa de la ignorancia que los domina y por la dureza de su corazón, estos tienen oscurecido el entendimiento y están alejados de la vida que proviene de Dios* (Efesios 4:18).
16 *En realidad, sin fe es imposible agradar a Dios, ya que cualquiera que se acerca a Dios tiene que creer que él existe y que recompensa a quienes lo buscan* (Hebreos 11:6).
17 Santiago 2:26.
18 Jesús llamó a todos a hacer discípulos de Él (Mateo 28:19). No a fundar iglesias, ni a defender una doctrina, ni tampoco a crear una religión nueva. Lo que Dios quiere es que sigamos a Jesús, la Verdad con mayúsculas.
19 Juan 18:37.

hacer lo que quieran. ¡Cuánto más poder tengan, más podrán hacer lo que les apetece! Por eso, la realidad que transforma al hombre no es el silencio, sino la palabra, el silencio no cambia vidas, ¡la Palabra sí!

La verdad de Dios permanece y mantiene el mundo; por ella las leyes de la naturaleza persisten, y la energía del Creador mueve y sustenta los miles de millones de galaxias. Descansamos, lo creamos o no, en la fidelidad de la Palabra de Dios[20]. Para comprenderlo, nos ayuda mucho saber que en el idioma hebreo, la palabra para *verdad* es *emet*, cuya raíz tiene que ver, no solo con la verdad en sí misma, sino también con la seguridad y la lealtad: no solo es verdad, sino que es fiel en las relaciones y cumple sus promesas. De ahí la trascendencia de la seguridad: la verdad nos mantiene firmes, seguros, nos enseña a descansar y nos llena de paz. En contraste a todo esto, la mentira nos hace dudar siempre, aunque aparentemente saquemos provecho de ella, su dosis de falsedad, por muy pequeña que sea, termina destruyéndonos. Por eso, nada mejor que terminar este capítulo con lo que escribió el sabio español del *siglo de oro*, resumiendo en una sola frase lo que podría considerarse el sentido de la existencia: *al final de la jornada, aquel que se salva, sabe. El que no, no sabe nada.*

Más contenido audiovisual:

▶15   ▶16   ▶17

---

20   Como hemos visto en un anterior capítulo, Jesús como Palabra de Dios, sostiene el mundo, y por eso es *el Alfa y la Omega*, porque incluso todo el vocabulario y la información que tenemos en nuestro interior (el genoma humano), se sustenta en su persona.

CAPÍTULO 6
El tiempo y la eternidad

¡Qué lentos pasan los días! ¡Ahora tenemos tiempo para todo! ¡No sé qué hacer con tanto tiempo! Frases como estas aparecieron en las redes sociales una y otra vez durante la época en la que, debido a la pandemia del Covid-19, la gran mayoría de las personas tuvimos que estar confinados en casa durante un par de meses, sin poder salir a la calle ni ir a trabajar, disponiendo de *todo el tiempo del mundo* para hacer lo que quisiéramos. Como todo en la vida, ese *tiempo* ya pasó.

Tenemos muchas dificultades para definir el concepto *tiempo*. Hablamos del presente en el tiempo lineal, pero sobrepasa nuestra concepción de los momentos, porque permanentemente estamos dejando los segundos atrás y nos estamos adentrando en el futuro. Para ser correctos tendríamos que decir que el presente no existe, porque conforme vas leyendo estas líneas, cada frase te introduce en lo que va a venir[1]. Nuestro presente como tal no existe: siempre está unido al pasado o al futuro, siempre está en continuo movimiento. Cuando pensamos en las 20:00 h esperamos a que llegue ese momento, pero cuando se hace presente ya no puede definirse así porque está más cerca del futuro de las 20:01 que del pasado que acabamos de dejar. En ese sentido tenemos que hablar de tiempo irreversible, que jamás puede volver atrás. El tiempo que hemos vivido ya no lo tenemos.

Comenzamos a comprender ese fenómeno cuando es de noche y contemplamos las estrellas. Realmente estamos viendo la luz que emana de ellas, pero sumergidos en un viaje hacia atrás en el tiempo porque observamos la luz que han lanzado al universo, en algunos casos, hace miles de años-luz. Alguna de esas estrellas incluso pueden haberse apagado ya aunque nosotros estemos disfrutando de su brillo en este momento. Ese *ahora*, el tiempo presente, es algo que la ciencia no puede medir, porque incluso se vuelve subjetivo, cada uno de nosotros lo interpretamos dependiendo de lo que estemos haciendo[2].

---

1   Esa es una de las razones por las que en el idioma hebreo no existe el presente como tal, porque ese presente continuo, que no deja nada al pasado ni se adentra en el futuro, sería un eterno presente o un presente *detenido*, y solo el Creador puede vivir en una dimensión que pueda considerarse *parecida* a esa.

2   Todos experimentamos como el tiempo pasa más deprisa cuando estamos haciendo algo que nos gusta, y más lento cuando tenemos dolor, o estamos en una

Conocemos el pasado y no el futuro, pero solo podemos alterar el futuro, no el pasado. Esa es una de las grandes paradojas del tiempo: podemos saber lo que ha ocurrido, pero con la imposibilidad de poder hacer nada en lo que ya sucedió, y sin embargo, podemos intervenir en el futuro, pero es imposible para nosotros conocer lo que va a suceder. Habría sido *lógico* que pudiéramos actuar de igual manera en los dos, tanto pasado como futuro, pero esa imposibilidad delata nuestra imperfección.

1. El origen del tiempo

Nada nos gustaría más que controlar el tiempo. La idea de viajar en el pasado y en el futuro no solo nos apasiona, ¡daríamos cualquier cosa para hacerlo! Esa sensación de sobrepasar el tiempo y que no nos venza ni se nos escape, sería el descubrimiento científico con mayúsculas. La idea de controlar el tiempo de tal manera que vaya más lento o más rápido dependiendo de la situación en la que estamos, o *detener el tiempo* cuando algo nos gusta, está siempre dentro de nosotros. El tiempo nos esclaviza, porque no podemos dominarlo. Tampoco podemos rectificar lo que hemos hecho mal, porque no podemos volver atrás, por eso nuestro poder es muy limitado. Tenemos la capacidad para influir en el futuro, tanto en el personal nuestro como en el de otros, y eso es fruto de nuestra individualidad y nuestra conciencia porque lo hacemos de una manera individual y única. Somos los únicos conscientes del paso del tiempo como tal: podemos hacer referencia a un pasado, un presente y un futuro. Ningún otro ser vivo en la creación puede hacerlo.

El tiempo aparece en el universo junto a la materia, porque el universo comienza a existir en ese momento determinado[3]. Como vimos en otro capítulo, no puede existir un universo eterno, porque no existe ningún proceso físico eterno. Por decirlo de una manera simple, todo se enciende y se apaga, todo *vive* temporalmente. La misma teoría de la relatividad nos enseña que el tiempo puede ser distinto para diferentes observadores: si alguien viajase a la velocidad de la luz, el tiempo transcurriría de una manera mucho más lenta, o simplemente no existiría. Hubo un

situación desagradable. El tiempo es exactamente el mismo, pero nuestra vivencia de él es completamente diferente.

3   Hubo un comienzo del tiempo debido a la palabra y la energía de Dios. La Biblia se refiere a la *sabiduría* en primera persona:
Fui establecida desde la eternidad, desde antes que existiera el mundo.
No existían los grandes mares cuando yo nací; no había entonces manantiales de abundantes aguas. Nací antes que fueran formadas las colinas, antes que se cimentaran las montañas, Antes que él creara la tierra y sus paisajes y el polvo primordial con que hizo el mundo (Proverbios 8:23-26).

comienzo del espacio/tiempo, el eco cósmico de la creación, junto con la radiación cósmica de fondo lo atestiguan, tal como el libro del Génesis lo había anunciado[4]. ¿Qué existía antes del espacio/tiempo/materia? Solo el Creador. Esa es una de las razones por las que nos resulta imposible comprender la eternidad, porque nuestra razón está atada al espacio/ tiempo y a la linealidad de los hechos; ese es un problema no solo para comprender la eternidad, sino también para conocer el carácter de Dios y su manera de actuar.

La idea del tiempo cíclico

En los últimos años se ha formulado la idea del *tiempo cíclico*, sin que importe para el asunto si el universo tuvo principio o no. En esa dinámica, todo tiene la oportunidad de regenerarse y *volver*. Quienes lo defienden, lo hacen para encontrar una salida al problema de la linealidad del tiempo, porque si reconocemos que el tiempo es lineal, tiene que haber existido un principio, y algo o alguien tuvo que *ponerlo en marcha*

El problema es que, bajo la perspectiva del tiempo cíclico, las leyes físicas tal como las conocemos ahora no se sostendrían: tendríamos que formularlas en base a una energía cíclica también, y a un espacio cíclico. Nadie cree que eso pueda ser posible, salvo si defiendes que todo lo que vemos, sentimos y medimos es producto de un engaño absolutamente extraordinario, porque todo estaría cambiando continuamente. Aun así tampoco podríamos hablar de esa manera, porque realmente los momentos no existirían. Sería como defender que nada de lo que vemos y conocemos es real. Si tenemos en nuestra mente la posibilidad de formular diversas teorías de la realidad, no es tanto porque esas teorías puedan ser reales (¡Nuestra imaginación da para mucho!), sino porque tenemos libertad para pensar y buscar el origen de la realidad; por lo tanto el engaño total es imposible. En un engaño total no solo lo universal sería mentira, sino también cada uno de los particulares: en el momento en el que uno solo de los particulares fuera verdad, esa mínima luz nos llevaría a comprender el engaño de todos los demás.

Según la teoría de la relatividad los tres componentes de la ecuación principal, energía, masa (materia) y velocidad (desarrollada en el tiempo) se complementan; esa es la razón por la que podemos entender nuestro universo. De hecho, sabemos que la energía se va transformando con el tiempo, así que tiene que haber un antes y un después. Tenemos una

---

4   Realmente deberíamos hablar de la imposibilidad de la dilatación del tiempo gravitacional: la Biblia nos dice que el tiempo no existe sin la materia; como podemos ver en varios textos. Eclesiastés 3:11; Isaías 26:4; Romanos 1:20; 1 Timoteo 1:17; Hebreos 11:5.

determinada cantidad de energía, pero puede ser variada si aparece un agente externo, tanto para aumentarla como para disminuirla. Si el tiempo fuera cíclico tendríamos una cantidad de energía diferente en cada suceso, ¡en el mismo momento! Sabemos que eso es imposible. En ese sentido, solo tendríamos dos opciones, una real que es vivir en el *tiempo* tal como lo conocemos, y otra completamente irreal que sería existir de una manera atemporal. Por lo tanto, dado que vivimos en un tiempo lineal, todo tiene un principio y un final. Las leyes relacionadas con la energía nos obligan a creerlo: Hubo un primer momento en el que el tiempo *comenzó*[5], y eso nos deja entrever que también tendrá un fin.

La idea del tiempo imaginario

Hawking habla de *tiempo imaginario* en el universo primitivo, para desechar la posibilidad de un Creador que pusiera en funcionamiento al universo en un momento determinado. Según esa teoría, el universo surgiría en una fluctuación de vacío cuántico. Lo que ningún físico ha explicado es el origen de esa fluctuación, ni la causa y el modo de su funcionamiento. Como en muchas otras situaciones, simplemente se lanzan ideas y suposiciones, porque cuando se define el vacío cuántico (un campo en su estado fundamental, o que parte de una energía mínima o desconocida), no tiene que ver con lo que nosotros definimos como *vacío* que puede equipararse a la *nada*. La física nos enseña que ese campo debe existir de una u otra manera, así que seguimos con el mismo *problema* en cuanto al origen de ese supuesto vacío.

Al hablar del tiempo imaginario, algunos creen que están proponiendo algo diferente, porque de esa manera el tiempo no tendría un inicio y sería eterno; pero olvidan que no pudo haber una continuación infinita de elementos sin que tuviera un principio, porque la propia linealidad lo exige. Para salir del paso, se intenta llegar a demostrarlo con una sucesión indefinida de ecuaciones que, aparentemente, podrían darse para que el tiempo no tuviera un principio, pero en la práctica es imposible; ¡de la misma manera que no existen operaciones matemáticas infinitas en la práctica! Para que nos entendamos, podemos saber que existe un resultado infinito, pero no podemos comprobarlo porque el mismo *tiempo* lo impide: para demostrar que una ecuación o una solución matemática sea infinita (por ejemplo, 10 dividido entre 3, es 3,3333... así infinitamente), tendría que ser observada por un sujeto que no estuviera limitado por el tiempo para

---

5   Esa es la razón por la que en el primer capítulo del Génesis, se nos explica que después del primer acto de la creación, *fue la tarde y la mañana del primer día*. Dios estaba creando una referencia para que supiéramos que el tiempo había comenzado.

comprobar que esa ecuación no tiene final. En la práctica, millones de personas podrían seguir haciendo esa división durante toda su vida y *fallecer* en el intento porque nunca llegarían al final: nuestra existencia es finita. ¡Sabemos que esa respuesta es infinita y va más allá del tiempo, pero también sabemos que no podemos certificar esa realidad aunque sea correcta, porque no podemos llegar hasta el infinito! Si pudiéramos contar números indefinidos por toda la eternidad, seguiríamos sin verificarlo, aunque esta misma frase es inexacta, porque la eternidad no está basada en momentos lineales, así que ese supuesto tiempo no se podría *contar* de una manera continua, ¡estamos hablando de otras dimensiones! Pero dimensiones reales, de ninguna manera *imaginarias*.

¿Cuál es la razón por la que se prefiere crear teorías sobre tiempo imaginario, cíclico, y otros, en lugar de investigar sobre el origen el tiempo tal y como lo conocemos? Porque de la misma manera que sabemos que existe una respuesta infinita para la ecuación de la que hablábamos más arriba, ¡tiene que existir un ser infinito para certificar la racionalidad de las ecuaciones que estamos demostrando! Si no fuera así, lo infinito no tendría sentido alguno, porque terminaría siendo un concepto *irreal*. Así que es imposible que exista un *tiempo imaginario* dentro de un proceso continuo sin final, pero también sabemos que tiene que existir alguien que viva fuera del tiempo lineal para certificar que las leyes que rigen el universo se cumplen.

El universo comenzó en el tiempo

La teoría de la relatividad nos demuestra que ningún objeto puede viajar a una velocidad mayor a la velocidad de la luz, porque cuando se aproxima a esa velocidad, su masa va aumentando y necesita más energía para moverse. Si tuviera que moverse a la velocidad de la luz, su energía tendría que ser infinita: solo la luz u otro tipo de ondas podrían moverse a esa velocidad porque no tienen masa en sí mismas. La teoría de la relatividad demostró que el tiempo no es un concepto absoluto: la observación de la medición y la relatividad de lo que medimos, hace que el tiempo pueda ser diferente para cada observador dependiendo de las circunstancias. Por ejemplo, si estás jugando un partido de baloncesto en un crucero y tienes la pelota en tus manos, para alguien que está en el crucero, estás parado y la pelota no se mueve, pero para alguien que te ve pasar desde una isla, la pelota está en movimiento porque el barco se mueve. Einstein demostró que el tiempo no puede ser absoluto, depende del observador y, además, el tiempo y el espacio se influyen mutuamente: no puede existir uno sin el otro.

Sabemos que el universo comenzó con el tiempo, es decir, tuvo un principio en un momento exacto. También sabemos que una serie temporal de eventos no puede surgir por sí misma: tiene que tener un principio y un final. Si comienza y termina en el tiempo necesariamente tiene que ser causada por un agente exterior, sea algo o alguien, como hemos dicho en otras ocasiones. Ese algo o alguien tiene que existir en una dimensión diferente a nuestro tiempo lineal, no puede estar sujeto a él. Además no puede ser material ni depender de la energía de otro, como hemos visto por la relación entre espacio, tiempo, energía y materia. Esa es una de las razones por las que Dios no necesita un principio, porque es un ser que nunca comenzó a existir: no está atado a la materia o al tiempo, dado que su energía es única e inagotable.

Como hemos visto, los físicos nos dicen que el universo se está expandiendo actualmente, por lo tanto no puede existir un pasado eterno, porque de ser así, debería tener un número infinito de eventos que se sobrepusiesen de una manera lineal unos a otros, lo cual es imposible. Tendríamos que llegar a un primer momento, un principio temporal; no pueden existir un número infinito de sucesos que se *dividan*, al mismo tiempo, en números infinitos; esa es una imposibilidad matemática. Para poner un ejemplo, si yo tengo un número infinito de letras, y le doy a mi hija parte de esas letras, mi número obligatoriamente tiene que dejar de ser infinito, de otra manera, las dos personas tendríamos el mismo número infinito de letras y así podríamos dividirlas en un número infinito de partes, lo cual es imposible matemáticamente. No podemos vivir con un número infinito de sucesos sin que exista un primero: no podemos hacer cálculos con números infinitos, sabemos que hay límites porque nosotros los conocemos, de la misma manera que las leyes del universo establecen esos límites. Para llegar a comprender ese argumento, tenemos que decir que los números *imaginarios* existen solo en nuestra mente, no en la realidad; por ejemplo, los múltiplos de números negativos, para que tengan validez, hay que hacerlos *reales*; y es cierto que podemos hacer operaciones con números infinitos, pero no podemos hacerlas con partes infinitas del universo, o de la materia, porque esta no es eterna. Así concluyó Einstein al aplicar la teoría de la relatividad: la materia puede surgir de la energía, pero siempre en un momento del tiempo[6].

2. El final del Universo

De la misma manera que el universo nació en un momento exacto en el tiempo, un día ambos dejarán de existir. A partir de ese momento todos viviremos en otra dimensión, imposible de comprender porque no tiene

---

6   Como vamos a ver más adelante, la Biblia dice que Dios no está sujeto al tiempo, solamente se *somete* a él cuando se relaciona con nosotros; Él es luz en esencia, por lo que puede existir sin estar atado al tiempo; vive más allá de la materia. Es un ser espiritual.

comparación con la situación actual. Para que eso ocurra, nuestros cuerpos serán diferentes tanto en relación al espacio, como al tiempo, a la materia y a la energía[7].

Decimos que el concepto de la eternidad es incomprensible porque solo podemos entender aquello que hemos vivido en referencia a nosotros mismos, y a experiencias que hemos tenido, o que otros han vivido y de las que nos han dado una información precisa. Lo que no es así, se hace incoherente para nosotros, no porque no exista, sino porque no podemos adecuarlo a nuestra realidad al no poder referenciarlo con respecto a algo en concreto. Esa es la razón por la que nuestra mente no lo admite: la eternidad no debe ser entendida en relación al tiempo porque no es una continuación de eventos sin fin (lo que es incomprensible), sino la vida en un eterno presente no lineal.

Esa incomprensión no debe extrañarnos, porque si, por ejemplo, hubiéramos dicho a alguno de nuestros abuelos sobre lo que puede hacer un ordenador, el hecho de poder ver a una persona al otro lado de la tierra en una llamada telefónica o la realidad virtual (por poner tres ejemplos muy sencillos), nos habrían dicho que estábamos locos. ¡Aun si lo hubieran visto por sí mismos les habría resultado imposible de comprender! A comienzos del siglo XX no había ninguna referencia de lo que ocurriría solo cien años después. Si hubieran tenido la posibilidad de viajar en el tiempo y ver lo que está ocurriendo en el siglo XXI quizás no lo creerían, pero eso no significaría que todo lo que está sucediendo ahora es irreal. Decir que un concepto resulta inimaginable para nosotros, no significa que no pueda existir en este momento, o incluso llegar a existir en el futuro. Por lo tanto, deberíamos pensar en términos de la existencia de la eternidad de una manera completamente nueva; de hecho, hasta científicos no creyentes como Frank Tipler, han explicado mediante formulas físicas la posibilidad real de la existencia de la inmortalidad y la eternidad[8].

Por otra parte, sabemos que la energía del universo se va consumiendo, así que el tiempo debe reaccionar de la misma manera[9]. También sabemos

---

7 ¡Eso precisamente es lo que asegura la Biblia! Nos da las pautas de lo que sucederá en el futuro. Sería muy importante que pudieras leer la argumentación de Pablo en 1 Corintios 15:35-57 sobre nuestros cuerpos futuros transformados, y la explicación de Juan en Apocalipsis 21 y 22 sobre cómo serán los cielos nuevos y la tierra nueva.

8 Ese es el planteamiento central de su libro *La física de la inmortalidad,* con toda la argumentación y estudios que sustentan su tesis.

9 Si recordamos una vez más la fórmula de la teoría de la relatividad, tenemos que la energía es igual a la masa por la velocidad de la luz al cuadrado; eso implica que la velocidad (un concepto que exige el tiempo) está relacionada con la materia. Como la velocidad es igual al espacio partido por el tiempo, en el momento en el que la materia y el espacio sean cero, el tiempo será cero también.

que no somos capaces de regenerar nuestra propia energía y que la naturaleza no puede sobreponerse a esa pérdida de energía. La *imperfección* de la materia viene dada, sin duda, porque tuvo un principio (fue creada) y tendrá un final. Esa es la verdadera razón de la frase tan utilizada en diferentes momentos de nuestra existencia, y que es realidad para el universo también, *¡el tiempo se acaba!* Nuestro universo tiene fecha de caducidad, como afirman la gran mayoría de los investigadores en todos los campos.

¿Nada tiene valor eterno?

Al llegar a este punto, nos encontramos con que todos tenemos dentro de nosotros la idea de inmortalidad, y abrigamos el deseo de ser inmortales. Hemos visto que nuestros razonamientos no existen simplemente porque sí: todos nuestros pensamientos tienen su origen en algo real. Incluso cuando imaginamos, usamos situaciones que conocíamos anteriormente para desarrollar otras nuevas. Si ese deseo de inmortalidad está en nuestro interior, tiene que estar basado en una realidad objetiva de alguna u otra manera; si no fuera así, esa idea no tendría ningún sentido; estaríamos deseando un imposible. Hay quienes incluso defienden la idea de la reencarnación porque, al fin y al cabo, no se puede vivir sin la necesidad de trascender más allá de lo finito[10].

La cuestión además, es que si no existiera nada más allá de la muerte, la vida estaría basada en un absurdo, el bien tendría muy poco sentido y la esperanza habría desaparecido por completo. De la misma manera sucedería con otros sentimientos como el de la heroicidad: sabiendo que algo *queda* de todo lo que hacemos, muchos entregan sus vidas por el avance de la libertad, el conocimiento, el bien, la paz, etc. El ser humano vive bajo la impresión de la eternidad: quiere que su nombre y sus hechos sean recordados. Al perder esa esperanza todos viven concentrados en el ahora, lo único válido es el presente, con lo que el pasado genera remordimiento (las oportunidades que perdimos y las malas decisiones no pueden recuperarse), y el futuro se ve con temor (si no somos capaces de soportar nuestro presente, preferimos perder la vida). Si el presente es satisfactorio nos sentimos bien, pero siempre encontramos algo que nos desanima. Muchos dicen: *no necesitamos buscar un sentido en la vida,* pero al hacer eso afirman

---

10   Esa necesidad de *eternidad* la tenemos todos, y va aumentando conforme pasan los años de nuestra vida; realmente se *aviva* con la sensación que tenemos, conforme avanza nuestra edad, de que el tiempo va más rápido. Racionalmente debería ser al revés: cuanto más mayores nos hacemos, el tiempo debería ir más lento porque tenemos menos fuerzas, tenemos que hacerlo todo más despacio, etc., pero no es así: justamente porque la sensación de la eternidad crece en nosotros, ¡toda la humanidad tiene la misma experiencia!

que todo lo que hacemos tiene sentido en sí mismo, simplemente porque no necesitamos buscar un sentido. ¡Eso es una contradicción existencial absoluta! Y nadie puede vivir de esa manera, tarde o temprano termina desmoronándose y cayendo en una frustración constante. Pedir a las personas que dejen de razonar y pensar en quiénes son, es enfrentarlas a la muerte existencial vez tras vez. Quien no cree que existe nada más allá de la muerte, muere cada día; el temor desde ese momento ya no es la muerte en sí, sino el hecho de estar muertos en vida, porque *ese día* puede llegar en cualquier momento.

Incluso muchas personas tratan de conversar con sus seres queridos después que han muerto. Creen que les pueden escuchar y se acercan al cementerio o a lugares sentimentalmente importantes en la relación, para decirles lo que no les fue posible expresar en vida: quizás pedir perdón por algo o terminar alguna conversación inacabada; una demostración más de que nuestro espíritu se alimenta de inmortalidad.

Por otra parte, a nivel moral, la justicia se basa en un tiempo lineal. Se necesita un antes y un después para medir las repercusiones de nuestras acciones y premiarlas o castigarlas. Eso nos lleva (una vez más) a la necesidad de la eternidad porque, de otra manera, la justicia como tal sería imposible. Como veremos más adelante cuando hablemos del problema del mal en el mundo, si alguien mata a otra persona, no solo le deja sin lo más valioso que tiene, sino que le quita absolutamente todo, sin ninguna posibilidad de restauración. Aunque le pagues millones de euros a la familia, ¿de qué le sirve a quien ha perdido la vida si todo se terminó para esa persona? Ese sentimiento no es aceptado por nuestro corazón: todos creemos que existe algo más y no todo termina aquí. Nos resistimos a pensar que todo puede terminar de una manera tan simple: el existencialismo defendido hasta sus últimas consecuencias nos lleva siempre a una frustración *eterna*.

A todo esto tenemos que añadir lo que sucede cuando sabemos que nuestra vida termina y tenemos unos momentos (¡aunque solo sean segundos!) para reflexionar. Todos los que han podido recuperarse de un accidente *prácticamente* mortal, dicen que ven pasar la vida en segundos cuando están al borde de la muerte; ¿por qué es una experiencia universal? No tiene nada que ver con lo que somos o la cultura en la que vivamos, ¡parece como si el tiempo se detuviera y toda la vida pasara por delante! ¡Y aun más! Otro fenómeno que se investiga en las ciencias humanas, y todavía hoy, sigue siendo uno de los grandes misterios de la mente humana, es el llamado *déjà vu*, situaciones que vivimos y que creemos que ya hemos experimentado antes. Recuerdos del futuro como si viviéramos una situación del pasado. Esas sensaciones nos enseñan que lo espiritual vive en una dimensión diferente a la materia y el tiempo. No podemos influir en el futuro, pero si *recordarlo*. Nos pasa a todos, aunque solo sea un pequeño reflejo del que nos asombramos y no sabemos su origen. Creo que es una parte de nuestra espiritualidad atemporal, la que disfrutaremos un día cuando no estemos limitados por el cuerpo material y el tiempo.

3. El Creador vive más allá del tiempo

Dios fue el que nos *introdujo* en el tiempo, pero Él fuera de él, ¿cómo es posible? Supongamos que quiero ver un capítulo de una serie que dura cincuenta minutos, ¿qué sucedería si esos minutos pasaran para mí como una fracción de segundo? Los cincuenta minutos serían reales para otra persona que la estuviera viendo, pero no para mí porque viviría en una dimensión diferente en cuanto al conocimiento que todos tienen. En mi existencia habría pasado una fracción de segundo, pero cuando hablo con los demás sobre los detalles del capítulo de esa serie, estoy *atado* al tiempo porque me estoy comunicando con ellos en su situación real, y cada una de las escenas que comentamos duran varios minutos, no una fracción de segundo. En cierta manera, eso es lo que le ocurre a Dios porque vive en la eternidad, pero puede relacionarse con nosotros al crear este universo en un tiempo definido[11].

Dios se limita a sí mismo para *vivir* como nosotros: ama, se relaciona, trabaja, descansa, etc. Lo hace de una manera sobrenatural en la persona de Jesús, que nace, vive y muere como un ser humano, con todas las limitaciones que eso supone. No deja de ser Dios, pero renuncia voluntariamente a la expresión de todo su carácter debido a las limitaciones del tiempo, el espacio y la materia a las que voluntariamente se somete. El Eterno entra en el tiempo lineal, de tal manera que se obliga a sí mismo a tener que esperar los acontecimientos que sucederían *después*. Aunque sabía lo que iba a pasar, esa *sensación* es *nueva*[12], porque le hace probar nuestras limitaciones[13]. La eternidad de Dios se *integra* en el tiempo para que nosotros podamos integrarnos un día en su propia eternidad. En Jesús, Dios es omnipresente, pero se hace presente en el espacio; es eterno, pero se hace temporal para

---

11   Dios creó, a través de Jesús, el mundo y las edades; con esa creación dio *comienzo* al tiempo. La Biblia dice que Dios, *en estos días finales nos ha hablado por medio de su Hijo. A este lo designó heredero de todo, y por medio de él hizo el universo* (Hebreos 1:2).

12   En Jesús, el Absoluto se hace relativo, el Eterno se introduce en el tiempo, el Todopoderoso se viste de *débil infante*.

13   Dios no está limitado por el tiempo porque vive en una dimensión diferente (*Yo soy el que soy* fue su presentación a Moisés y al pueblo escogido, aunque también podría traducirse: *Yo seré el que seré* o *Yo seré siempre el mismo*). Esa es la razón por la que Jesús, como Hijo de Dios, entra en *nuestro* tiempo en un momento determinado y diseñado desde la eternidad: *Pero cuando vino la plenitud del tiempo, Dios envió a su Hijo, nacido de mujer…* (Gálatas 4:4).

comunicarse con nosotros, aunque Él existía antes de la creación[14]. En el idioma original del Nuevo Testamento, la palabra usada para el tiempo de Dios es *kairós*, el tiempo en la esfera de lo invisible, el tiempo como oportunidad independiente de las mediciones del reloj. La eternidad está regida por el *kairós*, y no por el *chronos*, la otra palabra usada para referirse al tiempo tal como nosotros lo entendemos. Lo invisible se mide por el *kairós* de Dios, lo visible por el *chronos* del reloj.

Siempre pensamos que si alguien viviera en el futuro sería el dueño del mundo: se haría rico con la lotería, el alza de las empresas en la bolsa de valores, los negocios más rentables, etc. Esa persona no estaría *predestinando* nada, sino simplemente verificando una realidad que ya conoce. Pero también podríamos imaginar que es una persona buena y puede influir al ver algo malo que va a pasar, o ayudar en la necesidad de alguien. Eso es simplemente una parte de lo que el Creador hace, puede intervenir porque es inmensamente bueno, pero puede hacerlo de acuerdo al corazón de cada uno de nosotros porque nos conoce personalmente, aunque Él no determina nuestras decisiones. Alguien puede decir que juega con ventaja porque sabe cómo va a reaccionar cada persona; eso es cierto, pero como es inmensamente amoroso, esa ventaja siempre es buena para nosotros. Cuanto más cerca estamos de Él, mejor para nosotros, no porque nos ame más, sino porque estamos más cerca de la *vida*. Dios puede anticipar situaciones y ver nuestras reacciones libres antes de que existan. Esa es una de las razones por las que la *oración* (algo que muchos no pueden comprender) *funciona*[15].

---

14 *Antes que los montes fueran engendrados, y nacieran la tierra y el mundo, desde la eternidad y hasta la eternidad, tú eres Dios* (Salmo 90:2-4) (LBLA).

15 Sé que para muchas personas, hablar de oraciones contestadas suena a lenguaje *celestial* y, por lo tanto, irreal. Aunque no podemos convencer a nadie, sí es bueno explicar alguna historia personal para darnos cuenta de que, realmente, Dios nos cuida. Cuando Miriam y yo nos casamos, fuimos de luna de miel a Brasil: como te puedes imaginar, el viaje fue apasionante, así como todas nuestras vivencias, pero hay una que jamás olvidaremos: el último día teníamos que hacer una escala técnica de cuatro horas en el aeropuerto de Sao Paulo, antes de tomar el último vuelo de vuelta a España. Teníamos un amigo allí, uno de los fundadores del grupo Atletas de Cristo, Alex Ribeiro, así que le llamamos para ver si se podía acercar al aeropuerto, y así pasar ese tiempo juntos. Él vino encantado, hacía tiempo que no nos veíamos y era genial encontrarnos otra vez. Cuando aterrizamos en el aeropuerto procedentes del vuelo interior, nos encontramos con Alex, y él nos guio directamente al stand de la compañía para sacar nuestras tarjetas de embarque hacia Madrid. Era el año 1990, así que muchos de los automatismos que hoy tenemos entre compañías, no existían en aquel momento.

Nuestra sorpresa fue que la mujer que nos atendió, nos explicó que había overbooking (algo muy normal por aquella época) y que no teníamos plaza para viajar de vuelta. Para dos recién casados, aquello era una aventura, y además, en ese momento Alex rápidamente apuntó: *podéis quedaros esta noche en nuestra casa y viajar mañana sin ningún*

Dios sabe lo que va a ocurrir y puede obrar (incluso en el futuro) siempre tomando en cuenta nuestra libertad: puede conocer lo que nosotros decidiríamos, aunque sea una decisión probable[16]. Por eso, el hecho de que Dios viva en la *eternidad* y no esté limitado temporalmente,

problema. La solución nos pareció perfecta, pero aun así, dejamos nuestros nombres anotados en la lista de espera, por si alguien no viajaba y teníamos posibilidades de volver en ese avión. Tomamos algo con nuestro amigo y conversamos, hasta que todas las personas entraron en el avión, y entonces fuimos avisados por la responsable de vuelo, que podíamos entrar nosotros como primeros *reservas*, porque, justamente, dos personas no habían aparecido para embarcar.

Cuando solicitamos las tarjetas de embarque, nos dijeron que teníamos que pagar 30 dólares o el equivalente en moneda brasileña, como tasas de embarque para poder acceder al vuelo (quince dólares por cada uno). Nosotros habíamos cambiado ya todo nuestro dinero, así que simplemente le dije a la azafata que iría a un cajero para sacar los 30 dólares para pagarle. Ella me respondió:

—¡*Imposible! Todos han embarcado ya y si no entran ahora mismo, su plaza pasará a las siguientes personas. NO tenemos tiempo para esperar.* Alex estaba a nuestro lado y sonreía al escucharla.

—¿*Quieres que pasemos un día con tu familia, no?* —le dije.

—*No, no es eso. Tengo que contaros algo, cuando venía a veros, sentí en mi interior que tenía que pasar por el apartado de correos para recoger las cartas que llegaron hoy. Normalmente no lo hago, porque no queda de camino al aeropuerto, pero obedecí esa "voz" y fui. Abrí las cartas mientras os esperaba, y entre ellas había una de un amigo alemán que hace mucho que no me escribía.*

Mientras Alex hablaba, observé que la responsable de la compañía estaba comenzando a ponerse nerviosa, esperando a ver qué hacíamos, porque no entendía la razón de toda esa historia… pero Alex continuó:

—Mi amigo alemán me cuenta como le ha ido en los últimos meses, me pregunta cómo estamos nosotros y al final de la carta me dice: "Antes de cerrar la carta, sentí de parte de Dios que tenía que poner 30 dólares dentro, porque hoy los vas a necesitar". Así que, aquí están, los 30 dólares para vosotros.

Todos nos quedamos impresionados, incluidos los trabajadores de la compañía que conocieron la historia. Dios podría haber usado a Alex para prestarnos ese dinero, o haber obrado de una manera más sencilla para resolver nuestra situación, pero no lo hizo porque quería que comprendiéramos, justo al comienzo de nuestra vida de casados, que Él iba a cuidarnos siempre. Puso en el corazón de una persona en Alemania que enviara treinta dólares dentro de un sobre (algo completamente ilógico, tanto por el contenido, como por la cantidad y la moneda, ¡podía haber enviado marcos, la moneda de su país!), para que esa carta llegara justo el día que nosotros estábamos allí, y Alex la recogiera (desviándose de su camino) antes de vernos a nosotros.

Historias parecidas las hemos vuelto a revivir, una y otra vez, a lo largo de nuestra vida, aprendiendo que el cuidado de Dios va más allá del tiempo, el lugar y la lógica. No hay ninguna duda de que Él responde a nuestras oraciones, ¡a veces, incluso, antes de que las pronunciemos!

16   En un momento de la historia de Israel, Saúl, el rey, sentía celos de David (el futuro rey), así que comenzó a perseguirlo. Antes de entrar en una ciudad, y temiendo por su vida, David le pide ayuda a Dios y le pregunta: ¿Me entregarán los hombres de *Keila* a mí y a mis hombres en manos de Saúl? Y el *Señor* dijo: *Os entregarán* (1 Samuel 23:12). Al saberlo, David toma una decisión diferente a la que tenía pensado y huye. Dios sabía lo

es la explicación a lo que la Biblia afirma en cuanto a que tiene la capacidad para relacionarse con miles de millones de personas *al mismo tiempo*, escuchando y contestando nuestras oraciones, como si fuéramos la única persona que existiese en el mundo[17].

La Biblia dice que Dios tuvo la primera palabra en el universo material y también tendrá la última[18]. Jesús es el principio y el final del tiempo porque el universo fue creado por medio de Él y todo llegará a su fin cuando vuelva por segunda vez y sean creados cielos nuevos y tierra nueva[19]. La revelación y el conocimiento de Dios tiene que ver también con el futuro, porque por toda la eternidad irá *descubriendo*, aun más, su creatividad y su imaginación[20]. No existe el aburrimiento en su presencia, siempre hay algo nuevo: su carácter infinito y eterno no se agota; siempre es una fuente de aventura. Por eso el conocimiento de Dios jamás es definitivo, siempre está abierto porque es infinito: la *historia* futura es inmensamente más extensa y extraordinaria que la pasada. Es imposible medir la eternidad, precisamente por eso.

que ellos iban a hacer, aunque en realidad ese evento nunca sucedió debido a que David cambió su decisión.

17   El trato de Dios hablando con cada persona en particular es absolutamente extraordinario. Al leer la Biblia, incluso a veces da la impresión de que quién está atravesando un determinado momento, fuera la única persona que existiera, porque Dios habla, escucha, protege, mueve las circunstancias… Y eso sucede en todos y cada uno de los libros, para que comprendamos que Dios se preocupa por los detalles de la vida de cada uno de nosotros. Por poner solo un ejemplo, cuando leemos el libro de Jonás, tomando en cuenta esa manera de actuar de Dios, nos quedamos impresionados.

18   *Yo soy el Alfa y la Omega, el principio y el fin. Al que tiene sed, yo le daré gratuitamente de la fuente del agua de la vida* (Apocalipsis 21:6).

19   La frase que Jesús pronuncia delante de los responsables de la religión, es impresionante: *Antes de que Abraham fuese, Yo soy"* (Juan 8:58). No dijo *yo era* o *yo existía;* de esa manera les estaba enseñando que Él vivía *fuera* del tiempo, en ese *presente eterno* que varias veces hemos mencionado.

20   La Biblia dice que Dios tiene preparado todo *antes de los tiempos de los siglos* (2 Timoteo 1:9), E*n la esperanza de la vida eterna, la cual Dios, que no miente, prometió desde antes del principio de los siglos* (Tito 1:2). El hecho de vivir en dimensiones diferentes en cuanto al espacio y al tiempo explican algunas de las formas en que Dios se relaciona con nosotros. Dios está más cerca de cada uno de nosotros de lo que jamás podemos estar una persona de otra, porque Él es, al mismo tiempo, singular y plural.

Más contenido audiovisual:

CAPÍTULO 7
Más allá de todo pensamiento, el origen de la consciencia

En los últimos años el pensamiento naturalista ha ido adentrándose cada vez más en la idea de que todos los seres de la naturaleza son iguales y, por lo tanto, el ser humano no tiene ningún derecho a sentirse superior, ni mucho menos intentar gobernar el mundo natural. No tenemos aquí espacio para entrar en esa discusión, otros lo han hecho de una manera sobresaliente[1]. Sea como sea, tenemos que reconocer que ningún animal puede hacer lo que el ser humano: los seres que llenan la naturaleza tienen vida, pero no pueden decidir; solo el ser humano puede razonar, tener conciencia de lo que hace, voluntad en sus decisiones, buscar el origen de sus pensamientos, etc. Solo el ser humano puede cuestionarlo absolutamente todo.

Ahora mismo puedes leer este libro porque en tu cerebro tienes más de diez mil millones de neuronas trabajando de una manera continua. Los expertos nos dicen que si quisiéramos cambiar nuestro cerebro por un ordenador, este ocuparía un edificio de casi cien pisos de alto; la información en nuestro cerebro y las conexiones entre neuronas equivaldrían a veinte millones de libros. Hace pocos meses un médico cirujano me hablaba sobre la imposibilidad de trasplantar un cerebro, me decía que sería como trasladar la ciudad entera de Nueva York con sus calles, edificios, cableado, conexiones, tuberías, etc., a otro lugar, ¡sin que dejara de funcionar ni un solo momento! Si seguimos con algunos ejemplos, nuestro sentido del tacto está compuesto por más de medio millón de detectores de las sensaciones en nuestro cerebro. Para que podamos sentir, tenemos casi doscientos mil detectores de temperatura. Dentro de nuestros oídos existen más de veinte mil millones de filamentos que vibran para que tengamos la capacidad de oír todo tipo de sonidos e identificar las palabras y la música; en nuestros ojos tenemos unos cien millones de receptores que nos permiten ver la luz y los colores.

---

1   Para un estudio rápido sobre el asunto, se pueden reseñar los argumentos de las páginas 156-160 del libro de John Lennox: *Contra la corriente, la inspiración de Daniel en una época de relativismo*. Patmos, Miami 2017.

Si hablamos de nuestro corazón, podemos escucharlo bombear sangre continuamente a todas las partes del cuerpo: más de treinta y cinco millones de latidos al año en una persona normal, sin importar si estamos despiertos o dormidos, llevando la sangre a través de casi cien mil kilómetros de venas y arterias en cada uno de nosotros. Ese es uno de los mayores tesoros, nuestra sangre: todos tenemos entre cuatro y seis litros, y dentro de ellos se encuentran más de veinte millones de células sanguíneas y en cada una de ellas infinidad de moléculas. ¡En cada molécula se pueden encontrar átomos que oscilan más de diez millones de veces por segundo! La perfección de todo el sistema es impresionante, de tal manera que nadie puede examinarlo sin llenarse de asombro y admiración. De la misma manera podríamos hablar de los pulmones, músculos, huesos, sistema nervioso y un larguísimo etcétera, todo diseñado de una manera impresionantemente perfecta, porque obedece a una información perfecta[2].

2 No tenemos aquí el espacio para explicar lo insondable de nuestro ser, pero, simplemente a modo de muestra, deberíamos recordar dos o tres detalles:
El código genético dentro de nuestros ojos, programa el cuerpo del bebé para que comience a desarrollar nervios ópticos, tanto para el cerebro como para el ojo. Cada uno de ellos tendrá un millón de terminales nerviosos que comienzan a crecer en el cerebro del feto. Simultáneamente, un millón de nervios ópticos deben encontrarse con su compañero para que pueda existir la vista. El ojo humano tiene la capacidad de transmitirle al cerebro más de un millón y medio de mensajes. La retina contiene más de 137 millones de conexiones nerviosas que el cerebro usa para evaluar la información e interpretar lo que ve. La imagen que recibimos en nuestro ojo está al revés, pero la estructura celular interna del ojo la endereza antes de enviarla a la mente. El ojo entonces le transmite al cerebro la imagen corregida a casi quinientos kilómetros por hora de velocidad.
Tenemos más de 120.000 km de vasos sanguíneos en nuestro cuerpo; lo suficiente como para darle la vuelta al mundo 3 veces; venas, arterias y capilares, llevan células sanguíneas con nutrientes para alimentar a cada una de las 60 trillones de células en nuestro cuerpo. El corazón pesa menos de 1 kilo, late unas cien mil veces cada 24 horas y bombea más de 5 millones de litros de sangre al año. Esto significa casi 437 millones de litros en solo 50 años. Sus 5.5 litros de sangre (término medio) están formados de 25 mil millones de glóbulos que cada día hacen entre 3 y 5 mil viajes por todo el cuerpo. Este sistema de bombeo tiene la capacidad de trabajar sin descanso durante décadas, sin saltarse un solo latido.
Hay miles de componentes en una célula: cromosomas, genes, ADN, mitocondrias, enzimas, hormonas, aminoácidos, etc. Lo curioso es que nadie puede explicar el funcionamiento de cada célula: en nuestro cuerpo tenemos más de 25 mil millones de estas células que funcionan con impecable perfección durante 60, 70, 80 o más años. Si tomáramos todo el ADN (que es la sustancia de la vida) de todos los genes de nuestros miles de millones de células, entraría en una caja del tamaño de un cubo de hielo; pero si todo ese ADN se desenmarañara y se ordenara, formaría una cuerda capaz de llegar de la tierra al sol, ida y vuelta, mas de 450 veces. Esto equivale a casi 130 mil millones de km. Si nos preguntamos cómo funciona toda esa información, podríamos poner un ejemplo: tenemos unos siete mil millones de habitantes en nuestro planeta, imaginemos que todos trabajan en la misma empresa, con los mismos objetivos, y sin ninguna diferencia de criterio ni ideas entre ellos. ¡Eso no es nada comparado con lo que ocurre en nuestro

Conocemos todo esto y más, porque nuestra mente observa y razona. De hecho la observación es la base de la ciencia: examinamos la realidad física para conocer las leyes que rigen el universo. Nuestra observación es consciente e inconsciente al mismo tiempo, porque de una manera extraordinaria nos damos cuenta de que podemos seguir observando aunque nuestra mente esté *en otro lugar*. Todo nos lleva a examinarnos a nosotros mismos: ¿qué son nuestros pensamientos? ¿Por qué somos conscientes? ¿En qué parte de nuestro interior acumulamos la información? Para resolver estas y muchas otras preguntas necesitamos estudiar cuáles son las características de nuestra mente, de nuestro ser interior; aquello que nos hace ser *nosotros mismos*.

1. Tomamos conciencia de la realidad; podemos observar conscientemente

La observación es la base de la ciencia porque nos ayuda a tomar conciencia de la realidad. No solo examinamos lo que es real, sino que lo hacemos de una manera consciente. Además, también tenemos la posibilidad de observar lo espiritual: los sentimientos, los razonamientos, las motivaciones, nuestras reacciones a cada suceso, lo que otros dicen y sienten, etc., y siempre somos conscientes de que lo *estamos haciendo*: eso es algo imposible para cualquier otro ser vivo. Solo el ser humano puede conocer las realidades de esos estímulos, pensar en lo que está sucediendo, y ver la posibilidad de alterar esas *realidades* de una manera consciente. Solo nosotros podemos distinguir entre lo que sentimos (hambre, sed, calor, frío, etc.), y las razones que hay detrás de esas sensaciones: no solo sentimos hambre, sino que podemos razonar sobre las causas e incluso retrasar la satisfacción de la necesidad a nuestra conveniencia; los demás seres vivos buscan calmar esa sensación sin ninguna otra condición.

Además, todos los seres vivos reaccionan ante sus deseos de la misma manera, mientras que nosotros no: ¿por qué cada persona toma decisiones diferentes, e incluso ve la realidad de una manera diferente? Algunos dicen que es debido al aprendizaje y la cultura, pero entonces, ¿por qué algo es bueno para algunas personas y no para otros? ¿Por qué se le enseña a algunas personas de la misma manera y toman decisiones diferentes? Como veremos más adelante, la única conclusión a la que podemos llegar es que cada persona es diferente.

cuerpo! Tendríamos que imaginar unos 15.000 planetas como el nuestro con sus miles de millones de habitantes cada uno, y todos trabajando al unísnono, para comprender la unidad de objetivos de nuestras células. Hay tal perfección en nuestro cuerpo, que es imposible no pensar en un Diseñador.

¿Cómo surgió en nosotros el hecho de tener consciencia de la realidad? ¿Cuál es la razón por la que podemos estar conscientes de lo que hacemos y tomar decisiones? Tenemos una capacidad única para hablar y discutir incluso sobre lo abstracto, aunque ese tipo de pensamiento no tiene *utilidad* en sí mismo; si solo somos *materia evolucionada*, ¿por qué nos movemos en el mundo de las ideas? ¿Por qué podemos argumentar incluso sobre situaciones que solo viven en nuestra mente? Ese tipo de pensamiento abstracto nos permite extraer las cualidades de la materia en todas las situaciones, podemos hablar de *un hombre alto* sin pensar específicamente en uno. Sabemos que una rueda es redonda porque tenemos esa imagen en nuestra mente, pero también razonamos sobre el concepto *redondo* sin aplicarlo a ningún objeto material; eso lo hacemos con todos los conceptos. ¿Cómo es posible que nuestra razón pueda abstraer todo tipo de conceptos, si defendemos que el pensamiento está diseñado solo por y para procesos naturales? Las definiciones basadas en lo natural necesitan elementos materiales para ser explicadas, ¡pero nosotros podemos hablar de esas cualidades sin referirnos a objetos físicos! No tenemos que encontrar un mundo de las ideas, de la misma manera que sabemos que existe el universo físico ¡Los dos mundos están tan interconectados que es imposible separarlos! De hecho, deberíamos argumentar que el mismo universo material sería imposible sin las ideas que lo diseñaron. Una vez más, la palabra (la información) es la clave.

La complejidad de la información

El hecho de que el ser humano pueda observar conscientemente, tiene que ver con la información; y cuanta mayor es la complejidad de esa información, mayor tiene que ser la inteligencia de quién la crea o la pone en funcionamiento. De hecho, la misma naturaleza funciona con sistemas de signos que tienen significado: las leyes dirigen la información de cada elemento de acuerdo a una estructura prácticamente perfecta. Una vez más, para que nos entendamos, nosotros podemos construir frases que son válidas correctamente pero no tienen significado como: *el calor sentado ríe a más velocidad que los tigres azules;* esa es una frase perfectamente construida, pero no tiene sentido ni es real. La *naturaleza* discierne la *razón* de los signos que emplea, es decir, no colecciona leyes que son perfectas pero no tienen sentido, sino que, ¡solo tiene la capacidad para funcionar de esa manera! Tiene que existir una mente inteligente que sea capaz de discernir entre lo que tiene sentido o no; entre lo que está perfectamente construido pero no tiene ningún significado, y aquello que hace que el significado tenga vida. Podríamos encontrarnos leyes perfectamente construidas pero sin significado, con lo que la vida sería imposible. Alguien tuvo que darles el sentido exacto.

Para comprender el significado y la información dentro de las leyes, el ejemplo de Helga Thoene es genial: ella descubrió el cifrado en la Partita en Re menor de Bach. Si le damos a las notas el valor de las letras (a: la, b: si, c: do, etc.) descubrimos que, escondida en las notas de la partitura, aparece la frase en latín: *En Dios nacemos, en Cristo morimos, por medio del Espíritu Santo somos resucitados*. Jamás nadie defendería que esa información surgió al azar, simplemente al unir las notas. ¡Fue el propio compositor el que hizo la melodía de tal manera que contuviera esa información![3].

La información tiene que ver también con la *espiritualidad* de lo que conocemos: la razón y el conocimiento se expresan con palabras: podemos explicar muchas cosas en cuanto a la teoría de la relatividad, mecánica cuántica, origen del universo, la electricidad, etc., pero al final, ¡todo lo que decimos son solo palabras! Sigue siendo un misterio la manera en la que esas palabras definen el conocimiento, y cómo llega a nuestra mente (y a nuestro corazón) el significado de lo que decimos. Es cierto que nosotros definimos ese significado, pero no podemos explicar como esa información altera por completo nuestra vida. Es obvio que solo el ser humano puede hacer eso.

2. Tenemos autoconsciencia: salimos de nosotros mismos para vernos desde afuera

Cuando tomamos *conciencia* de la realidad, podemos tener consciencia de lo que hacemos: salir de nosotros mismos para comprender nuestras decisiones, *pensar* que estamos pensando, examinar lo que hacemos y nuestras motivaciones, etc. Eso nos ayuda a comprender que estamos aquí y que somos nosotros mismos, independientemente de nuestros pensamientos y palabras. Incluso cuando soñamos, podemos llegar a darnos cuenta de que estamos soñando, ¿cómo puede hacer eso nuestra mente? ¿Solo por alteraciones físicas del sistema nervioso? Los procesos químicos (naturales) de nuestro cerebro no pueden explicar nuestros pensamientos, ni mucho menos nuestros razonamientos sobre nosotros mismos[4].

---

3   Incluso si queremos un ejemplo más sencillo, nadie diría que la música surgió al azar. Como veremos más adelante, la propia música tiene tanta trascendencia que está más *dentro de nosotros* de lo que imaginamos. De hecho, está siempre asociada con nuestra memoria; las palabras que cantamos, las recordamos de una manera extraordinaria. Incluso a veces es un recurso nemotécnico: cuando hay algo difícil de recordar, lo hacemos cantando. Dios colocó la música en nuestro interior con características inexplicables para los naturalistas.

4   El cerebro humano, es el órgano más complejo conocido. Aunque pesa menos de un kilo y medio, contiene una conexión de nervios con más de 30 mil millones de células conocidas como neuronas. Además hay otros 250 mil millones de células gliales que

El ser humano se conoce y se comunica consigo mismo como un ser que existe, piensa, actúa, percibe y analiza; es el único ser que puede sacar conclusiones sobre sus percepciones, e incluso imaginar y decidir sobre lo que todavía no ha ocurrido. Todos los seres naturales tienen los mismos elementos materiales; pero los demás animales, plantas o minerales no pueden hacerlo. Una vez más, la pregunta es obligada: ¿por qué esos mismos elementos tienen vida dentro de nosotros, y no en una roca? Quienes defienden que no existe un Creador y que todo es resultado de un proceso evolutivo, deberían explicar qué fue lo que frenó la evolución de esos mismos elementos en otros seres vivos.

La consciencia de uno mismo es una de las primeras características de nuestro *yo*. Somos seres físicos y espirituales al mismo tiempo, no podemos interactuar solamente con una parte de nuestro ser impidiendo que el resto reaccione. Incluso cuando nos anestesian para someternos a una operación se hace de una manera temporal: nadie podría vivir *anestesiado* de una manera permanente, sin que se le considerase en estado *vegetal*. Somos conscientes de lo que ocurre, de nuestras decisiones y sus consecuencias, así como de las decisiones de los demás y sus consecuencias, por eso nos posicionamos en cuanto a lo que creemos que está bien y lo que está mal, tanto en lo que nosotros hacemos como en lo que otros hacen. Nuestra consciencia está relacionada íntima y profundamente con la conciencia moral porque, de algún modo, la consciencia va moldeando la conciencia: la manera en la que asumimos lo que ocurre influye en las decisiones que tomamos. Consciencia y conciencia están entrelazadas porque han crecido al mismo tiempo dentro de nosotros, porque desde el mismo momento en el que somos conscientes vamos formando nuestros principios.

3. Nuestra conciencia: la posibilidad de tomar decisiones morales

Todos tenemos un criterio sobre lo que está bien y lo que está mal, aunque pretendamos defender que no es así: cada vez que algo nos hace daño o creemos que una situación no es justa, nuestras reacciones nos delatan. La idea que muchos han defendido de que el bien y el mal no existen o son relativos, desaparece en la práctica cada vez que alguien o algo se rebela contra nosotros, como vamos a ver en el capítulo dedicado al problema del mal.

facilitan la comunicación entre las neuronas y son imprescindibles en nuestro sistema nervioso. Por poner un ejemplo muy sencillo, en menos de un segundo, nuestro cerebro puede calcular la trayectoria de una pelota lanzada a casi cincuenta kilómetros por hora hacia nosotros, sin previo aviso.

Una vez más, si defendemos procesos exclusivamente naturalistas, las preguntas que tenemos que resolver son innumerables: ¿De dónde vienen el remordimiento, la vergüenza, la amargura, el reproche, etc.? ¿Por qué tenemos una conciencia dentro de nosotros mismos? ¿Por qué la mayoría de la gente con el paso de los años piensa más en lo espiritual?[5]. ¿Cuál es la razón por la que muchos consideran que no han vivido como deberían, a pesar de que siempre han tomado las decisiones que han querido? Nuestra conciencia no puede ser resultado de la evolución. Alguien tiene que haberla puesto en cada uno de nosotros: aparece en todos los seres humanos, incluso en aquellos que no han tenido la posibilidad de tener una educación; la interiorización de nuestros actos y la decisión de si son lícitos o no dentro de nosotros mismos, es un salto demasiado grande para cualquier azar. Podemos llegar a pensar que nosotros mismos generamos nuestra conciencia y nuestras leyes, pero entonces llegamos a una situación por la que todos hemos pasado: ¿por qué a veces nos sentimos culpables? ¿Ante quién tenemos que responder en situaciones que nadie sabe, ni nadie ha visto? En cierta manera, ser agnóstico o ateo es magnífico, porque de repente dejamos de preocuparnos por la justicia cuando pensamos algo malo, o incluso cuando hacemos algo bueno con una mala motivación, ¿por qué entonces seguimos sintiéndonos culpables, si nos hemos *liberado* de lo que nos ataba?

Si quiero complicarlo un poco más, (¡y necesito hacerlo!), tengo que preguntarme dónde podemos localizar nuestra conciencia, porque es obvio que no está exclusivamente en el cerebro o en el sistema nervioso: si soy sincero, tengo que reconocer que es absolutamente impredecible e inalcanzable, imposible de gobernar o controlar. Además, nuestras reacciones son muy diferentes: algunos no pueden hacer determinadas cosas porque su conciencia les acusa y comienzan a sentirse mal; otros llevan a cabo exactamente la misma tarea sin inmutarse en absoluto. Nadie sabe dónde localizar los procesos de decisión: hay quienes dicen que todo tiene que ver con nuestra mente, pero realmente no es así, porque cuando nuestra conciencia nos acusa o nos sentimos bien por algo excelente que hemos hecho, esa sensación recorre todo nuestro cuerpo.

Las preguntas que *lanzamos* no son banales en absoluto: prácticamente no existe ninguna referencia a la conciencia en la bibliografía de los naturalistas, y si la hay es para expresar el desconocimiento del tema, o explicarla (al igual que muchos otros fenómenos) como *un golpe de suerte*[6]. Solo una *fe*

---

5   De hecho, es bien conocido que existen muy pocos ateos en el momento de la muerte: cuando nos enfrentamos con el *más allá*, todos solemos buscar la razón de nuestra existencia.

6   Eso es lo que afirma R. Dawkins en su libro *The God delusion* (¡Una vez más!). Es impresionante que tantas personas se hayan dejado convencer con argumentos tan simples y sin ningún tipo de razonamiento científico.

ciega en la naturaleza puede hacer creer a alguien que la materia puede *dar a luz* seres cuyas cualidades no tienen en absoluto nada que ver con la esencia ni la sustancia de dicha materia, y, ¡que esos seres incluso pueden llegar a ser conscientes de que son formados por la misma materia! La conciencia es una prueba más de la existencia de Dios, porque es una de las voces del Creador dentro de cada ser humano[7].

Todas las personas viven de acuerdo a lo que su conciencia les dice, y todos creen que esa es la mejor manera de vivir; pero si no tenemos ninguna referencia externa, esa referencia somos nosotros mismos, con lo que siempre podemos justificarnos ante todos: ¡hasta los terroristas intentan ser buenos padres (por decir solo un detalle) y creen que están haciendo lo correcto! Todos terminan creyendo que lo que hacen está bien, sean quienes sean[8]. Si creemos que el Creador no está ahí, pensamos que nadie nos ve y la sensación de *delito* va desapareciendo: lo que no es ilegal se puede hacer y los principios éticos se relajan. Con el tiempo, la conciencia que se despreocupa termina por perder la sensibilidad, porque toma decisiones de una manera fría, y aun sabiendo lo que es bueno o malo, no le influye en absoluto. Ese camino lo recorren muchas personas, sobre todo cuando tienen mucho dinero. Esa es la razón por la que no les importa ver sufrir a otros en la pobreza o incluso morir: han llegado a ser insensibles ante el mal ajeno; han *decapitado* su conciencia. Aunque de eso hablaremos más adelante.

---

7   *En las noches me corrige mi conciencia* (Salmo 16:7) Esa frase sencilla define lo que todos solemos hacer cuando al final del día meditamos sobre nuestras decisiones y hechos.

8   En España fue muy comentado el caso de un juez, ya fallecido, presidente del Consejo General del Poder Judicial y del Tribunal Supremo, y también presidente de la Audiencia Nacional; se supone que debería ser una de las personas más *justas* del país. En el año 2012 se destapó un escándalo de presunta malversación de dinero público, después de varios viajes que realizó a Marbella durante varios fines de semana en los que no existía ninguna actividad laboral que justificar. Es cierto que también hubo fines de semana en los que los gastos de alojamiento corrieron de su cuenta, pero el traslado lo cargó al CGPJ *y las comidas en restaurantes de lujo las consignó como gastos protocolarios (una de ellas con un solo comensal, él mismo).* Él siempre defendió que no estaba mal lo que había hecho. La Fiscalía del Tribunal Supremo tampoco lo consideró como delito, pero con el tiempo tuvo que dimitir, debido a la presión de la opinión pública. Siempre eludió dar detalles de sus viajes y gastos, pero se ofreció a contestar si alguien tenía alguna pregunta. *El silencio glacial que siguió a su ofrecimiento fue el mejor testimonio de lo delicado de su situación*, afirmó la prensa. En esa comparecencia ante los medios de comunicación, aseguró que tenía la *conciencia absolutamente tranquila*, y que no existía *ninguna irregularidad ni jurídica ni moral ni política*.

4. Podemos sentir: tenemos sentimientos y deseos

Todos tenemos sensaciones, sentimientos y deseos, pero lo curioso del caso es que ante una misma situación, podemos no solo verla de una manera diferente, sino también reaccionar de una manera diferente. Eso nos ayuda a comprender que no es solamente nuestro cuerpo o el sistema nervioso los que *regulan* nuestra vida. Tenemos miles de maneras de percibir esa realidad: si grabamos una determinada situación con una cámara, esa grabación será idéntica con docenas de cámaras desde el mismo lugar, sin embargo cada persona que lo ve, la asumirá de diferente manera. ¿Cuál es la razón? Otra vez, los que defienden que todo se puede explicar bajo un proceso naturalista (¡la materia es igual en todos los seres humanos!), asumen que es debido al aprendizaje y el trasfondo cultural de cada uno. Si eso fuera cierto, ¿por qué sucede lo mismo delante de un fenómeno que jamás hemos visto antes?

Paz, felicidad, agradecimiento, libertad, amargura, desidia, etc., son sensaciones comunes a todos, aunque cada uno las experimentemos de diferente manera, ¿cuál es la razón si nunca las hemos visto (no son materiales) y no *existen* sino en nuestros sentimientos? Incluso el hecho de poder hablar sobre el origen de todo delata que somos capaces de razonar sobre lo *irreal* materialmente, ¿quién puso en nosotros esa capacidad de hacerlo, desde que somos niños?

Si tenemos deseos es porque sabemos que pueden ser satisfechos, no solo a nivel material, sino también espiritual: si tenemos hambre es porque podemos satisfacerla con comida; si deseamos inmortalidad, por ejemplo, es porque tiene que haber algo o alguien que la satisfaga. Ese simple detalle nos enseña también a trascender lo material, porque cualquier cosa que deseas termina por dominarte: metas, logros, fama, poder, placer, etc. Aquello sin lo cual *no puedes vivir*, o que dirige tu vida, termina convirtiéndose en tu guía y toma las decisiones por ti. Aun si es otra persona, haces lo que sea por seguir con esa relación; o si nos movemos en otro ámbito, la necesidad de conservar tu trabajo, vivir donde deseas, etc.[9]. Por eso necesitamos reflexionar sobre lo que estamos deseando y sintiendo: algo que no puede ser originado por la simple materia. Algo que va mucho más allá de lo que cualquier otro ser vivo pueda hacer.

---

9   Esa es la razón por la que lo único que nos libera es lo trascendente. Dios es el único que nos permite ser nosotros mismos porque sabe lo que necesitamos, y con Él podemos disfrutar de todas las situaciones, cosas, personas, etc., porque sabemos que nos ayudan a vivir satisfechos, pero no pueden dirigir nuestra vida.

5. Podemos reflexionar y meditar; la necesidad de comprender lo que somos y hacemos

El pensamiento es siempre movimiento, siempre está en proceso, aunque lo que nosotros *somos* permanece. Pensamos y tomamos decisiones, pero seguimos siendo nosotros mismos los que llegamos a cada conclusión, y eso nos demuestra el dominio absoluto del espíritu sobre la materia. Las cosas materiales siguen existiendo, pero somos los únicos que podemos transformarlas *con un sentido*, cuando actuamos sobre ellas. Los demás seres del universo pueden dominar la materia en ciertas circunstancias, pero nunca de una manera pensada y razonada; ¡para bien y para mal! Como el ser humano puede hacerlo.

Ese hecho determina que podemos reflexionar sobre nuestros pensamientos: meditar en decisiones, hechos, situaciones, deseos, etc. *¡Y no solo eso! También reflexionamos sobre lo que* hemos hecho en el pasado o las decisiones que podemos tomar en el futuro. Meditar es volver a repetir mentalmente lo que ha sucedido para que nos ayude en lo que vendrá *más adelante* o simplemente para definir si lo que hemos hecho es correcto o no; si debemos repetirlo o no. Reflexionamos sobre la vida y las decisiones que tomamos; sobre lo que otros hacen y sobre las circunstancias: meditamos sobre todo lo que ocurre, ¡y no debemos dejar de hacerlo!

Procesar la información lo puede hacer cualquier máquina: reflexionar y tomar decisiones, sólo las personas. Ese es el principal problema para los que no quieren saber nada de Dios; mucho más aun cuando las máquinas que nosotros hacemos son más sencillas de comprender que cualquier fenómeno de la naturaleza que nos parezca lo más simple: el funcionamiento de un avión es mucho más fácil de explicar para el ser humano, que el mecanismo de vuelo de un ave que puede ponerlo en *dificultades casi insalvables*, si se introduce en uno de los motores de ese avión.

6. Razonamos sobre todo lo que ocurre

Debido a que tenemos la capacidad para reflexionar y meditar, necesitamos encontrar el sentido de lo que ocurre en el pasado, presente y/o futuro, y la razón nos da la capacidad para relacionar todos esos pensamientos entre sí. Nos ayuda a conocer las causas por las que suceden los eventos, las circunstancias, las decisiones de otras personas, etc.

Aunque hemos dedicado un capítulo a ese tema, debemos recordar que la base del razonamiento es el orden, la información, el diseño y el sentido. Esas cuatro características están *fuera de nosotros* y *aparecen* en el universo para que podamos conocer el funcionamiento de todo. Tienen que darse las cuatro al mismo tiempo porque simplemente con dos o tres de ellas el razonamiento sería vacío. Para que nos entendamos, un libro puede tener orden pero sin información ni diseño, compuesto por capítulos que no digan nada[10]. Incluso puede tener un lenguaje inventado, o información repetitiva que no nos sirva o que no sea verdadera. Por otra parte, también puede llegar a tener diseño, además de orden e información, es decir, estar hecho con capítulos, argumentos, fotos, etc., pero sin ningún significado. Todo tiene que estar relacionado y tener sentido, tanto el orden como la información y el diseño.

El universo lo tiene todo: orden, información, diseño y sentido, por eso podemos razonar para llegar a comprenderlo. Hablamos de algo obvio pero que, aparentemente, se le olvida a muchos: la naturaleza tiene orden, información y diseño, pero también tiene *sentido*: las moléculas de la química de la vida no pueden funcionar si no surgen las cuatro características al mismo tiempo, en los tres componentes de la molécula. Como hemos visto en el anterior capítulo, el ADN contiene la información necesaria para la vida, las proteínas tienen fragmentos de los diseños para construir y reparar tanto el ADN como el ARN, y el ARN transporta esos diseños desde el ADN a las proteínas específicas: ¡todos funcionan al mismo tiempo y es imprescindible para la vida que sea así! Con ese sencillo ejemplo, aprendemos que la información es la que lo domina todo; la clave en el universo no es la materia, sino la *mente* que domina las leyes que controlan la materia; porque las leyes matemáticas y físicas no obedecen a la materia, sino a una *razón* supuestamente *inexistente* y/o *desconocida* para quienes no creen en Dios. Si esa *mente*, nuestra existencia (y la de toda la materia) sería imposible.

7. Tenemos la capacidad para decidir

Dado que somos conscientes de todo lo que nos rodea y podemos sentir, razonar, reflexionar y meditar, también podemos tomar decisiones. Todos lo hacemos a lo largo de nuestra vida, de una manera u otra, aunque pensemos que no queremos o no podemos realizarlo. Decidimos siempre de acuerdo a criterios, razones, creencias y motivaciones; siempre sujetándonos a nuestra voluntad y a la libertad que esta puede ejercer, como vamos a ver más adelante. Esa *voluntad* nos obliga, en cierta manera, porque nos ayuda a escoger lo que queremos o no queremos, lo que estamos dispuestos a hacer y lo que no. Elaboramos nuestras razones delante de

10   Hace bastantes años se editó en Portugal un famoso *libro blanco*, en la época en la que se imprimían *libros blancos* sobre todos los temas, porque eran los libros de referencia sobre un determinado asunto. Ese libro (con más de cien páginas) no tenía una sola palabra; era, literalmente, un libro en blanco.

una determinada situación, sí, pero también vivimos bajo el peso de las motivaciones y deseos que nos mueven para tomar cada decisión, ¡incluso si tomamos la decisión de *no decidir* nada!

Una vez más, las preguntas surgen una tras otra: ¿de dónde viene esa capacidad para decidir, si no existe un ser superior que nos la dio? ¿Cuál es el origen de nuestra voluntad? ¿Por qué cada persona tiene una voluntad diferente? ¿Qué hace que seres materialmente idénticos sean racionalmente diferentes? Como vamos a ver en el siguiente capítulo, los argumentos sobre nuestra identidad única son casi innumerables, y todos ellos van más allá de lo natural. De hecho, la misma capacidad de usar nuestra voluntad para tomar decisiones libres, es inexplicable para los naturalistas[11]. Así que la pregunta sigue en el aire: ¿Por qué somos capaces de sopesar deseos, motivaciones y razones delante de cada situación, si nuestro cuerpo es siempre el mismo, es decir, las circunstancias materiales no cambian?

Hay corrientes psicológicas que enseñan que no somos nosotros los que decidimos, sino que todo viene dado por las circunstancias, por el aprendizaje, la cultura, etc., para ellos solo somos una reacción a factores externos; pero ese tipo de conductismo destruye por completo la libertad humana. Da la impresión que a muchos les encanta la idea: todo está determinado de antemano, no podemos decidir nada. El problema es que si la libertad no existe, la única respuesta válida es la desesperación, y tarde o temprano terminaremos cayendo en el fatalismo.

8. Podemos recordar el pasado e intuir el futuro

Los procesos de nuestra mente no terminan en nuestra capacidad para decidir, sino que van más allá de lo que *pensamos*. Tenemos dos facultades extraordinarias que nos permiten *asomarnos* al pasado y al futuro: hacia el pasado podemos recordar; hacia el futuro, intuir. Como veremos más adelante, esas dos capacidades tienen que ver con nuestra libertad interior, de tal manera, que nadie puede arrebatárnoslas.

Recordar es *volver a vivir* por segunda vez lo que hemos pasado, las decisiones, los hechos, las circunstancias, etc. Los recuerdos lo agrupan todo dentro de nuestro yo, porque mientras recordamos afianzamos nuestra identidad: nadie puede hacerlo por nosotros; esos momentos nos afirman de una manera extraordinaria, porque somos nosotros mismos. Muchas personas tienen grandes dificultades para encontrarse a sí mismos cuando

---

11   Recuerda que, en el capítulo dedicado a la libertad, vimos como los naturalistas no tienen otro remedio que negar la libertad individual, porque la materia no puede fundamentar esa libertad. Tal como ellos dicen, *no tomamos decisiones libres sino que bailamos al son de nuestro ADN.*

pierden esa posibilidad debido a un accidente, o a una circunstancia traumática: aunque siguen siendo la misma persona, pierden parte de su identidad hasta que recuperan los recuerdos. En cierta manera, recordar nos ayuda también a *intervenir* en el pasado. No podemos cambiar nada, pero sí tomar decisiones en cuanto a diversas situaciones, sobre todo en lo que tiene que ver con las relaciones personales: podemos amargarnos la vida si no somos capaces de olvidar los malos momentos, o podemos usar los recuerdos para perdonar y restaurar, como veremos más adelante.

La otra *cara de la moneda*, tiene que ver con la intuición: mirar hacia el futuro en base a lo que hemos vivido y aprendido, de tal manera que nos ayude a conocer y vencer circunstancias que todavía no han sucedido. Podría decirse que la intuición nos ayuda a razonar sobre lo que puede suceder y adelantarlo, en cierta manera, de acuerdo a las circunstancias y a las experiencias que hemos vivido. El propio Einstein afirmó que lo mejor del conocimiento humano era la intuición y no tanto las conclusiones a las que llegamos después de haber investigado, aunque una cosa no deja de lado a la otra. La razón por la que la intuición nos ayuda y nos desespera al mismo tiempo, es porque nos puede hacer ganar muchas batallas (sobre todo a la hora de ahorrar tiempo en una determinada decisión), pero también nos puede traicionar si nuestro conocimiento no es válido, o nuestras motivaciones nos ciegan al intentar comprender la realidad.

9. Disfrutamos del poder de la imaginación

En estrecha relación con los recuerdos y la intuición, nos encontramos con una de las cualidades más entrañables en la vida: la imaginación. Tenemos la posibilidad de pensar en lo que pueda suceder en el futuro, prever situaciones para sopesar lo que puede ser mejor o peor para nosotros, aunque esas situaciones nunca puedan llegar a acontecer, de acuerdo a situaciones que hemos vivido en el pasado; o simplemente desarrollar procesos mentales, artísticos, o de cualquier tipo en cuanto a situaciones que nunca antes habían ocurrido. La imaginación nos permite la posibilidad de vivir en *otro mundo* y nos lleva más allá de toda experiencia anterior que hayamos vivido. Desde luego, es algo absolutamente desconocido para cualquier otro ser vivo.

El ser humano crea, le encanta hacerlo porque es una de las facultades que surgen de su imaginación[12]. ¿Por qué? Una vez más, el pensamiento naturalista

---

12   Dios es el Creador por excelencia, pero puso en nosotros también, esa misma cualidad: el mundo de las artes es uno de los ejemplos más claros. La imaginación se desarrolla en el mundo de lo espiritual: si rechazamos ese *mundo*, poco a poco vamos perdiendo esa capacidad.

debería explicar cual es el origen de la imaginación y cómo se desarrolla todo un *mundo fantástico* dentro de nosotros. De hecho, algo absolutamente inexplicable es que imaginamos mucho más cuando somos niños: traemos dentro de nuestra naturaleza una carga de *fantasía*, que va desapareciendo con el tiempo, a medida que crecemos y queremos *controlarlo* todo. Si hubiera sido una cualidad aprendida, la reacción debería ser justo la contraria.

Cuando dejamos de ser *niños*, vamos perdiendo la sensibilidad, el juego, el sentimiento de belleza, etc. Con el paso del tiempo comenzamos a pensar solo en la utilidad de las cosas, y las razones tienen más poder dentro de nosotros, que la aventura. En ese mismo proceso perdemos el sentimiento de admiración y asombro, con lo que *morimos* poco a poco: todo lo que aceptamos en nuestro corazón pasa a ser predecible y controlable. Con esa pérdida del asombro y de la imaginación, aparece el aburrimiento y, a la larga, la desesperación: dos de los mayores sentimientos en nuestro primer mundo hoy, en el que todos necesitan desesperadamente nuevas situaciones para no aburrirse[13].

10. La necesidad y el placer de comunicarnos

Todas las cualidades anteriores tienen que ver con nosotros mismos, aunque en todas ellas las relaciones personales están presentes; comunicarse tiene que ver, en primer lugar, con los demás. Estamos hablando de la posibilidad que tenemos para entendernos con otros seres usando información no solo de la realidad, sino también todo tipo de información abstracta. Para comunicarnos necesitamos un lenguaje que puede ir desde lo más simple, hasta lo más complicado si se trata de expresar razones y pensamientos.

El lenguaje *vive* en el interior del ser humano y se *relaciona* con todos los ámbitos de la conducta de este. Si el punto clave es que el ser humano tuvo necesidad de comunicarse con otros, deberíamos estudiar de dónde surgió esa exigencia. Una vez más surgen muchas preguntas: ¿por qué el hombre sintió esa necesidad y tiene la habilidad de construir signos para entenderse con sus semejantes? ¿Cuándo fue consciente de que podía articular palabras para comunicarse con otros? ¿Cual es la razón de que los niños nazcan con la capacidad de desarrollar ese lenguaje? ¿Cuándo y cómo surgió ese *salto* en la historia naturalista? Y una pregunta todavía

---

13 Muchos de los problemas que sufrimos se derivan de la búsqueda de sensaciones nuevas, como el sadomasoquismo, las adicciones, el maltrato infantil (incluidos abusos sexuales), la violencia de género y el maltrato psicológico a la mujer, el auge de juegos que ponen en juego la vida, etc. Cuando el ser humano no se satisface, se entrega a la satisfacción de su locura sea cual sea el precio.

más inquietante: ¿cómo se formaron palabras para hablar de lo trascendente, si el hombre *jamás necesitó* lo trascendente?

Como decíamos más arriba, la necesidad de comunicarnos *vive* dentro de nosotros. Aunque sea una posibilidad *irreal*, dos niños que vivieran solos en una isla desierta intentarían comunicarse, y terminarían inventando un lenguaje para hacerlo; una forma de transmitir sus pensamientos, sentimientos e ideas. Aunque parezca una situación irreal, eso sucede en todas los pueblos del mundo, porque cada vez que dos niños quieren mantener una relación *secreta* en su amistad, inventan palabras con un código que solo ellos pueden comprender.

El origen del lenguaje tiene que ver con nombrar todo lo que conocemos, para que los demás puedan comprender lo que hay dentro de nosotros, y nosotros entender a los demás. Pero no solo es eso, cuando expresamos nuestros pensamientos y sentimientos vamos un paso más allá de lo escrito, de los significados y significantes; de las palabras y la comunicación: ningún proceso naturalista puede explicar algo así. No tiene nada que ver con la necesidad en primer lugar, sino con el deseo. Fuimos diseñados de tal manera que vivimos con la capacidad de comunicarnos, independientemente de que lo que expresemos tenga o no que ver con nuestra subsistencia. En ese sentido, el *salto* que el ser humano dio con respecto al resto de los animales, no es cuantitativo, sino cualitativo: no tiene que ver con la cantidad de palabras, sino con los conceptos. Los animales no pueden codificar su lenguaje, porque no estamos hablando de expresarse mejor o peor, sino de poder plasmar los pensamientos en el lenguaje en todo lugar y para todos los tiempos. Un salto que la naturaleza por sí misma no puede dar.

Esa es la razón por la que el origen de la información está más allá del entendimiento humano; lingüistas como Noam Chomsky lo reconocen: el naturalismo no puede resolver el misterio de la lengua, es decir, cómo pudo desarrollarse físicamente de tal manera que puede articular palabras, algo que ningún otro ser vivo puede hacer. Se necesita un dispositivo actualizado y perfectamente organizado en nuestro cuerpo para que podamos hablar y también escuchar; para distinguir signos y para que la inteligencia efectúe los procesos de discernir cada uno de los significados. Pero además, el naturalismo tampoco puede explicar el misterio de la comprensión, es decir, que podamos entender los conceptos que expresan los demás. ¡Y mucho menos puede encontrar la razón por la que las palabras tengan influencia en nuestra vida física! La información es invisible e inmaterial, y, sin que nadie haya dado explicaciones sobre ese tema, pasa a *vivir* dentro de nosotros, en nuestros pensamientos, porque el lenguaje es información con significado como hemos visto también[14].

Las ideas están en la mente y se expresan a través del lenguaje, de nuestras creaciones, o de ambas cosas a la vez. Cuando hablamos usamos un tipo determinado de vocabulario, pero ningún ser humano conoce todas las palabras ni puede agotarlo porque siempre podrá usarlo en maneras que jamás había hecho; ese mismo desarrollo del lenguaje nos enseña, una vez más, que no puede tener un origen natural; no es el fruto de la evolución porque es imposible que la estructura mental y física se desarrolle al mismo tiempo: tanto la capacidad intelectual para desarrollar el lenguaje como las habilidades físicas para expresar palabras. Dios nos regaló el lenguaje para que podamos relacionarnos: quiere que le conozcamos a Él y que nos conozcamos unos a otros, y la comunicación es imprescindible para eso.

Todo lo que compone nuestro "yo"

Estoy plasmando mis razonamientos por escrito, y esos mismos pensamientos están en mi mente y en todo mi ser, almacenados de una manera tan extraordinaria que, hasta hoy no hemos podido localizarlos. A lo más que podemos llegar es a ver que cuando digo determinadas cosas, o tengo ciertos sentimientos, parte de mi cerebro se *altera*; pero también lo hacen otros órganos de mi cuerpo, como mi estómago cuando estoy nervioso, o mi piel cuando tengo miedo. ¡No todo es tan sencillo de explicar, ni puedo decir que mis pensamientos están solo en mi mente! Más bien lo que estamos comprobando es que cada uno de nosotros somos un ser integral en todos los sentidos: física, psicológica y espiritualmente.

Nuestra mente registra dentro de nosotros todo lo que vemos, oímos, tocamos y percibimos, todo lo que *entra* por medio de nuestros sentidos. Lo que nadie puede explicar es cómo lo material se hace inmaterial dentro de nosotros, ni cómo se revierte el proceso cuando le decimos a alguien lo que estamos experimentando. ¿Cómo se *traduce* lo que recibimos de nuestros sentidos en pensamientos? ¿Cómo procesamos esa información? ¿Por qué podemos manejarla aun cuando no está presente delante de nuestros sentidos? Y aun más allá: ¿dónde está nuestro *yo*?

---

14   Podríamos compartir información con cualquier interlocutor, sin que tuviera significado, esa información llegaría, pero no valdría de nada. Como por ejemplo, si envías un email sin ningún sentido (con frases como djfaenordksnrm) a un amigo. Ese email llegará a su destino y otros podrán verlo, pero su información no es relevante; sino que es completamente inútil.

Ese *yo* conforma lo que somos en su totalidad: no es posible *diseccionarnos* para saber dónde encontramos ciertos factores de nuestra personalidad, como los pensamientos, lo que somos o qué tiene más influencia dentro de nosotros al tomar cada decisión. Vivimos como seres totales y nos dirigimos a los demás como un *yo* completo y estructurado, ¡y ellos nos tratan también así a nosotros! Todo está interrelacionado de tal manera que no puede disgregarse: las emociones influyen en el cuerpo físico, y el cuerpo físico nos hace sufrir. Con nuestras expresiones (palabras, hechos, lenguaje corporal, etc.) nos comunicamos con los demás, y nuestras decisiones influyen en nuestra salud. Dentro de mi ser se encuentra mi carácter, de la misma manera que mis pensamientos; tengo emociones, sentimientos y puedo ser creativo de una manera diferente a la de otros miles de millones de seres humanos.

Lo que somos: El aliento de Dios dentro de nosotros

Nuestro espíritu, la esencia de cada uno de nosotros, es el reflejo de Dios en el ser humano. El aliento del Creador nos hace ser personas únicas: nuestro cuerpo es único (nuestro código genético, el llamado genoma humano) y nuestro espíritu es único. El mundo espiritual nos gobierna mucho más de lo que somos capaces de razonar, y no podemos decir *mucho más de lo que pensamos,* porque nuestros pensamientos también son espirituales, no debemos olvidarlo nunca. Todo lo que creemos está relacionado entre sí: todos tenemos un sistema, una cosmovisión que incluye nuestras ideas morales. Todos nuestros razonamientos encajan en el rompecabezas de nuestra existencia, porque tendemos a regularlo todo para que tenga sentido. Cuando alguien desconfía de su cosmovisión, incluso puede llegar a cambiarlo todo por si ve que otra manera de ver la vida le sirve, o le convence mejor y eso sería una *conversión* total, aunque no tenga nada que ver con la religión. Recuerda que un sistema basado en contradicciones, a la fuerza tiene que ser falso, así que nosotros mismos lo vemos como falso. De la misma manera, una cosmovisión que no nos satisface o que tiene incongruencias tampoco puede *sostener* nuestra vida; tarde o temprano va a derrumbarse[15].

---

15   Sin la existencia de Dios la sabiduría no tiene sentido. Sartre y otros existencialistas llegaron a decir que la única respuesta razonable es el suicidio, al no existir ninguna razón para vivir. Esa sensación de lo absurdo ya estaba en la Biblia hace tres mil años, escrita por uno de los hombres más sabios de la historia: *Me dije entonces: «Si al fin voy a acabar igual que el necio, ¿de qué me sirve ser tan sabio?». Y concluí que también esto es absurdo, pues nadie se acuerda jamás del sabio ni del necio; con el paso del tiempo todo cae en el olvido, y lo mismo mueren los sabios que los necios* (Eclesiastés 2:15-16).

¿Realmente queremos seguir defendiendo que todo nuestro cerebro evolucionó desde una simple célula, de tal manera que se *auto programó* para tener la capacidad no solo de gobernar todo nuestro cuerpo, sino también de pensar? ¿Simplemente por azar? *Tenemos mucha suerte* es la frase más repetida por aquellos que no creen en que exista un ser superior, ¡no es para menos! El cerebro humano está hecho de tal manera que puede pensar en Dios y conocerlo. Pero cuando hablamos de *conocimiento* nos llevamos una gran sorpresa: ¡la relación lo es todo! Recuerda que, como vimos en el capítulo sobre la *verdad*, no existe una sabiduría *impersonal*, porque incluso cuando estudiamos algún mecanismo, o algo material, nos relacionamos en cierta manera con aquello que estudiamos.

La razón es común a todos los sistemas, a pesar de que ciertos pensamientos y creencias tengan una base más o menos espiritual que otras, por decirlo de alguna manera. Por ejemplo cuando alguien abraza el cristianismo porque le da trascendencia a lo espiritual, no puede seguir viviendo en ese *sistema*, si no es por la razón añadida a su fe personal: sabe que Dios la ha creado y que es importante en su cosmovisión. Si algo se sale de lo razonable, sigue creyendo, pero al mismo tiempo busca una manera de comprenderlo. En ese sentido el cristiano es la persona de ciencia por excelencia porque siempre quiere saber la razón de lo que ocurre, por eso se lo pregunta a su Creador, porque fue diseñado de esa manera: para resolver sus dudas aunque, por encima de todo, siga amando a Dios en los momentos más difíciles.

¿Cómo podemos saber que alguien existe y lo qué quiere de nosotros? Hablando con esa persona; podemos verificar el lugar dónde vive, tener conocimientos sobre ella, constatar datos que nos certifican que está ahí, pero si realmente queremos conocer a alguien tenemos que relacionarnos con él; exactamente igual si queremos conocer a Dios. ¿Podemos saber que Dios existe? Sí, sin ninguna duda, hablando con Él y escuchándole porque Él nos responde. Así de sencillo.

Dios es el que nos regaló la consciencia para que tengamos la capacidad de comunicarnos con Él y con los demás. Todos podemos ser conscientes del origen de los fenómenos y su funcionamiento; lo suficiente como para saber que Él está ahí. Tiene que existir una mente inteligente que creó todas las cosas, incluidos nosotros mismos: de no ser así, nuestra vida quedaría reducida al absurdo, incluyendo todo nuestro conocimiento. Si solo estuviéramos formados por átomos, todo el proceso racional desaparecería, incluida la conclusión que algunos defienden que todo es exclusivamente material: ¡nuestra mente no podría razonar ni llegar a ninguna conclusión!

Sabemos que no es así: todo lo que podemos hacer, comenzando por el hecho de ser conscientes y terminando con la posibilidad de comunicarnos con los demás y con Dios, tiene que ver con nuestra mente y nuestro espíritu, no con la materia en primer lugar. En ese sentido, nuestro *yo* es invisible, la inteligencia y el razonamiento es invisible, la espiritualidad es invisible, etc., pero no tenemos ninguna duda de que *está ahí*. Podríamos concluir parafraseando a Descartes: *¡Pienso, luego Dios existe!*

Más contenido audiovisual:

CAPÍTULO 8
Quiénes somos y dónde estamos

Se cuenta de un destacamento del ejército inglés que estaba haciendo unas maniobras en Londres en pleno invierno. Al final del horario laboral, el comandante de la tropa permitió que los soldados salieran a dar un paseo por la ciudad, y dos de ellos comenzaron a beber más de la cuenta, de tal manera que cuando cayó la noche en la ciudad entre la niebla y el alcohol que llevaban encima, les resultó imposible volver al cuartel general. Comenzaron a deambular por la ciudad y de repente vieron a un hombre, así que se acercaron a él para preguntarle:

—Por favor, buen hombre, ¿usted sabe dónde estamos?

Desafortunadamente para ellos, el individuo no era ni más ni menos que el comandante en jefe del ejército. Al ver el estado de dos de sus soldados, así como el deshonor con el que llevaban el uniforme de su país, se cuadró y les gritó:

—¿Ustedes no saben quién soy yo?

Al oír esa frase, y sin poder reconocerlo a causa del alcohol que habían ingerido, uno de los soldados le dijo al otro:

—¡Cómo está el mundo compañero! ¡Nosotros no sabemos dónde estamos, y este no sabe quién es!

Aunque la situación de los dos soldados parezca humorística, la nuestra debería hacernos pensar. En la mayoría de los casos, desconocemos quiénes somos, dónde estamos y por qué estamos aquí. ¡Por no decir nada de saber de dónde venimos, a dónde vamos y el sentido de nuestra vida! Si queremos llegar al fondo de la razón de nuestra existencia, no podemos dejar de reflexionar sobre nuestra identidad.

1. Descubrir quienes somos, lo más importante en la vida

Todos vivimos buscando un sentido en la vida, un propósito en lo que hacemos y en las circunstancias que nos rodean. Necesitamos llegar a una comprensión del universo y de lo que nos sucede, así como el objetivo y las motivaciones por las que hacemos lo que hacemos. Tomamos decisiones en base a lo que somos: nuestros pensamientos y razonamientos influyen en nosotros, y todo lo que hacemos tiene que ver con nuestra identidad; el descubrimiento de quienes somos es clave en nuestra existencia. Aspiramos a tener una vida satisfactoria, y eso no es exclusivo de nuestros pensamientos: intervienen también nuestros sentimientos y nuestra voluntad, porque solo podemos llegar a sentirnos bien cuando sabemos cuál es nuestro papel en la vida.

Desde un punto de vista naturalista la racionalidad *total* está muy por encima de nuestra necesidad individual; para que nos entendamos, cada vez que tenemos que pensar en algo que tenga sentido, siempre lo tiene para la naturaleza, antes que para uno mismo. Las personas individuales se *pierden* en las leyes que acaban ejerciendo su absolutismo en todos los campos (físico, moral, intelectual, social, etc.), porque estas, no toman en cuenta lo que ocurre en el interior de cada uno. Lo importante no es lo que le sucede a cada persona, sino el funcionamiento del universo; de hecho, gran parte de nuestros problemas surgieron de esa terrible pérdida. Pero, si no hay nada *fuera* de las decisiones que tomamos (el universo no comprende lo que hace), la consecuencia es que el individualismo termina por ser el *rey* de tal manera que todos luchan para llevar a cabo sus propios objetivos: al final, porque nos niegan el valor de ser nosotros mismos, todos miramos hacia nosotros mismos.

Si somos sinceros, nos encontramos con que la realidad es otra: vivimos bajo la sensación de que el universo es inmenso y no somos nada comparándonos con él. Al mismo tiempo, no sabemos qué hacer con la carga tremenda de espiritualidad que hay en nuestro interior, porque el universo no *sabe* de su grandeza, pero nosotros sí comprendemos nuestra pequeñez[1]. Fuimos diseñados de tal manera que podemos percibir no solo la majestuosidad del universo, sino también los pequeños detalles: admiramos las leyes cuánticas al mismo tiempo que nos sentimos inmensamente felices al tomar un helado con nuestros hijos. No podemos deshacernos de la necesidad de comprenderlo todo, ni tampoco del deseo, casi desesperado, de disfrutar de todo lo que hay a nuestro alrededor.

---

1 El Salmo 8 define ambas cosas, la grandeza del universo y nuestra pequeñez, de una manera admirable; enseñándonos, además, una lección impresionante: *nosotros le importamos al Creador.*

"Oh Señor, Señor nuestro, cuán glorioso es tu nombre en toda la tierra, ¡has desplegado tu gloria sobre los cielos! (...) Cuando veo tus cielos, obra de tus dedos, la luna y las estrellas que tú has establecido, digo: ¿Qué es el hombre para que de él te acuerdes, y el hijo del hombre para que lo cuides? (...) Tú le haces señorear sobre las obras de tus manos; todo lo has puesto bajo sus pies: ovejas y bueyes, todos ellos, y también las bestias del campo, las aves de los cielos y los peces del mar, cuanto atraviesa las sendas de los mares".

2. Un mundo natural sin sentido

Somos seres que tienen consciencia y un objetivo en sus motivaciones y en su manera de actuar, en contraste con los objetos materiales que son usados sin saber qué está sucediendo. Nos asombra que la naturaleza actúe siempre obedeciendo las leyes sin poder reflexionar sobre lo que hace, mientras que el ser humano tiene conciencia para tomar decisiones de acuerdo a un fin determinado, sea bueno o malo. Dado que la materia no tiene finalidad en sí misma, no puede darle significado a un ser que toma decisiones, como el ser humano: somos nosotros los que dotamos de una finalidad a la materia que usamos y moldeamos. Es imposible defender un proceso natural como formador de la conciencia porque la materia no puede producir el pensamiento, es este el que puede modificar la materia.

Para salir del atolladero, algunos le dan a la naturaleza una trascendencia que sabemos que no tiene, ¡incluso la llaman *madre naturaleza*, como si pudiera habernos creado por su propio deseo! El naturalismo no entiende de propósitos; no se trata solo de nuestro significado en la vida, sino también del sentido de todo lo que vemos y el lugar en el que estamos. Los físicos dicen que en el futuro, el universo solo tendrá dos opciones: o se colapsará, o se expandirá hacia el infinito, con lo que la vida desaparecerá con la misma falta de significado con la que comenzó. Esa afirmación deja *tranquilos* a muchos, ¡pero no a todos! Porque si fuera así, ¿por qué tenemos la capacidad para pensar y debatir sobre el sentido de lo que sucede? Y aun más allá: ¡saber todo lo que acontece sin poder hacer nada! Si eso es lo único que se nos ocurre, entonces nuestro universo, además de absurdo, sería inmensamente cruel.

¿Qué es lo que está pasando? Como hemos visto, el método científico no siempre puede explicar cuál es la causa de un suceso ni ¡mucho menos!, descubrir el propósito de lo que está examinando: para él es imposible medir decisiones, motivaciones, o deseos. Puedes explicar perfectamente la temperatura a la que se encuentra una habitación en una casa, pero si no tienes todos los datos *personales*, no puedes saber si alguien vino y puso el termostato a determinados grados, o simplemente esa es la temperatura ambiente. Solo puedes comparar la temperatura con la del exterior de la casa y entonces llegar a algunas conclusiones, pero nadie te podrá decir si fue una o varias personas las que movieron el termostato, el sexo de la/las persona/s, el horario, ¡y mucho menos la razón por la que lo hicieron! La ciencia examina lo mecánico de la realidad, pero no sabe nada de las intenciones de los agentes; no puede explicarnos casi nada sobre los seres que intervienen ni sobre sus intenciones para alterar la realidad. Algunos afirman que no debemos pedir una explicación de la razón de nuestra existencia: *estamos aquí y eso es todo lo que podemos saber*[2]. ¡Si siguiéramos esa manera de pensar en otras áreas de nuestra vida nos tomarían por tontos! ¡Y con razón!

Si olvidamos u obviamos las respuestas a las preguntas que tienen que ver con nuestro significado y la razón de nuestra conducta, estamos condenados a la desesperación: eso es lo que conseguimos cuando todo puede ser medido y calculado pero no hay razones para lo que ocurre, porque defendemos que lo material lo domina todo. La vida tiene que tener una razón, un propósito, un sentido de trascendencia de tal manera que lo que vivimos pueda hacer alguna diferencia para los demás o, al menos, para nosotros mismos. No fuimos diseñados para experiencias físicas únicamente. Alguien puede ser inmensamente feliz en una casa de campo con su familia, pero otra persona se sentiría desgraciada si estuviese en la misma situación, por poner un ejemplo. Somos diferentes, no podemos dictar leyes sobre ideas, sentimientos, decisiones o razones. Si queremos llegar al significado de la vida tenemos que ir más allá de lo que la ciencia ofrece; esa es la razón por la que cuando hablamos de autoestima y realización personal, estamos definiendo términos espirituales, ¡sin ninguna duda!

3. La certificación de que cada uno de nosotros somos únicos

Todos somos únicos. Como en otras ocasiones, puede parecer una afirmación muy sencilla pero, como vamos a ver, necesitamos argumentarla. Estas son algunas de las razones que lo certifican:

1. Puedes cambiar las circunstancias físicas y temporales de alguien y colocarlo en el otro extremo del mundo, y esa persona seguirá conservando su identidad personal. Incluso aunque se vea obligado a usar otro nombre y se *borre* todo su pasado, como sucede en los programas de protección de testigos, seguirá siendo la misma persona. Puedes hacer, incluso, que se someta a una operación de cirugía estética hasta que sea irreconocible su rostro para todos, y decida comenzar una nueva vida con otro *carácter* (por la razón que sea), pero sigue siendo la misma persona y lo seguirá siendo siempre. Es lo que hay dentro de nosotros lo que nos define.

2. Cuando alguien pasa por un proceso *mortal*: un infarto, angina de pecho, parada cardíaca, etc., y necesita que le sean aplicadas las llamadas

---

2   Es impresionante como tantos físicos, matemáticos, biólogos, pensadores, escritores, etc., defienden esa conclusión en sus libros y conferencias, y se quedan tan tranquilos. Sería como si cualquiera preguntara la razón de una actividad, la construcción de una ciudad, el surgimiento de una enfermedad, o la causa de una problemática entre varias personas (por exponer algunos ámbitos diferentes), y nuestra respuesta fuera: *está ahí y eso es todo*. ¡Sin ninguna otra explicación!

técnicas de resucitación por parte de los médicos, una vez que *vuelve* a la vida, mantiene su identidad siempre. Es más, a veces se induce al coma a una persona cuando está muy grave (debido a alguna enfermedad, accidente u operación) para poder curarla, sobreviviendo en una inconsciencia casi absoluta; pero no pierde su identidad aunque pase el tiempo. Además, cuando esa inconsciencia es debida a una enfermedad o un accidente, y la persona *vuelve en sí* podemos ayudarla a recuperarse recordándole detalles de su vida. Lo impresionante es que los médicos nos dicen que solo puede curarse realmente cuando recobra su identidad. Las circunstancias pueden cambiar, pero esa persona seguirá siendo la misma.

3. Hay un proceso natural absolutamente impresionante dentro de nosotros, y es que cada una de las células de nuestro cuerpo es renovada y sustituida cada siete años, y sin embargo eso no influye en absoluto a nuestra forma de ser. Nada varía en nuestra identidad: existe un *alma* que trasciende a lo material, aunque nuestro cuerpo sea completamente nuevo. Somos renovados físicamente por completo pero guardamos nuestras señas de identidad en nuestro espíritu. En ese sentido, partes de nuestra apariencia externa permanecen: rostro, huellas digitales, complexión corporal, etc., *pero no es lo material lo que nos identifica, hay algo que trasciende a todo.* A pesar de que cada siete años ya no somos la misma *persona*, físicamente hablando, ¡seguimos siendo los mismos!

4. Como hemos visto en el anterior capítulo, tomamos decisiones independientemente de lo que somos físicamente, culturalmente, socialmente y sean cuales sean las circunstancias que nos rodean. Disfrutamos de una consciencia personal e inequívoca, ¡no existen dos personas que vean la realidad de la misma manera! No somos máquinas que se puedan controlar naturalmente, cada uno piensa y decide de acuerdo a su voluntad y su libertad. Algo tan sencillo, pero tan importante como eso, hace que cuando nos tienen que trasplantar un órgano de otro cuerpo, aunque sea tan importante como el corazón, seguimos siendo nosotros mismos. Nuestra identidad no cambia.

5. Todos disfrutamos de la consciencia de ser diferentes: no podemos ponernos en el lugar de otra persona, ni tampoco *trasladarnos* a su cuerpo o a sus circunstancias; porque aun si fuera posible asumir la identidad de otro, su familia, su trabajo, etc., seguiríamos siendo nosotros mismos.

Nos relacionamos con los demás de acuerdo a nuestro propio carácter pero, por si fuera poco, no actuamos con todos de la misma manera, ni les hablamos igual a todos. Tenemos un *yo* determinado en la relación con cada persona que nos rodea. Somos nosotros mismos viviendo muchas *versiones* diferentes, siempre sabemos qué decir y qué hacer con cada persona determinada: reaccionamos de una manera diferente con nuestra mujer/

marido, padres, hijos, amigos, compañeros, etc., aunque nuestro carácter no cambie en absoluto.

Esa es la razón por la que *afectamos* a los demás con nuestra manera de ver el mundo. Nadie puede reaccionar como nosotros: el universo tiene miles de millones de personas que se acercan a él con un *yo* definido y con una visión diferente de la vida y las circunstancias. En cierta manera, nos va la vida en ello, porque si no tenemos significado como personas, no solo nos *perdemos* a nosotros mismos, sino que perdemos la compasión por los demás y dejamos de ayudarles, de tal manera que nuestra vida pasa a ser negativa para los que nos rodean. Creer que simplemente somos un *accidente existencial* no es bueno para nosotros, ni para nadie.

6. Somos únicos también en la manera de usar el lenguaje para comunicarnos con los demás. Nadie puede expresar las palabras y *sentir* las frases como nosotros. Nuestro uso de los medios de comunicación revela nuestra identidad: muestra a los demás lo que es importante para nosotros y refleja nuestro propio carácter. Unos hablan más, otros menos; algunos usan ciertas palabras, otros ni las nombran. Ciertas personas usan todo su cuerpo para comunicarse en un alarde de gesticulación, otras ni siquiera se inmutan por muy *raras* que sean las circunstancias. Incluso las mismas palabras pueden tener significados diversos según las personas que las pronuncien, las circunstancias en las que se utilicen, la manera de hacerlas llegar a nuestro interlocutor, etc. En ese sentido, la comunicación no verbal es una prueba más de nuestra identidad personal, porque nos afirma gestualmente delante de los demás, y *descubre* en cierta manera también, lo que hay en nuestro interior; hasta el punto que todos podemos identificar a algunas personas simplemente por su manera de andar, hacer gestos, hablar, etc. ¡Sabemos que son ellos aunque no veamos su rostro o no nos digan nada!

7. Nuestras reacciones a los mismos modelos o circunstancias son diferentes y únicas: incluso los gemelos distinguen su identidad por su conducta. No existen dos personas en el mundo que sean idénticas en su manera de pensar y decidir, aun viviendo en circunstancias similares. Esas reacciones, palabras, sentimientos, acciones, etc., nos llevan a permanecer en el *corazón* de las demás personas: seguimos siendo nosotros mismos, aunque tengamos que abandonar un lugar determinado o nuestra vida se acabe; los demás nos ven de esa manera aunque ya no estemos *presentes* en su vida diaria. Esa es la razón por la que otros pueden seguir *interpretándonos y conociéndonos* no solo cuando ya hace mucho tiempo que no nos ven, ¡sino también después de que hemos fallecido! Siguen rememorando nuestros sentimientos al recordar alguna de nuestras reacciones, cuando piensan en

nuestras palabras sobre un tema en concreto, o simplemente contemplando algo que hemos hecho.

8. Nuestra visión del mundo es única; realmente no existen dos pensamientos iguales. Razonamos, tomamos decisiones, sentimos, disfrutamos, etc., de una manera diferente a los demás. Todos tenemos los mismos componentes físicos, los mismos órganos, estamos hechos de la misma materia, pero somos diferentes. Ese hecho tan simple es imposible de explicar bajo un criterio naturalista: educas a un perro, por ejemplo, y puedes hacer lo mismo con otros cien, porque reaccionarán de la misma manera. Con los seres humanos es imposible: vivimos de manera diferente los mismos estímulos, dependiendo del momento en el que estemos en nuestra vida, las motivaciones, las fuerzas, la información que tenemos, etc. ¡No solo comparando nuestras reacciones con las de los demás, sino incluso con nosotros mismos en momentos diferentes!

Todos los seres humanos tienen metas y sueños mucho más altos de lo que pueden conseguir; ¿cómo resolver esa frustración continua? Nadie quiere ser parte de una rutina sin sentido, todos buscan aquello en lo que son únicos, lo que les hace ser diferentes, porque es lo que les permite disfrutar de su existencia.

9. Nuestra espiritualidad define gran parte de nuestra identidad. Es sencillo comprenderlo, porque todo lo que estamos viendo, esa identidad personal única, no está ubicada en ninguna parte concreta de nuestro cuerpo físico[3]. Es cierto que incluso aparentemente somos diferentes, pero no es simplemente lo externo lo que nos define: cualquier persona que defienda una postura exclusivamente naturalista debería preguntarse: ¿Dónde está nuestra personalidad? ¿En qué parte del cuerpo? ¿Dónde localizamos a nuestro yo con nuestros sentimientos, decisiones, pensamientos, etc.? Todos sabemos que pensamos y sentimos con *todo* el cuerpo, con todo lo que somos.

Anhelamos trascender a nuestro cuerpo: por medio de nuestras decisiones, del amor, de la creatividad, de nuestras expresiones, etc., queremos *alcanzar* a los demás no solo físicamente, sino también hasta lo más profundo de su corazón, de su alma. Nuestro anhelo es sobrepasar los límites físicos en todo lo que hacemos: llegar *más allá*, hasta donde sea posible. Por eso queremos ser como somos, y no como los demás quieren que seamos. Ese deseo de encontrar nuestro *yo*, lo reflejamos una y otra vez en nuestra vida. Sobre todo cuando nos relacionamos con los demás. Somos nosotros los

---

3 Siempre me impresionaba escuchar a mi abuelo materno, José, cuando me explicaba que le dolía la pierna que le habían tenido que amputar por un problema de gangrena. Aunque la extremidad ya no existía, a él le seguía *doliendo* a veces, como si siguiera estando ahí. Él se sentía un *todo entero* como persona, aun con la parte física que le faltaba.

que escogemos a nuestros amigos, es ese *yo* personal el que se *enamora* de alguien para compartir la vida. ¿Por qué encontramos personas con las que compartirlo todo? Queremos que, por lo menos, alguien comprenda que somos únicos y nos trate de esa manera. Incluso aquellos que no quieren compartir su vida con nadie, lo hacen también por una decisión personal, ¡porque se definen como únicos! No podemos vivir sin esa sensación de encontrar nuestro lugar en el universo: esa es una experiencia espiritual cien por cien y nos lleva al origen de todo. ¡Realmente somos únicos!

10. Por último, debemos reseñar la prueba física irrefutable de nuestra singularidad: el genoma humano es nuestro *libro de instrucciones* interior, en donde descansa todo lo que somos, la vida que tenemos, nuestras capacidades físicas, el diseño que es la base de nuestra existencia, etc. El genoma nos define físicamente por completo, y son miles de millones de genomas diferentes en la tierra: uno por cada persona. Francis Collins, el director del proyecto genoma humano, y primer *descubridor* de la posibilidad de su *lectura* y *conocimiento*, afirmó: *el genoma humano es la información que Dios puso en el interior de cada persona*. Dios nos ha hecho únicos y esa información de nuestra excelente particularidad, está escrita en cada una de nuestras células.

El valor de cada persona

Si no existe ninguna duda de que somos únicos, deberíamos preguntarnos: ¿de dónde surge el valor que tenemos? ¿De lo que las leyes de nuestro país o una convención internacional dictaminan? ¿Tenemos todos el mismo valor? ¿Vale igual mi vida que la del presidente del gobierno? ¿Pueden quitarme la vida porque *estorbo* si estoy inválido, o porque tengo una enfermedad terminal? Una vez más, no son preguntas triviales; en los últimos años hemos comprobado como cientos de personas mueren en diferentes mares queriendo alcanzar su *paraíso perdido*; miles de subsaharianos se adentran en una aventura en la que se juegan la vida para abandonar su lugar de nacimiento. Se ha dado la circunstancia de que en algunos países la policía les ha abandonado a su suerte porque *todavía* no estaban en *territorio nacional*, ¡pero la situación sería completamente diferente si tuvieran dinero y pudieran comprar una propiedad en ese mismo país! Entonces se les daría la nacionalidad sin ningún problema. ¿Nuestro valor qué nos lo da la posición o el dinero? Cuando se deja morir a alguien en medio del océano, ¿harían lo mismo los gobiernos si se tratara de alguien de su equipo? ¿Abandonarían a un presidente de otra nación? Defendemos que todas las vidas son iguales, y quizás en la constitución de un país pueda estar escrita esa afirmación, pero en la práctica no es así[4].

Es curioso que todos reconocen los derechos de los seres humanos y los defienden en la declaración general de las Naciones Unidas, pero nadie dice cual es la base de esos derechos; por eso *desaparecen* en muchas situaciones. En un momento de conflicto, ¿quiénes tienen esos derechos? ¿Todos? ¿Los enfermos? ¿Los tetrapléjicos? ¿Los ancianos? Si no somos capaces de razonar sobre lo que está ocurriendo, caeremos en las barbaridades que estamos viviendo[5] y, a la larga, todo desembocará en abusos de cualquier tipo de totalitarismo. Recientemente hubo elecciones en un país europeo sobre los derechos de los inmigrantes: cada vez son más los partidos políticos que ganan adeptos a base de luchar contra la inmigración y defender los derechos de los *nacionales*. Eso sí, todo cambia cuando el extranjero en tu país es un conocido deportista, actor, empresario, etc. ¡Entonces se le da la nacionalidad de inmediato! La cuestión que debería hacernos pensar es que, si la mayoría decide en un país que todos los que no nacieron allí tienen que abandonar el lugar junto con todo lo que han conseguido (sus familias y sus posesiones), tendrán que hacerlo, se oponga quien se oponga[6].

Según el punto de vista naturalista, las vidas de los miles de millones de personas que pueblan la tierra son absolutamente accidentales, por lo tanto, si las personas no tienen ningún sentido porque han surgido sin razón alguna, no debe extrañarnos que muchos vivan de esa manera. La naturaleza proporciona, a veces, elementos que discriminan a las personas: si alguien nace con un defecto, tiene muchas menos posibilidades de

---

4   No estamos hablando de cómo solucionar políticamente una situación, o si se produce el tan temido (para algunos) *efecto llamada,* si ayudamos a los que llegan ilegalmente a un país, ¡simplemente estoy preguntándome cuál es el valor de las personas! Viendo la legislación de muchas naciones, es obvio que ese valor es muy diferente si tienen dinero o no, porque en el caso de tener dinero, todo son *puertas abiertas* y amabilidad por parte de todos.

5   Recientemente, y debido a la pandemia del Covid-19, en varios países se conocieron casos en los que se les negó la asistencia a ancianos que vivían en residencias, bajo el argumento de que no había camas en los hospitales para todos. Países del llamado primer mundo, con presupuestos multimillonarios para todo tipo de elementos accesorios como fiestas, gastos de representación, actividades e incluso recursos armamentísticos, no fueron capaces de gastar unos pocos miles de euros para habilitar hospitales y atender a las personas de más edad: la gran mayoría de ellos fallecieron sin que a casi nadie le importara.

6   En la Biblia hay (literalmente) centenares de textos bíblicos en los que Dios dice que todas las personas tienen los mismos derechos, y que tenemos que cuidar a los inmigrantes y a los pobres. De nosotros depende si luchamos por esos objetivos, y por muchos otros parecidos que Dios nos señala en cuanto a la justicia social y a ayudar a los más desfavorecidos. Para Dios, hacer distinciones entre las personas, es pecado: va en contra de su voluntad y su carácter.

sobrevivir. Si alguien está inmovilizado por una enfermedad, su existencia será menos longeva que la de una persona físicamente sana, y desde luego su calidad de vida no tendrá comparación. La naturaleza tiende incluso a eliminar las vidas *problemáticas* desde un punto de vista material. *Naturalmente*, la vida es injusta y sin sentido, porque nuestro valor tiene que ver con lo que tenemos, lo que hacemos, lo que sabemos o incluso el lugar y la familia en la que hemos nacido. Si, además, en muchas situaciones no tenemos respuestas, (en cuanto al universo, al futuro, a las decisiones que otros puedan tomar, etc.). ¿Podemos sostener racionalmente la esperanza? Es obvio que no, salvo que seamos muy optimistas en cuanto a la humanidad y su capacidad de corregirse a sí misma, lo cual es absolutamente improbable cuando recordamos nuestra historia[7].

Al final, incluso muchos de los que *lo tienen todo*, terminan cayendo en el mundo de las drogas, las adicciones, el alcoholismo, los problemas relacionales; incluso el suicidio[8]. Lo verdaderamente triste es que muchos que han llegado a esa conclusión terminan quitándose lo único que tienen: la vida. Los porcentajes de suicidio entre personas con carrera universitaria son muy superiores a los de las personas sin estudios: más de un millón de personas se quitan la vida cada año en el primer mundo según las estadísticas oficiales de la ONU. Nunca habíamos llegado a una cifra tan alta, y los medios de comunicación hacen lo posible por ignorar esos casos, porque hay un pacto para que no se pueda dar el *efecto llamada*; pero es inútil: el ser humano vive un sinsentido absoluto.

La sociedad no tiene una respuesta a las necesidades del alma: todas las resuelve de una manera material (medicamentos), o ilusoria (situaciones y placeres sin sentido). Muchos naturalistas afirman que no tenemos más derechos que los animales: somos seres evolucionados como ellos; no se puede defender ningún argumento que signifique que somos más valiosos[9]. Cuando la humanidad no cree en Dios, es capaz de creer en cualquier

---

7 El libro de Eclesiastés narra la forma de ver el mundo de un hombre sabio, un hombre de ciencia; nos sorprende al leerlo que, al examinar el universo, cae en un pesimismo existencialista. Algunas de las frases del libro parecen haber sido escritas en nuestro siglo XXI: *Cuanto más se sabe, más se sufre* (1:18); *Ni siquiera en la noche descansa la mente, y eso es también vana ilusión* (2:23); *En realidad hombres y animales tienen el mismo destino: unos y otros mueren por igual y el aliento es el mismo para todos* (3:19); *Al justo y al injusto, a todos les espera lo mismo* (9:2). El escritor reconoce una y otra vez que la vida sin Dios no tiene sentido.

8 Me impresionó cuando leí la historia de Cristina Onassis: *Yo soy un ejemplo palpable de que el dinero no da la felicidad,* dijo en una entrevista, pocos días antes de quitarse la vida.

9 Los seres humanos somos únicos porque estamos hechos a la imagen de Dios. Bajo la perspectiva naturalista, no tenemos más importancia que un animal, de tal manera que si estuviese en juego una vida humana y la de un animal, tendríamos que examinar

cosa, porque de todas maneras solo somos un accidente[10]. Recuerda que, según la teoría evolutiva, todos los eslabones débiles e inútiles tienden a desaparecer; ¿no debemos hacer lo mismo nosotros con las personas que no *tienen valor*? La evolución puede *arrasar* con mucha gente, no solo la evolución biológica, sino sobre todo la sociológica, la que *obedece* al poder. Dios defiende lo contrario de una manera absoluta porque, en la mayoría de las ocasiones, son los débiles los que *sostienen* el mundo.

4. Consecuencias de la falta de significado en la vida

Los naturalistas afirman que nuestro planeta salió de la *nada* y no tiene ningún destino. Es normal que los que lo habitan se sientan de la misma manera: vivimos solos, porque nuestra vida depende de nosotros mismos, no de ninguna referencia externa; lo único que satisface el corazón del ser humano es lo material. Pero el problema es que el vacío en su interior es espiritual. ¿Las consecuencias? Diferentes líneas de pensamiento están ya profundamente arraigadas en la sociedad:

1.   La idea de que no todas las personas son iguales.
2.   La sensación de que las ideas y teorías son superiores a nosotros.
3.   La afirmación de que el *bien* de la naturaleza es más importante que cualquier otra cosa.
4.   Las leyes, tanto las de la naturaleza como las nuestras, son más importantes que las personas.
5.   El bien social es más importante que las personas individuales.

Aunque nos *asuste* reconocerlo, esos principios se expresan en los razonamientos de muchos: el famoso filósofo David Hume consideraba inferiores a las personas de raza negra; Nieztsche decía que si conversas con mujeres, *no olvides el látigo*[11]. Aristóteles defendió que algunas personas nacían para ser esclavos porque eran más fuertes físicamente, etc. Podríamos recorrer los escritos de muchas personas que defienden posturas naturalistas para darnos cuenta de que terminan afirmando el dominio de los considerados fuertes. El problema es que seguimos pensando de la misma

las circunstancias de ambos para tomar una decisión porque, para ellos, la vida humana no es necesariamente más valiosa.
10   Si nuestro cerebro no es más que el de un animal desarrollado, las personas permiten que cualquier cosa dirija sus vidas: horóscopos, cartas astrales, ovnis, todo tipo de teorías espirituales, el mundo de lo oculto, etc.
11   Cf. Su libro *Así habló Zarathrusta*, cuando Nietzsche se *mete* en su famosa guerra de sexos.

manera: algunos argumentan sobre la supuesta inferioridad de los que tienen síndrome de Down y esa es una de las razones por las que deciden abortar, ¿qué pasará cuando hagamos lo mismo con los inútiles, los enfermos crónicos, los mayores que necesitan atención, etc.? Un sociólogo dijo hace poco que los problemas de la humanidad se resolverían con tres mil millones de personas menos: los más desfavorecidos y los que no tienen nada. ¿Y si alguien lo toma en serio, decide que estorban y deben eliminarse por el bien común?

El utilitarismo destruye la dignidad del ser humano. Consciente o inconscientemente, vivimos usando a los demás para nuestros propios fines: solo tienen valor cuando podemos obtener algo a cambio. Los problemas morales ocasionados por esa manera de ver la vida son muy importantes, pero da la impresión de que no les interesan a muchos: mujeres usadas sexualmente, trabajadores maltratados, personas durmiendo en la calle, miles de personas con sus derechos cercenados, ancianos desatendidos, etc. Es cierto que hay muchas personas luchando a favor de los derechos humanos, pero esos derechos se defienden en base a la dignidad de esa persona, y ¡esa dignidad puede *desaparecer* en cualquier momento! La utilidad de cada persona está siempre examinada, así que aquellos a los que algunos consideran *inútiles* son despreciados. Y no solo eso: en algunas culturas existen personas que son superiores por su casta, su nacimiento o su origen y es imposible que puedan *mezclarse* con los demás; cuando lo intentan incluso puede costarles la vida.

Si no tenemos referentes externos que nos ayuden a *razonar* sobre lo que es realmente importante, todos podemos terminar cayendo en la misma trampa. Si no me crees, imagina que se declara un incendio en el lugar donde estás y puedes rescatar a alguien llevándolo en tus brazos, ¿a quién salvarías? ¿A un científico conocido? ¿Un indigente? ¿Un deportista famoso? Si estuvieras en el *Louvre* y tuvieras que tomar una decisión, qué escogerías: ¿salvar a un tetrapléjico o a la *Gioconda*?[12].

La justicia y la identidad personal, los derechos de cada persona

Al final todos queremos satisfacer nuestros deseos, así que a muchos no les importa hacer daño a los demás con tal de lograr sus objetivos. No estamos hablando solo de objetivos personales, sino también de hacer lo

---

12   El simple hecho de pensarlo ya nos *delata*; solo hace falta recordar lo que sucedió cuando la catedral Notre Dame de París se incendió: muchas empresas y personas multimillonarias dieron millones de euros para restaurarla; mientras que, en la misma ciudad, mueren en la calle cientos de personas que no tienen alimentos ni dónde vivir, ¡y casi nadie se preocupa por ellos!

que cada uno quiere. Si defendemos que no existe *nada más*, tendríamos que preguntarnos: ¿alguien le quita la vida a otra persona, y simplemente deja de existir como si nada sucediera? Es cierto que intentamos impartir justicia, pero ¿es lo mismo unos cuantos años en la cárcel que una vida que jamás puede volver? No es una pregunta frustrante, ni hecha para llenarnos de rabia, sino simplemente la constatación de que ninguno de nosotros cree realmente que todo sea así. Sabemos que no hemos nacido para frustrarnos permanentemente y que tiene que haber algo más, aunque no queramos reconocerlo. Sabemos que si tenemos la capacidad para buscarle el sentido a las cosas, así que, ¡las cosas tienen que tener sentido!

Defendemos que todas las personas son iguales delante de la ley, ¿en base a qué presupuestos? Si Dios no está, ¿quién garantiza esa igualdad? Puede que alguien diga: la ley, pero ¿y si se cambia la ley? La constitución de un país democrático puede ser alterada por la mayoría, ¿y si la mayoría se pone de acuerdo en algo injusto? La última guerra mundial comenzó cuando el gobierno alemán se creyó con derecho no solo a cambiar las leyes, sino a considerar a otras personas como inferiores, no por sus ideas, que sería terrible, sino por su nacimiento, ¡todavía peor!

Si queremos observar esa diferencia de valor que hemos establecido entre las personas, nos basta con adentrarnos en un par de derechos inalienables que ya pocos países mantienen: la sanidad y la enseñanza para todos. En la gran mayoría de los países del primer mundo existe una discriminación palpable entre los que pueden pagar y los que no. Estos últimos tienen un sistema sanitario inferior, con meses de espera, tratamientos *forzados* y con muy pocas posibilidades de reclamación. Lo mismo pasa con la enseñanza: los que tienen dinero obtienen sus títulos sin problemas, mientras de una manera consciente, se dificulta a los de clase económica baja que puedan llegar al final de sus estudios. Todo comienza a parecerse demasiado a lo que ocurría hace dos mil años en el Imperio romano: los esclavos no tenían valor, e incluso muchos niños eran abandonados o se les usaba para satisfacer sus placeres sexuales. Cuando desechamos la ética cristiana caemos en situaciones delictivas que nadie sabe cómo enfrentar: todos sabemos que en uno de los países económicamente más fuertes se promovió de una manera más o menos indirecta el aborto de niñas, porque casi todos preferían tener un hijo varón; en otros, los derechos de la mujer son completamente pisoteados, tanto es así que no pueden expresarse de una manera normal ni tener acceso a la gran mayoría de empleos. ¿Y si un día *dependemos* de uno de esos países? ¿Tendremos que defender sus principios o vivir de acuerdo con ellos?[13]

---

13 Como veremos más adelante, algunos de los filósofos más admirados como Aristóteles o Platón, defendían el valor casi nulo de mujeres y niños. En la Edad Media, esas

El ser humano hoy ya no tiene valor en sí mismo sino solo como información, como *noticia*; esa es la razón por la que las redes sociales dominan el mundo. Nos han enseñado a juzgar a las personas solo por la apariencia, y no por lo que son. En virtud de todo ello, los que dominan los medios de comunicación son los admirados: aquellos que tienen más seguidores, dinero, poder, etc. Cada vez los ricos son más ricos y los pobres más pobres; estamos defendiendo, de una manera absolutamente cruel, la peor versión de la *selección natural*: los débiles siempre son los que cargan con todo; los fuertes siguen adelante, son los que siempre triunfan[14].

5. Creados para ser únicos

Dios nos conoce a cada uno y nos trata de una manera diferente a cada uno. Nuestra vida cambia radicalmente cuando reconocemos que fuimos diseñados de una manera única y original. Somos felices cuando nos encontramos a nosotros mismos y sabemos quienes somos, porque cada persona está hecha a imagen y semejanza del Creador. No vivimos porque encontramos la vida, o un universo accidental nos puso en un lugar concreto: vivimos porque alguien nos regaló esa vida y con ella nuestro ser; es decir, lo que realmente somos. Cada persona es un *universo* complejo extraordinario que merece la pena ser conocido y amado. Cuando Dios es el que da significado a nuestra existencia, la vida de cada uno tiene valor, no importa la posición, las posesiones o el lugar de nacimiento.

La individualidad es un regalo de Dios, porque las decisiones que tomamos, la vida que vivimos, y lo que sucede ahora ayudará a decidir el futuro del universo. Dios es quien nos da los derechos que tenemos, por eso son inalienables: recibimos de Él, el derecho a la vida, la libertad, el pensamiento, las ideas propias, etc. Solo así las minorías pueden vivir por sí mismas y pensar por sí mismas, de otra manera, la mayoría no lo permitiría, ¡incluso dentro de la legalidad democrática! Dios lo sabía muy bien cuando prohibió a su pueblo alinearse con la mayoría en contra de los indefensos[15]. No estamos hablando de una manera demagógica, la realidad

---

ideas se convirtieron en un grave problema cuando parte del cristianismo comenzó a seguir las ideas de esos filósofos, olvidando el mensaje claro de la Biblia en cuanto a la dignidad de todas las personas, independientemente de sus circunstancias: Pablo lo había explicado de una manera sublime, en una sola frase: *No hay judío ni griego; no hay esclavo ni libre; no hay hombre ni mujer; porque todos sois uno en Cristo Jesús* (Gálatas 3:28).

14   No es que quiera repetirlo una y otra vez, pero no debemos olvidar que ese es el proceso naturalista normal que, con el tiempo, termina por convencer la mente de los seres humanos. Si en la vida *no hay nada más*, casi nada tiene sentido.

15   Una vez más, la Biblia es muy clara: *No sigas a la mayoría en su maldad. Cuando hagas declaraciones en un caso legal, no te dejes llevar por la mayoría, inclinándote por lo que no es justo* (Éxodo 23:2).

es demasiado terrible como para que cerremos los ojos ante ella, sea cual sea la ciudad en la que vivimos. Aquí mismo, en Santiago, hace pocos meses un mendigo falleció porque el médico que le atendió decidió que no merecía la pena llevarlo al hospital para ocupar una cama, dados los *antecedentes* que tenía por el hecho de ser conocido como alguien que vivía en la calle: ese hecho *normal* pasó casi desapercibido, porque el mendigo no tuvo a nadie que le defendiera.

Cada uno de nosotros somos únicos porque Dios nos ha diseñado:

1. Para relacionarnos con Él.
2. Para relacionarnos con nosotros mismos.
3. Para relacionarnos con los demás.
4. Para relacionarnos con la naturaleza y la creación.
5. Para desarrollar la creatividad y la imaginación en todo lo que hacemos, así nos relacionamos con nuestras obras.

Dios nos creó con su energía[16], pero también con su palabra, usándola sin agotar los miles de millones de posibilidades que puedan existir, porque su esencia contiene en sí misma la información infinita. La poesía de Dios es permanente y eterna, inagotable y siempre nueva. Las palabras de los poetas perduran por generaciones porque tocan el corazón, la vida de las personas. Cuando Dios habla, sus palabras tienen vida eterna porque transforman por completo nuestras vidas. Cuando nosotros le decimos a alguien *te doy mi palabra,* es porque queremos ser fieles a lo que hemos decidido y nos comprometemos con esa persona. Cuando Dios nos dice: *te doy mi palabra,* jamás puede fallar porque es eterna[17]. Esa Palabra (información) no se agota nunca, de la misma manera que tampoco lo hace la energía.

Dios derrocha creatividad, como lo podemos comprobar en los miles de millones de personas diferentes, la diversidad de los millones de especies animales y la vegetación absolutamente exuberante; Él multiplica belleza e imaginación, de la misma manera que derrocha gracia. Dios ama derrochar, dar en abundancia, es el *Dios pródigo.* Por eso, cuando *echamos* a Dios de nuestra vida, perdemos nuestra identidad; la Biblia dice que estamos *perdidos.* No solo no sabemos dónde vamos o dónde estamos, ¡ni siquiera

---

16 La Biblia nos explica que necesitamos la luz y la verdad de Dios en nuestra vida: *Envía tu luz y tu verdad; que ellas me guíen* (Salmo 43:3). La luz como fuente de energía, la verdad como la fuente.

17 Recuerda la promesa de Jesús que mencionamos en un capítulo anterior: *El cielo y la tierra pasarán, pero mis palabras no pasarán.* (Mateo 24:35). En el futuro, un día disfrutaremos de los cielos nuevos y la tierra nueva, donde todo será nuevo, y el dolor y la muerte ya no existirán más.

sabemos quiénes somos! Perdemos nuestro *yo* más íntimo porque sin nuestro Creador, siempre necesitamos depender de algo o de alguien. Muchos encuentran sentido en la vida en el día a día: el trabajo, la familia, los amigos, las cosas con las que disfrutan, los viajes, etc. Eso es bueno, pero ese sentido tarde o temprano se acaba, porque necesitamos satisfacer nuestro deseo de trascendencia y eternidad.

Necesitamos *redimirnos* como personas, es decir, encontrar el lugar que nos pertenece para sentirnos satisfechos espiritualmente, aunque nos suene muy *raro* ese tipo de lenguaje. Muchos se redimen, encontrando su valor como personas, en una relación: quizás con su pareja, con un amigo, con algún *héroe*, etc. Otros redimen su vida a través del placer, el sexo, el dinero, la política, ¡incluso pueden llegar a buscar redención en la vida a través de su equipo deportivo favorito![18]. Pero nuestra búsqueda de significado es continua, porque no encontramos nuestra identidad en nosotros mismos, siempre necesitamos algo más: lo que tenemos, lo que podemos hacer, nuestra apariencia, la aceptación de los demás, las diversiones, etc. Necesitamos sentirnos amados, y en esta vida, nadie ama a otra persona de una manera incondicional siempre, sin importar quién sea y lo que haga.

Dios sí lo hace. Sabe que los seres humanos son amantes antes que ninguna otra cosa. Incluso antes que seres pensantes: desde que nacemos necesitamos que nos amen. El amor lo cubre todo y lo mueve todo: amor a otros, a las cosas, a situaciones, ¡incluso el amor a uno mismo! El amor siempre es la clave. Las decisiones se toman, el corazón siente, y la mente razona, en torno al amor; ¡no podemos vivir sin él! Esa es otra de las pruebas de la existencia del Creador, porque la Biblia nos enseña que Dios es amor[19]. Él es el único que puede satisfacer nuestra vida, el que redime nuestro espíritu, el único capaz de resolver:

El problema afectivo del ser humano, la necesidad de saber que somos amados.

El problema metafísico, saber por qué estamos aquí.

El problema personal, conocer quiénes somos.

El problema moral, no solo saber que hay justicia, sino también que podemos ser perdonados.

El problema espiritual, la necesidad de conocer a nuestro Creador.

---

18 Cada vez más personas viven *alrededor* del resultado de su equipo deportivo: si el fin de semana su equipo gana, la vida va bien… cuando pierde, todo parece quedarse sin sentido.

19 *El que no ama no conoce a Dios, porque Dios es amor* (1 Juan 4:8).

El problema racional; el conocimiento lo más completo posible de todo lo que nos rodea, hasta llegar a la victoria sobre el mal y la muerte.

Todos necesitamos ser *reconocidos*, escuchados, amados, y esa búsqueda de significado no es más que hambre de Dios, aunque no queramos reconocerlo. Necesitamos un sentido en nuestra vida: tarde o temprano lo buscamos *en lo que sea*. Sin Dios, el ser humano vive en un estado de desesperanza, no por lo que no puede comprender, ¡sino precisamente por lo que sí puede comprender![20]). La única esperanza para la humanidad es que la vida de todos tenga realmente el mismo valor, por eso lo primero que recupera una persona al volver a Dios es su significado individual[21], porque las invitaciones de Jesús siempre son personales[22]. Cuando volvemos a Dios recuperamos nuestra verdadera identidad[23].

20   El extraordinario poema de Rubén Darío, expresa esa desesperanza de una manera genial:

"Dichoso el árbol que es apenas sensitivo, y más la piedra dura, porque esa ya no siente,
pues no hay dolor más grande que el dolor de ser vivo,
ni mayor pesadumbre que la vida consciente.
Ser, y no saber nada, y ser sin rumbo cierto,
y el temor de haber sido y un futuro terror...
Y el espanto seguro de estar mañana muerto,
y sufrir por la vida y por la sombra
y por lo que no conocemos y apenas sospechamos,
y la carne que tienta con sus frescos racimos,
y la tumba que aguarda con sus fúnebres ramos,
y no saber a dónde vamos, ¡ni de dónde venimos!..."
[Rubén Darío, *Antología poética*, prólogo y selección por Guillermo de Torre, Buenos Aires, Losada, 1966, pp. 181-182].
21   Dios nos ama tanto y nos conoce de una manera tan personal, que incluso ¡tiene contados los cabellos de cada uno! *Es más, aun los cabellos* de vuestra cabeza están todos *contados. No temáis; vosotros valéis más que muchos pajarillos* (Lucas 12:7). Es más, la enseñanza bíblica del *sacerdocio* de todos los creyentes, nos hace ver que, para Dios, es igual una ama de casa que cualquiera de los responsables de la iglesia, por poner ejemplos de lo que algunos considerarían extremos. Todos tenemos el mismo valor: esa es la clave de la revolución cristiana.
22   Cada vez que Jesús habla, suele invitar a todos de una manera personal; los evangelios están llenos de esas invitaciones. Por recordar solo alguna de las más conocidas: *Venid a mí, todos los que estáis cansados y cargados, y yo os haré descansar* (Mateo 11:28). *Jesús puesto en pie, exclamó en alta voz, diciendo: Si alguno tiene sed, que venga a mí y beba* (Juan 7:37). *Yo, la luz, he venido al mundo, para que todo el que cree en mí no permanezca en tinieblas* (Juan 12:46).
23   No solo somos nosotros mismos ahora, sino que lo seremos, ¡por toda la eternidad! Para que no quede ninguna duda, Dios incluso promete que nos dará un nombre nuevo cuando nuestra vida física termine, como certificación de su amor entrañable por cada uno de nosotros. Dios es el Creador de todos y ama a todos, pero ama también a cada uno en particular. Su amor es infinito, por eso ha diseñado cielos nuevos y tierra

Más contenido audiovisual:

nueva (un nuevo universo) para que podamos acompañarle de una manera eterna. *Al vencedor (...) le daré una piedrecita blanca, y grabado en la piedrecita un nombre nuevo, el cual nadie conoce sino aquel que lo recibe.* (Apocalipsis 2:17).

CAPÍTULO 9
Libre, al fin

Tengo un sueño. Todos recuerdan esa frase. Martin Luther King la pronunció al comienzo de su discurso delante de más de un millón de personas en Washington, el 28 de Agosto de 1963. Se dice que ese discurso es el más aclamado de todo el siglo XX. Martin habló sobre un futuro diferente, en el que todos pudieran ser libres, sin importar el color de su piel, su trasfondo ideológico o social, sus creencias, su procedencia, su sexo o su edad. El conocido pastor evangélico acabó pagando con su vida ese deseo de igualdad y libertad (fue asesinado poco tiempo después), pero su legado permanece hasta el día de hoy: los historiadores dicen que hay un antes y un después de ese discurso. La lucha por la libertad sigue adelante, con más fuerza que nunca.

Todas las personas quieren ser libres. Saber quiénes somos y *gobernar* nuestra vida forman parte de nuestra esencia: sea cual sea nuestro origen, condición o el lugar en el que vivimos. Nadie puede obligar a otro a querer algo que no quiere, o a despreciar algo que ama. Puede existir un poder coercitivo que le imponga hacerlo aparentemente, pero no en su interior. Nuestra voluntad es nuestro tesoro; defendemos la libertad hasta la muerte porque la voluntad es el último resquicio de nuestra dignidad y nuestro honor. Nadie puede obligarnos a renunciar a nuestros principios, aunque nos cueste la vida. Defender esa voluntad es la raíz de la libertad porque no se puede vencer la libertad interior en la vida de otro. La humanidad pelea y se subleva contra lo que está mal, y por esa razón han muerto millones de personas a lo largo de la historia y muchos de nosotros disfrutamos de una libertad conquistada con la sangre de los que nos antecedieron.

Todos creemos que estamos de acuerdo en eso pero, de repente, nos encontramos con un problema: para el determinismo físico la libertad, como tal, no existe: *no somos más que máquinas biológicas y el libre albedrío es solo una ilusión*[1], afirma Hawking. El conocido ateo Richard Dawkins, todavía va más allá al afirmar que el universo no tiene más que una *indiferencia ciega y sin piedad. El ADN ni sabe ni le importa, simplemente es, y nosotros bailamos a*

---

1   Hawking, S. *El gran diseño*, Crítica, Barcelona 2010, página 45.

su son[2]. El universo está determinado por las leyes físicas, y nuestras decisiones no son más que resultados del son indiferente de nuestros genes: es nuestro ADN el que decide lo que está bien o lo que está mal, sin saber lo que hace. El mundo natural es lo único que existe.

Pueden sorprendernos esas conclusiones, pero si defendemos que las leyes naturales son deterministas de tal manera que no permiten decisiones entonces, ¿cómo hemos llegado hasta aquí? Y lo que es más raro todavía, ¿por qué podemos decidir de una manera libre, e incluso antinatural, a veces, si todo lo que somos y de dónde venimos está determinado? Si lo natural es un sistema cerrado y no hay nadie más allá, la libertad es solo una ilusión, porque las fuerzas naturales son las que lo controlan todo. Si no tenemos la capacidad de decidir y oponernos a ese determinismo, entonces no sé cómo estás razonando y planteando objeciones a algunas de las afirmaciones de este libro, porque ni tú ni yo estamos llegando a ninguna conclusión: ¡Todo está determinado! Más adelante volveremos a ese argumento, pero por ahora nos basta reconocer que, si simplemente bailamos al son de los genes, y todo está determinado, entonces no deberías tratar de convencerme que Dios no existe, porque mis *genes* me dicen que sí, y esa *libertad* a la que invocan los naturalistas para reconocer el error y cambiar de opinión, no existe. ¡Allá cada uno con sus genes! Mejor no seguir argumentando sobre nada.

Afortunadamente no todos los naturalistas defienden el determinismo: otros nos dejan entrever algún tipo de libertad, se llame cono se le llame; se trata de una cierta capacidad de decidir producto de los mismos procesos naturales, dado que nuestra libertad surgió sin ninguna racionalidad en su origen y sin ningún tipo de control por parte de nadie (recuerda que no se admite que exista un ser exterior a nosotros). Ante esa creencia, la pregunta es muy sencilla: ¿cómo puede surgir la libertad personal de un proceso determinista que no tiene ni admite ningún tipo de voluntad racional? En cierta manera, el naturalismo tiene que defender el determinismo más absoluto, porque cualquier *mala decisión* de la naturaleza implicaría la desaparición del ser humano. Si es así, una vez más le estamos concediendo a la naturaleza las características de un ser divino que jamás hace nada equivocado y siempre toma decisiones correctas.

1. La capacidad de elegir, la importancia de la razón y la verdad

Cualquier tipo de libertad, se llame como se llame, implica tener opciones para decidir; nuestro deber es descubrirlas todas o (por lo menos) la mayoría de ellas. El hecho de tomar decisiones implica tener sabiduría para

---

2   Citado por John Lennox en *¿Predestinados a creer?*, Andamio, Barcelona 2018.

aplicar los principios que nos parecen correctos, porque esas opciones (y por lo tanto nuestras decisiones también) pueden ser buenas, *neutras,* o malas. Con el paso del tiempo, defendemos nuestras decisiones, o las rectificamos si creemos que nos hemos equivocado (lo cual implica una dosis de humildad, también).

Como hemos visto anteriormente, si defendemos una verdad relativa, la libertad será también relativa: quizás porque no conocemos todas las opciones, o porque alguien nos engaña. ¡Incluso podemos engañarnos a nosotros mismos si no queremos conocer esas opciones! Lo hacemos en más ocasiones de lo que imaginamos, como cuando alguien sospecha que tiene una enfermedad pero no quiere ir al médico para verificar sus dudas. No quiere decidirse porque ha renunciado a su derecho de conocer la verdad, aunque crea que está ejerciendo su derecho a *no saberlo.* Lo que realmente está haciendo es engañarse a sí mismo.

En cualquier tipo de elección existen posibilidades diferentes, aunque seamos nosotros mismos los que tengamos que decidir qué es bueno y qué no, y aunque tomemos decisiones que no tengan nada que ver con las razones que tenemos. Por ejemplo, en las elecciones para diputados al parlamento, a veces se presentan partidos fantasmas e incluso *dicharacheros,* sin ninguna posibilidad de salir elegidos (amantes del deporte, del sexo, defensores de fiestas, alcohol o tabaco, tenemos ejemplos así en casi todos los países), pero siempre se llevan unos pocos centenares de votos porque hay personas que toman la decisión de votarles. Incluso algunos votantes no quieren decantarse por ninguna opción, por eso escriben frases o dibujos, aun sabiendo que su voto va a ser nulo y no contará para nada. ¡Toman esa decisión y no les importa que ese voto no sirva! Ninguna democracia se consideraría tal si se penalizase a los que votan nulo o en blanco. Si ejercemos la libertad, tenemos que dar el derecho a tomar decisiones, porque a nosotros, tampoco nos gusta que nadie nos juzgue por lo que decidimos.

Uno de los mayores problemas para la libertad es que en este momento, en los medios de comunicación y las llamadas redes sociales, la verdad objetiva prácticamente no existe: cada uno explica las situaciones según su color político, social, moral o religioso. Es cierto que los demás tienen derecho a expresar lo que piensan pero, al final, todos creemos que tenemos razón digan lo que digan los demás. Defendemos la libertad de equivocarnos aun sabiendo las consecuencias de esas equivocaciones: nadie querría vivir en un país que no le permitieran decidir ¡aun sabiendo que se equivoca! De esa manera, admitimos que nosotros somos culpables de gran parte del sufrimiento como vamos a ver más adelante, y lo hacemos sin ningún rubor: si dejamos que nuestros hijos tomen decisiones, vamos a sufrir; pero tenerlos *atados* toda la vida no es una opción. Por eso, para decidir, necesitamos poder, querer y saber: los seres humanos deben tener libertad, conocimiento y voluntad. Poder para llevar a cabo nuestras decisiones, conocimiento de las diferentes opciones y conciencia para decidir.

Tenemos la posibilidad de escoger

Somos seres finitos y, por lo tanto, no podemos ser perfectos; pero eso no implica que tomemos malas decisiones necesariamente; a veces nos dejamos engañar consciente o inconscientemente. Si somos sinceros tenemos que reconocer que sabemos lo que hacemos en la mayoría de las situaciones. Por ejemplo, sabemos que no debemos hacer tal cosa porque es mala para nuestra salud, pero tomamos esa decisión de todas maneras. Es cierto que, a veces, lo hacemos de una manera inconsciente porque la mentira nos esclaviza, y el engaño no admite razones ni espera que se las demos; pero en muchas otras ocasiones somos nosotros los que nos engañamos a nosotros mismos y no nos importa en absoluto engañar a los demás también. Por cierto, esa es una de las razones por las que *matamos* a Dios: no nos interesa que alguien conozca toda la verdad de lo que somos y hacemos... pero bueno, ese es otro tema.

El ejercicio de nuestra libertad permite también que tomemos decisiones que hacen daño a otros. Déjame ponerte un ejemplo muy simple, el de las grandes empresas del tabaco: costó muchos años de procesos legales e investigaciones, que se reconociera que el tabaco provocaba la muerte. Muchos lo sabían, pero no querían advertirlo ni mucho menos reconocerlo. Decían que cada uno podía tomar sus propias decisiones conociendo las consecuencias. No los juzgues demasiado rápido, podemos poner docenas de ejemplos en los que nuestra supuesta libertad es aplastada por el deseo de hacer lo prohibido: sabemos que estamos tomando malas decisiones, pero nos encanta porque nos hace sentirnos *vivos* (eso es lo que dicen algunos), sin darnos cuenta que nos estamos matando a nosotros mismos.

Por esa razón, si tuviéramos que definir la verdadera libertad deberíamos decir que es aquella que se ejerce tomando siempre buenas decisiones. De hecho, todos pensamos de esa manera aunque no queramos admitirlo: todas las leyes defienden que tomemos las mejores decisiones, para nosotros mismos y para los demás. Supongo que recuerdas lo sucedido en el año 2015 cuando un avión de una compañía alemana se estrelló contra los Andes y varias docenas de personas fallecieron en el accidente. Más tarde se supo que había sido una decisión del piloto, que quiso quitarse la vida *llevándose con él* a todos los que viajaban en el aparato. Aunque defendamos la libertad del piloto para hacer lo que quiera, nadie estaría de acuerdo en concederle esa libertad cuando las vidas de tantas personas estaban en sus manos. De hecho, si alguien hubiera sospechado que eso iba a suceder, le habrían quitado de ese puesto, ¡y con razón! Nuestra libertad para decidir no puede estar por encima de la vida de otros.

Nadie en su sano juicio defendería la libertad de alguien para conducir drogado o alcoholizado, porque tenemos temor de que pueda hacerle daño a terceras personas, y es lógico que sea así. Tampoco defenderíamos a quienes tienen mucho dinero y pueden invertirlo de manera tal que la economía entera de un país pueda colapsarse. No permitimos ejercer la libertad a quien esparce basura por ahí y no cuida el medio ambiente. Podríamos poner docenas de ejemplos más, porque la esencia de la libertad es escoger los mejores medios y tomar las mejores decisiones posibles para llegar a los mejores fines: se trata de escoger el bien, lo que es perfecto para la existencia, la nuestra y la de los demás.

Por eso la verdadera libertad tiene que *vivir* dentro de unos parámetros determinados. El ejemplo de la música sería uno de los más acertados: podemos componer un número infinito de canciones, pero siempre usando las notas, los tiempos, los modos y los sonidos que tenemos. La libertad también tiene limitaciones: si quieres tener buena salud no puedes hacer lo que quieras y comer lo que quieras, o ignorar las leyes de la naturaleza. Al final, tenemos que llegar a la conclusión de que el único ser verdaderamente libre, sería alguien que nunca se equivocara[3].

La libertad se basa en una ley supuestamente igual para todos

El siguiente paso es reconocer que, dado que tenemos que tomar buenas decisiones, la libertad solo es posible si tenemos que *dar cuentas* delante de una ley a la que todos, sin excepción, deban sujetarse. Nadie puede vivir por encima de las leyes físicas, y lo mismo ocurre con la ley moral, aunque muchos crean que es relativa. Tarde o temprano nos encontraremos que es imposible vivir en libertad si no existe una verdad moral completamente separada del poder y libre de toda influencia, como vamos a ver en el próximo capítulo. Porque si pensamos que no existe esa ley moral superior a nosotros, lo que siempre prevalecerá es la ley del más fuerte, sean una o muchas las personas que la sostengan. Es lo que sucede actualmente, incluso en las democracias: los que tienen el poder suelen saltarse

---

3   En ese sentido, solo Dios puede ser libre de verdad: solo un ser perfecto podría tomar siempre decisiones correctas.

las leyes debido a su posición y/o su dinero, y solo son apresados cuando los delitos son extraordinariamente obvios. Vivimos en una sociedad que defiende la libertad judicializada, porque pocos creen que existan normas a las que referirse como sucede con las leyes naturales, que son las mismas sin importar el país, la cultura, las opiniones de las personas, etc. Como los gobernantes cambian las leyes de manera casi continua, en último término dependemos de lo que el parlamento de cada país decida. La razón es que, si no existen principios trascendentales, todo estará en manos de una dictadura: de un hombre en concreto (despotismo), de un grupo de personas (democracia), o de una familia (aristocracia, oligarquía), con lo que la justicia social, como tal, desaparece[4].

2. Las dimensiones de la libertad

Dimensión natural (la relación de la libertad con la naturaleza)

La naturaleza siempre *impone* sus leyes; en cierto modo podríamos decir que es la mayor dictadura que existe, porque esas leyes son inexorables. No podemos vencerlas salvo que encontremos una ley superior, o tengamos alguna posibilidad de *dominarlas* a nuestro favor; pero jamás podemos *razonar* con ellas, porque son totalizadoras: no admiten argumentos ni comprenden las circunstancias por las que hemos tomado una decisión. Por ejemplo, la ley de la gravedad está siempre ahí y pagaremos las consecuencias de querer ir en contra de ella por más que intentemos explicar que tenemos la libertad para hacerlo, o aunque necesitemos saltar por una ventana para salvar la vida de alguien: la gravedad será inexorable sea cual sea la razón por la que tomamos una decisión.

Los naturalistas defienden que todo está regulado por nuestros genes de tal manera que vivimos determinados por el medio físico y las circunstancias que nos rodean. Llevado este argumento hasta el final (¡tenemos que hacerlo!), nos encontramos que, si no tenemos la posibilidad de elegir, ninguno de nosotros podría considerarse un ser humano, sino simplemente *materia evolucionada*. Pero sabemos que no es así, porque el hecho de tomar decisiones nos distingue, es una de las características que nos diferencia de los demás seres: nosotros podemos

---

4   En nuestro mundo, el uno por ciento de la población ha acaparado tanta riqueza como el 99 por ciento restante: las diez personas más ricas del mundo tienen más dinero que las cuatro mil millones de personas más pobres, ¿es eso realmente justo? Lo peor es que esa tendencia se hace cada vez más grande en todos los países. ¿Cuál es la trascendencia de ese hecho en nuestras libertades? Es obvio que las decisiones de esas diez personas son más importantes que las de todos los demás, su influencia es mayor que la de muchos millones de personas.

vencer el imperio de la ley natural por medio de nuestros razonamientos y nuestras acciones, por lo tanto tenemos un poder *superior*. No bailamos al son de la naturaleza como algunos defienden, sino que podemos dominarla nosotros.

Dimensión interior (la relación de la libertad con nosotros mismos)

La libertad interior tiene que ver con las decisiones que tomamos aun siendo influenciados por los demás o por las circunstancias. Esa libertad está siempre ahí, porque incluso si no decidimos nada y nos *dejamos llevar*, estamos tomando la decisión de no querer implicarnos en nada. Incluso si solo queremos hacer lo que otros nos dicen, usamos nuestra libertad para decidir lo que hacemos o lo que no hacemos. Nos guste o no, es nuestra voluntad lo que lo determina todo.

Esa libertad interior no puede ser eliminada, nadie puede pasar por encima de ella salvo que nosotros le demos permiso: muchos han entregado su vida antes de perderla. Podemos llegar a esclavizar a una persona, pero jamás podemos quitarle la libertad a su mente, su corazón, a ¡su ser interior! En ese hecho se basa el verdadero espíritu de la humanidad, porque refleja el carácter de Dios en cada uno de nosotros. Esa es la razón por la que muchos lucharon y consiguieron que este mundo sea mejor, porque vivieron en un nivel más alto que el exclusivamente material, ofreciendo su propia vida por el bien de los demás.

Nuestra libertad interior está influenciada por las necesidades que tenemos. A veces, lo que queremos y lo que necesitamos no coincide; en otras no podemos tener todo lo que necesitamos. Esa lucha nos *obliga* a decidir: en ocasiones optamos por lo que queremos, en otras por lo que necesitamos. Desgraciadamente en otras no podemos conseguir ni lo uno ni lo otro. Pero, como hemos visto, también tenemos la posibilidad de tomar decisiones que son contrarias a nuestro bien; acciones que nos hacen daño y no tienen nada que ver con el *desarrollo de la especie*. Es curioso como el ser humano, en muchas ocasiones, no suele obedecer a la naturaleza: quienes defienden que somos producto de un proceso aleatorio e irracional son incapaces de explicar esa libertad. Podemos llegar incluso a *pasar por encima* de lo que sentimos, para tomar una decisión: ¡eso solo lo puede hacer un ser humano! Los demás seres siempre obedecen a estímulos primarios, nosotros llegamos a la incongruencia de moldear nuestra voluntad de una manera *libre*: cuando escogemos algo suele haber una atracción, de tal manera que lo que nos gusta nos ha *escogido* a nosotros sin que nos demos cuenta. Lo peligroso del caso es que en nuestro interior más profundo solemos tener motivos que nos hacen decidir de una manera en concreto, a veces sin que nosotros mismos seamos conscientes de esa decisión.

Dimensión social (nuestra libertad y la relación con las demás personas)

Fuimos diseñados de tal manera que la libertad está en la base de las relaciones personales: sin esa libertad no existe la posibilidad de relacionarnos de una manera sincera, porque tenemos que conceder a todos la libertad de ser ellos mismos. Nos cuesta aceptar la libertad de otros a pesar de reconocerla públicamente, si salimos de la superficialidad para llegar al fondo de cada decisión, no solemos admitirlo, pero incluso en un régimen democrático, y dentro de cada grupo (no importa que sea político, social, empresarial, incluso religioso), casi siempre el diferente es señalado hasta pasar a ser disidente.

Eso es así porque la verdadera libertad lucha contra nuestro egoísmo: no queremos que nada se interponga en el camino de nuestra propia realización personal[5]. Ese egoísmo nos lleva a defender nuestra razón, aunque esa razón sea absolutamente infantil. Lo vemos en las discusiones por problemas de tráfico o en las broncas que se forman porque alguien toma nuestro lugar en la fila del supermercado, por poner dos ejemplos cotidianos. Personalmente comprobé en varias ocasiones ese tipo de libertad que simplemente quiere *pasar* por encima de los demás, en el campo de baloncesto que tenía cerca de mi casa. No era un lugar de paso, de hecho puedes cruzar la pista o pasar por detrás de ella sin tener que variar la ruta, pero casi todos los días alguien venía y pasaba por debajo de la canasta cuando estaba jugando, ¡simplemente para ejercer su *libertad* de pasar por allí! En una ocasión a uno le cayó el balón encima después de que entrara en la red, y aun tuve que disculparme. ¡Puedo pasar por donde quiera!, me gritó. Sí, tenía unos treinta metros para hacerlo, pero tuvo que desviar su camino porque quería ejercer su derecho, su libertad de *fastidiar* a otro. Lo curioso es que eso nunca sucede cuando estamos jugando varios, quizás porque no pueden enfrentarse a todos. ¡A pesar de que es un campo de baloncesto, no un camino! A veces ejercemos nuestra libertad bajo el prisma de nuestro egoísmo y eso no solo nos enfrenta a los demás, sino a nosotros mismos. Pensamos que hemos *vencido* y nuestra vida encuentra *sentido* en pequeñas

---

5   Sé que puede llegar a sonar muy *fuerte*, pero, en el día de hoy, si una pareja se siente mal teniendo un niño, puede abortarlo. Si un anciano estorba a la familia, se le envía a un asilo; si un inmigrante no tiene trabajo, se le devuelve a su país con toda su familia, etc. Puede parecer una visión demasiado simplista, pero son los extremos a los que hemos llegado tratando de defender nuestra libertad, (¿o ha sido tratando de defender nuestra comodidad?).

tonterías como esa[6]. Ese *ejercicio* de una supuesta libertad individual puede llegar hasta extremos insospechados: situaciones que tienen que ver con relaciones sociales enfermas como los abusos sexuales, la violencia, el control de la vida de otros, etc., lo son porque creemos que nuestra voluntad es mucho más valiosa que la libertad de los demás.

Ese egoísmo en el ejercicio de la libertad, puede llegar a extremos insospechados cuando es la sociedad en sí misma la que toma las decisiones. Si la razón de la evolución es defender lo que es bueno para la supervivencia de la especie, entonces si es necesario quitarle libertades a ciertos individuos por el bien común, no pasa nada. De hecho la eugenesia (la *mejora* de la raza), es defendida por mucha más gente de lo que pensamos. Si la clave de la vida es el naturalismo, tenemos que evolucionar sin que nos importe el precio, porque eso es *bueno* para todos.

Dimensión circunstancial de la libertad

Hawking afirma que para saber qué decisiones vamos a tomar en un momento determinado tendríamos que conocer miles de millones de variables físicas, conexiones circunstanciales, comportamientos neuronales, y varios parámetros más. Su contradictorio determinismo le lleva a afirmar que resulta imposible utilizar leyes físicas para poder llegar a lo más profundo de las decisiones del ser humano, pero al mismo tiempo admite que no nos interesa conocer todas las conclusiones subyacentes de las leyes que hemos formulado, *sin entrar en cada uno de los detalles de las interacciones de cómo los átomos y moléculas se comportan en las reacciones químicas*[7]. Eso significa que no queremos obtener una conclusión racional aunque tengamos alguna posibilidad de hacerlo, simplemente sabemos que eso es así y nada más. Las personas pueden tomar decisiones racionales o irracionales, aunque nosotros no sepamos el *porqué*; pero si seguimos por esa línea de explicación de los fenómenos, tenemos que llegar a la conclusión de que los impulsos naturales lo controlan todo.

Si seguimos con el argumento naturalista de que todo es producto del azar, y el nacimiento y las circunstancias de la vida de cada uno obedecen únicamente a lo que el azar determina, ¡tampoco podríamos decir que podría existir un azar al que referirse! La libertad que creemos tener es simplemente un espejismo que sufrimos en los momentos en los que nos

---

6   Una manifestación de esa estupidez humana se da en todas las culturas: la prueba son aquellas personas que, cuando te adelantan conduciendo su automóvil (o realizan cualquier tipo de maniobra temeraria), hacen todo tipo de gestos simplemente para hacer valer su *personalidad*. ¡Su valor como personas depende de las tonterías que hacen!

7   Hawking, S. *El gran diseño*, Crítica, Barcelona 2010, página 40.

encontramos mejor y nuestra vida parece tener significado. Esa es la razón por la que muchas veces, aun cuando pensamos que todo va bien, vivimos bajo la dictadura de la melancolía y la frustración. Si las circunstancias comienzan a torcerse, la vida pasa a saborearse como una tragedia sin final, así que en esos momentos, solo la decisión de pasar por alto el absurdo nos mantiene con vida. Aun así, esa vida no podría definirse como tal, porque nuestros pensamientos nos impiden disfrutarla. Como hemos visto, si Dios no existe, el mundo no solo es terriblemente injusto, sino que, además, no tiene remedio.

Dimensión espiritual, una libertad superior

Sabemos que existe una libertad superior, de donde vienen todas las demás libertades tanto individuales como colectivas. Tiene que ver con la toma de decisiones más profundas en nuestra manera de ser y ver la vida, porque si vivimos sin sentido, estaremos tomando siempre decisiones aleatorias dependiendo del momento, las circunstancias, los sentimientos, lo que ganamos o perdemos, etc. Sin ese tipo de libertad no sabemos qué camino seguir ni qué dirección debe tomar nuestra vida.

Si, tal como dicen los naturalistas, simplemente bailamos al son de nuestro ADN y lo natural lo regula todo, no tendrían sentido ni nuestra libertad ni nuestra voluntad. Resulta cuando menos curioso que se afirme que el cristianismo le quita la libertad a las personas, cuando son los naturalistas los que afirman que la libertad no existe. Además, como hemos visto, si defendemos una manera diferente de ver la vida, y algún ateo te pide que cambies de opinión para seguir sus ideas, es porque realmente cree que tienes libertad para hacerlo; por lo tanto su idea de que la libertad no existe y todo es un determinismo natural, ¡no es cierta! ¡Te está engañando!

Si no existen absolutos nada tiene sentido: las preguntas sobre la vida, el amor, la libertad, la razón de la existencia, etc., son tomadas a la ligera en muchas ocasiones, porque algunos defienden que lo único válido es lo tangible. Ya no se pueden proponer esas preguntas; es más, cualquiera diría que estamos locos si las hacemos, porque el mundo de las ideas desaparece, y con ellas la verdad. Esa pérdida de los ideales va íntimamente ligada a la pérdida de la libertad, porque lo que importa es lo individual, lo que me sucede a mí. *La gente solo busca lo mejor para sí misma, menos yo, que busco lo mejor para mí mismo,* decía alguien en una de las redes sociales, explicando de una manera perfecta la situación en la que vivimos. Ese egoísmo nos ha llevado a una sociedad en la que solo tenemos valor como consumidores.

Mientras tenemos dinero y lo invertimos, tenemos voz y voto. En el momento en el que no podemos consumir, somos desechados[8].

El naturalismo nos lleva al más absurdo de los determinismos porque todos estamos diseñados por las circunstancias que nos rodean: el lugar de nacimiento, la familia, las oportunidades económicas y culturales, etc. Todo tiene más valor que nuestras decisiones: todos tendríamos derecho a quejarnos amargamente por la desigualdad de oportunidades. En ese sentido, lo mejor que podríamos hacer es dejar a las personas en el desconocimiento más absoluto: para un niño que nace en ciertas regiones de África o Asia, es mejor no ver lo que ocurre en otros lugares del mundo y las posibilidades que podría tener allí; sería injusto enseñarles la verdad, sería más ético *dejarlos* felices en su ignorancia, porque nunca podrán vivir de la manera en la que nosotros vivimos. No estoy hablando de una manera cruel ¡todo lo contrario!, miles de personas pierden la vida en el camino a un supuesto paraíso que han vislumbrado: solo conocen la miseria, pero aun siendo pobres en el primer mundo vivirán muchísimo mejor que lo que experimentan donde están. En ese sentido, nuestro mundo no tiene remedio. Si Dios no existe, la mejor solución para los problemas del mundo, es la ignorancia, y de hecho, muchos lo creen así directa o indirectamente, porque nunca en ninguna otra época de la historia, las personas dedicaron menos tiempo a pensar y a intentar comprender el universo como hoy. Ese mismo argumento nos lleva a otro grave problema: a veces preferiríamos que no existiera la justicia, porque si no sabes lo que han hecho y robado ciertas personas (millones de euros en manos de los poderosos), ni el comportamiento de ciertos políticos, miembros de consejos de administración de algunos bancos, así como mafias de asesinos y terroristas, etc., el sentimiento de injusticia no es tan palpable. Cuando lo sabes y ves que no hay posibilidad de arreglo, porque su poder sobrepasa toda justicia humana, solo llenas de frustración tu vida. Termina siendo cierto aquello de que *donde aumenta el conocimiento aumenta el dolor*[9].

3. La libertad y la existencia de Dios

¿Por qué el mundo es así? ¿Cuál es la razón por la que Dios nos permite tomar malas decisiones? Esa es una elección que todos deben tener, mal que nos pese en algunas ocasiones. Si regalamos mil euros a cada uno de nuestros hijos, tenemos que asumir la posibilidad que los gasten en lo

---

8 A nuestro mundo consumista se le ha añadido, además, la tecnología: queremos tener todo lo novedoso. Nos parece imposible vivir sin los nuevos aparatos, incluso llegamos a creer que solo somos *libres* cuando tenemos posibilidades de consumir.

9 *Porque en la mucha sabiduría hay mucha angustia, y quien aumenta el conocimiento, aumenta el dolor.* (Eclesiastés 1:18).

que ellos quieran; podemos aconsejarles sobre lo que deben hacer, pero la decisión final será siempre suya. Dios tiene que permitir buenas y malas decisiones y, también, que *suframos* las consecuencias de esas decisiones. Si Él eliminase todos los efectos de las malas decisiones, la libertad no tendría ningún valor. La libertad exige consecuencias de las acciones; por eso existe justicia y las personas tienen que pagar por lo que hacen; pero esa es también la razón por la que la libertad verdadera se basa en la idea de Dios como Juez último[10].

El Creador llevó esa elección al extremo porque permitió nuestras equivocaciones, aun sabiendo lo que iba a ocurrir, y tomó medidas en cuanto a lo que sucedería en el futuro. Aun así, nos regaló esa libertad. ¿Podría Dios haber creado a alguien perfecto pero sin que tuviera la posibilidad de decidir mal? Si ese ser es libre tiene que poder decidir: el mal podría no manifestarse si decidiese vivir siempre de acuerdo al bien; pero desde el mismo momento en el que quisiera *vivir* de una manera diferente tomando malas decisiones, todo acabaría. Eso es, precisamente, lo que sucedió: una vez y miles de veces después, porque ninguno de nosotros querría ser degradado hasta un nivel en el que no pudiera disfrutar de la libertad. Nadie quiere ser una máquina perfecta sin capacidad de decidir ¡Hasta los que no creen en Dios y lo desafían, lo hacen porque han recibido el regalo de la libertad que Él les da!

Dios se manifiesta de esa manera y nos concede la voluntad para tomar decisiones porque de no ser así, nuestra existencia sería manipulada. Es cierto que Él es soberano porque es el Creador, pero hace *depender* todos sus planes de nuestras respuestas. No corre riesgos porque viviendo en otras dimensiones, sabe lo que va a ocurrir y podría intervenir en cualquier momento, pero la Biblia dice que no modifica nuestras respuestas en base a sus planes, sino que lleva sus planes a cabo teniendo en cuenta nuestras decisiones. El amor de Dios le lleva a hacer seres libres que puedan disfrutar voluntariamente; cualquier otro tipo de ser, incapacitado para decidir, no podría responder a ese amor, ni recibirlo como algo extraordinario para disfrutar.

Nuestra libertad es una demostración más de la existencia de Dios, porque todos entenderíamos mejor la existencia de un dios que nos obligara a hacer lo bueno, alguien que castigara de una manera inmediata; pero Dios permite que cada persona viva y se exprese de una manera personal y particular. A nosotros eso suele asustarnos.

---

10   Una justicia eterna que no se puede infringir, como vamos a ver más adelante.

232

El poder del amor

Uno es libre cuando decide amar, pero una vez que ama, el amor lo so-brepasa todo, incluso la propia libertad. Cuando amamos de verdad ya no tenemos la posibilidad de decidir algo en contra de quien amamos, porque solo buscamos su bien. Uno ama y se entrega[11]. Ese tipo de amor va mucho más allá de lo que el naturalismo puede explicar: los animales defienden siempre lo suyo, incluso su amor *materno* es un amor de defensa. Esa es la razón por la que muchas personas deciden no amar, no porque no quieran recibir o dar amor, sino, ¡por el precio que conlleva esa decisión! En cierta manera, el amor es lo que más nos *limita*, porque escogemos sufrir por amor, e incluso perder nuestros derechos, por aquello a lo que amamos. Esa deci-sión la tomamos todos y es igual para todos: podemos hablar de amor a otras personas, pero también del amor al dinero, al placer, a uno mismo... Por ejemplo, quien ama el fútbol toma todas las decisiones posibles para poder ver el partido de su equipo favorito, ¡y nadie puede decirle que no es libre cuando lo está haciendo! Todos decidimos de acuerdo a lo que amamos, y *eso* puede liberarnos o esclavizarnos dependiendo del caso: tenemos libertad cuando amamos a alguien bueno, pero nos convertimos en esclavos cuando lo que amamos destruye nuestra dignidad como personas.

Por otra parte, el amor implica la posibilidad de ser rechazado porque permite la libertad de la persona amada, ¡de otra manera no es amor! Existe la posibilidad de que la otra persona use su libertad para despreciarte[12]. Si queremos vivir y disfrutar del amor tenemos que arriesgarnos: el que ama sufre, porque en la gran mayoría de las ocasiones no decidimos bajo la tutela del amor, sino obedeciendo a las razones de nuestro propio egoísmo o dependiendo del egoísmo de los demás. Aunque si miramos hacia aden-tro, tenemos que reconocer que nosotros también, a veces, queremos pasar *por encima* de las circunstancias o de otras personas. Por eso no es posible amar sin sufrir, y aunque no amemos a nadie, siempre habrá algo que nos motive en la vida, el objeto de nuestro amor... y eso siempre terminará haciéndonos sufrir.

De la misma manera, debemos permitir que las personas a las que ama-mos, tomen decisiones ¡aun en contra de nuestra voluntad! No *podemos* vi-vir de otra manera: si no permito que Iami, Kenia y Mel (mis hijas) decidan por sí mismas, nunca serán *ellas mismas*: mi amor por ellas implica necesa-riamente que les conceda libertad. De la misma manera, el Creador *no puede* intervenir siempre en nuestras acciones, porque no podríamos ser nosotros

---

11   Ese es el ejemplo de Jesús, *Me amó y se entregó por mí* (Gálatas 2:20). El amor sin entrega son solo palabras; la entrega sin amor es solo orgullo disimulado.

12   ¡Dios lo sabe por experiencia! Muchos usan la libertad que Él nos regala no solo para despreciarle, sino incluso para asegurar que ¡no existe!

mismos, como veremos más adelante. Espero que nadie se enfade conmigo por el ejemplo que voy a poner, pero a veces vemos como algunas personas llegan a querer a sus animales de compañía ¡tanto como a su propia familia! ¿La razón? Son leales, no se enfadan, no responden, siempre están ahí ¡El problema es que no tienen libertad! Nadie permite que se vayan cuando quieran y no aparezcan más. No educamos a nuestros perros para que sean independientes y un día nos abandonen, por eso decimos que son mejores que muchas personas, porque a ellas no podemos controlarlas ni hacerlas dependientes de nosotros, ¡toman sus propias decisiones![13]. Dios podría haber hecho lo mismo y crear personas que fueran como animales de compañía, sin libertad, sin que pudieran tomar decisiones por sí mismos, y así nunca tendría un problema con nosotros (¡y nosotros no tendríamos ninguno con Él!), pero el precio de nuestra libertad es precisamente ese: nuestras mascotas no pueden conversar con nosotros ni tomar decisiones razonadas, ni (mucho menos) disentir.

Como hemos visto, Dios diseñó las leyes naturales *independientes* en cuanto a su funcionamiento; Él no tiene que intervenir en cada proceso y en cada momento. No necesita controlar todo lo que ocurre, como nosotros cuando hemos diseñado y fabricado un motor de avión (por ejemplo) que sabemos que va a funcionar pero necesitamos hacer el mantenimiento adecuado de vez en cuando. En la naturaleza no es así: cada ley sabe lo que *tiene que hacer*. El Creador incluso ha ido más allá de lo que pudiéramos imaginar, porque Él nos dio la posibilidad de *dar la vida* a cada persona que viene a este mundo[14]. Tal como somos, nosotros no habríamos dado esa libertad a los demás (la capacidad de tomar decisiones equivocadas a nuestro criterio), ni mucho menos a la naturaleza[15]. ¡Nos gusta tener todo controlado! Ese es uno de nuestros problemas más graves, porque si defendemos que no existe la libertad individual, tampoco puede existir el verdadero amor[16]. Piénsalo por un momento: a veces cuando le concedemos

---

13   Por otra parte muchos prefieren la compañía de un perro a tener una relación con un amigo, porque, con el animal, no van a tener que solucionar ningún enfrentamiento, como sí sucede con otro ser humano; pero ese es otro tema.

14   El ejemplo que pone Pablo en su primera carta a los Corintios (capítulo 15) va en esa dirección: Dios pone dentro de cada semilla lo que va a ser la futura planta, y cuando esa semilla cae a tierra y muere, nace una nueva vida. El Creador colocó ese proceso en cada una de las semillas, y no necesita intervenir en el nacimiento de cada planta. Lo mismo hace con el resto de las leyes naturales y con la capacidad de tomar decisiones que nos ha *regalado*.

15   Muchas de las llamadas catástrofes naturales son ocasionadas por nuestro desprecio a la naturaleza: las crisis ecológicas, el envío de gases a la atmósfera, los vertidos de basuras, la desforestación, etc. La lista de *locuras* que hemos cometido es casi interminable.

16   El amor que se exige o que se da por obligación, no es amor.

liberad a otros, nos desentendemos de sus decisiones y pensamos que cada uno tiene que lidiar con las consecuencias de lo que hace. Es como si concediéramos una libertad bajo fianza, porque cuando sabemos que se están equivocando los *dejamos*: tarde o temprano van a reconocer su error y nuestra *razón*. Dios hace todo lo contrario: nos concede la libertad, pero al mismo tiempo trabaja para recibirnos cuando hemos caído en las consecuencias de nuestras malas decisiones[17].

4. La libertad y el problema del mal

Como veremos en el siguiente capítulo, Dios *no puede* eliminar el mal para terminar con el sufrimiento. Yo no puedo decir: *voy a tomar todo el alcohol que quiera porque tengo libertad para hacerlo, sin pagar las consecuencias.* Lo queramos o no, vivimos bajo las leyes de la naturaleza que Dios ha creado (¡las que nos dan la vida!), y esas leyes tienen que cumplirse; las consecuencias de nuestras acciones son parte integrante de nuestra libertad. Imagínate que yo digo: *tengo libertad para robar a mi vecino.* Esa frase es cierta, aunque la decisión que estoy tomando es mala. Lo que es cierto también es que si un día lo hago, no puedo decir después: *ejercí mi libertad, así que nadie puede decirme que soy culpable.* ¡No! He hecho algo malo y tengo que pagar por ello. Nadie puede tildar de injusto al juez que me condene, ¡y mucho menos decir que la culpa de que yo haya robado al vecino es del juez que me está juzgando! Eso es lo que hacen muchos cuando quieren culpar a Dios de nuestras malas decisiones. ¡Nadie defiende ese argumento en ningún otro contexto, por mucho que algunos quieran usarlo contra Dios!

Dios no necesita intervenir cuando infringimos las leyes, porque su control *de la situación* sobrepasa lo que nosotros entendemos. A veces realiza un milagro (por circunstancias que desconocemos), pero esa es la excepción, ¡lo extraordinario! Por eso le llamamos *milagro*. Si Dios interviniera continuamente para vencer el mal, cambiaríamos nuestros argumentos para quejarnos: *¿qué derecho tiene a corregir nuestras decisiones?*

Muchos quieren vivir de una manera *libre* sin tener que dar razón de su conducta a nadie. ¡De hecho, esa es la razón principal por la que rechazan a Dios! No quieren que Él les diga lo que tienen que hacer. Pero jamás debemos olvidar que, ese *supuesto* tipo de libertad implica que otras personas puedan hacer lo mismo, y por lo tanto, hacernos daño debido al ejercicio de su voluntad. No podemos defender un tipo de libertad para nosotros y

---

17 Ese es el carácter de Dios, por eso Jesús vino a morir por nosotros, como veremos en el último capítulo: el Creador nos regala la libertad, y sabe que vamos a caer, pero al mismo tiempo sigue amándonos a pesar de haberle desobedecido, o de ir por un camino que nos va a destruir.

solo para nosotros, porque si creemos que no existe un Juez supremo, entonces si alguien nos ha hecho daño y se *sale con la suya* (quizás porque no hay testigos del *asunto*) es ¡cuando menos!, más inteligente que nosotros. En este momento puedes decirme: *Sí, pero no permitiremos nada que pueda hacerle daño a otros.* Ese es un buen deseo, pero nos obligaría a intervenir prácticamente en todo momento, lo que es lo mismo que quitarle la libertad a todos. ¡Lo que no queremos que Dios haga! ¿Crees que no? Respóndeme sinceramente: ¿hay algo que alguna persona está haciendo que te desagrada? (algún vecino, profesor, jefe, empleado, político, etc.). ¿Tiene libertad para hacerlo? ¿Por qué protestamos, entonces, cuando creemos que es una injusticia? ¡Alguien tendrá que tomar decisiones si queremos tener justicia!

Volvemos al ejemplo anterior porque necesitamos seguir adelante: si alguien conoce mis intenciones de robar al vecino y lo impide, nadie le diría que es una mala persona porque está limitando mi libertad ¡Todo lo contrario! Es una muestra de amor por su parte: amor a mi vecino, pero también amor a mí porque no me deja hacer algo de lo que voy a arrepentirme toda la vida, porque tendré que pagar por ello. De la misma manera, el hecho de que Dios establezca leyes que debemos cumplir es una prueba de su amor por nosotros. Así debemos entender el ejercicio de nuestra libertad.

Uno de nuestros problemas es que conforme van avanzando los tiempos, las libertades personales parecen existir solo como un panfleto político: la manipulación es tal y en tantos campos diferentes que, en pocas ocasiones podemos tomar decisiones objetivas. Cada día crece el número de personas indignadas porque no pueden confiar en el sistema político, judicial, legislativo, etc. La democracia y la libertad que disfrutamos hoy nacieron y crecieron con la idea de que todos (tanto políticos, jueces y poderosos, como el mismo pueblo) tenían que dar cuentas a Dios; desde el momento en el que hemos *quitado* al Creador de la escena, todos pueden hacer lo que quieran con tal de no ser descubiertos.

La capacidad para estar de acuerdo o no, con el Creador

Mientras tanto, Dios es el único que nos concede una libertad extraordinaria: Jesús nunca obligó a nadie a creer en Él. Desgraciadamente no todos sus seguidores han seguido su ejemplo a lo largo de la historia, con lo que el cristianismo ha sido señalado en varias ocasiones por coartar esa libertad. De la misma manera que el Mesías, nosotros no tenemos que defender ningún tipo de autoridad hacia los que creen, ni tampoco nuestra supuesta superioridad hacia los que no creen[18]. La razón es más sencilla de

---

18 Una vez más, Pablo es un ejemplo al referirse a sí mismo como el *campeón* (la palabra que usa en el idioma original) de los pecadores. Para mostrar a todos que nadie

lo que imaginamos: el verdadero amor necesita la libertad de quien ama, no puede existir amor si la otra persona es *obligada* a amarme. Como hemos visto, ser libre es amar sin condiciones, y quien ama, no hace daño nunca, siempre busca el bien de la otra persona. Dios es infinitamente bondadoso, así que va a luchar para que seamos nuestra *mejor versión;* hará todo lo posible para que podamos disfrutar mucho más de lo que lo hacemos ahora, mostrando el camino para que no nos destruyamos a nosotros mismos.

Cuando La Biblia narra la creación expresa una frase realmente impresionante: *Dios vio todo lo que había hecho y vio que era bueno*[19]. Ese *todo*, por supuesto, incluye la libertad que Él nos dio. Si la hubiéramos usado para confiar en Él y no hubiéramos escogido mal, el mundo sería completamente diferente. Pero como veremos en el último capítulo, esa posibilidad de redención sigue en pie, porque Jesús es la *libertad encarnada: El Espíritu del Señor Dios está sobre mí, porque me ha ungido el Señor para traer buenas nuevas a los afligidos; me ha enviado para vendar a los quebrantados de corazón, para proclamar libertad a los cautivos y liberación a los prisioneros*[20]. Este es el *trabajo* del Salvador, liberar a los cautivos y prisioneros porque solo la libertad interior puede traernos libertad exterior. Esa *Libertad* incondicional y *bañada* en amor la necesitamos todos.

Más contenido audiovisual:

---

puede sentirse superior a otro: *Cristo Jesús vino al mundo para salvar a los pecadores, entre los cuales yo soy el primero.* (1 Timoteo 1: 15).

19   Génesis 1:31.
20   Isaías 61:1 y ss.

CAPÍTULO 10
Principios éticos y leyes morales

Hay una escena en la famosa película *La reina de África* (dirigida por John Houston, 1951), en la que el actor Humphrey Bogart dice: *¿Por qué se escandaliza tanto, señora? Todo hombre bebe más de la cuenta de vez en cuando. Forma parte de la naturaleza humana.* A lo que Katherine Hepburn le responde: *Señor Allmut, estamos en este mundo para alzarnos por encima de esa naturaleza.* Un par de frases muy sencillas que nos hacen pensar en lo que es éticamente correcto y lo que no; la facultad que tenemos para tomar decisiones imponiéndonos a la naturaleza, incluso.

Como hemos visto al final del anterior capítulo, nuestra libertad nos hace seres morales, podemos decidir entre el bien y el mal. Todos sabemos que existen leyes físicas que se *imponen* por sí mismas; de la misma manera sucede con las leyes morales: no pueden ser rotas sin que suframos las consecuencias. La diferencia es que esas consecuencias no las vemos en muchas ocasiones, porque están *dentro* de nosotros: nos influyen en las relaciones con los demás, con la naturaleza, y con el Creador, aunque creamos que no existe. Sé que son demasiadas afirmaciones para comenzar este capítulo, pero debemos ir recorriendo ese camino juntos, poco a poco.

1. Origen y definición de la ética

La ética es la reflexión sobre el comportamiento, no tiene tanto que ver con las *costumbres*, sino con el ideal que todos tenemos. La ética es a lo que apelamos como base de nuestras decisiones morales; aquello en lo que nos justificamos de una manera racional. Para muchas personas, la ética se basa en la lógica, la intuición moral o incluso la conciencia de la mayoría, y atribuye cierto valor a principios o comportamientos, ya sea de una manera pública o privada. Esos valores hacen referencia siempre a un *bien absoluto* que tenemos y defendemos[1]. Todos admiten una verdad ética para decidir lo que es correcto y lo que no, y que puede variar según la cultura, las circunstancias, las ideas, etc. Esa manera de ver la vida se convierte en *ley* para nosotros,

---

1 Siempre es así aunque defendamos principios relativos, como hemos visto, porque esos principios son nuestro *absoluto*; aquello que rige toda nuestra conducta.

tanto interiormente como en las relaciones con los demás. Como es lógico, esa *ley* puede cambiar a lo largo de nuestra existencia: la mayoría de las veces de una manera consciente, pero también inconscientemente, porque no siempre razonamos sobre las decisiones que tomamos.

La moral es la aplicación de las ideas y las normas éticas, tiene que ver con el conjunto de comportamientos de cada persona dentro de una sociedad y una época. Cada persona decide lo que es justo y lo que no de acuerdo a su percepción de la situación, sus ideas, su conciencia, sus motivaciones, sus sentimientos y sus intereses. ¿Cuál es el tipo de moral que defendemos? Solo existen tres posibilidades:

1. La que impone una persona; puede ser un dictador, o alguien que hayamos elegido. Muy pocos defienden esa opción.
2. La que el Creador propone. Pocos lo creen.
3. La que decidimos entre todos. Esta suele ser la opinión de la mayoría, al menos en teoría. Si la llevamos a la práctica (no nos queda otra), tenemos que respetar las ideas de todos. En ese sentido, no se puede defender ningún tipo de integrismo (tampoco el de aquellos que hablan en contra de las normas de la Biblia). No puedes desecharme simplemente porque no te gusta lo que digo, de la misma manera que tú esperas que no te aparte a ti. Con ese convencimiento seguimos adelante.

La fuente de los valores éticos y la moralidad

Dado que todos tenemos valores morales o, al menos, nuestro comportamiento se define por las decisiones que tomamos, deberíamos explicar dónde fundamentamos esos valores:

La razón

Si creemos que nuestra razón es la base de la ética, la consecuencia es que tenemos que examinar cómo tomamos cada decisión: la razón nos dicta que se debe buscar todo aquello que sea bueno para nosotros y que haga mejor la convivencia con los demás. Para comenzar, un principio tan simple como ese y tan aceptado por la mayoría, no podría venir desde dentro de nosotros mismos, porque si realmente obedeciéramos al instinto de *supervivencia natural* no nos preocuparía lo que pueda sucederle a los demás.

Por otra parte, si descansamos solo en la razón para tomar decisiones, tenemos que reconocer que cuando necesitamos ser justos, a veces esa justicia no tiene un referente externo. Lo que decidimos puede ser perfectamente razonable, pero también puede herir a muchas personas, e incluso quitarles sus derechos más fundamentales: ¿es justo aplicar un tratamiento muy caro a una persona de más de ochenta años, cuando otros podrían sobrevivir con ese dinero? Este sería un ejemplo muy sencillo en cuanto a lo complicado de los principios éticos, porque cada día tomamos decisiones en las que la razón va por un lado completamente opuesto a la justicia. ¿Cómo es posible? Porque el amor se expresa a través de la bondad, no solo por lo que las normas o la razón dictaminen: para algunos sería razonable dejar morir a un par de miles de millones de personas porque muchos de los problemas económicos y sociales que tenemos actualmente se reducirían pero ¿eso nos da derecho a hacerlo? ¡No! Porque es una auténtica barbaridad, aunque parezca estar de acuerdo a nuestros *razonamientos*. Estamos hablando de un ejemplo absolutamente extremo (¡espero que todos se hayan dando cuenta!), pero la razón nos va a llevar en muchas ocasiones a conclusiones equivocadas, si no tenemos un referente exterior a nosotros.

El conocimiento no implica la moralidad: el hecho de que sepamos mucho, o podamos controlar la naturaleza no significa que seamos mejores personas. A veces, incluso sucede todo lo contrario; con el poder aumenta la posibilidad de hacer daño a otros, porque al defender nuestros derechos, buscamos la manera de conseguir lo que creemos que merecemos, lo que nosotros creemos que es justo para nosotros. Si yo pregunto: *¿Puedo curar a alguien?* Un físico podría decirme: *Sí, utiliza un rayo láser.* Si digo: *¿Puedo matar a alguien?* El mismo físico podría repetir las mismas palabras: *Sí, con un rayo láser.* Las respuestas de la ciencia no son morales, pero lo que hago con ella es lo que hace la diferencia en la vida, en la mía y de los demás. Al final, muchos creen que los valores éticos y morales están más allá de la ciencia, y no puede llegarse a ellos por métodos racionales. Podemos usar la energía atómica para curar o para matar, la decisión está en manos de quien tiene el poder, la ciencia no decide nada. Se puede ser uno de los mayores sabios del mundo, pero tener motivaciones equivocadas y ser un peligro para la humanidad; en ese sentido, y para esa persona en concreto, habría sido mejor que tuviera poco conocimiento.

Por último, si, tal como afirman los naturalistas, la razón es un producto casual de la evolución, ¿es tan importante? Según esa manera de ver las cosas, el hecho mismo de que razonemos no tiene tanta trascendencia, ni tampoco las conclusiones a las que podamos llegar: la razón tiene tanto valor como los sentimientos, por poner un ejemplo; si alguien siente que debe matar a otro, no hay manera de convencerle de que eso no es bueno. Quienes creen que la razón es la base del comportamiento moral, simplemente defienden el bien común, porque tienen que descubrir *algo superior* al individuo para defender esa moralidad: la sociedad, la paz, la libertad, el propio bien común, etc. Como ese *bien* se alcanza entre todos, al final la base moral de nuestras decisiones no está en la razón, sino en la opinión de la mayoría.

La opinión de la mayoría, una moral originada en el bien común

Las decisiones de la mayoría atienden a los principios democráticos: las leyes se establecen para el buen funcionamiento de la sociedad y miden lo que hacemos para que no se sobrepasen ciertos límites. Son normas para el respeto mutuo y la convivencia en general como, por ejemplo, cuando se prohíbe ir a más de 50 kilómetros por hora con nuestro vehículo en una ciudad. Esas normas se basan en un fundamento superior al meramente egoísta, pero en todos los casos son leyes sobre las que tenemos que reflexionar[2]. Si la opinión de la mayoría es la que establece la moralidad, ¿cuál es la decisión moral más aceptable? ¿La del legislador? ¿La del poder político? ¿Y si los elegidos por el pueblo deciden tomar decisiones inmorales? No creas que estamos hablando de *ciencia ficción*, solo por poner algún ejemplo muy sencillo, en algunos países de Europa se decidió no dar asistencia sanitaria a ciertas personas[3]. ¡Gran parte de la población apoyaba esa decisión! ¿Es esa una buena decisión moral? Los políticos nos lo vendieron como una decisión buena para la economía, pero realmente todo va mucho más allá: ¿es legítimo no atender a alguien simplemente porque su situación no es *regular*? La razón última de esa situación es porque no tienen dinero, pero ese mismo gobierno –en España, por ejemplo– da la posibilidad de regularizar su situación a aquellos que sí tienen poder económico; lo que nos lleva a admitir lo que decíamos en el anterior capítulo: la mayoría admite (de una manera más consciente de lo que imaginamos) que el valor de las personas se mide de acuerdo a lo que tienen.

Aunque no lo creamos, las decisiones que tomamos *por mayoría* son impuestas por el dinero y el poder, aunque nos digan que es lo que *todos* quieren. La población siempre está influenciada por grupos económicos, sociológicos, informativos, etc., que son los que mueven el pensamiento y

---

2   Una ambulancia tiene derecho a ir a más velocidad cuando lleva a alguien herido. ¿Cuál es la razón por la que le damos prioridad? Sencillamente el valor de una vida humana, pero ¿qué ocurre cuando el automóvil que va a más velocidad es el de un conocido político con su escolta? ¿Tiene derecho a infringir la ley? ¿Puede hacerlo si no va a un encuentro oficial? ¿Cómo definiríamos un *encuentro oficial*? No se trata de hacer preguntas sin fin, sino de comprobar como todas las decisiones son más complicadas de lo que creemos, y al final, son las personas que están en el poder las que rigen las decisiones morales, como vamos a ver.

3   A los inmigrantes *sin papeles*, aquellos que entraron en el país de una manera clandestina.

las decisiones de la gente; esos grupos suelen despreciar los derechos de los pobres, los desfavorecidos, los que no tienen nada, etc. Todos los gobiernos quieren controlar los medios de comunicación para que informen tal como ellos quieren: saben que lo que importa no es la verdad, sino lo que ellos exponen como verdad. En realidad, no existe una moralidad decidida por las mayorías, sino la que establecen los que están en el poder. Vivimos con una escala de valores distorsionada: la sociedad dicta sus normas morales y todos las asumen como buenas. Los *héroes* son admirados sin importar lo que hagan, porque al final es el público el que decide si algo es bueno o no.

Cualquier observador imparcial podría reconocer que una moral impuesta por la mayoría derivará siempre en la injusticia. Conocemos situaciones así en casi todos los países del mundo: ¿y si la mayoría es integrista y decide que las mujeres vayan por la calle vistiendo completamente de negro y con un simple agujero para poder ver? ¿En base a qué se lo prohibimos? ¿Defendemos que nuestra cultura es *superior*? No estamos hablando de situaciones generales simplemente, sino de cómo las decisiones de la mayoría pueden llegar a influir en nuestra vida particular. Déjame mencionar un ejemplo muy conocido: el barco inglés Mingonette, se hundió en el año 1884 y tres de los cuatro supervivientes (entre ellos el capitán Tom Dudley), decidieron asesinar al grumete (no tenía familia y estaba enfermo), para que los demás pudieran sobrevivir comiéndose su cuerpo. Cuando se supo lo sucedido y fueron llevados a juicio, el juez los absolvió: los demás habían decidido que la vida del grumete era la menos importante, así que les dio la razón. Aunque es un ejemplo extremo, recuerda que, cuando nadie puede ir en contra de lo que decide la mayoría, la dignidad humana desaparece: no importa quién defienda esa opción, la única manera de que reconozca que está equivocado es que un día la mayoría haga desaparecer sus derechos, ¡seguro que entonces cambiará de opinión!

Esa situación tiende a perpetuarse: la moral gobernada por los poderosos, (aunque fuera como producto de la votación de la mayoría), llegó a crear la eugenesia, el deseo de mejorar la raza humana a cualquier precio: en los años treinta se esterilizaron a ciertas personas debido a sus problemas físicos o psicológicos, para que no pudieran tener descendencia, seleccionando a los mejor dotados. Como hemos visto también, muchos defienden no ayudar económicamente a los más débiles ni darles cobertura a nivel sanitario: esa es una opción política defendida incluso por personas religiosas. ¿La razón? La *bondad aparente* es uno de nuestros mayores enemigos. La religiosidad sincera o fingida (realmente no hay demasiada diferencia), destruye las vidas de los que quieren vivir así y de los que los rodean: un multimillonario puede tener una vida *impecable* porque nunca ha sido culpado de nada, mientras muchos de sus obreros y sus familias mueren de hambre debido a los salarios injustos que les paga. Nuestra idea de justicia nos hace admirar a personas que pueden gastarse diez mil euros por noche en una suite de un hotel de todo lujo, mientras a la misma puerta del hotel duerme algún vagabundo sin trabajo, ¡cómo si ese no fuera su problema! Porque, según la ley lo importante es el comportamiento exterior (nadie puede juzgar el interior: las motivaciones, las actitudes, los deseos, etc.). Si nadie sabe lo que ocurre dentro de mí puedo tener dos vidas diferentes. Nos conviene que sea la mayoría la que dictamine lo que es moralmente aceptable, porque lo que realmente se defiende es el relativismo moral: a muchas personas no les importa engañar, robar, mentir, o hacer daño a otros, lo que realmente les preocupa es que no les descubran; lo importante es sacar el máximo provecho de todas las situaciones. Los *inteligentes* son los que engañan y no son descubiertos, los héroes son los capaces de buscar siempre lo mejor para sí mismos para llegar a lo más alto de la sociedad. Hace ya dos mil años que los romanos tenían un proverbio que decía: *Las leyes son como las redes, atrapan a los pescados pequeños, pero los grandes las rompen.*

¿Cómo es posible? A veces olvidamos que la ley por sí misma no puede hacer nada, porque no tiene identidad propia: ninguna ley moral *obliga* a hacer algo, sino que permite nuestra libertad; al contrario que las leyes físicas que sí castigan su incumplimiento. Por eso los países necesitan tener policía, para que se cumpla la ley. ¡Jamás encontrarás policías cuyo trabajo sea que se cumpla la ley de la gravedad, por poner un ejemplo! Debería hacer pensar a todos, el hecho de que los conceptos que tenemos sobre derechos, libertades, deberes, etc., no aparecen de una manera natural (la naturaleza *defiende* la ley del más fuerte), tal como los propios naturalistas admiten. Si no existiera un Creador, sería imposible que surgiera la necesidad de defender los derechos de todos, incluidos los de los débiles.

El absoluto es el bien común

Igual que en otras situaciones, para salir del paso, se crea un *absoluto* (¿no quedamos en que los absolutos no existían?) que es el bien común. Como siempre, el problema es que, para que cualquier tipo de ley funcionase, la mayoría de las personas tendrían que rendir el bien privado al bien público, y eso solo se consigue cuando creemos que el bien público es más importante. No existe otra manera de que una ley moral pueda verse integrada en el corazón de las personas, sino bajo el poder de un *absoluto*, ¿por qué velar por el bien público mientras yo me muero de hambre?

Hay quienes defienden que pueden existir normas obligatorias en diferentes campos de la conducta, pero no en la moral. Puede parecer razonable, pero no tiene ningún sentido porque la esencia de nuestras decisiones tiene que ver con lo que creemos que es correcto o no: por ejemplo, ¿por qué no permitimos que alguien conduzca un vehículo con un grado determinado de alcoholemia? Quizás puedas decir: *porque es peligroso para los demás*, pero ¿no es más peligroso que él mismo se destruya poco a poco, o incluso que golpee a su mujer y a sus hijos? Cuando defendemos que la moralidad es individual, aplicamos las normas solo cuando hay consecuencias para terceras personas, pero ¿es más peligroso un conductor borracho que un presidente de gobierno egoísta? ¿Merece más castigo el que tiene pornografía infantil en su ordenador, que el que aparece en los medios de comunicación defendiendo que la edad para tener derecho a tener relaciones sexuales sean los doce años?[4]. Estamos acostumbrados a legislar la conducta y no los principios morales. Ese problema será permanente, porque lo único que buscamos son personas aparentemente buenas, aunque en su interior sean tan culpables o más que los que están procesados, como hemos visto al hablar de la *maldad* de las mayorías.

Todos nos saltamos las normas alguna vez. *No hago daño a nadie*, solemos decir cuando hacemos algo prohibido como, por ejemplo, atravesar con nuestro vehículo un paso de peatones, sin preocuparnos si aparece alguna persona caminando... pero ¿y si en ese momento un niño sale corriendo y lo atropellamos? ¿Somos asesinos? Pocos dirían que sí, pero el caso es que le hemos quitado la vida a un inocente: para él, nuestro pequeño error SÍ es trascendental. ¿Por qué no vivimos entonces sin reglas de tráfico? ¿Solo por los que no las cumplen? ¡No!, las necesitamos <u>todos</u>. Nadie cumple las leyes siempre: ese es el problema de la humanidad, no solo con las reglas de tráfico, sino con todo tipo de normas morales.

Pero entonces, debemos seguir preguntándonos: ¿Y si la *maldad* pasa a ser bien vista? Al menos cierto tipo de *maldad,* aunque creamos que hablamos de algo *accesorio*: por ejemplo, en algunos países del llamado primer mundo no se permite explicar a los niños la historia de la Navidad, pero sí se habla sobre la necesidad de no defraudar a hacienda en spots comerciales dirigidos a ¡niños menores de diez años! El argumento es claro: *los niños tienen que ser buenos ciudadanos y no defraudar al estado, ¿*y eso es más importante que el hecho de que conozcan principios cristianos, que les van a hacer no solo mejores ciudadanos, sino también mejores personas? Al final adoctrinamos sobre aquello que nosotros creemos, defendiendo a capa y espada que se trata del *bien común*; pero lo realmente cierto es que, los

---

4 El problema en la sociedad de hoy, es que si decimos algo contra lo que defienden ciertas personas, seremos acusados de *intolerancia*, por contrariar sus opiniones.

que tienen poder lo usan para hacer lo que quieren. ¡Ese es el tipo de moral de los que no admiten a nadie *por encima* de ellos!

La consecuencia de todo esto, es que vivimos en un estado de vigilancia continua: nos vigilan a nosotros, y todos tenemos que vigilar a todos, porque es la única manera de que la injusticia no triunfe. Hemos creado un estado de sospecha permanente, porque todos buscamos como *pervertir* la ley a nuestro favor, seamos quienes seamos[5]. Aunque sea imprescindible para la convivencia, ni el bien común ni la opinión de la mayoría, pueden ser la base para las decisiones morales. Ningún tipo de votación puede establecer lo que es justo o no.

Los principios morales se derivan de la tradición, lo que siempre se ha hecho

Una tercera opinión es que la conciencia moral surge de elementos y tradiciones que se han establecido durante los años. Esos principios aparecieron de una manera inconsciente en las relaciones personales, pero con el tiempo se fueron perfeccionando de tal manera, que todos los asumen como propios. Una primera conclusión es que, de ser así, los valores básicos para la convivencia serían universales y se habrían dado en todas las civilizaciones de una manera casi idéntica, pero la realidad nos enseña que eso no suele ser cierto.

Nuestros principios morales están determinados por nuestras creencias, sea cual sea la base de esas creencias porque todos tienen una escala de valores que aplican en cada circunstancia. Lo que ocurre es que detrás de esa medida *humana*, todos creemos que nuestra cultura es la fuente de esas creencias[6]. Muchos afirman que la declaración de los derechos humanos

---

5   Nos cuesta reconocer que somos así. A la vuelta de un viaje a Suecia con mi familia, le comenté a varios compañeros de trabajo, que en algunos países nórdicos es imposible poner en funcionamiento ningún vehículo público (autobús, tren, tranvía, taxi, etc.) sin soplar en un mecanismo que verifica que no hay alcohol ni drogas en la sangre. Actualmente se debate en algunos parlamentos si se podría aplicar la ley a todos los vehículos, pero algunos argumentan en contra defendiendo la libertad individual del ciudadano. La reacción de los que me escucharon me hizo sonreír, porque uno de ellos afirmó:

Aquí, no habría ningún problema, simplemente le pediríamos a nuestra mujer o a uno de nuestros hijos que sople para encender el vehículo y ¡no pasaría nada!

Yo aun estaba recuperándome de mi sorpresa, cuando otro de mis amigos dijo:

¡Qué bueno! Yo ya sé como ganarme unos cuantos euros un fin de semana: me voy a la puerta de un restaurante en el que se celebre una boda, y le digo a la gente al salir: "Te enciendo el automóvil por diez euros". ¡No veas la cantidad de dinero que podría sacar!

6   Esa supuesta superioridad de una cultura la defienden los mismos que afirman que el cristianismo no puede imponer las normas de Dios a los demás, porque eso implica creer que una creencia es superior a otra (¿?) ¡Incluso usan su *ley* moral (que no se

que proviene de la cultura occidental debería ser aceptada por todos, y esa es la razón por la que se impone a otras culturas: no estamos de acuerdo con la ablación de las niñas en ciertos países, defendemos que no pueden existir castas, luchamos por los derechos individuales, no queremos que se destruyan los bosques, etc.[7]; pero ¿por qué defendemos que nuestras leyes son superiores moralmente al de las culturas que lo defienden?

Si usamos la tradición para defender nuestros principios, nos encontramos con que a alguien se le puede ocurrir matar a miles de personas usando una bomba atómica, por ejemplo. Aunque pensemos que no existe ninguna razón para argumentar esa acción, quienes tomaron esa decisión la certificaron diciendo que eso supuso el fin de una guerra. ¿Quiénes somos ninguno de nosotros para imponer una norma moral a otros? Si no existe un ser exterior, ¿por qué alguien tiene que tener derecho a imponer sus principios sobre la vida de otros? Cuando defendemos la tradición y la historia, aparentemente estamos en un nivel superior a los anteriores, ¿es cierto? Los filósofos en la antigüedad afirmaban que el hombre es la medida de todas las cosas, eso sería la base moral para la dignidad de todos los seres humanos, pero deberíamos preguntarnos a quién tomamos como referencia en esa *medida* ¿Hitler, Stalin o Martin Luther King y Teresa de Calcuta? ¡La diferencia es obvia! El problema de todas las generalizaciones es que derivan en la particularidad de lo que nos concierne a cada uno; al final de lo que se trata no es de la dignidad del ser humano, sino de *mi* dignidad.

¿Cómo afirmamos entonces, que una decisión es buena o mala? Si la tradición es la base de todo, necesitamos explicar cómo han surgido los buenos instintos que tenemos. ¿De dónde surge la necesidad de hacer el bien? Algunos dicen que los valores morales cambian con las personas, las culturas y las sociedades; ¿por qué existe entonces una obligación moral dentro de nosotros? Como veremos más adelante, el altruismo no tiene ningún sentido a nivel naturalista, en un mundo en el que el que sobrevive es el fuerte.

Lo mismo sucede con nuestra capacidad para hacer lo malo: si la tradición fuera el origen de todo, con el paso del tiempo nuestra maldad iría desapareciendo, pero, ¡estamos muy lejos de que sea así! Una vez más, los ejemplos de la vida cotidiana nos *delatan*: en casi todos los países los impuestos se incrementan porque todos los gobiernos (algunos más que otros), saben que hay un alto porcentaje de personas que no van a pagar lo que deben. La argumentación es simple e irrevocable: si no hay nadie a

debe imponer, recuerda) para juzgar al cristianismo por lo que ha hecho bien o mal! La incongruencia de algunas argumentaciones, no tiene límites.

7   ¡Y tiene que ser así! Sea cual sea nuestro trasfondo, tenemos que seguir luchando a favor de las causas justas, para que este mundo sea lo mejor posible.

quién dar cuentas, el sabio es el que se escaquea, al fin y al cabo viviremos unos años aquí y *después nada*. Es cuando menos curioso, que los estados mayoritariamente ateos, son los que tienen los índices de corrupción más altos. ¡Y no solo eso! En la mayoría de los países, la policía y los órganos de investigación tienen que ser cada vez mejores, porque los que engañan son cada vez más inteligentes. Incluso en el *día a día*, el simple hecho de realizar bien un trabajo depende muchas veces del *humor* que tenga cada persona. Si eres tratado de una manera injusta, te dicen: *puedes poner una reclamación* pero, de esa manera, volvemos al estado judicial del que hablamos anteriormente. No hemos avanzado nada: la tradición tampoco puede ser la base de nuestras decisiones morales.

La evolución natural

Los naturalistas afirman que es la propia evolución natural la que nos proporciona los valores que tenemos. ¿Es posible? Necesitamos reflexionar sobre eso: para la naturaleza, el valor moral de la supervivencia es un absoluto, pero siempre será la supervivencia de los más fuertes, o la supervivencia propia a cualquier precio. El propio Darwin creía que la mente humana buscaba el éxito evolutivo antes que la verdad de los acontecimientos; de tal manera que, si lo único que nos importa es el éxito, poco a poco todo dejará de tener sentido. De hecho, nuestra cultura occidental está asentada justamente en ese punto: *el éxito es mucho más trascendental que la verdad*.

Defender valores siempre implica elección; necesitamos decidir entre lo que creemos que es bueno y lo que es malo. Si pensamos que todo depende del azar, tenemos que recordar que el azar no *entiende* sobre motivos personales o circunstancias más o menos graves, ni admite ningún tipo de categorías. Quizás a muchos se les ha olvidado que para el desarrollo evolutivo, el fin siempre justifica los medios: el débil siempre perece y el fuerte sigue adelante. Lo que impera es la llamada *ley de la selva* (¡qué curioso que los naturalistas también usen esa expresión!), *el más fuerte siempre gana*. No hace falta ser muy inteligentes para comprender que el resultado de esa ley es la violencia. La naturaleza incluso la promueve para que el más fuerte subsista. ¡Es obvio que no podemos defender esos principios morales! ¿Por qué, entonces, asumimos que eso está mal? Esa maldad en la naturaleza nos muestra que la situación está trastornada, y que son los poderosos los que deciden siempre: pero para *ella* eso no es un problema moral ni ético. Si afirmamos que debe ser así, ¿quién defiende a los débiles? Esa idea de que los fuertes son los que sobreviven gobierna más nuestra sociedad aunque muchos no quieran admitirlo. Todos aspiran al bienestar, pero habría que recordar cual es el precio: ¿diez millones

de niños que mueren de hambre cada año mientras las entidades banca-
rias y otras empresas ganan miles de millones de euros en beneficios? Si la
felicidad es el objetivo, *la ley de la selva* nos enseña que, ¡la felicidad de los
más poderosos es el objetivo! Las cosas no van mejor que hace cien años:
la injusticia social es mayor. Los que tienen dinero cada vez son más ricos,
y los pobres más pobres. Desde la sociedad se promueve el NO al racismo,
pero la realidad de muchos gobiernos es la contraria[8]. No podemos cerrar
nuestros ojos a lo que está ocurriendo: la abominable *solución final* de los
nazis, se lleva a cabo ahora no en hornos de gas, sino en muchos países del
tercer mundo por medio de la explotación infantil, manipulación de sus
recursos, falta de inversión en infraestructuras, mano de obra muy barata,
etc. No se mata a las personas por ser de otra etnia, religión, cultura, etc.,
sino que se les pone a trabajar como *modernos esclavos,* ¡y a muy pocos le
preocupa que sea así! *La ley del más fuerte* lo gobierna todo.

Las intuiciones morales que todos tenemos dentro de nosotros (lo que
está bien y lo que está mal), no pueden proceder de un sistema evolutivo
que desarrolla la capacidad para que sobrevivan los mejores. Si todo se
reduce a la evolución naturalista, no podemos establecer las categorías de
bien y mal, ni en el interior ni en el exterior del ser humano. El resultado
de esa *búsqueda ciega,* tal como estamos viendo en los últimos años, siempre será la desigualdad y la desesperación.

La sinceridad de nuestra conciencia

Tenemos una opción más: la conciencia de cada uno es la fuente de las
decisiones morales. Todos decidimos lo que es válido, sea cual sea el lugar
y la cultura en la que hayamos nacido; todos admiten que es malo matar,
robar, hacer daño, etc. La defensa de la vida, la libertad, los valores de la familia y otros son valores positivos porque que la idea del bien y el mal está
dentro de todos los seres humanos. La base de todo es la sinceridad de las
personas, por eso tenemos que confiar unos en otros pero ¿hasta dónde?

Cuando defendemos la sinceridad moral, todos creen que tienen el privilegio de decidir lo que es bueno y lo que no, y por lo tanto, juzgar a
los demás de acuerdo a sus propios principios. Así que, cuando nuestras
creencias son la base de los actos morales, vivimos sumidos en una contradicción casi permanente: decidimos la bondad o maldad de una acción
de acuerdo a lo que más nos conviene. En el mismo hospital puede estar llevándose a cabo un aborto de un feto de cuatro/cinco meses en una

---

8   Solo hace falta ver el trato que casi todos los gobiernos y países europeos tienen
con los subsaharianos que llegan desde África, o el gobierno norteamericano con los
que llegan del sur, o muchos gobiernos del medio oriente con la diferencia de castas, etc.

habitación e intentando hacer que salga adelante otro feto de la misma edad en otra planta. ¿Cuál es la diferencia? Simplemente las creencias de los padres, los médicos y/o la sociedad. ¿Son nuestros sentimientos los que deciden la moralidad de una acción? ¿Nuestras opiniones? ¿Nuestra conciencia? ¿Las circunstancias? ¡Todo eso puede cambiar en cualquier momento! Cuando tomamos decisiones nos mueven, casi siempre, motivos egoístas; nuestro razonamiento inconsciente (¡o consciente!) suele ser: *lo que me hace feliz es bueno, y lo que me hace sufrir es malo*. ¿Es así? Si algo nos parece bien y nos hace felices, ¿es bueno? ¿Y si nos sentimos bien haciendo sufrir a otros, directa o indirectamente? No está demás que recordemos que el holocausto nazi hizo felices a muchas personas, ¡claro que es un ejemplo extremo! Pero ¿sería *normal* para nuestra conciencia, esperar varios días para pagarle a nuestros empleados y así ganar más dinero?[9]. *No importa lo que creas con tal de que seas sincero,* dicen algunos, pero sabemos que hay creencias sinceras que destruyen la dignidad de otros seres humanos. Si de verdad queremos ser *sinceros,* tenemos que reconocer que esa sinceridad no sirve ni siquiera como motivación, porque uno puede engañarse a sí mismo *sinceramente*: todos pensamos que estamos haciendo bien cuando seguimos nuestros propios deseos.

Algunos defienden que la conciencia nunca se equivoca, pero eso significa vivir en un idealismo absurdo para no enfrentarse con el grave problema de la maldad humana: todos los dictadores vivieron y actuaron de acuerdo a su conciencia. ¿Quién podría argumentar con ellos en cuanto a que no estaban haciendo lo correcto, si no fuera bajo la imposición de una ley superior a ellos mismos? Muchos de ellos llegaron al poder cumpliendo leyes establecidas, es decir, era legal que estuvieran ahí, ¿cómo luchar contra esas leyes si no existe otra superior a todas? Nuestra sinceridad es neutra, depende del objeto al que es dirigida. Freud, hablando del inconsciente, Niezstche argumentando sobre la muerte de Dios, Rousseau defendiendo que es la sociedad la que nos pervierte, Darwin explicando que todo es debido a la evolución natural, y muchos otros como ellos, nos han dado las excusas perfectas para vivir como queremos en el nombre de la *madre sinceridad*, sin querer reconocer que la perversidad humana no tiene límites. Incluso a veces cuando alguien hace algo horrible, siempre hay quien señala: *era una persona excelente*. ¿Por qué las personas actúan así si, como algunos afirman, no existe el mal dentro de nosotros?

En el fondo, a todos nos parece que nuestro criterio es mejor que la ley: por eso tenemos que reconocer que incluso en nuestra supuesta bondad

---

9   Recuerda que, en la Biblia, Dios dice que es pecado demorar el pago a tus empleados: *No oprimirás a tu prójimo, ni le* robarás. El *salario* de un jornalero no ha de quedar contigo toda la noche hasta la mañana. (Levítico 19:13).

puede haber algo malo: a veces basta simplemente con una mala motivación para que nuestra conciencia no asuma la maldad de nuestras actuaciones. Para demostrarlo, basta con ver lo que hacemos en el nombre de algo *bueno*: la religión, la justicia, la ley, etc. No nos preocupa hacer daño a otros siguiendo *nuestra conciencia*, o defendiendo lo que creemos que es justo. Incluso podemos aparentar o vivir de una manera absolutamente contraria a lo que decimos, porque nadie sabe lo que hay dentro de nosotros[10]. Si permitiéramos que la sinceridad y la conciencia de cada uno fuera la ley, no podríamos ni siquiera vivir juntos, porque con el paso del tiempo todos *moldeamos* nuestra conciencia para terminar creyendo y haciendo aquello que queremos creer y hacer. El ser humano es capaz de engañarse a sí mismo y a los que le rodean, así que nuestra conciencia no es de fiar. Y aunque la sinceridad es una cualidad necesaria, útil y buena, jamás puede ser la base de nuestra conducta moral.

2. La ley moral está dentro de nosotros

Tenemos que seguir adelante: como vamos a ver, no solo existe una ley moral independiente de nosotros (al igual que las leyes físicas que gobiernan el universo, como vimos anteriormente), sino que también existen pruebas de esa ley moral universal está dentro de todos los seres humanos, y no puede ser fruto de causas naturales. Algunos *detalles* lo delatan:

La necesidad de ayudar a todos

Todos los seres humanos tenemos dentro de nosotros la necesidad de ayudar a quien lo necesita; sentimos el impulso de salvar la vida a otra persona si podemos hacerlo, ¡aun no conociéndola, o siendo alguien que nos cae mal! Nadie puede explicar esa situación si no existe un referente absoluto, un *Bien* con mayúscula que nos obliga, ¡incluso nos sentimos bien haciéndolo!

---

10   Cuando sabemos que Dios ve nuestro corazón, intentamos ser transparentes, leales, personas de honor, etc. Esa decisión es clave en la vida personal, en la familia, en las relaciones, la cultura, el trato con el estado, etc. Hasta hace poco tiempo, en los países de trasfondo *evangélico*, podías pagar en los transportes públicos sin que nadie te vigilara, por poner un ejemplo. No se trata de hacer lo bueno motivados por el miedo (sabemos que Dios nos conoce, es cierto, pero también que puede perdonarnos cuando hacemos algo equivocado), sino que no queremos hacer nada que le deshonre a Él ni tomar malas decisiones. Es curioso que todos admiten, incluso los que no creen en Dios, que ese altruismo y el querer hacer las cosas bien, ¡se da sobre todo en *cultura*s de trasfondo cristiano!

Como hemos visto, todos admiten que amar a los demás y no hacerles daño podría tomarse como un *absoluto*; pero necesitamos que el *amor* sea algo más que una palabra o un sentimiento porque, de otra manera, el significado sería muy diferente para cada uno: amar puede estar unido incluso a algo malo, como cuando las personas se aman demasiado a sí mismos, o aman infringir dolor a otros. Tenemos dentro de nosotros un tipo de amor que *vive* por encima de todas las circunstancias, el amor *sacrificial*, imposible de explicar por ninguna causa natural. ¿Por qué la gente arriesga su vida para ayudar a otros? ¿Cómo pudo surgir esa *necesidad* en una sociedad que premia a los fuertes, a los que sobreviven? Recuerdo a los tres policías en la playa de Orzán (en A Coruña), que fallecieron al ir a rescatar a dos estudiantes que se habían metido en el mar, de madrugada, para celebrar el final del *Erasmus*. Los tres perdieron la vida al intentar rescatarlos, ¿quién les obligó a lanzarse al agua para rescatar a quienes habían hecho algo prohibido y loco? Estamos hablando de una conducta delictiva: había varios carteles que anunciaban que estaba prohibido tirarse al agua a causa de la tempestad. ¿No debería haber prevalecido la idea de justicia –tienen lo que merecen– y no la gracia? Algunos podrían decir que era parte de su trabajo, pero bien pensado, ¿por qué cualquier otra persona habría hecho lo mismo? ¿Por qué no permanecieron razonando la situación y decidieron expresar su amor y ayuda? No existe ninguna otra respuesta *lógica*, que reconocer que la bondad del Creador tiene un reflejo dentro de nosotros.

Porque si Dios no existe, y solo los fuertes sobreviven, según el evolucionismo naturalista, ¿como se explica nuestro comportamiento a favor de los débiles? La *ley moral* dentro de nosotros, nos pide salvar aun a quienes consideramos nuestros enemigos, ¿de dónde vienen esos sentimientos? ¿Cómo surgieron en nosotros? Si existiera un ser superior, pensaríamos que, en cierta manera, nos *obligaría* a hacer algo así por los demás ¿No es eso exactamente lo que nos ocurre? Es más, si solo los fuertes sobreviven, ¿por qué aceptamos nuestra propia debilidad como una heroicidad? Premiamos los actos heroicos por que sabemos que, en cierta manera, son los que sostienen el valor todos que tenemos como personas; siempre se dice que situaciones así nos hacen *volver a creer en el ser humano*, ¿por qué reaccionamos de esa manera, si no hay ninguna causalidad moral establecida en el universo?

El bien no deseado

Otra circunstancia que nos habla de una ley moral dentro de nosotros, es la necesidad de hacer algo que sabemos que es bueno pero nos causa dolor. Esa obligatoriedad es completamente antinatural, y nos lleva a conocer la gran diferencia entre las decisiones morales y las instintivas. Muchas decisiones instintivas pueden ser morales, como cuando nos lanzamos a ayudar a alguien que se ahoga (como acabamos de ver), porque sentimos que algo nos *obliga* a hacerlo. Esas decisiones nos enseñan que nuestros deseos físicos no son los que dominan nuestra conducta; tenemos la opción de dominarlos nosotros, tanto para bien como para mal. A veces podemos hacer algo malo pero lo evitamos, otras nos sentimos en la necesidad de hacer el bien, pero nos escondemos; con ello aprendemos que no todo el universo está determinado, ni nuestras acciones están diseñadas y gobernadas por causas físicas, vivimos mucho más allá de todo eso: existe una vida espiritual y moral que puede llegar a dominarlo todo. ¿Desde cuándo? ¿Cómo evolucionó esa sensación dentro de nosotros? ¿El *homo erectus* comenzó un día a andar de una manera diferente y por esa razón descubrió que se preocupaba por el bien de todos los que le rodeaban? Y, más aun, lo que resulta imposible de explicar bajo un punto de vista naturalista: ¿esas decisiones morales se quedaron en nuestros genes, en el interior del instinto del ser humano, en lo más profundo de nuestro ser? Todos buscan el bien en cierta manera; incluso los que sacan placer del sufrimiento lo hacen porque buscan su propio bien, o los que se suicidan quieren *salir* del mal en el que están viviendo. Nadie quiere el mal *absoluto*, siempre busca algo que le haga *feliz* por decirlo de alguna manera, ¡incluso haciendo mal!

Ese bien *no natural*, lo domina todo. Llegamos a sentir *felicidad* aun cuando sufrimos como resultado de haber hecho algo que es correcto. ¿Cómo se entiende esa contradicción? Encontramos satisfacción dando y ayudando aunque nos cueste, esa sensación es completamente antinatural, solo puede venir de Alguien que nos ha diseñado de esa manera: cualquier tipo de proceso evolutivo premia el placer por derrotar al enemigo; pero nosotros vivimos de una manera radicalmente diferente: cuando amamos elegimos sufrir, si es necesario, para ayudar a quienes amamos. Esa es la razón por la que se admira el honor, y por la que casi todas las historias que amamos hablan sobre la gracia, el amor que sufre y vence. El amor exige estar al lado de quien ama, sea cuales sean las circunstancias, aunque nos cueste la vida; mientras que el evolucionismo naturalista nos diría que esa es una idea equivocada e imposible de defender, porque va en contra del mismo proceso de la vida.

Ese bien *no deseado* nos lleva aun más allá de lo que imaginamos: todos sentimos la necesidad de trabajar para una vida mejor; no queremos dejar un mundo *malo* para nuestros hijos, sino intentar (por lo menos), que sea justo, sin permitir que lo bueno sea destruido; incluso físicamente. ¿Realmente estaríamos dispuestos a hacer sacrificios por el futuro, si lo único que nos importara fuera nuestro deseo natural? ¿Venceríamos nuestro egoísmo sin ninguna razón para hacerlo?

La necesidad de impartir justicia

Todos vivimos con la sensación y la necesidad de que se haga justicia. Eso nos *obliga* a tomar decisiones que, de otra manera, ni siquiera habríamos imaginado. Todos perseguimos la justicia (sobre todo cuando se refiere a nuestros derechos), porque queremos que sea manifiesta. Anhelamos un mundo mejor y hacemos todo lo posible por construirlo; vivimos con una imperiosa necesidad de que la justicia prevalezca e incluso con la idea de que un día habrá justicia para todos. Esa necesidad nace con nosotros: desde que tenemos pocos años reclamamos esa *justicia* cuando necesitamos algo, y con los años ese sentimiento sigue aumentando. Si hemos sido ofendidos en alguna situación, queremos ser restaurados: *en esta vida o en la otra*, esas fueron las palabras del protagonista de la película *Gladiator* demandando justicia, porque creemos que es así. Pensar que todo eso es una ilusión, y no existe nada más que lo que vemos aquí, es exterminar la razón en el ser humano.

Sin una justicia superior a nosotros, resulta imposible para la ley prever todos los casos posibles para cada situación: siempre habrá *letra pequeña*; cualquier tipo de contrato tendrá una escapatoria y alguien la encontrará. Hoy hemos llegado a identificar lo legal con lo legítimo, así que muchos buscan la manera de saltarse la ley para su propia conveniencia. La moral ya no se basa en lo que está bien o no, sino en no ser *descubiertos* (o cuando menos, no castigados), aunque estemos haciendo cosas peores que si no infringiéramos la ley. Para muchos, lo legítimo es que no te pillen en lo que haces, y mientras eso no ocurra, todos te consideran *una buena persona*. Pero somos buenos, ¿en comparación a quién? ¿Buenos porque no hemos matado a nadie? Si nadie lo supiera y se dieran las circunstancias para hacer algo malo, ¿seguiríamos tomando las mismas decisiones? Muchos piensan que ser justo o ser bueno es simplemente no hacer lo malo, pero es algo más que eso: la justicia implica también la misericordia y la gracia; servir y ayudar. Si no hacemos lo bueno, somos tan injustos como cualquier asesino, aunque nos cueste creerlo; quizás no hemos hecho nada grave porque no hemos tenido la oportunidad[11]. Todos podemos ser las mejores y las peores personas del mundo: somos capaces de llevar a cabo los mayores actos de bondad y las mayores crueldades, a veces con muy poco tiempo de diferencia. Nos sorprendemos a nosotros mismos gritándole a nuestra familia por cualquier tontería, para arriesgar nuestra vida por alguien desconocido que está en peligro, tan pronto salimos de casa.

---

11   Jesús fue a lo más profundo del ser humano en cuanto a su incumplimiento de la ley, porque nos enseñó que enfadarse con alguien ya nos hacía culpables. Si alguien pudiera leer nuestra mente cuando una persona nos ha hecho algún mal, se daría cuenta que no somos tan *buenos* como creemos.

Aun así, todos esperan que haya justicia: que los *buenos* sean recompensados y los *malos* castigados, pero si no existe un ser que conoce el interior de las personas, estaremos siempre premiando a quienes hacen lo bueno aparentemente (o al menos hasta que no descubran que están haciendo algo malo). Sin querer decir nada malo de una persona en concreto, puede servirnos como ejemplo un famoso ciclista que llegó a ganar el Tour de Francia (la prueba más prestigiosa) durante siete años consecutivos, hasta que se descubrió que lo había conseguido gracias al uso de sustancias prohibidas. Ese puede ser uno de los espejos de nuestra sociedad: mientras nadie sabe lo que estás haciendo, eres una persona *buena*, ¡aunque vivas engañando! Nuestro problema es que, con el paso del tiempo, cada vez más aspectos que eran considerados éticamente incorrectos, pasan a ser parte de una conducta normal[12]. Defendemos que hoy vivimos en una época mejor que hace años, pero la realidad es que todo se ha hecho más *flexible* moralmente hablando, con lo que la justicia pasa a ser un término cada vez más complicado de aplicar.

Todos defienden, al menos, un tipo de justicia que haga que la vida sea más *llevadera*. Déjame decirte que Dios permite que nosotros pongamos las leyes y las apliquemos, y sepamos lo que significa hacer justicia, para que aprendamos que es mucho más difícil de lo que pensamos: esa es la razón por la que muchas de nuestras quejas ante Él, deberíamos hacerlas contra nosotros mismos cuando no sabemos o no queremos ser justos[13].

El poder del perdón

Hablar de la justicia es relativamente sencillo, casi todos sabemos a qué nos referimos; pero ir más allá y pedir que la compasión y el perdón formen parte de la misma aplicación de la justicia, no es natural en absoluto. La *naturaleza* no *perdona*, los seres vivos no conocen esa cualidad, las enfermedades jamás condonan sus ataques, el mundo natural no expresa

---

12 Una vez más, y solo para que nos sirva de ejemplo, antes no se podía tener relaciones sexuales consentidas hasta los dieciocho años; hace ya bastantes años que se rebajó la edad en muchos países a los dieciséis, y ahora se argumenta sobre los catorce, porque se sabe que gran parte de los adolescentes ya lo hacen. ¿Qué sucederá cuando esa edad sea rebajada a los doce? ¿Crees que no es posible? ¿Y si la mayoría dice que sí?

13 Si solo somos lo que nuestro ADN dice, ¿por qué premiar el buen comportamiento y castigar el malo? La *locura* que a veces se exhibe en los juicios como eximente de una acción, debería defenderse siempre. En el *mundo natural* el más fuerte mata al más débil porque le ha quitado algo que era suyo y los demás miembros de la manada no hacen nada al respecto; ¿por qué no defenderlo en la sociedad? Cualquiera puede ver que esa comparación es ridícula, pero la línea que muchos trazan en cuanto a lo que es natural o no, la sobrepasamos a menudo porque no tenemos un absoluto moral que nos impida hacerlo.

misericordia. Esa es una prueba más de la existencia de una ley moral dentro de nosotros: el mundo no podría sobrevivir solamente descansando en la justicia, porque tarde o temprano todos seríamos *destruidos*. Nadie es perfecto, por eso el perdón es imprescindible. Lo que los naturalistas no pueden explicar es de dónde surgen la compasión y la misericordia en el interior del ser humano.

No pueden explicarlo porque *naturalmente* es difícil perdonar: sea cual sea el ámbito en el cual nos han *herido*, exigimos justicia. El perdón necesita un esfuerzo supremo; de hecho muchos defienden que es una debilidad y no una proeza, porque vamos *contra* la propia naturaleza como dijimos más arriba. Ese es un *problema* nuestro también, porque tampoco sabemos perdonarnos a nosotros mismos: cargamos con la *losa* del pasado, las malas decisiones, las vergüenzas, las circunstancias que nos han vencido, lo que no hicimos, nuestros silencios y nuestras palabras, nuestras equivocaciones y un sin fin más de situaciones que no somos capaces de resolver.

Sabemos que alguien tiene que pagar el precio del perdón: en cualquier conflicto una de las dos partes tiene que renunciar a algo, y dependiendo de la magnitud del enfrentamiento, a veces tiene que *perder* mucho o incluso todo. También encontramos momentos en los que ninguna de las dos partes quiere ceder, así que la situación no puede resolverse. En esas circunstancias es imprescindible que intervenga una tercera persona.

Cuando alguien comete una injusticia contra nosotros, nos roba, dice algo malo, le quita la vida a alguien que amamos, etc., siempre deriva en un sufrimiento más o menos grande. Si perdonamos, es porque asumimos la deuda y las consecuencias de las acciones del otro, así que estamos aceptando ese dolor. Si es la otra persona la que paga, también tiene que sufrir la condena por lo que ha hecho y restituir en lo posible. La justicia siempre exige sufrimiento porque la maldad no puede quedar sin castigo. Si alguien me roba mil euros y le perdono, yo asumo esa culpa; aunque me devuelva los mil euros, no puede volver atrás el proceso de lo que ha sucedido, ni las sensaciones que hemos sentido los dos; si él paga los mil euros que robó cuando le descubren, sufrirá las consecuencias legales de su conducta. Sea como sea, alguien siempre sufre las consecuencias del mal. Cuando perdonamos impedimos que ese mal que nos han hecho se perpetúe en nuestro corazón, porque el rencor esclaviza nuestra alma atrapándonos en una amargura permanente. Cuando no perdonamos, terminamos excluyendo a la otra persona de nuestra vida: no solo la dejamos de lado, sino que incluso llegamos a *matarla*, porque pensamos: *tal persona es como si estuviera muerta para mí*[14].

---

14 Aun perdonando, si la otra persona no admite el perdón, tampoco puede haber reconciliación, porque se ha negado a reconocer su culpa, o al menos que necesita ser

No existe ninguna sociedad sin conflictos, y no podemos vivir sin resolver nuestros conflictos. La raíz de todos los conflictos está dentro de nosotros mismos, no viene el exterior[15]. De tal manera que, como vimos más arriba, alguien tiene que pagar el precio de la paz y el perdón, y a veces ese precio es muy alto. El perdón gana perdiendo, porque en cierta manera conquistas a la persona que perdonas regalándole lo que *teóricamente* no merece; y eso, como decíamos anteriormente, eso es completamente *antinatural*.

El sentimiento de culpa

El sentimiento de culpa es universal: vive dentro de nosotros porque sabemos que existe un bien supremo al que todos aspiramos. Nos guste o no, no podemos librarnos de la ley moral que tenemos en nuestro interior. ¿Cuál es la razón de esa culpa que sentimos, a veces, aun cuando nadie sabe lo que estamos haciendo? Hay quien defiende que es debido a que cada uno ha edificado su propia conciencia, de tal manera que se siente más o menos culpable dependiendo de lo que cree que es justo o no. Para los naturalistas, ese sentimiento siempre es aprendido, no *surge* dentro del ser humano; pero el propio Freud, que decía que debíamos liberarnos de la moral sexual opresora, a menudo reconocía que él mismo se encontraba haciendo lo correcto (en términos de fidelidad sexual) aunque sabía que podía hacer lo que quisiera, pero, ¡no podía explicar la razón por la que quería vivir así! Algo dentro de él era más fuerte.

---

perdonado: ¡para rectificar algo, tenemos que reconocer que está mal!

15   La Biblia nos explica lo que es el pecado y sus consecuencias dentro de nosotros. Nuestra rebeldía surge del primer encuentro del ser humano con el mal, encuentro en el que fuimos vencidos por primera vez: ese mismo proceso sigue dándose en todos los seres humanos cuando desprecian a Dios. Lo encontramos en el capítulo tres del libro del Génesis:

- Cuando pecamos, nos perdemos a nosotros mismos, perdemos el sentido de la vida.
- Nos alejamos de Dios.
- Perdemos la relación correcta con los demás.
- Perdemos la relación con la naturaleza.
- Perdemos la paz interior y exterior.
- Dejamos de disfrutar de la vida.
- Perdemos la dignidad y la justicia en el trabajo.

En el mismo capítulo, también encontramos las consecuencias de darle la espalda a Dios:
- Nos sentimos *desnudos*: físicamente, socialmente, espiritualmente, personalmente… (v. 7).
- Nos *escondemos* (v. 8).
- Tenemos miedo (v. 10).
- Engañamos y somos engañados (v. 13).
- Sufrimos (v. 16).
- Surge la injusticia.
- El resultado final es la muerte (v. 20).

Todos sabemos que aquellos que *fuerzan* su conciencia para hacer lo malo, lo hacen de tal manera que tienen que sobrepasar, conscientemente, los límites que tienen dentro de sí mismos. Lo afirmamos una y otra vez cuando vemos que alguien hace algo cruel, porque aunque no queramos defenderlo públicamente, seguimos creyendo que la maldad existe: la única diferencia es que no la admitimos en nosotros mismos. Sea como sea, todos obedecemos los principios que nuestra conciencia nos dicta, aunque creamos que vivimos sin ella o hayamos aprendido a *sobornarla*. Cuando nuestra conciencia nos habla no es posible convencerla ni podemos ordenarle que cambie su veredicto, de tal manera que esos principios siempre están ahí, aunque muchos crean que viven por encima de cualquier imposición. El sentimiento de culpabilidad aparece en todos los seres humanos sin excepción[16], a veces en el momento menos oportuno, de una manera absolutamente antinatural, y ¡sin que podamos controlarlo! Una prueba más de que la ley moral está muy dentro de nosotros.

El examen moral de las circunstancias

Contrariamente a las afirmaciones de los naturalistas, en cuanto a que las leyes físicas lo dominan todo (incluso el sentido moral), no es así: siempre tenemos que examinar las circunstancias de cada decisión y de cada una de nuestras acciones, por lo tanto, estas no pueden resolverse de la misma manera categórica que lo hacen las leyes físicas. En el nivel moral, no siempre podemos sumar *dos más dos*: las excepciones nos enseñan que los principios no son inapelables como en las leyes físicas; a veces, necesitamos argumentar. El contexto de las decisiones morales siempre tiene que ser tenido en cuenta, ¡no podemos juzgar sin saberlo! Una persona que le abre el corazón a otra puede ser un criminal o un premio Nobel, dependiendo de si le está robando, o está en un quirófano salvándole la vida. Físicamente las circunstancias pueden ser casi idénticas, pero las motivaciones y las consecuencias de las acciones son radicalmente diferentes. Ese examen de las circunstancias exige que la ley moral *viva* dentro de nosotros: las leyes físicas exigen siempre un cumplimiento natural sin ningún tipo de raciocinio, simplemente hay que *obedecerlas*. La ley moral demanda un estudio del *caso*; es imposible que la naturaleza pueda regularla.

En primer lugar, las consecuencias de algunas decisiones pueden parecer temporalmente buenas; por poner un ejemplo, hasta hace relativamente poco tiempo no se sabía que el tabaco causaba muerte por cáncer, y se pensaba que era un medio para tranquilizarse. En segundo lugar, los

---

16   Como suele decir la policía de una manera general y gráfica (aunque no siempre literal, claro), *el asesino siempre vuelve al lugar del crimen.*

resultados de una acción pueden ser buenos para alguien y muy malos para otra persona: un negocio que nos hace ganar millones de euros en la bolsa, siempre implica que otras personas los hayan perdido. En tercer lugar las consecuencias de una acción pueden engañarnos, porque no tenemos un conocimiento completo de toda la *escena,* como cuando se pensaba que desangrando a un paciente se le podía curar, de tal manera que, a veces, los médicos dejaban que la sangre corriera hasta que moría. En último lugar, las consecuencias de nuestras equivocaciones pueden ser radicalmente diferentes debido a las circunstancias: como hemos visto anteriormente, si pasamos por un paso de peatones a 60 km por hora con nuestro vehículo, la única diferencia que existe entre nosotros y un *asesino* es que no haya nadie cruzando justo en ese momento. La verdad moral es la misma: estoy infringiendo la ley, pero las consecuencias pueden cambiar de acuerdo a las circunstancias. En ese sentido, nuestra culpabilidad va más allá de lo que sucede en muchos momentos con nuestras acciones.

Si hay una ley moral tiene que existir un Bien con mayúsculas

Todos reconocen que existe el bien, pero ¿es un bien que podemos elegir en cada momento? O, ¿es un bien que trasciende a todo y a todos de una manera absoluta? Si existe un Bien con mayúsculas, tiene que ser porque Alguien lo sostiene: un Juez supremo que es garante de que se cumpla; de otra manera, el Bien sería el producto de las decisiones de muchos pequeños bienes, y estos, así como las personas que los deciden, pueden cambiar (¡y de hecho lo hacen!) en cualquier momento.

Cuando discutimos, todos queremos saber lo que es correcto y lo que no: necesitamos parámetros para saber de qué estamos hablando y si podemos llegar a un acuerdo. Tenemos que hablar en un contexto común a las dos partes, pero al mismo tiempo ajeno a las dos: tiene que haber un *tercero* en discordia sea persona, circunstancia, materia, hecho o similar, una referencia externa, alguien que sabe más que nosotros, una ley que decide. Si no existe una referencia *absoluta* no habría ninguna posibilidad de acuerdo, porque cada uno podría decir lo que quisiera y nadie podría contradecirle ni mucho menos convencerle de otra cosa. Por ejemplo, cuando hablamos de la hora en un determinado país, la referencia es Greenwich (GMT). Cuando decimos que algo mide un metro, todos saben que equivale a la longitud del trayecto recorrido por la luz en el vacío durante 1/299 792 458 de segundo; o si usamos el famoso Pi en una ecuación matemática todos saben que hablamos de 3,14159; así podríamos poner multitud de ejemplos.

De la misma manera, todos tenemos referencias morales; definimos lo que está bien y lo que está mal, y llevamos las consecuencias de nuestras

decisiones. Todos defendemos un bien moral absoluto aunque no queramos admitirlo: si estoy en un centro comercial y unos desconocidos apro-
vechan un descuido para llevarse a mi hija pequeña, ¡agradeceré con toda
mi alma que haya personas que puedan atrapar a los malvados! Creo que
cualquiera haría lo mismo, no necesitamos *aprender* lo que es bueno o no,
todos actuamos casi de una manera *inconsciente* porque el origen de la ley
moral es *superior* a nosotros mismos[17]. Esos principios no pueden venir
simplemente de leyes naturales que se rigen de una manera inconsciente,
impersonal, determinista, sin valores ni razonamientos, y regidas por un
azar absurdo. Como hemos visto, la idea tan simple de entregarnos por
otros es lo más contrario al utilitarismo que se pueda pensar: hablamos de
la supervivencia del más débil a costa de la vida del más fuerte, y descubrimos asombrados que esa entrega del más fuerte se realiza con plenas
facultades mentales, fruto de una decisión meditada para defender lo más
importante del ser humano: la libertad y la justicia.

Si no creemos que existe un Bien absoluto, entonces la bondad termina siendo un término relativo en un mundo imperfecto, siempre dependiendo de con qué la comparamos[18]. Solo si existe una bondad absoluta
todo va *a su lugar*, porque los parámetros son diferentes; estamos comparando todo con la *perfección*, y esa es la única manera de saber lo que es
bueno y lo que no. Si le damos la espalda al Creador, terminará decidien-
do el ser más superior que encontremos, es decir el que tenga más poder económico, social o político, con lo que las decisiones éticas siempre
estarán en mano de alguien como nosotros[19]. Todos tienen algún dios,
algún absoluto, la *Ciencia* y la *Naturaleza* (con mayúsculas) lo son para

---

17 Una vez más podemos recordar lo que mencionamos más arriba en cuanto a los
policías en la playa de Orzán, y como entregaron sus vidas para rescatar a alguien que
no conocían.
18 Hace años me contaron una historia, aparentemente sucedida en un pequeño
pueblo, de cuya veracidad no puedo responder, pero que ilustra perfectamente ese punto de la *comparación* de la bondad. Los dos mayores caciques del pueblo, Daniel y Carlos, dos hermanos propietarios prácticamente de todas las empresas y terrenos, traían a
maltraer a todo el mundo, hasta que Carlos falleció. De acuerdo a su carácter, siempre
queriendo *comprar* a todos, Daniel fue a hablar con el responsable de la iglesia y le prometió una cantidad muy importante de dinero si afirmaba en el entierro que Carlos (su
hermano) era un santo. Después de meditarlo mucho, con el dinero a buen recaudo y sin
querer mentir, el oficiante afirmó delante de todo el pueblo:
–*Todos conocemos la historia de Carlos: era un mujeriego, un ladrón, tenía mal carácter,
hizo sufrir a mucha gente y engañó todo lo que pudo… Ahora, tengo que deciros la verdad:
comparado con su hermano, ¡era un santo!*
19 Tenemos que recordar que, ni siquiera las leyes más generales son referentes
absolutos; en algunas culturas el *absoluto* es amar al prójimo, en otras (las antropófa-
gas) *comérselo*.

muchos[20]. Muchos ateos defienden su concepción de lo que es bueno y lo que es malo pero ¿quién la impone? No queremos que lo haga nadie, así que la única solución es *descansar* en el ejercicio de la libertad y la responsabilidad de *cada uno*. En ese momento, por fin, llegamos a comprender a Dios, que nos da la libertad para tomar decisiones. ¡Estamos argumentando de la misma manera que Él! Aun dándole la espalda al Creador, sabemos lo que es bueno y lo que es malo, pero no *podemos* imponerlo a los demás. Eso es lo que Dios hace con nosotros, permitiendo que tomemos nuestras propias decisiones.

3. Los problemas del relativismo moral

Aunque no lo creamos, todos defienden que existen normas absolutas; por ejemplo, si alguien conduce bajo los efectos de las drogas, no le salva de su castigo que esas drogas hayan sido recetadas por su médico (si son medicinas) y le vaya la vida en ello: simplemente no puede conducir; no existen excepciones. Todos tienen principios morales absolutos: la tolerancia, el bien, la libertad individual, el derecho a la vida, y muchos otros; en realidad, si somos sinceros, tendríamos que reconocer que esos principios no lo son tanto por como nosotros vivimos, sino por cómo queremos que los demás nos traten a nosotros: nos interesan más nuestros derechos que nuestros deberes. Así que, seguimos con la aplicación de los principios morales: la ley nos da libertad para beber bebidas alcohólicas, pero si sobrepasas la tasa de alcohol en un control de la policía en la carretera puedes ir a la cárcel. Estoy absolutamente de acuerdo, pero tengo que preguntar: ¿Cuál es la razón? Me dicen que *el bien público*. ¡Genial! En el fondo siempre hay una decisión moral, y si vamos en contra, enseguida nos dirán que no podemos hacerlo. ¿Bajo qué derecho? Si no existe un bien absoluto, nadie puede asegurar cuál es la mejor opinión. Alguien puede *matar* porque la vida de otro le impide desarrollarse plenamente, porque no tiene condiciones económicas, o simplemente porque le considera un estorbo. ¿Por qué no? No quiero entrar en una nueva polémica, pero dime: ¿Por qué le quitamos la vida a los embriones no deseados? (por ejemplo, si sabemos que van a tener síndrome de Down u otras *deficiencias*). ¿Y si lo hiciéramos después de que nazcan? ¿Y si los abortamos solo porque son de sexo femenino como ocurre en algunos países?[21]. Aun así, y por más que muchos lo defiendan,

---

20   Por eso la Biblia no habla en contra del ateísmo, sino que enfrenta a la idolatría: todos tienen algún *dios* con el que sustituyen al Creador. El ateísmo, como tal, no existe.

21   Podríamos hablar sobre cómo ha cambiado la situación en cuanto a los hijos: hasta hace unos años se consideraba que eran *regalos* de Dios; ahora son un *estorbo* para algunas familias. Todos piensan mucho en su *libertad* antes de tenerlos. No es cuestión de dinero, sino de principios. Tampoco se trata de tener todos los hijos que

en la vida real ese relativismo moral *no existe*: nadie aceptará una postura de justicia *relativa* en un tribunal si alguien se ha apropiado de sus bienes; todos reclaman sus derechos con uñas y dientes. Es cierto que hay autores que defienden que no puede sostenerse que algo sea bueno o malo, pero seguro que cambian de opinión si no pagas sus libros, si los fotocopias, o infringes sus derechos como autor: en ese momento todo su relativismo moral se esfumará.

Para algunos las decisiones morales tienen el mismo valor que elegir entre un *banana split* de postre, o un gofre con helado; pensamos que las consecuencias de nuestras acciones no nos incumben en absoluto ni afectan a los demás. Pero si defendemos que la vida carece de significado, entonces la moral no tiene ningún sentido: la única referencia somos nosotros mismos: nuestras ideas, nuestra felicidad, lo que creemos que debemos conseguir, etc. Si todo es relativo moralmente (y por lo tanto, *cualquiera* puede tener razón), ¿quién tiene derecho a decirme lo que debo hacer? Imagínate lo que sería circular por cualquier país del mundo con millones de automóviles y sin normas de circulación, porque, ¡todos defienden normas relativas: ningún stop, ningún semáforo, ninguna autoridad… Si no existen valores superiores a nosotros mismos tenemos que establecer un código moral para todos, pero también tiene que haber alguien que haga que se cumpla ese código moral; y quien lo hace, simplemente ocupa el lugar de Dios. Solo para entenderlo de una manera muy sencilla.

Por último, todos aquellos que defienden que el bien y el mal son relativos y, por lo tanto, dependen de nuestras opiniones (todo es fruto de nuestro ADN natural), deberían dejar de luchar contra Dios porque Él jamás ha hecho nada malo (ellos argumentan que *no existe*) y, por lo tanto, ¡algunos cristianos *malvados* tampoco! (¿no quedamos en que todo se reduce a un proceso naturalista y el mal moral es una invención?). La verdad es que SÍ existen el bien y el mal moral y todos lo sabemos, aunque no queramos admitirlo.

Rechazar a Dios: el único ateísmo que existe es el moral

El problema no es que Dios no exista, sino de que nosotros queremos ocupar su lugar: el mundo perfecto sería aquel en el que todos hicieran lo

vengan, pero no podemos ser egoístas. El tema ahora no es el aborto, sino los razonamientos que defendemos, porque no somos del todo sinceros al hablar del problema del mal: le decimos a Dios que no tiene derecho a quitar la vida de algunas personas en un accidente (aunque Él no lo hace), pero después decimos que tenemos derecho a decidir sobre la vida de nuestros futuros hijos y abortarlos, por cualquier razón que creamos conveniente. Al final, nosotros somos nuestros propios *dioses*, en muchas más ocasiones de lo que pensamos.

que nosotros creemos que es correcto. Nos estorba Dios porque no queremos que nadie nos diga lo que tenemos que hacer; nuestro mayor problema sigue siendo el orgullo. Podemos gobernar el universo solos: sabemos las soluciones y las decisiones que hay que tomar; conocemos la verdad de la gran mayoría de los asuntos, pero nuestro problema es que los demás no son capaces de admitirlo. Cuando algunos lo hacen, por muy pocos que sean, nuestra vida cambia radicalmente y somos capaces de defender esa pequeña parcela de poder con uñas y dientes: decidimos los principios morales y éticos, y así ocupamos el lugar de Dios. Nosotros somos los dioses.

Lo que realmente buscan muchas personas es escapar de los principios morales que se derivan de la existencia de Dios. Aquellos que quieren enfrentarse a Él, no les compromete en absoluto que Dios haya creado el mundo, sino que tenga algún derecho moral sobre sus vidas. Aun sabiendo que Dios existe jamás lo aceptarán, porque eso significaría tener que aceptar sus principios. Muchos son ateos no porque han llegado a ese convencimiento, sino porque les conviene vivir sin un Creador; no se trata tanto de negar a Dios sino de vivir como si no existiera[22]. Nuestro problema es que no queremos que haya un Juez con mayúscula, no permitimos que alguien justo y perfecto nos gobierne. Al que no cree en Dios no le estorba su existencia, sino el hecho de que *lo sepa todo* y que un día tenga la última palabra sobre su vida. A muchos les gustaría anular el hecho de que haya una vida (¡y además eterna!) en la que tengan que dar cuentas por lo que han hecho aquí. A veces somos como ese niño que se salta todas las clases en el colegio, para terminar sobreviviendo en la calle pasando necesidad en medio de muchas situaciones conflictivas, pero no le importa porque ha vivido siempre *como le dio la gana*. Lo curioso del caso es que en nuestro primer mundo, ¡perseguimos legalmente a los niños que hacen eso! (recuerda que

---

22 Nosotros somos nuestros propios *dioses* porque pensamos que así somos felices, y tenemos libertad para hacer lo que nos *dé la gana*, pero, realmente, quien manda siempre es el dinero. Aunque sea un ejemplo muy simple, podemos trasladarlo prácticamente a cualquier aspecto de la sociedad: si organizo una fiesta a las tres de la mañana en mi apartamento, la policía vendrá porque todos los vecinos se han quejado por el ruido. Si tengo una casa rodeada de miles de metros cuadrados de jardín, nadie lo sabrá y si alguien se queja, la policía lo olvidará porque saben que soy una de las personas más ricas del país. El valor moral de cada situación lo decide el dinero y el poder. Si robo doscientos euros puedo ser encarcelado; si son millones de euros, mis abogados prepararán triquiñuelas legales, desviarán el dinero a paraísos fiscales, presionarán a los poderes políticos y económicos, etc., para que no me ocurra nada. Lo que la sociedad ha aprendido es que tienes que hacer todo *a lo grande* para que nadie te pille; y aun en caso de que sea así, tengas la posibilidad de escapar.

el absentismo escolar está penado). ¡Solemos imponer las mismas normas que no queremos que Dios nos imponga a nosotros![23].

Si examinamos la historia desde comienzos del siglo veinte, podemos ver lo que sucedió en los países que se declararon *ateos*: problemas morales, corrupción, deshonestidad, etc. Después de que se sucedieran varias generaciones intentando crear una nueva humanidad, se encontraron cara a cara con el egoísmo humano. Más de ochenta millones de personas asesinadas en Rusia en sus revueltas internas y casi otros tantos en China, y diferentes países de Asia, nos muestran que las ideas de Nietzsche, Marx, y otros sobre la *desaparición* de Dios llevaron a la pérdida de la dignidad del ser humano, y a la eliminación del diferente[24]. Desde diferentes sectores del ateísmo no se admite la disensión, simplemente te tratan como si estuvieras loco; esa es la razón por la que, en la antigua Unión Soviética se enviaba a todos los disidentes a Siberia, a los campos de concentración. Si no se admite que existen otras ideas, no hay manera de luchar contra ellas, ¡salvo matar al disidente o aislarlo como a un loco!

El ser humano puede llegar a ser absolutamente cruel: las bombas atómicas lanzadas sobre Hirosima y Nagasaki con miles de fallecidos lo demuestran. Cada vez tenemos armas más exactas, medios de tortura más sofisticados y mayores posibilidades de hacer sufrir a nuestros semejantes. La moralidad no avanza al ritmo de la ciencia, somos gigantes en conocimiento y enanos como seres humanos; brillantes científicos con una madurez moral que no sobrepasa la de la Edad Media. Aquella famosa frase de Dovstoieski: *si Dios no existe luego todo es permitido*, tiene mucho más sentido de lo que creemos. Es cierto que quienes viven como si Dios no existiera pueden tener normas morales y defenderlas, y sus vidas, a veces, son mejores que las de algunos que se llaman cristianos, pero la diferencia es crucial: el que realmente es cristiano busca la verdad, sea cual sea el costo, porque reconoce lo que hace mal. El que no cree en Dios, se esconde, nadie sabe lo que piensa ni sus sentimientos más profundos, así que, ¡su vida es mucho más fácil! Justamente lo contrario a lo que muchos argumentan al decir que la fe en Dios te hace estar seguro y por

---

23   Como hemos visto anteriormente, si queremos implantar una justicia moral, ¿quién decide los principios éticos? ¿La mayoría? (Recuerda los problemas en los países del primer mundo donde los bancos y los poderosos mandan) ¿Un referéndum en todo el país? (Los medios de comunicación pueden manipularlos). ¿Los pensantes, los premios Nobel? (Todos tienen intereses creados, empresas farmacéuticas y médicas, laboratorios, universidades, etc.). ¿Nosotros mismos? (Cada uno decidirá lo que quiera). ¿La historia? (No podemos ni contar las barbaridades que se han hecho). ¿La religión? (Todavía más barbaridades). Al final es el poder el que controla el conocimiento ya que si no existe una verdad absoluta, los que dominan la sociedad imponen *su verdad* en cada momento.

24   Los que hablan de los muertos ocasionados por la religión, deberían recordar también los cientos de millones asesinados por los que defendieron la *muerte* de Dios.

eso muchos creen en Él; lo que te hace estar *seguro* es no tener que dar cuentas a nadie. Esa es la razón por la que, si Dios no existe todo está permitido, no tanto porque pueda hacerse cualquier cosa (¡todavía hay una cierta justicia!), sino porque no tenemos que dar cuentas. Lo que ocurre en nuestro interior nadie lo sabe: por poner un ejemplo, robar es *malo*, pero ¿y codiciar? ¡La codicia es la base de la sociedad de consumo!

¿Vas acaso a invalidar mi justicia? ¿Me harás quedar mal para que tú quedes bien?, eso es lo que quiere hacer el ser humano, la razón por la que no cree en Dios. *¿Me condenarás a mí para justificarte tú?*[25]. Las preguntas que Dios nos hace necesitan ser contestadas, porque un mundo sin Él termina por convertirse en un infierno, algunas situaciones nos lo recuerdan cada día: tráfico de seres humanos, esclavitud sexual, opresión de los débiles, hambre, pobreza, terrorismo, injusticia social, abusos de autoridad, etc. Aunque muchos no quieran admitirlo, en cierto sentido el ateísmo propone la salida fácil: con la muerte se acaba todo, nadie tiene que expiar los errores cometidos. Como muchos han pensado, en ese caso el suicidio es la salida más fácil y razonable; no es extraño que miles de personas lo hagan en el llamado primer mundo.

Lejos de afirmar que Dios es el *opio* del pueblo, deberíamos convenir en que esa es la perfecta definición de aquellos que lo alejan de sus vidas: la no existencia de Dios implica que podemos hacer lo que queramos: ¡eso sí es el opio del pueblo! Sé que puedes elevar una protesta *formal* sobre este último párrafo, pero déjame terminar simplemente explicando la situación: todos los dictadores y sus seguidores, aquellos que abusan del poder, las personas malvadas, etc., tienen capacidad de decidir; no podemos negarlo, porque si lo hacemos, simplemente los eximimos de su responsabilidad moral. Pero si seguimos afirmando que simplemente *bailan al son* de su ADN, no podemos acusarlos y pedirles cuentas por lo que hacen. Dado que para los naturalistas no existe un ser superior, jamás tendrán que responder delante de nadie: con la muerte se acaba todo. En el *mejor* de los casos se les podría aplicar la pena capital, y así terminaría su existencia, pero siempre sin absolutamente nada más allá ni ningún tipo de justicia final. Realmente, para muchos, la supuesta *muerte* de Dios sí es el opio del pueblo.

---

25   Job 40:8.

Más contenido audiovisual:

CAPÍTULO 11
El problema del mal en el universo

Todo el mundo sin salir de casa durante, al menos, un par de meses. Eso que nos habría parecido una broma de mal gusto en cualquier momento, o algo imposible de conseguir si nos lo hubieran anunciado a principios de este siglo XXI, se hizo realidad por culpa de la pandemia Covid-19. Algunos incluso lo sufrimos de una manera mucho más directa, teniendo que pasar muchos días en el hospital, en estado grave. Un detalle que me impresionó fue cuando el equipo médico me explicó que ese virus/enfermedad/pandemia terrible, no tiene *existencia* por sí mismo: solo se manifiesta cuando aparece en el cuerpo de un ser humano. En cierta manera es una parábola de la realidad: el mal tampoco existe por sí mismo, necesita algo o alguien en qué expresarse; si es un problema de salud se manifiesta en nuestro cuerpo, si es algo que está estropeado lo es en base al mal funcionamiento; si es una mala decisión es porque teníamos posibilidades de tomar otra, etc. El mal no crea, simplemente destruye, corrompe, tergiversa, mata, o es la abstención de haber hecho algo bueno. El mal en sí mismo es la ausencia de todo lo bueno, la oposición a la vida[1]; puede ser incluso un bien corrompido, mutilado, o hecho con una motivación equivocada. Cualquier mínima desviación del bien hace que el mal se manifieste.

Normalmente sabemos que algo está mal porque conocemos el modelo de lo que está bien. Decimos que algo no funciona porque lo hemos visto cuando su rendimiento era bueno. Si alguien preguntara: *¿Es malo reírse de*

---

1 Si encuentro a alguien que está pidiendo en la calle porque no tiene nada qué comer y le hago daño, estoy obrando de una manera malvada, pero si no le ayudo también estoy haciendo mal. Esa es una de las razones por las que el mal es mucho más que oposición al bien. Debemos recordar que en la gran mayoría de las religiones orientales, tan de moda en este momento (hinduismo, budismo, confucionismo, etc.), el mal es simplemente la oposición al bien. En la Biblia, el mal es mucho más que eso: las palabras que lo definen van más allá de lo que imaginamos:
Maldad: algo torcido, diferente al uso original (Mateo 7:23).
Fallar el blanco: dejar de hacer lo que es correcto, no alcanzar lo bueno y perfecto (Romanos 5:12).
Transgresión: traspasar los límites (Colosenses 2:13).
Iniquidad: no ser justo (Romanos 3:23).
Astucia, sacar provecho de otro, de su ignorancia o su debilidad; engañar (Juan 8:7)
Infringir la ley (1 Juan 3:4).

una madre enferma y su bebé que están tirados en la calle porque no tienen nada?
¿Es malo dejar que alguien herido no tenga a nadie que le ayude? Seguro que
absolutamente todos los que están leyendo dirían: ¡Claro, eso no se puede
hacer! ¡Habría que ayudar a esa mujer y a su bebé! ¿Por qué? ¿De dónde
viene nuestra capacidad moral para darnos cuenta que eso es malo? ¿Lo
es porque lo hemos aprendido o porque está en nuestro corazón? Quizás
te has llevado una *sorpresa* al leer la primera nota, porque el término más
usado en la Biblia para definir el *mal* es *errar el blanco:* no tanto hacer algo
que no es debido o quebrantar la ley, sino *no alcanzar* aquello para lo que
estamos diseñados, no hacer lo que deberíamos hacer. De ahí la madurez
que se alcanza al no hacer lo malo, no tanto por las consecuencias que se
deriven, sino simplemente porque es algo malo en sí; contrario al carácter
de Dios, y a nosotros mismos como seres humanos[2].

La maldad no tiene sentido en sí misma, existe por oposición a lo bueno[3]. Esa carencia de significado tiene que ver con su propio origen: ¿de
dónde vienen nuestros malos deseos, malas decisiones y malos hechos? Si
estamos evolucionando hacia modelos superiores y seres más desarrollados, ¿por qué existe el mal? ¿Por qué aumenta cada día? Aunque muchos
no lo crean, esas son preguntas mucho más difíciles de contestar para un
incrédulo que para un creyente. El creyente, por lo menos, tiene un sistema que puede llegar a sostenerse, pero ¿cuál es la explicación que da
aquel que defiende que ni Dios ni el diablo existen?[4]. Si realmente Dios
no está ahí, tendríamos que volcar todos nuestros esfuerzos en encontrar

---

2   La raíz del pecado es nuestra autosuficiencia, creer que podemos hacer todo por
nosotros mismos y *eliminar* a Dios de nuestra vida, para ponernos nosotros en su lugar.
Francisco Lacueva explica en su libro *La persona y obra de Jesucristo* (Página 321), las consecuencias de esa autosuficiencia en nuestra vida, mostrándonos que el pecado es un
ataque a la perfección de Dios, no podríamos estar delante de Él.
Nos mancha, nos destruye por dentro, física y espiritualmente. Nos *desintegra*
como personas.
Nos convierte en enemigos de Dios, porque le damos la espalda a Él y despreciamos
la Vida con mayúsculas, que es Él.
Nos convierte en esclavos, de nosotros mismos, del mal y del diablo.
Nos *desconecta* con la naturaleza, con los demás, con nosotros mismos.
Nos llena de violencia, vacío, desesperación, porque no queremos ser como somos delante de Dios: nos escondemos de Él y de los demás. No queremos que Él nos conozca,
a pesar de habernos creado.
3   El pecado en la Biblia es una maldad moral. No hay un punto neutro entre bien o
mal, todo tiene que ver con uno de los dos... no existe la neutralidad moral.
4   De hecho, es impresionante que prácticamente no se le dedique ningún espacio al
problema del mal en el mundo, en la mayoría de los libros que defienden el naturalismo.
A lo único que llegan es, como vamos a ver, a un argumento *circular* completamente
irracional: en primer lugar, Dios (que no existe, según ellos), es el culpable del mal en el
mundo, y, en segundo lugar, Dios no existe por culpa del mal en el mundo.

el origen del mal, y así poder paliarlo y vencerlo. De hecho, la humanidad intenta hacer eso con los virus, el cáncer, el sida, las enfermedades del corazón, etc. (¡Y tiene que ser así!). ¿Por qué no hacerlo con el mayor problema que tenemos? A muchos les basta con proclamar que Dios es el culpable del mal y de que millones de personas mueran de hambre, pero gastamos miles de millones de euros en hacer un acelerador de partículas para intentar descubrir cuál fue el origen del universo, o miles de millones de dólares para enviar naves al espacio exterior para saber si estamos solos o no; mientras miles de personas mueren en nuestras calles abandonadas, solas, sin ningún recurso para sobrevivir. Con 30.000.000.000 de euros al año se solucionaría el problema del hambre en el mundo, pero no lo hacemos. Cien mil millones bastarían, según la Unesco, para poner agua corriente en todos los países, y el gasto militar de los gobiernos mundiales es diez veces superior! Es mucho más sencillo echarle la culpa a Dios (¿no defienden muchos que no existe?) de los males de la humanidad, que hacer algo por nosotros mismos.

Si no podemos explicar lo que está ocurriendo, tenemos que reconocer que estamos bajo la dictadura de una naturaleza cruel y corrupta, que por un lado nos lo da todo, permitiéndonos disfrutar de una belleza y un placer que no tienen ningún sentido, para más tarde llenarnos de dolor e incomprensión sin ningún motivo. No solo somos los seres más desgraciados, porque tenemos la facultad de comprender lo que parece incomprensible, sino que además parece que no podemos hacer nada para solucionarlo. De una vez por todas deberíamos responder: ¿Dónde está el mal? ¿Dentro de nosotros? ¿Fuera de nosotros? Si creemos que lo material es lo único que podemos analizar, ¿por qué reconocemos que una situación no es justa? ¿Por qué estamos hablando de este tema?

1. ¿Cuál es el origen del mal?

No existen libros que expliquen el problema del mal sin Dios: no hay una respuesta al dolor, al sufrimiento, al mal y, ¡mucho menos a la muerte! Salvo que el argumento sea que *con la muerte se termina todo*. Si creemos que es así, ¿qué hacemos con la enfermedad, el dolor y las injusticias? El naturalismo no tiene respuestas, solo una sensación absurda de vacío y sinsentido. ¿Cómo ayudamos a los que sufren, si nuestra libertad es solo aparente, si la justicia no es total ni tampoco existe nada más después de la muerte? ¿Qué puede decir un ateo delante de una catástrofe? *Ha tenido usted mala suerte, este mundo es muy injusto y no podemos hacer nada. ¿Qué respuesta tiene alguien que defiende que Dios no existe para una madre que pierde a su hijo? Lo siento, pero no hay nada más. Nunca más podrá ver a su hijo. Nada tiene sentido. Mire hacia adelante e intente vivir la vida, vamos a enseñarle una serie de dinámicas y ejercicios psicológicos que van a ayudarle...* ¡No es extraño que psiquiatras y psicólogos admitan que tienen tantas dificultades para consolar a las personas que sufren! No quiero parecer cruel, y lejos esté de mí no apreciar la ayuda y la compañía que muchas personas prestan con todo su gran corazón a los que sufren, pero estoy seguro que no pueden menos que preguntarse, después de un día de trabajo durísimo y cruel: *¿Realmente sirve de algo todo lo que estoy diciendo y haciendo?* Todos deberían tener, ¡por lo menos!, el mismo respeto cuando se le habla de Dios a alguien, porque tiene mucho más sentido que decirle que nada tiene remedio y ¡no lo tendrá jamás!

Al menos podemos ayudarnos unos a otros, encontrar nuevos retos y otras personas que puedan suplir lo que hemos perdido. Eso es algo que he escuchado una y otra vez de boca de personas que no creen en Dios al intentar consolar a otros. Es cierto que la compañía es muy importante, pero ¿y si somos nosotros los que necesitamos esa compañía? Tarde o temprano tenemos que hacer un grandísimo esfuerzo para sobreponernos: cerrar los ojos de la razón y seguir adelante sin que casi nada tenga sentido. Creo que eso no es *normal* para seres humanos que necesitan encontrar significado y razón de lo que están viviendo; muchos de los que afirman que los creyentes cometemos *suicidio intelectual*, deberían pensarlo muy bien antes de defender algo así, porque esa definición les retrata a ellos de una manera absolutamente perfecta, porque al enfrentar el problema del mal en el mundo, su razón no les sirve para casi nada.

Por lo tanto, tenemos que comenzar por el principio: existen diferentes tipos de mal:

- *El mal físico (nuestras limitaciones, enfermedades, etc.).*
- *El mal social (el daño que le hacemos a otras personas).*
- *El mal individual (las equivocaciones que cometemos).*
- *El mal moral (las decisiones incorrectas e injustas).*
- *El mal metafísico (algo que está mal, es malo, o termina siendo no bueno).*
- *El mal como injusticia (las desigualdades sociales, situaciones, etc.).*
- *El maligno (diablo), la personificación del mal como oposición al Bien*[5].

En todos los casos, no podemos eliminar el mal sin eliminar la libertad: como vimos anteriormente, la libertad implica que podamos escoger, y esa libertad es un bien mayor que la posibilidad de equivocarnos porque, de

---

5 El enemigo aparece como antagonista de Dios, pero la Biblia también dice que Dios controla todo lo que sucede. No existe un *dualismo* (una lucha constante entre bien y mal), porque el mal no sobrepasa los límites que Dios permite, siempre de acuerdo a nuestra libertad y a su sabiduría.

no ser así, seríamos simplemente máquinas impersonales. Es cierto que no experimentaríamos el mal, pero tampoco la bondad, ni el ejercicio de la voluntad personal. Además, como vimos también, no podríamos amar: no queremos que alguien nos ame porque no tiene otro remedio; la persona que quiere eso y no le importa es porque está enferma. Los verdaderos amigos son los que nos aceptan de una manera libre, aunque nos influya el hecho de sentirnos bien con ellos. Como Dios creó todo de una manera perfecta y bondadosa, su amor por nosotros le *exige* que podamos decidir. Él tiene todo el derecho a obligarnos (nos hizo Él) pero no lo hace[6]. La perfección presume una posibilidad de llegar a la imperfección (por cuanto el ser creado no puede ser perfecto en *absoluto*, sino *relativamente* perfecto), y al mismo tiempo expone la probabilidad de volver a llegar a la perfección primera, desde una probable imperfección derivada de una decisión incorrecta. Esa lucha entre perfección e imperfección es ineludible para un ser creado en libertad; por eso depende de nosotros (en la mayoría de las ocasiones), que el mal sea vencido por el bien.

Un Creador que nos concede libertad, que puede argumentar con nosotros e incluso permitir que podamos ser disidentes a su pensamiento o sus decisiones, es la mejor respuesta al problema del mal en el mundo, no tanto porque elimine todos los problemas, sino porque nos recuerda que podemos escoger. Podemos decidir entre el bien y el mal en cada momento de nuestra vida, y cada elección tiene trascendencia no solo para nosotros o para el entorno que nos rodea, sino también para la eternidad. ¡No podía ser de otra manera!

2. La raíz del problema: Nuestro yo está corrompido

No solo en este tema, sino también en todos los demás, siempre creemos que somos los mejores jueces, nuestra opinión es la mejor[7]. No somos capaces de admitir que nuestro *yo* está corrompido. El problema del mal en el mundo comienza dentro de nosotros: somos injustos con los demás, obtenemos placer de lo que a otra persona le causa dolor, queremos que le vaya mal a nuestro

---

6 De hecho, Dios permite que tomemos malas decisiones: Pablo escribiendo a los romanos nos explica que cuando los seres humanos se rebelaron contra el Creador, *Dios los entregó...* (1:24-28), es decir, dejó que cada uno siguiese el camino que había elegido. Es curioso que, aunque el texto habla de conductas malvadas, el último paso menciona que cuando vivimos así, *gobernados* por el mal, nuestra mente no razona para llegar a conocer a Dios; haga lo que haga Él, somos incapaces de reconocerle.

7 Es curioso que en una reciente encuesta efectuada en los Estados Unidos, un 84 por ciento de las personas respondían que podrían ir al cielo; pero cuando se les preguntaba si Teresa de Calcuta o Martin Luther King serían lo suficientemente buenos como para ser aceptados allí, ¡el porcentaje no llegaba al 78 por ciento! Todos nos creemos mejores que los demás.

enemigo o al que nos ha hecho algo malo, o simplemente hacemos lo que haga falta para mantener nuestro nivel de vida aun sabiendo que no somos justos, por señalar cuatro situaciones muy concretas. Aunque no caigamos en la tiranía de la venganza, que para algunas personas puede llegar a convertirse en el motivo más importante de su existencia, tenemos demasiados espejos en los que ver reflejada nuestra maldad, porque cuando culpamos a otro por lo que está haciendo, estamos definiendo aquello que nos hace culpables. Si me dejas simplemente mencionar un ejemplo que es referencial, cuando vamos conduciendo nuestro vehículo todos vemos los fallos de los demás, pero no los nuestros. ¡Incluso hacemos gestos o tocamos el claxon cuando alguien hace algo malo, aunque no nos influya a nosotros!

Todos creemos que nosotros jamás llegaremos a ser como ellos: los violadores, asesinos crueles, engañadores, violentos, corruptos, etc., pero realmente ninguno de nosotros sabría cómo reaccionaría si estuviera en una situación determinada: solo necesitamos ver lo que son capaces de hacer las personas *normales* cuando asisten a un evento deportivo: los insultos, los gritos, el descontrol, etc.[8]. Todos podemos *sucumbir* en un momento de ira, para darnos cuenta más tarde de que somos culpables. No podemos perfeccionar nuestra conducta simplemente con la educación o el conocimiento, el ser humano siempre será egoísta y orgulloso, buscando lo mejor para sí mismo, aunque de vez en cuando pueda lograr algo bueno. El mismo policía que se lanza a rescatar a una persona en peligro de muerte, es el que se enfrenta con su esposa más tarde y le grita. La mujer que ayuda a alguien en la calle que no tiene nada, más tarde puede llegar a insultar a otra persona cuando está enfadada. ¿El problema? Creemos que el *mundo gira* a nuestro alrededor: lo que hace nuestro equipo de fútbol siempre nos parece bien, pero ese mismo comportamiento lo consideramos deleznable

---

8   En una ocasión, asistiendo a un partido de fútbol, vimos como el portero del equipo visitante cayó lesionado y tuvo que salir en camilla, con una rodilla maltrecha. Ese guardameta había jugado anteriormente en el equipo local, así que *todo el mundo* se había pasado el partido entero silbándole e insultándole cuando tenía el balón. No vamos a entrar en detalles, porque cualquier persona en ese estadio cambiaría de empresa si le ofrecieran mucho más dinero como era el caso, pero bueno, ¡esa es otra historia! Lo que me impresionó es que, aun yendo en la camilla y llorando de dolor, había gente que seguía insultándole; entre ellos un hombre sentado con su hijo, justo delante de nosotros. El hombre parecía de clase media-alta (llevaba traje y corbata, en un partido de fútbol, y su hijo –de unos diez años de edad– ropa de marca). Cuando la camilla se acercaba camino a la enfermería, el hombre gritaba con más vehemencia mientras su hijo le miraba. En ese momento, no pude callarme y le dije: *¿Por qué le insulta? Se va con una rodilla destrozada y no puede jugar más. ¿Qué le gustaría que le sucediera, que se muera?* El hombre me miró, miró a su hijo y se dio cuenta del *ejemplo* que le estaba dando, y afortunadamente pidió perdón y se quedó callado. Se había *dejado llevar* por la ira, como nos ocurre tantas veces. Desgraciadamente, eso pasa en todos los estadios del mundo, sea cual sea la cultura y la *educación* de las personas.

en el contrario. Un desertor puede ser un héroe para los que reciben la información, y al mismo tiempo un bandido para los que se sienten traicionados, porque las decisiones morales las juzgamos en referencia a nosotros mismos. Lo que nos hace bien a nosotros es bueno, lo que no, es malo.

La voluntad vence a la razón

Cuando examinamos el problema del mal nos encontramos con otra gran sorpresa: nuestra voluntad está viciada. No tanto el conocimiento (que también) sino, sobre todo, nuestros deseos: en muchas ocasiones sabemos que algo es malo, pero seguimos haciéndolo. Colocamos la voluntad por encima de la razón. Esa es una de las causas por las que no solucionamos el mal en el mundo, y preferimos culpar a otros (¡en la mayoría de los casos a Dios!). Sabemos lo que estamos haciendo, y estamos convencidos de que está mal, pero no queremos reconocerlo: *nuestro mayor problema es no reconocer que tenemos un problema*. Muchos saben que el tabaco daña y siguen fumando; conocen que el alcohol destruye su cerebro y su hígado pero siguen abusando de él; se sabe que el azúcar es una de las mayores drogas que existen, pero casi todos siguen ingiriéndolo en cientos de productos diferentes, y así podríamos seguir con infinidad de situaciones. La historia nos demuestra que no somos capaces de controlar nuestra maldad: siempre me impresionó ver las imágenes de los juicios realizados después de la Segunda Guerra Mundial, donde fueron acusados los responsables de las crueldades con los judíos: todos los que habían tomado todas esas decisiones eran personas *normales* (no eran *monstruos* o algo parecido), que poco a poco fueron convenciéndose a sí mismos y a los demás, de que lo que estaban haciendo era correcto. Pero lo más asombroso de todo era ver sus rostros cuando fueron condenados por los crímenes que habían cometido: ni una cabeza baja, ni una mirada triste, ni un simple gesto de arrepentimiento, ¡todos mirando desafiantes a sus jueces! Como si estuvieran pensando: *Sí, lo hemos hecho, ¿y qué?*

Muchos creen que la cultura ayuda a vencer el problema del egoísmo, pero la sociedad avanza y el mal sigue presente: si antes alguien podía robar a una persona en un autobús, ahora puede robar el autobús entero; tenemos medios y conocimientos para hacerlo. En los siglos pasados podíamos hacer daño a alguien con lo que teníamos a *mano*, hoy podemos usar armas nucleares y atómicas. A todos les encanta hablar sobre la corrupción pero ¿qué hacemos cada uno de nosotros cuando estamos a solas? ¿Jamás engañamos a nadie? Porque cuando nadie nos ve, es cuando somos realmente nosotros mismos[9].

---

9 Me impresionó leer (hace unos veinte años) los resultados de una encuesta: la pregunta era: *¿Qué estaría usted dispuesto a hacer por mil millones de dólares, sin que nadie lo*

La consecuencia última del mal está escrita en nuestro ADN: todos vamos a morir. En esa carrera hacia nuestra propia destrucción, hemos arrastrado, incluso, a la naturaleza (creo que no hace falta ni que argumente sobre eso, con todos los problemas que estamos teniendo a nivel ecológico). La creación sufre por culpa de nuestra maldad[10]. Cuando rechazamos a Dios, vamos *perdiendo* poco a poco su imagen en nosotros: el tiempo y las malas decisiones la ocultan; de la misma manera que los malos alimentos, las malas costumbres y la polución destruyen nuestro cuerpo físico. Nuestras malas decisiones nos alejan cada vez más de nuestro Creador[11]; esa rebeldía nos lleva a cometer errores también de una manera inconsciente, hasta tal punto que no somos capaces de reconocerlos: dejamos de hacer el bien poco a poco, ¡porque hemos estado demasiado tiempo equivocándonos! Lo que antes sabíamos que era malo, ahora ya no lo es tanto, así que no somos capaces de reconocer que el problema del mal en el mundo tiene que ver en primer lugar con nuestra conducta. Es mejor echarle la culpa a Dios, o a quien sea.

3. El argumento: "Si el mal existe, Dios no existe"

Muchos han usado ese argumento en alguna ocasión, o por lo menos lo han considerado. El problema es que: *si el mal existe, Dios no existe,* tiene los mismos fundamentos y la misma razón que su contrario: *si el bien existe, Dios existe.* ¡Así de sencillo! Si defendemos que Dios no existe porque encontramos mal en el mundo, la misma carga argumental tiene que defendamos que Dios sí existe por el bien que todos vemos.

En segundo lugar, el argumento de que *no puede haber un Creador que sea el bien supremo porque existe el mal,* no puede sostenerse. Exactamente igual

supiera? Más de un cincuenta por ciento manifestó que no tendrían problema para matar a un desconocido, un setenta por ciento robar, y casi un noventa por ciento mentir.

10   En el capítulo 8 de la carta de Pablo a los Romanos, encontramos cómo la creación gime esperando la manifestación de los hijos de Dios, porque la misma naturaleza necesita ver brillar la justicia. Jesús explica que el mal (*el ladrón*) viene para *robar, matar, y destruir* (Juan 10:10). Robar es quitarle algo a alguien, matar es atentar contra la vida, destruir es hacer que algo sea inservible. El mal siempre es anti creativo, por eso nosotros destruimos la creación. Dios había creado el paraíso original para que ningún animal destruyera a otro, y así será en el futuro: *El lobo y el cordero pacerán juntos, y el león, como el buey, comerá paja, y para la serpiente el polvo será su alimento. No harán mal ni dañarán en todo mi santo monte —dice el Señor.* (Isaías 65:25).

11   Hubo un primer acto de rebeldía del ser humano contra Dios, el llamado pecado original, y todos sufrimos las consecuencias de esa rebeldía, tal como hemos visto; sobre todo la enfermedad y la muerte. Alguien podría decir: *Yo no soy culpable de lo que otros han hecho*; pero diariamente todos tomamos malas decisiones por las que sí somos responsables directos, y las consecuencias de esos actos no solo las pagamos nosotros, sino también quienes nos rodean.

que cualquier razonamiento del tipo: *si existe el mal es que Dios no es bueno*, porque necesitamos resolver también la proposición contraria. Si alguien dice: ¿Dónde está Dios cuando hay sufrimien*to*? La misma consistencia tendría: ¿Dónde está la no existencia de Dios cuando hay felicidad? Es cierto que somos malvados en muchas ocasiones, pero también todos podemos reaccionar como héroes en otras de tal manera que, o consideramos tanto al mal como al bien en la base de nuestros argumentos, o no podemos usar a ninguno de los dos, porque la razón de nuestra bondad puede ser un reflejo del Creador dentro de nosotros.

Si el único argumento es: ¿Dónde está Dios cuando las personas sufren?, por qué nadie pregunta: ¿Dónde están los ateos *cuando la gente sufre?* Si Dios no existe, entonces hay que encontrar una solución al problema del mal: investigar su origen, sus causas, explicarlo de la misma manera que lo hacemos con el origen de una enfermedad. No basta con decir *hay cosas que pasan porque sí*, porque ese argumento es completamente irracional. El filósofo Bertrand Russell afirmó: *En la parte del Universo que conocemos, existe una gran injusticia: los buenos sufren, los malos prosperan, y nadie sabe qué es más molesto de las dos cosas.* ¡Con esa frase se pretende explicar casi todo! Yo diría que eso es mucho más que molesto, porque nos quedamos con la sensación de que no existe una explicación, sobre todo cuando el mal lo sufren personas *inocentes*, como cuando alguien atropella a otro con su automóvil, por hablar de algo común y cotidiano.

En tercer lugar, para ser objetivos con el problema del mal en el mundo, deberíamos decir que la naturaleza tiene más *belleza* que maldad, y, desde luego, muchísimo más *orden* que desorden. Vivimos más tiempo disfrutando que sufriendo, tenemos más razones para agradecer que para quejarnos; las experiencias buenas, generalmente, son más numerosas que las malas. Si realmente examinamos todo lo que ocurre, la pregunta no es cómo *Dios permite el sufrimiento*, sino cómo *Dios puede ser tan bueno* viendo cómo nos comportamos nosotros, en muchas ocasiones, contra los demás y cómo le damos la espalda a Él.

En cuarto lugar, el argumento *si Dios existe, ¿por qué permite el mal?*, implica que debemos distinguir entre causalidad y permiso, dos cosas muy diferentes. Dios puede permitir algo, sin ser la causa. Nosotros podemos darle permiso a nuestros hijos para que hagan algo con lo que no estemos de acuerdo, ¡pero no somos la causa de lo que ellos hacen!

En quinto lugar, el problema del mal es una de las demostraciones más congruentes en cuanto a la existencia de Dios: nadie filosófica, racional, ni teológicamente hablando puede inferir la existencia de un Creador bueno, en un mundo *gobernado* por el mal. Si desde el principio de la historia muchos seres humanos siguen manteniendo la creencia en Dios en un mundo

275

lleno de dolor, ¡no puede ser porque alguien lo haya inventado! Hace miles de años que habría caído por su peso la existencia de ese ser.

En sexto lugar, aun cuando muchos no quieren admitirlo, sigue existiendo un reflejo de Dios dentro de cada uno de nosotros: ¿por qué el egoísmo, el orgullo, la maldad, el odio (por poner solo tres ejemplos) no son admirados? En el problema del mal, la batalla más importante tiene lugar dentro de nosotros mismos: ¿cómo vamos a reaccionar? ¿Qué decisiones vamos a tomar? ¿Buenas o malas? ¿Defenderemos la bondad y el honor por encima de todo, o vamos a decidir siempre de acuerdo a nuestros intereses? Un solo acto de fe y confianza en medio de la adversidad, resuena por todo el universo[12]. ¡Cuando hay un acto de heroicidad, todos los medios se hacen eco de ello! Admiramos el bien, y no el mal.

Por último, de una vez por todas, no solo los naturalistas, sino también todos los demás, deben decidir qué argumento van a seguir para definir sus razonamientos claramente: si decimos que Dios no existe porque el mundo está lleno de maldad, entonces deberíamos afirmar que nada que pueda causar un mal existe, lo cual es una absoluta contradicción porque, seamos creyentes o no, nosotros somos la causa de muchos males, y ¡existimos! Y si defendemos que Dios existe pero no es bueno porque no *elimina* el mal, entonces deberíamos decir que lo que no nos gusta es que nos haya hecho como somos (seres libres) porque tenemos ideas muy diferentes a las de Él. No es un problema de la existencia de Dios, sino de comprensión de la vida y del funcionamiento del universo, ¡y de la necesidad de comprendernos a nosotros mismos también!

¿Qué haríamos si fuéramos Dios?

Este último argumento nos muestra lo qué puede haber detrás del razonamiento de muchas personas: *Dios está ahí, pero Él es el culpable del mal en el mundo, porque no hace todo lo que debiera.* Todos nos quejamos viendo el sufrimiento de los inocentes, y es lógico, pero no deberíamos quedarnos ahí; deberíamos preguntarnos: ¿qué haríamos nosotros si fuéramos Dios? ¿Intervenir en cada momento? ¿Quitarle la libertad a todo el que tomara una mala decisión? ¿Castigar inmediatamente a los culpables? En principio pueden parecer buenas soluciones, pero ¿realmente hemos pensado en lo que estamos defendiendo? Si no permitimos que se tomen malas decisiones y la justicia es inmediata, el mundo hace ya muchos siglos que habría

---

12   ¡Y Dios lo ensalza, sin ninguna duda! Él nos da la habilidad de luchar contra el mal: cuando hacemos bien y ayudamos a otros, cuando curamos a otros y cuidamos sus heridas, cuando les ayudamos en sus problemas, etc., reflejamos el carácter de Dios, porque, ¡fuimos diseñados como Él! De esa manera aprendemos a sentirnos como Él.

sido destruido por completo. Obviamente esa no es la solución, aunque a veces la defendamos para *acusar* al Creador.

Cuando decimos que Dios *tiene* que tomar determinadas decisiones, no sabemos de qué estamos hablando, porque muchas situaciones escapan a nuestra comprensión: ¿por qué un niño es encontrado vivo en un terremoto debajo de los escombros después de varios días, y otros miles de niños *exactamente iguales* mueren? Es obvio que no existe una explicación a nuestro alcance, porque nuestra razón suele estar limitada a las normas de *ensayo y error,* o los principios lógicos que podemos comprender; entonces, ¿qué haríamos? ¿Salvaríamos a todos los niños? ¿Hasta qué edad? ¿A los que se hayan portado bien? ¿Quién juzgaría si se han portado bien? Y en caso de que llegáramos a tomar decisiones *justas* de acuerdo a nuestros principios, ¿cómo compensaríamos las oportunidades que cada uno de ellos tiene? No necesitamos pensar mucho para darnos cuenta de que nuestra sociedad (¡nosotros mismos!) es la fuente de las desigualdades que existen, ¿por qué no solucionamos ese problema entonces? ¡Eso sí está en nuestras manos y no hacemos prácticamente nada, como hemos visto!

Si le pedimos a Dios que intervenga siempre o que nos dé a nosotros esa capacidad, la vida sería imposible. Imagina que voy a vivir en un lugar donde la naturaleza me hace caso en cada momento, ¡tendría que vivir solo! Ninguna otra persona podría hacer nada porque estaría sometida a mis deseos. Las leyes variarían cada minuto y el más mínimo destello de egoísmo por parte de cualquiera terminaría destruyéndolo todo. Eso es lo que Dios no puede permitir, por eso Dios es Dios, y tiene que seguir siendo así, mal que les pese a algunos, ¡está en juego no solo nuestra libertad, sino también la vida misma!

Por otra parte, existen países en los que se ha desechado la existencia de Dios durante años, de tal manera que han tenido generaciones enteras para solucionar el problema del mal y la desigualdad ¿Lo han hecho? ¡No! ¡Todo lo contrario! Incluso algunos han tenido, o tienen, que ser *intervenidos* económicamente por otros países, porque la desigualdad se extendió hasta límites insospechados: lo que la historia nos enseña es que, cuando Dios no está presente, la maldad aumenta. Por lo tanto, debemos seguir preguntándonos, ¿cuándo tiene que actuar Dios? ¿En determinadas ocasiones? ¿Quitando la libertad? ¿No deberían haber nacido Hitler, Stalin o algunos otros? Muy bien, entonces, ¿tampoco deberían haber nacido los que los ayudaron a subir al poder? ¡Tampoco, por supuesto, los que los votaron para que llegaran a esos puestos! No creas que estoy yendo demasiado lejos, nuestras propias leyes dictaminan que el colaborador de un delito es considerado igualmente culpable, así que, ¿cuántos delitos hemos cometido? Si seguimos esa argumentación tarde o temprano esa culpabilidad llegará a nosotros, ¿debería Dios quitar la vida a todos?

Creo que estamos de acuerdo, entonces, en que no podemos quitar la libertad a las personas, así que nos enfrentamos a otro problema difícil de solucionar: la inteligencia en sí misma es buena, pero podemos usarla para hacer daño. Si le regalo un coche a mi hija, le ayudará a llegar a la universidad y logrará aprovechar mejor el tiempo, pero si ella traspasa los límites de velocidad e infringe las leyes de tráfico, tarde o temprano tendrá problemas con el vehículo, porque lo está usando mal. Alguien podría argumentar entonces que sería mejor no regalárselo, pero entonces diríamos que sería mejor no darle dinero, ni alimentos, ni nada a nadie, porque todo podría usarse mal, y en último término, ¡sería mejor no tener hijos! Dios no admite ese argumento, porque Él quiere que seamos felices y encontremos significado en nuestra vida; así que, la única manera es que podamos tomar decisiones aunque algunas veces nos equivoquemos.

Racionalmente, no podemos culpar a Dios de nuestras decisiones. El mal y el dolor son frutos de la maldad del ser humano. Si Dios hubiera eliminado las consecuencias del primer *pecado*, debería hacer lo mismo con el segundo, el tercero, ¡y con todos los demás! De tal manera que, si realmente queremos llegar al final de la argumentación, deberíamos reconocer que cuando alguien muere sin ayuda (por poner un ejemplo), no debemos preguntarnos: *¿Dónde está Dios?* Sino: *¿Dónde estamos nosotros?* Si, tal como algunos defienden, tenemos que ocupar su lugar porque podemos vivir mejor sin Él, deberíamos demostrarlo de una vez por todas. ¡Esa es nuestra responsabilidad! Tanto si creemos en Dios como si no lo hacemos, no podemos cargarle a Él con las culpas de nuestras malas decisiones o de nuestro ausentismo[13].

La necesidad de opinar y la supuesta tolerancia

Menos mal que algunas personas no son Dios, porque lo que harían sería señalar a todos aquellos que no pensaran como ellos, no solo con *el problema del mal*, sino, ¡en todas las circunstancias! Es cierto que no existirían

---

13 No podemos culpar a Dios del mal, de la misma manera que nosotros no somos culpables de muchas situaciones. Los ejemplos siempre nos ayudan: quienes construyen las autopistas intentan hacerlas de la mejor manera posible, pero no pueden evitar que algunas personas pierdan la vida en ellas porque van demasiado rápido, o porque su vehículo puede fallar, o porque alguien se ha despistado conduciendo. Dios ha creado un mundo para disfrutar, pero el ser humano quiere usarlo todo *a su manera*, y así van las cosas.

los *dictadores*, (*hay que acabar con ellos para terminar con el mal*, dirían), pero tampoco permitirían que existiera nadie que les llevara la contraria. Aunque no lo parezca, los que actúan de esa manera defienden valores dictatoriales, consciente o inconscientemente: religiosos, ateos, agnósticos, o lo que sea. Si queremos *controlar* el mundo, los *disidentes* tienen que desaparecer. Defendemos la tolerancia como un valor en sí mismo, pero detrás de esa defensa simplemente está el deseo y la necesidad de que nadie se *desmadre*. Lo que hemos logrado es que muchas personas no se atrevan a expresar su opinión si no está de acuerdo con lo que la mayoría dice, porque muchos se burlarán de sus ideas. Yo tengo que ser siempre tolerante con los demás, pero debo callarme mis opiniones cuando no son admitidas por la mayoría; muchos no me darán el derecho a expresarme si creen que mis ideas no son *progresistas*, así que no puedo decir lo que pienso: se trata de una presión indirecta, porque me someto a lo que los demás dicen por miedo a ser señalado.

Muchos no se dan cuenta de que se pueden tener ideas incorrectas, pero la tolerancia no implica defenderlas como reales. Un policía no puede permitir que te saltes un stop y causes un accidente mortal, por muy *tolerante* que sea. Incluso puedes ver en televisión anuncios que dicen: *contra el abuso, tolerancia cero* y realmente es una frase genial, porque eso es precisamente lo que debe hacerse: ¡No se puede tolerar el mal en absoluto! El problema es que solo se aplica en determinados casos, así que las personas terminan por no saber lo que es moral o lo que no, y la *tolerancia* termina por ser una cualidad vacía[14].

Definitivamente, todos nuestros argumentos terminan ahí, porque todos defendemos la justicia, la intolerancia en determinados casos, la intervención contra el mal, la concesión de libertad de opinión y actuación para todos, la disidencia y la libertad de expresión, y muchísimas otras cualidades más que Dios nos regala. ¡Si pudiéramos ocupar su lugar, defenderíamos los mismos principios que Él! y, como Él, estaríamos *esperando* pacientemente, que todas las personas se comportaran de la mejor manera posible. La única diferencia es que, contrariamente al Creador, no seríamos capaces de expresar un amor tan extraordinario como el suyo. Por eso vivimos en el mundo en el que vivimos.

---

14 Esa es una de las razones por las que, cuando se acusa de intolerantes a los cristianos, el problema de fondo es el relativismo que se pretende defender. Para que nos entendamos, ante un asesinato, las pruebas llevarán a las mismas conclusiones a diferentes equipos de investigadores si son objetivos. Puede que alguno más inteligente pueda dar algunos pasos más allá, pero ninguno de los equipos piensa en *imponer* su verdad, porque lo que quieren es descubrir lo que realmente sucedió. Eso es lo que sucede cuando hablamos de Dios, no imponemos la verdad, ¡simplemente hablamos a las personas para que busquen y saquen sus conclusiones!

4. El origen del mal, el enemigo

De la misma manera que existe un Bien absoluto, tiene que haber un origen del mal. El estándar moral es el propio carácter de Dios, un ser perfecto y feliz, porque sin el Creador, no podríamos tener un modelo de perfecciones morales, alguien bueno en esencia, un *espejo* en el que mirarnos. De la misma manera, tenemos un *espejo* del mal: siempre me asombró que a muchos de los que se empeñan en oponerse a la existencia de Dios, no parece que les preocupe en absoluto la existencia del diablo. Lo toman como algo divertido y grotesco, ¡incluso ven *normal* que haya fiestas dedicadas en su honor! Algo muy raro hay detrás de eso, porque si Dios no existiera, ¡mucho menos lo haría el diablo!, pero eso, aparentemente, no le preocupa a nadie, aun sabiendo que Dios nos pide que nos amemos unos a otros y el diablo busca que hagamos todo el mal posible.

La Biblia enseña de una manera clara que el origen del mal tiene que ver con un enemigo: el primer ser que se rebeló contra Dios. El diablo quiso ocupar el lugar del Creador, y esa es la razón del mal en sí misma: despreciar a quién te da la vida para querer vivirla *a tu manera*, y no solo eso, sino pretender que quien te lo dio todo es un ser *malvado* porque no permite tus *locuras*[15]. Antes de que el ser humano se rebelara contra Dios, ya lo había hecho uno de los seres más perfectos que existían. Él fue el origen de la tentación para abrazar el mal: una imperfección que tuvimos la oportunidad de vencer y no lo hicimos, porque en lo más íntimo de nuestro ser, también nosotros acariciábamos esa posibilidad de ocupar el lugar de Dios.

Dios siempre crea, el diablo destruye por oposición, odia cualquier cosa que el Creador haga. El enemigo no puede rechazar la existencia de Dios, así que concentra todas sus fuerzas en enfrentarse a Él; vive en lo irreal, en el engaño: es el padre de la mentira[16], y nos hace vivir una mentira permanente, con lo que termina quitándonos nuestra libertad; si la verdadera libertad sería tomar siempre buenas decisiones, perdemos nuestra libertad cuando la mayoría de nuestras decisiones son malas. En ese proceso, perdemos nuestra dignidad como personas, porque terminamos amándonos solo a nosotros mismos. El enemigo no sabe lo que es ayudar a los demás

---

15   El diablo es la personificación del mal como oposición activa al bien, y por lo tanto, a todo el carácter de Dios. El diablo no ama la maldad tanto como por lo que es en sí, sino porque quiere oponerse a todo lo que Dios es: su primer enemigo no es el bien, sino Dios; porque a pesar de ser una criatura de Dios, llegó a ser así por querer ocupar su lugar.

16   Así le definió Jesús: asesino y padre de la mentira. *Ustedes son de su padre, el diablo, cuyos deseos quieren cumplir. Desde el principio este ha sido un asesino, y no se mantiene en la verdad, porque no hay verdad en él. Cuando miente, expresa su propia naturaleza, porque es un mentiroso. ¡Es el padre de la mentira!* (Juan 8:44).

(¡ni quiere saberlo, por supuesto!); simplemente es un imitador, engaña siempre que puede[17], pero cuando se trata de amar, *desaparece*. Ese es realmente el origen del mal: la ausencia de Dios, el amor verdadero.

5. La respuesta de Dios al problema del mal

¿Hasta cuándo, Señor, he de pedirte ayuda sin que tú me escuches?
¿Hasta cuándo he de quejarme de la violencia sin que tú nos salves?
¿Por qué me haces presenciar calamidades? ¿Por qué debo contemplar el sufrimiento? Veo ante mis ojos destrucción y violencia; surgen riñas y abundan las contiendas[18].

La búsqueda de la justicia es una constante en la Biblia. El conocimiento de Dios no es una *muleta* para lo que no comprendemos, tal como algunos han afirmado, sino todo lo contrario: ¡le exigimos que nos responda a aquello que no entendemos! Dios no desiste de nuestras desilusiones ni es un *escudo* para lo que no podemos explicar. El Creador sabe que el problema del sufrimiento es personal: una cosa es cuando hablamos del dolor intentando dar y quitar razones, y otra muy diferente cuando somos nosotros los que sufrimos. Aun con todo lo que hemos argumentado hasta ahora, tenemos que reconocer que ninguna respuesta intelectual sirve como solución al sufrimiento personal. No sirven las respuestas fáciles, ni de un lado ni de otro.

Como hemos visto, echar a Dios de nuestra vida no soluciona el problema del mal, todo lo contrario, lo agrava; pero creer y decir que Dios lo sabe todo y quedarse ahí, sin intentar hacer nada para remediar el mal, puede ser peor. Si Dios nos dio la capacidad para razonar, debemos cuestionarlo todo, ya que (¡además!), la Biblia nos enseña que todas las personas que amaron a Dios, se enfrentaron a las mismas preguntas que nosotros. Aun así, aunque intentamos comprender el problema del mal en el mundo, no siempre es posible: nuestro entendimiento es finito y no sabemos todo lo que sucede, ni las motivaciones de las demás personas, ni las consecuencias de cada acción, ni las circunstancias que se derivan de cada decisión, etc. Por otra parte, tener fe significa *arriesgarse*, aunque no lo sepamos *todo*. A veces tenemos que hacer lo mismo en las relaciones; no siempre le contamos a un amigo las razones de algo que está sucediendo, quizás porque no *podemos*, así que le decimos: *tienes que confiar en mí*. No podemos culpar a Dios cuando nos pide a nosotros que hagamos lo mismo.

---

17   ¡Incluso presentándose como un ser angelical y bueno! *Y no es de extrañar, ya que Satanás mismo se disfraza de* ángel de luz (2 Corintios 11:14).
18   Habacuc 1:2-3.

Existe un lado bueno en el sufrimiento

El mal es real, por lo tanto, el bien también tiene que serlo. ¿Cómo sabemos la diferencia entre uno y otro? ¿El bien es vivir y el mal es morir? ¿El bien es no sufrir y el mal es sufrir? Las respuestas no son fáciles: a veces el sufrimiento es bueno, sin dolor no sabríamos que algo anda mal físicamente y moriríamos rápidamente. El dolor es un regalo que nadie quiere, pero nos avisa para que no suframos un mal mayor.

Existe otro tipo de dolor que es bueno porque nos impide destruirnos a nosotros mismos o a los demás; se trata de un sentimiento *espiritual* que nos ayuda a ir más allá de lo que podemos controlar para darnos cuenta de que algo va mal, a nivel personal, familiar, social, etc. Si no fuera así, no le daríamos importancia al mal. Dios quiere que podamos disfrutar de todo lo que nos regala, no solo las cosas materiales, sino también las relaciones con las demás personas, de tal manera que podríamos afirmar que Él está mucho más interesado en nuestro carácter que en lo que podamos sentir en un momento determinado. Si cierto tipo de sufrimiento nos ayuda a comprender quienes somos, nos *obliga* a ayudar a otros, o nos mueve a acercarnos a Él, puede ser *bueno*. Aunque nos duela.

Es más, cuando sufrimos suele darse un fenómeno muy curioso: normalmente reflexionamos, comenzamos a pensar qué hemos hecho mal, y en qué momento hemos tomado alguna mala decisión, ¡aunque lo que estamos sintiendo no sea nuestra culpa! Cuando todo va bien en la vida, jamás nos planteamos lo que hacemos o las decisiones que tomamos; vivimos con la impresión de que el mundo nos pertenece. En ese sentido, el sufrimiento nos ayuda a ver que no todo es como parece, y que hay consecuencias de nuestros errores; de vez en cuando tenemos que *parar* y meditar sobre nuestra vida.

El sufrimiento como resultado del amor

Como hemos visto, el amor exige libertad para amar y ser amado: no puede imponerse a la fuerza. Cuando amamos, tenemos que conceder libertad a la otra persona y, por lo tanto, también aceptamos el sufrimiento porque vamos a ser heridos en algún momento: no existe una relación perfecta. En un mundo imperfecto, el dolor es una respuesta natural al amor; sufrimos por quienes amamos. No podemos permanecer insensibles cuando ellos se duelen o viven las consecuencias de alguna acción. ¿Es mejor entonces no amar a nadie, ni depender de nadie? No, porque nada nos hiere más que el egoísmo y la soledad. Esa es una de las razones por las que decidimos tener hijos: *crear* a alguien no es una decisión cruel en absoluto, sino que es el resultado de un acto de amor; traemos al mundo una vida que podrá tomar decisiones como nosotros, y disfrutar de lo que nosotros también disfrutamos. En ese sentido no podemos echarle en cara a Dios que nos haya creado, porque es lo que nosotros hacemos con nuestros hijos: los tenemos para relacionarnos con ellos, para amarlos y que nos amen. ¿Somos crueles al traerlos al mundo? Según el argumento de algunos sobre Dios sí, pero de esa manera la vida se acabaría en poco tiempo: seríamos mucho más crueles, entonces, porque estaríamos preocupándonos solo por nosotros mismos. Sería como defender: *nosotros vivimos, los demás que se busquen la vida.*

El amor vive amparado por la justicia, y aunque nos cueste creerlo, también con la ira: ¡Nos enfadamos cuando algo intenta destruir aquello que amamos! Denunciamos, ¡y con razón!, a los que cometen malos tratos contra otras personas; porque amamos, existen leyes que castigan a los que hacen daño a los demás. No podemos amar sin desear lo mejor para la persona a la que amamos. Si vemos a alguien que se está destruyendo a sí mismo, no pensamos: *es una persona libre, que haga lo que quiera.* ¡No! Intentamos rescatarlo de esa adicción, ese peligro, ¡incluso de sí mismo! Cuando vemos que alguien abusa de alguien indefenso, sentimos ira; de la misma manera que cuando alguien hace sufrir a quien amamos: lo protegemos y lo defendemos, es parte del verdadero amor[19]. No podríamos vivir sin ella, porque el amor no sería bueno: un amor que permite todo, ni siquiera puede llamarse así. El amor siempre quiere sanar, restaurar, dar lo mejor para la otra persona. Amar a alguien es comprometerse en ayudarle a ser quien puede ser. El amor acepta todas las circunstancias, pero lucha para que todo sea mejor. En ese sentido, pedirle a Dios que no use todos los medios para ayudarnos (incluido el sufrimiento), es pedirle que deje de ser Dios, que deje de amarnos y de buscar lo mejor para nosotros.

Dios *probó* el sufrimiento como resultado del amor cuando nos creó: decidió no imponer su voluntad sobre la nuestra, aunque podía hacerlo. Fue una decisión extraordinariamente buena para la humanidad, porque todos queremos *vivir*, a pesar del sufrimiento al que, a veces, nos vemos sometidos: el sentido de la vida es más importante, para nosotros, que el problema del mal. Sabemos que el mundo es imperfecto, pero eso no implica que sea malo. Si queremos seguir viviendo es porque todavía existen personas, actividades y circunstancias lo suficientemente buenas como para hacernos disfrutar. Eso nos demuestra que el mal es un impostor, porque es el bien el *hábitat natural* que Dios ha creado para nosotros.

---

19   La Biblia habla directamente de la ira de Dios como una consecuencia directa de la maldad del ser humano: *Porque la ira de Dios se revela desde el cielo contra toda impiedad e injusticia de los hombres, que con injusticia restringen la verdad* (Romanos 1:18).

El sufrimiento hace nacer la compasión

Un mundo como el nuestro, en el que existe el dolor pero también la compasión, es un mundo mejor que uno en el que el sufrimiento fuera eliminado de una manera arbitraria. El mal no es bueno, pero hace sobresalir lo mejor de nosotros mismos para ayudar a otros, y para que las situaciones se midan en su nivel correcto. Si no fuera así, siempre le daríamos más importancia a lo accesorio: cuando estamos sufriendo no solemos tomar decisiones en cuanto a lo que vamos a comprar, lo que nos falta, o cosas parecidas, sino que nos enfocamos en lo importante, dedicar más tiempo a las relaciones, la familia, disfrutar, el cuidado a otros, y muchas otras situaciones por las que merece la pena vivir. Las momentos más difíciles *dan a la luz* a la solidaridad.

Si crees que no es cierto, deberías preguntarte: ¿Por qué a la mayoría de los creyentes el mal les acerca a Dios en lugar de alejarles de Él? ¿Por qué a muchas personas no creyentes les sucede lo mismo? No todos reaccionan culpando a Dios en el sufrimiento, ¡muchas personas toman la decisión de seguirle, justo cuando parecía que la vida no tenía sentido! A veces no somos capaces de reconocer nuestra necesidad de Dios hasta que no llega el dolor; en ese momento, todo cambia: existen muy pocos ateos en los momentos de sufrimiento. Sabemos que nuestra felicidad está en Dios pero no le buscamos mientras podemos controlarlo todo; solo cuando nos vemos en una situación sin salida. A pesar de eso, Él acude a nuestra ayuda cuando le necesitamos: si alguien hiciera eso con nosotros, le daríamos la espalda, pero Dios actúa con *humildad divina*; si fuera orgulloso no nos aceptaría en tales términos[20]. Pero incluso, *egoístamente*, disfrutamos más cuando sabemos lo que es el sufrimiento: las personas que lo tienen todo no son capaces de conocer el contentamiento hasta que pasan por momentos difíciles.

Jamás debemos olvidar que tomamos buenas decisiones y ayudamos a los demás, transformamos el mundo y, de esa manera, nos parecemos a nuestro Creador. Una vez más, es lo mismo que sucede con nuestros hijos: cuando hacen lo que esperamos que hagan (¡si es algo bueno, claro!), nos sentimos bien, porque han usado su libertad de una manera extraordinaria: la compasión siempre llena de paz a quien la regala[21].

---

20   La clave es, siempre, nuestra reacción en cada situación. Si una de mis hijas me dice: *Te amo papá, porque siempre haces lo mejor para mí, y me das todo lo que necesito y sé que me quieres, y estás siempre conmigo*, me sentiría muy bien al saberlo, pero imagínate que un día, sinceramente, habla conmigo para explicarme: *Te amo papá, aunque a veces no entiendo lo que me dices, y parece que estás lejos de mí, pero sé que no me abandonas y me quieres siempre*, ¡sabría que me quiere de una manera extraordinaria!

21   Dios hizo el mejor mundo posible en cuanto a condiciones y libertad. Dios crea seres que tienen la posibilidad de escoger el mal, aunque Él no quiere que lo hagan. En la

Dios interviene en la historia

Nosotros le pedimos a Dios que intervenga en la historia para frenar el mal, y de hecho Él lo hace en muchas más ocasiones de lo que creemos, pero siempre, de acuerdo a un diseño absolutamente amoroso e inteligente. ¡Cuántas veces exclamamos en una situación determinada: *fue un milagro!* Como un Creador lleno de gracia actúa siempre de manera que sus criaturas puedan encontrarle y disfrutar de todo lo que Él ha hecho. Muchas personas se quejan de que Dios haya permitido algo malo en su vida (quizás cayeron enfermos, o los negocios fallaron, o les robaron, simplemente tomaron una mala decisión), pero deberían recordar que casi nunca agradecieron a Dios por tantos años en los que estuvieron bien y todo iba perfectamente. Casi siempre usamos a Dios para reclamar, no para agradecer. Aun así, Dios no quiere rehacer cada una de nuestras decisiones con el fin de que no surja algo malo, porque eso sería lo más injusto que podría existir: terminaríamos haciendo siempre lo mejor para nosotros, sin importarnos las consecuencias porque *de todas maneras Dios va a solucionarlo, así que no importa.*

Dios *usa* el sufrimiento que se deriva del mal aunque no lo haya creado Él; *utiliza* lo que sea necesario para hacernos bien, como cuando tienes que cortar una herida para sacar la sangre que está infectada y no permitir que recorra todo tu cuerpo: el dolor y la herida son inmensos, pero te salvan la vida. Dios no *tolera* el mal, sino que lo controla; no lo creó Él, pero lo vence con el bien. A Dios no le tomó por sorpresa el surgimiento del mal, sabía que iba a ocurrir, pero lo convirtió en algo que pudiera llegar a ser bueno. El puede sacar bienes de los males, en eso demuestra que es Dios, por eso, cuando nosotros hacemos lo mismo, nos parecemos a Él.

Decir que Dios no es bueno porque si sabía que el hombre podía pecar, debería haberlo prohibido, es como decir que el gobierno de una nación no es bueno porque sabiendo que algunas personas van a desobedecer las leyes, deberían restringir la libertad para que nadie pueda hacer nada malo. No se puede tener libertad sin tener que sufrir las consecuencias: estamos ante un problema de definición. Dios no puede hacer algo imposible en sí mismo como cuando decimos que no puede hacer un círculo cuadrado, la misma definición nos dice que eso es un absurdo; y Él no vive ni puede vivir en el absurdo.

historia que Jesús contó sobre el hijo que se fue de casa (Cf. Lucas capítulo 15), el Padre le deja ir, no le obliga a quedarse… pero le espera cada día para hacer una fiesta cuando vuelva, y restaurar su condición de hijo. En ese sentido, el peso de la libertad que le concede a su hijo es mayor que su *deseo*.

Necesitamos un Juez Supremo

Para comprender el problema del mal, también necesitamos reflexionar sobre la justicia. ¿Habría justicia sin un juez que la otorgara? La verdad es que sería mucho más sencillo solucionar nuestros problemas en el seno de las familias, las relaciones sociales, los municipios, etc., sin necesitar tribunales de justicia o jueces que dictaran sentencia. ¿Por qué no lo hacemos? ¿Por qué en los tribunales los dos contendientes no hablan y se arreglan? ¿Por qué le otorgamos al Juez un nivel de autoridad superior, e incluso castigamos el desacato hacia su persona? Si necesitamos jueces es porque no podemos vivir sin ellos. Nadie quiere vivir en un país sin policía ni jueces porque la justicia es imprescindible. Necesitamos vigilancia: cualquier razonamiento que defienda que somos buenos por naturaleza y que podemos solucionar nuestros problemas con mayor conocimiento y/o educación, no dura más que unos pocos segundos; los que necesitamos para volver a la realidad. De la misma manera, necesitamos que Dios imparta justicia más allá de todos los tribunales, porque todos demandamos una justicia superior, perfecta, inalienable e insobornable.

Nuestro Creador tiene que ser obligatoriamente justo y diferenciar el bien del mal, defendiendo a los débiles de los abusos a los que son sometidos; tiene, incluso, que *airarse* contra la maldad. Algunos argumentan que no es posible la existencia de un Dios que juzga de una manera definitiva, pero nosotros ponemos en la cárcel a las personas que infringen los derechos de otros; hacemos lo mismo a *pequeña escala*. En cierto modo somos *dioses* también[22], porque nadie podría vivir en una sociedad que no castigara el mal; lo curioso del caso es que, ¡desechamos a Dios porque Él podría ponernos *en la cárcel* a nosotros! Nos parece imposible que un día haya un juicio universal donde se juzgue lo que hemos hecho, pero nuestra sociedad se mantiene *en pie*, en base a miles de juicios *universales* (en el sentido de irreversibles, definitivos y válidos para todos los países), aplicados a cada persona.

Dios tiene que luchar contra la violencia y poner fin a la injusticia, ¡tiene que haber un momento en que su justicia y su ira contra el mal se manifiesten! De hecho, solo Dios puede actuar cuando está airado, porque no hay ninguna motivación escondida en Él, como ocurre con nosotros cuando somos violentos; en su caso no existe la venganza tal como nosotros la conocemos. Además, si no creemos en un ser superior que imponga la justicia entonces, de una manera u otra, nosotros mismos la tomaremos por

---

22 Para que podamos comprender la argumentación, no debemos olvidar que la Biblia llama dioses a los jueces: *Yo dije: Vosotros sois dioses, y todos sois* hijos del Altísimo. (Salmo 82:6).

nuestra cuenta; porque ese sentimiento de justicia que está dentro de cada uno no puede ser ocultado, y no encuentra paz hasta no verse satisfecho.

Todavía un detalle más: algunos piensan que algún día llegaremos a vencer la enfermedad y la muerte; ¡Eso sería una gran noticia! ¿De verdad? ¿Qué haríamos con la injusticia y el mal? ¿Miles de personas viviendo para siempre en cárceles para seres inmortales? ¡El mal ocasionado por seres mortales pasaría a ser un mal inmortal ocasionado por seres inmortales! No quiere decir que no investiguemos para lograr que esta vida sea mejor, de lo que se trata es de descubrir que es imposible vivir de una manera más justa si no tenemos principios morales absolutos.

¿Es necesaria una justicia definitiva?

¿Qué está pasando? Nos enfocamos en las discusiones sobre la existencia de Dios, pero estas sirven de muy poco si no sabemos cómo encarar el problema de la injusticia en el mundo, y el sufrimiento. Si no somos capaces de encontrar una solución, deberíamos plantearnos si el problema no está en haberle rechazado a Él, porque su *desaparición* implica un mundo indiferente y cruel. Un buen amigo que es médico cardiólogo me comentaba que cuando los enfermos saben que van a morir, la gran mayoría de los que no creen en Dios le preguntan: *¿Y eso es todo?* Todos buscamos algo más y necesitamos que la vida tenga algún sentido, no importa si somos creyentes o no. Por eso debemos llegar a un punto clave en cuanto al problema del mal y la justicia *después de esta vida*, y es la existencia de un *más allá*; el cielo y el infierno. Todos defendemos que tiene que haber recompensas para el bien y consecuencias para el mal; la justicia es imprescindible. ¿Por qué existe esa creencia? ¿Solo hay recompensas y castigos aquí, pero no hay nada más después? Por otra parte, todos tenemos esa sensación de querer vivir de una manera más plena, después de todo lo que hemos aprendido con el paso de los años, ¿por qué tenemos ese sentimiento? Si hay algo más allá de la muerte, la situación cambia por completo; no la explicación, que sigue siendo difícil, pero sí la situación.

Hace años, cuando estábamos estudiando, muchos de nosotros hemos sufrido injusticias en exámenes o en otras situaciones que no pudimos *arreglar*. Cuando terminamos los estudios, pudimos vencer muchas de esas sensaciones en la vida laboral, porque ahí cada uno tiene que demostrar lo que sabe, y ya no sirven *tretas, engaños* o *enchufes*. Aunque la analogía no es del todo buena (a veces en esa vida laboral sigue habiendo injusticias, ¡incluso más!), nos ayuda a comprender que no todo era como lo que estábamos viviendo en aquel momento. Si lo pensamos bien, ese tipo de *sufrimiento temporal* para alcanzar una mejor vida no es algo desconocido:

atletas, artistas, investigadores, escritores, etc., saben que la disciplina y los momentos difíciles son parte también del triunfo final; sabemos que siempre ocurre algo *más adelante*. Dios es la única garantía de la esperanza, sin Él y sin otra vida después de la muerte, la justicia, como tal, no existe. No solo para los que sufren, y para aquellos a quienes se le quitan sus posesiones o son asesinados, sino para nadie[23].

La justicia y el juicio son inseparables: el juicio es una parte de la manifestación de un amor perfecto y de una justicia perfecta. Hay muchas situaciones que no pueden ser *arregladas*, por mucho que se le pague a alguien que ha sido tratado injustamente o que haya perdido a un ser querido. La justicia total tiene que existir porque si no fuera así, tendríamos que llegar a la conclusión de que la *muerte* de Dios implica también nuestra propia muerte. Es más, ni siquiera deberíamos protestar sobre el mal, porque ese *mal* no existe como tal: dictadores, violadores, abusadores, ladrones que roban millones de euros y dejan a miles de familias en la calle, etc., podrían hacer lo que quisieran y en último caso quitarse la vida sin que nadie tenga derecho a castigarlos por nada, porque todo termina *aquí*.

Hasta ahí podemos estar de acuerdo, pero entonces, ¿cómo conciliar el hecho de que Dios que es amor en esencia, vea sufrir a seres que Él mismo ha creado? Algunos piensan que Dios tiene que perdonarlo todo y pasarlo por alto al final de la vida, pero eso sería terrible: imagínate los millones de personas cuyos derechos han sido violados, se les ha robado o quitado su vida, etc., sin que exista ningún tipo de retribución ni restauración. El amor no puede olvidar ni renunciar a la justicia, porque esta implica no solamente castigar a los culpables, sino también que los inocentes recuperen aquello que han perdido. Nuestro remordimiento suele ir en proporción con la bondad de aquello que hemos rechazado: si despreciamos algo muy bueno, nuestra pena será mayor. Un infierno eterno tiene varias características que le hacen horrible: en primer lugar, hablamos de una situación completamente irreversible; en segundo lugar significa vivir en el reinado del egoísmo, un lugar sin ningún tipo de relaciones, porque todos buscarían solo lo mejor para sí mismos; en tercer lugar, una situación en la que no existe el bien, ni el placer, ni la belleza, ni ninguna cosa buena; nada de lo que Dios es y lo que nos hace disfrutar en la vida. ¡Nadie querría ir allí si lo pensara realmente! Pero la libertad que tenemos para tomar decisiones es tan inmensamente grande y *sagrada*, que no puede ser quebrantada

---

23   En esta vida es imposible que la justicia sea realmente retributiva. Cuando alguien es robado, pasa (como mínimo) un tiempo hasta que le devuelven lo robado y ha pasado por toda una serie de circunstancias y sensaciones que no pueden volverse atrás. Cuando alguien es herido o asesinado, la posibilidad de restaurar puede llegar a ser completamente imposible, aunque aparentemente se *haga justicia*. No hay manera *humana* de arreglar muchas situaciones.

por nada ni por nadie. Si alguien no quiere vivir con Dios, Él acepta esa decisión, ¡una decisión eterna![24].

Lo que es difícil de comprender es que sea justo un castigo eterno por decisiones tomadas en una vida *limitada*. Aunque no es sencillo, deberíamos reflexionar sobre lo que sucede ahora: ¿qué castigo le impondríamos a alguien que le quita la vida a otro? ¡Hagamos lo que hagamos, esa vida no puede ser restaurada! En algunos lugares existe la cadena perpetua, así que la pregunta sería la misma: ¿cadena perpetua (¡para toda la vida!) por una mala decisión tomada en un solo minuto? ¿Y si es lo más justo que pudiéramos hacer? NO existe ninguna manera de aplicar un tipo de justicia retributiva, porque la persona a la que se le quita la vida, ¡lo pierde todo! ¿No es excesivo castigo para la víctima que alguien le quite la vida en un solo segundo? ¿Qué castigo sería suficiente para el agresor? ¿Que él perdiera la vida también?

Si queremos responder de una manera adecuada, tenemos que recordar lo que la *naturaleza* nos enseña: una sola decisión en contra de la ley de la gravedad puede costarnos la vida, si caemos desde lo alto de un rascacielos, por ejemplo. ¡Un solo hecho! ¿No es demasiado castigo? Aunque nos parezca cruel, las leyes naturales muestran lecciones eternas[25]. Rechazar de una manera continua a Dios tiene repercusiones que van más allá de esta vida; es nuestra rebeldía la que establece esa condena. La manera en la que Dios ve todo es muy diferente a lo que pensamos nosotros: es un castigo eterno porque Dios es eterno y su justicia es eterna, pero es eterno también porque no existe otra manera de restaurar aquello que hemos hecho[26]. No te apresures a juzgar a Dios en ese sentido, porque deberías ver lo que nosotros hacemos con las personas que van a la cárcel. Es obvio que

---

24 Aunque nos cueste creerlo, muchos no solo irán al infierno, sino que incluso estando allí, ¡se sentirán *bien*! Su orgullo es tan grande que *puede* con cualquier tipo de sufrimiento. Ese sentimiento aparece en el último libro de la Biblia cuando se habla de muchas personas que, viendo la destrucción que se avecina, no son capaces de reconocer que *Dios tenía razón* y que sus juicios son justos: *El resto de la humanidad, los que no murieron a causa de estas plagas, tampoco se arrepintieron de sus malas acciones ni dejaron de adorar a los demonios y a los ídolos de oro, plata, bronce, piedra y madera, los cuales no pueden ver ni oír ni caminar* (Apocalipsis 9:20). Como decíamos, la arrogancia del ser humano suele ser más grande que su propia condenación.

25 No podemos argumentar *Dios ha sido cruel al crear leyes, como la de la gravedad, que pueden quitarnos la vida si las infringimos*; porque si las leyes físicas no fueran así, ¡la vida sería imposible! Solo cuando Dios restaure la creación original (en los cielos nuevos y tierra nueva) la muerte dejará de ser.

26 No estaría de más recordar que el paso del tiempo no *cancela* el mal ni lo hace caer en el olvido; como hemos visto en el capítulo dedicado al tema, para Dios todo es un *eterno presente*, el tiempo que nosotros creemos que ha transcurrido es ficticio. Lo que hemos hecho está siempre presente. En esa *dimensión* viviremos todos cuando termine nuestra vida aquí, sea cual sea el destino de cada uno.

queremos que se recuperen, pero ¿y si no es así? ¿Qué harías si una persona vuelve a delinquir una y otra vez al salir de la cárcel? ¡Someterla a una condena mayor! La propia justicia humana lo establece así.

Por otra parte, debemos recordar que al infierno va el que quiere, somos nosotros los que tomamos la decisión: la Biblia dice que no fue creado para los seres humanos[27]. Solo aquellos que le dan la espalda, los que dicen: *Yo no quiero vivir con Dios*, ocuparán ese lugar. Aunque Dios no quiere que nadie se pierda, Él hace realidad su deseo, porque no quiere imponerse. De hecho, las personas van a esa condenación de una manera voluntaria, prefieren tener razón y sufrir, antes que reconocer su error y desistir. A veces olvidamos que el mayor problema del pecado no es el mal en sí mismo, si no el hecho de no querer reconocerlo; en esa actitud radica la raíz de la maldad: racionalizamos nuestras malas decisiones para no tener que admitirlas, buscamos argumentos, disculpas, culpamos a otros, etc., ¡todo con tal de tener razón! Esa manera de enfrentar la realidad está en la base de nuestra manera de ver la vida: el fenómeno, *no es mi culpa*, que todos defendemos. Tanto es así, que cuando compramos ciertos aparatos, nos encontramos con la señalización para no cortar un cable con tijeras; no usar bolsas de plástico para jugar y ponerlas en la cabeza porque podemos asfixiarnos, etc., esas recomendaciones disparatadas aparecen en todo tipo de objetos, porque cuando hemos hecho algo equivocado, decimos que *no es nuestra culpa* sino la del fabricante, aunque ese objeto se haya diseñado para otro fin completamente opuesto al que lo usamos. De la misma manera culpamos siempre a Dios: ¡*La culpa es del fabricante!*

¡No solo eso! Como hemos visto anteriormente, no nos importa seguir tomando malas decisiones aunque sepamos que nos hacen daño, tanto a nivel individual (tabaco, alcohol, drogas, etc.) como a nivel colectivo (la destrucción de la capa de ozono, la deforestación de la naturaleza y muchas otras). ¡Tenemos derecho a tomar nuestras propias decisiones! Cuando uno no cree en Dios, es capaz de creer en cualquier cosa. Si colocamos algo en lugar de Dios, ese algo nos esclaviza; por muy bueno que sea, acaba influyendo en todas nuestras decisiones y no podemos vivir sin *eso*, de tal manera que, cuando nos falta, atravesamos un *infierno*. Quienes quieran vivir en la condenación eterna será por su voluntad: su mente y su corazón está tan lejos del Creador, que no quieren acercarse a Él ni por toda la eternidad. Su orgullo es demasiado grande como para *pedir ayuda*; la discusión sobre por qué Dios permite que muchas personas vivan en una condenación eterna no tiene sentido, porque son esas

---

27 Jesús mismo explicó que el infierno fue creado para el diablo y para sus ángeles, no para los seres humanos, Solo aquellos que le dan la espalda, los que no quieren vivir con Él, acompañarán al maligno (Mateo 25:41).

mismas personas quienes deciden estar allí. En cierta manera lo harán con *gusto*, con tal de no dar su brazo a torcer. Solo *hay* algo tan infinito como el amor de Dios: nuestro orgullo.

La cruz responde al problema del mal

La más excelente noticia es que nuestra situación no es irreversible: la muerte de Jesús en la cruz es la respuesta de Dios al sufrimiento. Es también la respuesta a nuestro orgullo, nuestra maldad, nuestra falta de significado en la vida; es la muestra absoluta del amor de Dios por la humanidad, ¡la cruz es la respuesta a todo! Si queremos vencer al mal y lo hacemos de una manera violenta, entramos en un combate cuerpo a cuerpo con sus armas; en ese enfrentamiento siempre vamos a ser derrotados, pero la cruz nos demuestra que se puede responder al mal derrochando amor. ¡Eso sí es una revolución! Jesús luchó contra el mal[28], e incluso lloró al conocer el sufrimiento de quienes estaban a su lado[29], porque no *podía* liberarles de ese dolor sin que ellos lo admitieran. Si alguien quiere dar respuestas fáciles al problema del dolor, se encuentra con la mayor paradoja de la historia: el Creador Todopoderoso llora por algo que no *puede* hacer. Obviamente el precio de nuestra libertad, por muy pequeña que nos parezca a veces, es demasiado alto.

Muchas veces nuestro sufrimiento es injusto, pero si hablamos de situaciones ilegales, tenemos que recordar que la muerte de Jesús fue la mayor injusticia de la historia. El mejor ser humano que haya vivido jamás, sufre el peor de los castigos. Sin embargo, la consecuencia de esa situación es que el mensaje que Dios proclama se define con una expresión radicalmente nueva: las *buenas noticias*. Aunque señala la raíz del problema humano, propone una solución: Jesús viene a transformarlo todo. Dios se hace hombre para morir por todos[30].

---

28   La presentación que hace el profeta Isaías de Él es impresionante, tanto que cuando el mismo Jesús la lee en público, al comienzo de su ministerio, todos quedan asombrados; les explica que Dios se hace hombre para proclamar las buenas noticias, ¡sobre todo!, a los que sufren: *El Espíritu del Señor está sobre mí porque me ha ungido para anunciar el evangelio a los pobres. Me ha enviado para proclamar libertad a los cautivos, y la recuperación de la vista a los ciegos; para poner en libertad a los oprimidos* (Lucas 4:18).

29   *Al ver a las multitudes, tuvo compasión de ellas, porque estaban agobiadas y desamparadas, como ovejas sin pastor* (Mateo 9:36). Más tarde, el mismo evangelista nos muestra a Jesús llorando por Jerusalén (Mateo 23:37-39).

30   La afirmación del profeta explicando lo que va a suceder en el futuro, va más allá de lo que podamos imaginar: *Devorará a la muerte para siempre; el Señor omnipotente enjugará las lágrimas de todo rostro, y quitará de toda la tierra el oprobio de su pueblo. El Señor mismo lo ha dicho* (Isaías 25:8). La Biblia dice que Dios hará pagar todas las injusticias que muchos han sufrido. Dios mismo nos transformará, curará nuestras dolencias y aliviará

Jesús intentó paliar el mal individual en todo momento y eso es lo que debemos hacer los que le seguimos: luchar contra cualquier clase de mal, para que esta vida sea lo mejor posible. Porque sabemos que existe otra vida, luchamos para que esta se le parezca lo máximo posible. Pretender que todo se solucionará un día y vivir como si nada ocurriera y sin que el sufrimiento nos influya, es peor que no creer en nada. Vivimos en una sociedad en la que la gran mayoría de las personas (¡por no decir todos!) buscamos, en primer lugar, nuestro propio bien; aunque sepamos *disfrazar* ese deseo de muchas maneras. Frente a esa actitud, el ejemplo del Dios que ama y se da por completo, debería sacudirnos de una manera radical. Nadie que le siga sinceramente puede vivir otro tipo de vida que la que Él vivió: amando y entregándose. Dios no necesitaba pasar por el sufrimiento ni tenía que probarlo personalmente porque lo conoce todo, ¡es el ser más sabio que existe!, pero aun así, lo experimentó en la persona de su Hijo[31]. Si nos preguntamos la razón por la que Dios, a veces, no cambia las circunstancias cuando sufrimos, tenemos que recordar lo que hizo con su Hijo: permitió que la tristeza le embargara hasta la muerte, sufriendo de una manera extraordinaria, *pasa de mí este trago amargo*[32] llegó a decir... pero Dios no intervino porque la salvación de la humanidad estaba en juego.

El hecho de que Dios haya tomado el mal *sobre sí mismo*, no solo es una doctrina exclusivamente cristiana (ninguna otra religión o creencia lo admite), sino que parece una locura; nadie podía haberlo inventado. El problema del dolor y el sufrimiento es tan importante para Dios, que lo asume como propio: lo resuelve en primera persona. Nosotros podemos ayudar a quienes están mal, pero casi nadie estaría dispuesto a tomar el dolor de otro sin ninguna razón, simplemente por amor. Dios sí lo hizo y lo sigue haciendo, Él no es el culpable del dolor, sino el médico que lo cura, asumiendo la enfermedad de su paciente y poniéndose en su lugar de una manera incondicional y total. Jürgen Moltmann afirmó: *Dios llora con nosotros hasta que llegue el día en que nosotros podamos reír con Él.* El Creador está en todos los lugares donde hay sufrimiento y miseria, porque el problema

---

cada una de nuestras tristezas, porque el mal será derrotado. *La muerte y el infierno fueron arrojados al lago de fuego* (Apocalipsis 20:14). No había muerte ni sufrimiento antes de nuestra rebelión contra Dios, y no habrá muerte ni sufrimiento en los cielos nuevos y la tierra nueva, cuando Dios restaure todas las cosas.

31 *Coronado de gloria y honra por haber padecido la muerte. Así, por la gracia de Dios, la muerte que él sufrió resulta en beneficio de todos. En efecto, a fin de llevar a muchos hijos a la gloria, convenía que Dios, para quien y por medio de quien todo existe, perfeccionara mediante el sufrimiento al autor de la salvación de ellos* (Hebreos 2:9-10).

32 *«Es tal la angustia que me invade que me siento morir —les dijo—. Quedaos aquí y vigilad». Yendo un poco más allá, se postró en tierra y empezó a orar que, de ser posible, no tuviera él que pasar por aquella hora. Decía: «Abba, Padre, todo es posible para ti. No me hagas beber este trago amargo, pero no sea lo que yo quiero, sino lo que quieres tú».* (Marcos 14:34-36).

del dolor no se resuelve con explicaciones filosóficas, sino abrazando el sufrimiento del otro[33].

Aunque fueron los seres humanos los que condenaron a Jesús (¡y lo siguen haciendo!) toda la *trama* formaba parte del plan de Dios para expresar su amor de la manera más sublime posible. En la cruz, Él llevó la condena que nosotros merecíamos, no solo la culpa y la vergüenza[34]. Las consecuencias de nuestra maldad cayeron sobre Jesús: nuestra rebeldía exigió la *muerte* de Dios, y Él respondió a esa crueldad aceptando el desamparo de todos por amor a nosotros[35]; venció a la muerte abrazándola como si la mereciera[36].

---

33 En eso el cristianismo ha dado muchas *lecciones* a lo largo de la historia: la creación de la Cruz Roja, el Ejército de Salvación, hospitales, orfanatos, centros de rehabilitación, etc. La respuesta de quienes aman a Dios debe ser siempre estar al lado de los que sufren y ayudarlos.

34 Como siempre, la descripción del profeta es tan impresionante, que no se necesita añadir ni una palabra más: *Despreciado y rechazado por los hombres, varón de dolores, hecho para el sufrimiento. Todos evitaban mirarlo; fue despreciado, y no lo estimamos. Ciertamente él cargó con nuestras enfermedades y soportó nuestros dolores, pero nosotros lo consideramos herido, golpeado por Dios, y humillado. Él fue traspasado por nuestras rebeliones, y molido por nuestras iniquidades; sobre él recayó el castigo, precio de nuestra paz, y gracias a sus heridas fuimos sanados. Todos andábamos perdidos, como ovejas; cada uno seguía su propio camino, pero el Señor hizo recaer sobre él la iniquidad de todos nosotros. Maltratado y humillado, ni siquiera abrió su boca; como cordero, fue llevado al matadero; como oveja, enmudeció ante su trasquilador; y ni siquiera abrió su boca. Después de aprehenderlo y juzgarlo, le dieron muerte; nadie se preocupó de su descendencia. Fue arrancado de la tierra de los vivientes, y golpeado por la transgresión de mi pueblo. Se le asignó un sepulcro con los malvados, y murió entre los malhechores, aunque nunca cometió violencia alguna, ni hubo engaño en su boca. Pero el Señor quiso quebrantarlo y hacerlo sufrir, y, como él ofreció su vida en expiación, verá su descendencia y prolongará sus días, y llevará a cabo la voluntad del Señor. Después de su sufrimiento, verá la luz y quedará satisfecho; por su conocimiento mi siervo justo justificará a muchos, y cargará con las iniquidades de ellos. Por lo tanto, le daré un puesto entre los grandes, y repartirá el botín con los fuertes, porque derramó su vida hasta la muerte, y fue contado entre los transgresores. Cargó con el pecado de muchos, e intercedió por los pecadores* (Isaías 53:3-12).

35 Como vamos a ver en el último capítulo, incluso aceptó el desamparo de ¡su propio Padre! A eso se debió el grito de Jesús en la cruz: *A las tres de la tarde Jesús gritó a voz en cuello:* —*Eloi, Eloi, ¿lama sabactani? (que significa: "Dios mío, Dios mío, ¿por qué me has desamparado?")* (Marcos 15:34).

36 Imposible, para nosotros, encontrar explicación a ese hecho: es su Hijo, pero el Padre no puede relacionarse con el mal; sigue amándolo de una manera infinita, pero sufre esa separación porque Dios no puede acercarse al pecado que Jesús está llevando sobre sí por amor a cada persona de este mundo, pero en ese momento el mal no solo está fuera de su naturaleza, sino también de su alcance.
El ángel que anuncia el nacimiento de Jesús dice algo que ¡como mínimo!, tiene que hacernos pensar: *Dará a luz un hijo, y le pondrás por nombre Jesús, porque él salvará a su pueblo de sus pecados* (Mateo 1:21). El Mesías salvaría al pueblo de sus pecados: no de las consecuencias, que siempre es lo que queremos nosotros. Recuerda que en aquel momento, los judíos querían *ser salvos* de sus opresores los romanos: nosotros también queremos

El cambio imprescindible en nuestro corazón

Terminamos con algo trascendental en cuanto al problema del mal en el mundo, y es lo que la Biblia dice una y otra vez: hacer daño a otro ser humano ¡es *pecar* contra Dios![37]. Por lo tanto, si desechamos a Dios, no existe un referente externo válido, de tal manera que el mal se ha convertido en un simple hecho entre un ser humano y otro, incluso a veces, ni siquiera se considera como algo malvado; como mucho se habla de delitos cometidos, y son juzgados solo cuando salen a luz, ¡y aun así, no en todas las ocasiones! Jamás debemos olvidar que las relaciones entre los seres humanos tienen valor porque existe un ser que las garantiza. Delante de la misma situación, podemos reaccionar de una manera buena (por ejemplo: si hay una cosecha abundante, dar a los que no tienen; o si hay una catástrofe natural, ayudar a los que se están sufriendo, etc.); o mala (si tenemos una cosecha abundante querer ganar mucho más, o abandonar a los que lo han perdido todo en una catástrofe). Cuando aparece algún tipo de mal, podemos estudiar como protegernos, ayudar, vencer esa situación, etc. El mal menor puede ayudarnos a vencer al mal mayor; Dios lo permite como parte de nuestro proceso de aprendizaje en la vida. Lo que jamás debemos hacer es quedarnos de brazos cruzados ante esas situaciones[38].

De hecho, mi existencia, termina *sometiéndose* a lo que yo quiero hacer con ella. Las decisiones que tomo, hacen que ese *regalo* que Dios me dio, pueda ser bueno o malo para los demás, y para mí. Soy yo quien tiene *poder* para tomar esas decisiones; no puedo culpar al Creador en cuanto a lo que hago porque Él me ha regalado la vida, *a pesar de todo*. La razón por la que lo hace, (aun conociendo mis errores), escapa a nuestro entendimiento, pero es una razón justa sin ninguna duda, porque la bondad, el amor y la justicia (entre otras cosas) son la esencia de Dios. Nunca debemos olvidarlo.

---

huir de todo lo malo que nos sucede, pero de lo que realmente necesitamos ser salvos es de nosotros mismos. Como hemos visto una y otra vez, nuestro peor enemigo somos nosotros mismos.

37 Después del primer asesinato de la historia, Dios proclama al asesino que se debe impartir justicia: *La voz de la sangre de tu hermano clama a mí desde la tierra* (Génesis 4:10). Dios defiende a los indefensos, hace justicia porque Él es justicia. Nada escapa a sus manos porque ha diseñado todo de tal manera, que la tierra misma lo demanda: *El que derrame sangre de hombre, su sangre será derramada, porque a imagen de Dios es hecho el hombre* (Génesis 9:6).

38 La Biblia dice: *A aquel, pues, que sabe hacer lo bueno y no lo hace, le es pecado* (Santiago 4:17). Lo más *odioso* para Dios es la insensibilidad que nos lleva al pasotismo: Él no admite el *si yo estoy bien, no importa lo que le pase a los demás* ¡Eso es lo más anticristiano que existe!

Más contenido audiovisual:

CAPÍTULO 12
El misterio de la bondad, la belleza y el placer

La gran mayoría de las personas enfocan sus argumentos y sus dudas, en cuanto a la existencia de un ser superior, en el problema del mal en el mundo pero debemos reconocer que el misterio de la bondad en nuestro universo es mucho mayor. Al fin y al cabo, todos esperaríamos que hubiera situaciones naturales en las que la lucha por la supervivencia derivase en dolor y sufrimiento, pero las preguntas sobre lo bueno y placentero parecen irresolubles: ¿cuál es el origen del bien? ¿Por qué en un mundo evolucionado aparece la belleza si no es necesaria, si el más fuerte siempre es el que sobrevive? ¿Por qué tenemos sensaciones placenteras? ¿Es la bondad un mecanismo de supervivencia *superior* a la fuerza?

En los capítulos anteriores hablamos sobre la *atracción* que ejerce lo bueno sobre nosotros, esa necesidad de hacer el bien a conocidos y desconocidos hasta llegar al hecho de entregar nuestra vida ayudando a los demás. Vimos como todas esas *sensaciones* están dentro de nosotros, y es completamente imposible que nazcan de una manera natural, porque van en contra de nuestra propia supervivencia. Más adelante volveremos sobre ese tema, pero por ahora, necesitamos hablar sobre alguna de las consecuencias de esa *bondad* que apreciamos en el universo, sobre todo la belleza y el placer.

1. El origen de la belleza

En nuestro mundo existen muchos tipos de belleza que no son útiles ni pueden considerarse producto de una evolución natural, porque no *obedecen* a ningún recurso necesario: un mundo utilitarista habría perdido esa belleza innecesaria en muchos *momentos* evolutivos. Ningún naturalista explica la razón de esa manera ilógica de comportarse que tiene la naturaleza, si se quiere defender el *azar* y la *necesidad* como causas de todo lo que sucede. La belleza está ahí aunque nadie la observe, no solo en el universo exterior, sino también dentro de las células y átomos. Esa belleza objetiva que se añade al funcionamiento perfecto en todos los campos está *fuera* de nuestro alcance; pero a pesar de eso, tenemos la capacidad de responder a ella. Si lo único válido es lo útil, ¿no está la naturaleza derrochando belleza sin sentido? Tampoco podemos *culpar* a la naturaleza porque haga eso, porque nosotros mismos desarrollamos una estética determinada de acuerdo con nuestros cinco sentidos, que en la mayoría de las ocasiones, simplemente sirve para *enamorar* esos sentidos, sin ninguna otra utilidad. ¿Cuál es la razón de ese comportamiento? ¿Por qué hacemos arte sin ninguna justificación? ¿Por qué consideramos que algunas manifestaciones naturales son bellas? Si la belleza no es producto de la utilidad, ¿por qué la apreciamos? ¿Por qué empeñamos tiempo, dinero, fuerzas, etc., para contemplarla e incluso poseerla? ¿Cuál es la razón de que la belleza nos atraiga?

Un mundo evolucionado vive continuamente dominado por la utilidad; jamás defendería la *belleza* por sí misma. En ese tipo de mundo lo bello solo es lo *necesario*. Sin embargo el ser humano busca esa belleza en todo lo que hace. Sabemos que la naturaleza no debería desarrollar procesos *inútiles*, pero lo que observamos es radicalmente diferente a lo que podríamos suponer: no hay dos gotas de agua iguales, ni dos hojas iguales, ni dos cristales de nieve iguales, ni dos estrellas iguales entre los más de cien mil millones de nuestra galaxia (¡y se cree que hay otros cien mil millones de galaxias más!), ni (¡lo más importante para nosotros!) dos personas iguales. ¿Por qué la naturaleza derrocha imaginación, si la llamada selección natural tiende siempre a la simplificación? ¿Por qué es original y desarrolla esos procesos *inútiles?* El problema de la complejidad innecesaria sigue trayendo *de cabeza* a muchos, sencillamente porque es completamente *irracional* a nuestro entender. La única conclusión posible es que la belleza y el placer son creados, no surgen al azar.

Algunos dicen que la belleza depende de quien la observa, pero no es del todo cierto, porque existe por sí misma: en las últimas décadas hemos podido adentrarnos en lugares del Amazonas, por ejemplo, donde ningún ser humano había llegado; cuando se descubrieron esos parajes inhóspitos, su atractivo deslumbró a todos. ¡Ese encanto estuvo siempre ahí, aunque *nadie* haya podido contemplarlo! Dios crea la belleza, en muchas ocasiones, sin ninguna utilidad o justificación: simplemente para disfrutarla. Esa manera de actuar es parte del carácter del Creador, porque le encanta derrochar imaginación y creatividad. Dios sigue creando y sigue amando, porque no puede dejar de hacer ninguna de las dos cosas, la belleza y el placer son consecuencias lógicas de su amor y su bondad. Esa es la razón por la que Él crea diversidad: todos los seres humanos son diferentes, de la misma manera que la naturaleza, los ríos, los mares, los árboles, el paisaje, no hay dos idénticos, no existen dos amaneceres ni dos atardeceres iguales; nada de lo que Dios crea cae en la rutina del aburrimiento. Esa es una de las razones por las que el arte es una manifestación de nuestra espiritualidad, todos los *artistas* lo expresan así: es una manera de acercarse a *Dios* porque vive de la búsqueda de lo sobrenatural, exponiendo la imaginación y la creatividad de cada ser interior: todo artista es un creyente que plasma la belleza de lo trascendente, lo crea o no, por eso no necesita justificación; como cuando hacemos un castillo de arena en la playa aun sabiendo que las olas van a destruirlo en pocos minutos.

La belleza de las leyes

Aun podemos ir más allá: en cierta manera, para definir la belleza tenemos que adentrarnos en la ciencia y las leyes que sustentan el universo. Deberíamos preguntarnos cómo surgió el razonamiento matemático en el ser humano, por ejemplo, porque si defendemos un pensamiento exclusivamente naturalista, sobrevivir como seres humanos no nos obligaría a conocer las leyes de nuestro entorno ni las operaciones que se desarrollan de acuerdo a esas leyes. Siempre queremos ir más lejos para conocer la razón de todo lo que ocurre, así que no solamente nos basta con conocer las leyes matemáticas o físicas que subyacen en el fondo de todo, ¡también nos asombramos por su belleza!

Sabemos que esas leyes son externas a nosotros, y *viven* independientemente de que nosotros existamos, o de nuestro conocimiento de ellas. Si todo fuera debido al azar, nadie podría saber que están ahí porque no habríamos existido para verlo: esa sería una de las mayores incongruencias, que la perfección existiera sin que nadie pudiera admirarla. La belleza de miles de leyes racionalmente *perfectas* no tendría sentido sin un Creador y unos beneficiarios como nosotros; en cierta manera, los dos son *imprescindibles* para su existencia, tanto los que disfrutamos del mundo natural y su belleza, como quien lo creó todo. No debemos sentirnos el centro del universo, pero, ¡todo está *diseñado* y *escrito* para que lo disfrutemos!

2. El origen de la música

¿Tiene algo que ver la música con la existencia de Dios? Cuando la examinamos, nos encontramos con la perfección de un lenguaje que todas las culturas disfrutan. Obedece a simples oscilaciones de sonido; pero esa multitud de sonidos vive dentro de la naturaleza, en el alma del universo. Las notas tienen una longitud de onda exacta, de la misma manera que las cuerdas que usamos para expresar esas notas tienen que tener una tensión y longitud exactas. Todo podría reducirse a una pura matemática del sonido, pero, ¡es mucho más que todo eso! La música se introduce hasta lo más profundo de nuestro ser para producir y expresar sentimientos. Es imposible que alguien pueda explicar ese proceso, ni física ni orgánicamente, porque tiene que ver con la espiritualidad de nuestra alma. La música llega a tener connotaciones personales en la vida de cada uno porque se *adhiere* a cada circunstancia de nuestra existencia. Simplemente siete notas: iguales en todas las partes del mundo porque el lenguaje musical no experimentó su *Babel*, pero las personas de todas las culturas siguen entendiéndose a través de ella como un lenguaje que permanece. En cierta manera es un idioma eterno.

La medicina nos explica que la música se mueve a través del córtex del cerebro auditivo directamente al centro del sistema límbico, este sistema rige experiencias emocionales y metabólicas básicas, al mismo tiempo que regula la temperatura corporal, la presión sanguínea, y la frecuencia cardiaca. La música puede ayudar a crear nuevos itinerarios neurológicos en el cerebro y también puede activar el flujo almacenado en la memoria de materiales imaginados a través del *corpus callosum* (puente entre hemisferios izquierdos y derechos del cerebro), y ayudar a los dos a trabajar en armonía, muy útil sobre todo con personas que necesitan desarrollar la memoria a largo plazo, y pacientes con Alzheimer, Parkinson, y otras enfermedades cerebrales y neuronales. La música estimula el sistema inmunológico, puede excitar péptidos en el cerebro y promover la producción de endorfinas, que son los opiáceos naturales secretados por el hipotálamo que produce una sensación de euforia, interviniendo en nuestro humor y nuestras emociones.

Pero si hablamos de música tenemos que ir más allá de cualquier explicación fisiológica: cuando escuchamos una determinada melodía, cada uno de nosotros tiene sentimientos diferentes: alegría, melancolía, tristeza, amor, amargura, descanso, etc. Todo depende de lo que cada canción traiga a nuestro corazón y a nuestros recuerdos, dado que un simple conjunto de sonidos no puede hacer nada en nuestro interior si no influye de una manera espiritual en nuestra alma. Esas experiencias *espirituales* dirigen en muchas ocasiones nuestra vida: a veces tienen que ver con un deber moral cumplido (como cuando ayudamos a otros); en otras ocasiones, la música nos mantiene eufóricos cuando obtenemos una victoria, otras veces calma nuestro corazón si atravesamos una situación difícil. Cualquier tipo de razonamiento naturalista debería poder explicar todas esas situaciones: ¿dónde aparece la espiritualidad en la música? ¿En el aire? ¿En el tímpano? ¿En el cerebro? ¿En una combinación de todos? ¿Por qué solo el ser humano puede componer música? Debemos responder no solo a las preguntas sobre su funcionamiento, sino también sobre su influencia en nuestra vida: ¿Por qué cantamos cuando amamos? ¿Por qué lo hacemos cuando queremos expresar algo, como por ejemplo, cuando una multitud canta en un estadio? ¿Cuál es la razón de que la música sea el medio para expresar cualquier tipo de emociones? ¡No hay un solo ámbito de nuestra vida en el que esas *oscilaciones de sonidos* no tengan algo que ver![1].

1 Alguien dijo un día: *Bach nos dio la Palabra de Dios, Mozart nos dio la risa de Dios, Beethoven nos dio el fuego de Dios. Dios nos dio la música para que pudiéramos orar sin palabras.*

La música puede hacer surgir dentro de nosotros sentimientos que transforman nuestra vida: de hecho, muchos la *persiguen* por eso: desde el año 2008, China prohibió la representación del *Mesías* de Haendel y otras piezas clásicas que hablan de Jesús, porque se dieron cuenta de que muchas personas querían conocer más de Dios, después de escucharlas. La música refleja el carácter del Creador y nos *ayuda* a encontrarle de una manera sobrenatural tanto, que ¡casi todas las religiones –incluido el cristianismo nominal– la prohibieron en la liturgia! Ninguna religión comprende que al Creador le deleita escuchar las canciones de sus hijos[2].

Dios vive en una dimensión diferente (¡o en cientos de ellas!) así que, para conocerle, tenemos que *dejarnos llevar* en esas dimensiones: de la misma manera que si queremos disfrutar de la música tenemos que entrar en las *leyes* de los sonidos, la melodía, la armonía y el ritmo. A todos nos gusta algún tipo de música, pero ninguna partitura puede ser explicada bajo parámetros materiales. Sí es cierto que cada nota tiene un ritmo que es percutido y un determinado rango material que hace que las melodías y armonías sean diferentes, pero las reacciones que ocasiona dentro de cada uno de nosotros son absolutamente incontrolables, porque tienen que ver con nuestro espíritu. Cuando escuchamos a alguien tocando o cantando de una manera que llega a nuestro corazón, inconscientemente vemos en esa interpretación un argumento sobre la existencia de Dios, aquel que creó la belleza. ¡A veces nos parece imposible que los seres humanos podamos hacer algo tan sublime! Pero si queremos hablar de espiritualidad, tenemos que reconocer que la música llega a lo más profundo de nuestro ser.

3. El placer y la alegría

El placer, la risa y la alegría son también comunes a todas las culturas. Es más, a veces incluso nos sirven como medio de comunicación de tal manera que, sin entendernos, podemos llegar a sentir lo mismo: basta con comprobar el fenómeno de la *unidad* de los espectadores en un evento deportivo, o un concierto musical, por poner solo dos ejemplos.

En la Biblia, la música refleja la imagen de Dios dentro de cada uno de nosotros, esa es una de las razones por las que Él la utiliza en la adoración. El libro de los Salmos contiene las canciones del pueblo de Israel y es el más largo de la Biblia. Aquel que más veces usó Jesús en sus enseñanzas, también. Es el más referenciado en el Nuevo Testamento. Los Salmos son canciones que surgen del corazón: Dios no solo acepta que sus hijos se expresen, sino que lo anhela, ¡desea que le digan lo que sienten, sea lo que sea!

2   La Biblia dice que el universo entero canta, las estrellas cantan, los sonidos llenan la naturaleza, etc., (puedes leerlo en los salmos 148, 149 y 150). Jesús mismo cantó a lo largo de su vida, y sobre todo, en una noche especial: aquella en la que fue entregado. Entonó varios de los salmos junto a sus discípulos (Mateo 26:30).

Hay algo que nos asombra, y es que todos los procesos imprescindibles para preservar la vida nos producen placer: comer, beber, las relaciones sexuales, descansar, etc. Ningún proceso naturalista puede explicar la razón: como mucho, se asume un razonamiento circular diciendo que *sentimos placer al comer para que la especie no muera, y la especie no desaparece porque sentimos placer para comer*. Pero, si somos serios, tenemos que explicar como se desarrolló ese placer y la razón por la que lo sentimos. Los animales también buscan las actividades que les dan placer, pero lo hacen por el placer en sí mismo, no tienen ninguna otra motivación ni son capaces de descubrir nuevos placeres. ¿Por qué el ser humano sí lo hace? Si fuéramos producto de un simple proceso naturalista, las sensaciones no se diferenciarían, ¡mucho menos irían dirigidas al bien y/o al mal por medio del placer y el dolor! Podríamos tener sensaciones malas que nos dieran placer y otras necesarias que causaran dolor, porque el azar no discrimina, pero no es así.

Desde una perspectiva naturalista el placer, la belleza, el amor, etc., son solo fruto de sensaciones en nuestro sistema nervioso. Si defendemos que es así, podríamos decir que, de la misma manera, la posible existencia de Dios sería fruto de impulsos naturales en nuestro cerebro. ¿Cuál es la certeza de que nuestros pensamientos no sean así y no sirva absolutamente de nada lo que razonamos, lo que creemos y las investigaciones que llevamos a cabo? ¿O es que nuestro cerebro solo es naturalista en cuanto a nuestras creencias en Dios pero es absolutamente racional cuando se trata de argumentar sobre otras situaciones? Todavía podemos encontrarnos con algo más incongruente: dar placer da placer. Lo hacemos porque amamos, aunque no obtengamos nada a cambio sino la felicidad de la persona a la que queremos. Alguien puede decir que ese es un motivo egoísta también, pero déjame decirte que el buscar siempre el bien de los demás es algo *antinatural*: solo puede tener que ver con la imagen de Dios dentro de nosotros: nos gusta amar, y nos gusta hacer bien a quien amamos.

Solamente el Creador puede ser la fuente de la alegría y el placer[3]. Déjame decirte algo: para alguien que no cree, la tristeza es el sentimiento *normal*, porque no tiene una respuesta a las situaciones conflictivas, y la alegría es secundaria, porque lo máximo que puede hacer es intentar mejorar un mundo que, aparentemente, no tiene sentido. Algunos piensan que

---

3   El placer y la alegría son un regalo de Dios. La religión mató la alegría porque el religioso es solemne por principio, el santo tiene que ser serio, porque la razón de su vida es que *le tomen en serio*. De hecho, los religiosos asuelen prohibir el placer, y la belleza les parece un hecho superfluo. Dios creó ambas cosas, Él ama la belleza, el color, la imaginación, la diversidad, etc. Cualquier proceso naturalista se decantaría siempre por lo útil, no por lo bello.

si no creen en Dios, pueden vivir una vida absolutamente radiante porque no tienen que responder delante de nadie, así que pueden hacer *lo que quieran*; pero no es cierto: quienes no se preocupan por nada y viven felices creyendo que Dios no existe, es porque han dejado de pensar y de hacerse preguntas; se han hecho completamente ignorantes a sí mismos en cuanto a los problemas y las situaciones que no pueden resolver. Sin embargo, para el que cree en Dios, la alegría es su estado natural, de tal manera que la tristeza no puede vencerle, como veremos más adelante.

El problema del egoísmo

Incluso algo bueno como el placer, puede derivar en un problema para nosotros. Si no existe nada aparte de lo natural, y si lo que somos está simplemente determinado por nuestro ADN, el objetivo más racional sería disfrutar de la vida de la mejor manera posible. Si tenemos ciertos principios morales, intentaremos no hacer daño a nadie (¡Eso es lo mínimo que cabría esperar para que la sociedad no se desmorone!), pero aun así, el llamado *principio de satisfacción inmediata* sería nuestra ley. No tenemos ningún derecho a exigir otra cosa a nadie, dado que la vida *dura muy poco*, así que la paciencia no tendría mucho sentido: *lo queremos todo y lo queremos ya*. No estamos hablando de ser malvados, sino simplemente de conocer cuál es nuestra motivación para vivir. En ese caso, nuestro bien mayor es la realización personal en todos los sentidos: académico, profesional, físico, social, monetario, etc. *Si te gusta o te hace sentir bien, es bueno*, sería el lema; los sentidos son los que gobiernan la vida y, a veces, la irracionalidad puede llegar a ser la base del placer, por más que intentemos definir nuestro siglo XXI como la época de la ciencia y el desarrollo.

Esa búsqueda del placer por sí mismo tiene consecuencias fatales: dejamos a un lado todo lo que estorba y, en el fondo, no nos importan las relaciones con otras personas. Si *elevamos* el nivel de nuestra comodidad, podemos llegar a despreciar a casi todos: niños no deseados, enfermos *especiales*, ancianos, etc.[4]. Muchos incluso piensan que la felicidad crece cuando podemos hacer cualquier cosa sin considerar las condiciones, las consecuencias o las repercusiones; pero ese problema del egoísmo nos lleva a no comprender lo que es la esencia del amor en la vida: si no amamos de una manera desinteresada, terminamos cayendo en nuestra propia esclavitud. Es difícil que todos entiendan que la lujuria es insaciable, pero el amor no: cuando amamos, encontramos satisfacción

---

4   Cuando los mayores *estorban*, muchos se los *quitan de en medio*. Ya lo dice el proverbio gallego: *Un padre y una madre pueden cuidar a siete hijos, pero siete hijos no pueden cuidarlos a ellos*.

porque hacemos bien a otros. Si solo nos interesa satisfacer nuestros deseos, jamás lo lograremos porque siempre queremos más. El placer acaba haciendo más esclavos que ninguna otra cosa: jamás se satisface a sí mismo, siempre necesita una dosis mayor[5]. Esa es una de las razones por las que, para muchos, el problema con el placer y sobre todo ¡con el sexo! es que si Dios lo permitiera todo, sería aceptado sin problemas. El fondo de la cuestión es que ellos han elevado al sexo al nivel de *religión*; es lo único que satisface, en cierta manera, la espiritualidad que necesitan en sus vidas[6]. Las personas piensan que les va a *sanar* o que van a tener experiencias *místicas*. La intimidad es buscada de una manera desesperada porque se necesita para vivir, el éxtasis llena de paz por unos momentos, aunque después no haya nada. El deseo de ser querido es el que dirige la vida, la necesidad de conquistar a otra persona es lo que llena de significado, aunque al final muchos terminen en la amargura y la sensación de haber sido utilizados por otros. Pero la satisfacción de esa necesidad espiritual es buscada no solamente en el sexo, sino en casi todas las facetas de la vida: comemos *basura* y bebemos *veneno* sabiendo que van a destruir nuestro cuerpo porque *somos libres para hacerlo*, sin preocuparnos por las consecuencias. No es un problema de razón, sino de egoísmo y ridícula tozudez. Gran parte de la humanidad vive por y para el placer; sin importar que nuestra satisfacción haga daño a otros o, ¡incluso a nosotros mismos!, porque ese es el *dios* a quien amamos: para

---

5 Lo que necesitamos en la vida son relaciones que duren, situaciones en las que la fidelidad sea la base de todo; pero como desechamos lo espiritual, solo nos conformamos con pequeñas dosis de esa fidelidad. Sobrevivimos con *medio sándwich al día*, en lugar de buscar lo que nos puede alimentar bien: tenerlo todo no es la clave para disfrutar del significado de la vida ni de las cosas. Hay una melancolía letal que persigue a quienes *lo tienen todo*. Salomón, el hombre más rico de la tierra la definió perfectamente en el libro del Eclesiastés: *Entonces me dije: Ven ahora, te probaré con el placer; diviértete. Y he aquí, también esto era vanidad.* (2:1). *Y aborrecí la vida, porque me era penosa la obra que se hace bajo el sol, pues todo es vanidad y correr tras el viento* (2:17). *Y he visto que todo trabajo y toda obra hábil que se hace, es el resultado de la rivalidad entre el hombre y su prójimo. También esto es vanidad y correr tras el viento* (4:4). *Ni aun los que vendrán después estarán contentos con él; pues también esto es vanidad y correr tras el viento* (4:16). *Él que ama el dinero no se saciará de dinero, y el que ama la abundancia no se saciará de* ganancias. También esto es *vanidad* (5:10).

6 Para muchas personas, el acto sexual es la ceremonia que les redime de todos sus problemas. Todo puede cambiar si experimentan placer. De hecho, el tema de muchas conversaciones, programas en los medios de comunicación, vídeos, etc., es ese. El sexo es uno de los dioses del siglo XXI, no hace falta más que ver la publicidad de la gran mayoría de productos para darse cuenta, prácticamente no hay un solo ámbito de la sociedad que no esté relacionado con el sexo. En eso no hemos avanzado demasiado, hay que recordar que desde el comienzo de la historia de la humanidad, todas las religiones incorporaron la prostitución (masculina y femenina) a los ritos y sacrificios a sus dioses.

los que creen que no existe nada más, lo único válido es buscar espejismos de placer en el desierto de la vida[7].

4. La búsqueda de la felicidad como una búsqueda de Dios

¿Por qué queremos ser felices? ¿Por qué el placer no satisface profundamente al ser humano y siempre buscamos algo más? Vivimos en una sociedad aparentemente saciada porque lo tenemos absolutamente todo, pero no sabemos qué hacer con nuestra vida: tenemos ese deseo de satisfacción, pero no somos capaces de resolverlo. El ansia de nuestro corazón tiene que tener una respuesta; nadie tiene un deseo, a menos que haya una posibilidad de cumplirlo: si tenemos hambre es porque podemos comer; si necesitamos el aire es porque no podemos vivir sin respirar. Si tenemos necesidad de ser amados es porque podemos encontrar relaciones en las que expresar ese amor; si ansiamos lo espiritual y lo eterno es porque nuestro ser más profundo lo exige.

Ese deseo de felicidad no lo puede satisfacer nada *natural* porque es un reflejo del carácter de Dios dentro de nosotros. Él nos da la belleza del contentamiento, algo completamente contrario al naturalismo, porque se trata de ser feliz con lo que somos y tenemos. Dios nos crea para disfrutar, para hacer lo bueno y obtener placer haciéndolo; Él es la persona más feliz que existe: cada momento de placer nuestro es un reflejo de su eternidad en nuestra vida. La diferencia es que Él jamás obtiene placer del mal ajeno; su felicidad es amar, dar, entregarse; nos enseña a vivir así porque sabe que nuestro sentido en la vida depende de ello[8].

Dios marca las pautas para que podamos disfrutar: solo bajo sus *leyes* morales podemos encontrar verdadera satisfacción, de la misma manera que recibimos la vida por medio de las leyes naturales que Él creó. Cuando yo era niño, en los años setenta, al salir del colegio construíamos en mitad de la calle un improvisado campo de fútbol preparado especialmente para *el partido del año*. Las porterías se formaban con nuestros libros apilados, los límites del campo eran imaginarios y la pelota... era una simple botella de plástico, porque nadie tenía dinero suficiente para

---

7 Merece la pena leer todo el libro del Eclesiastés con detenimiento, mucho más allá de los versículos que hemos reseñado. Es una tesis doctoral impresionante que demuestra que, *debajo del sol*, (si despreciamos al Creador) todo es absurdo... y la vida es como *correr tras el viento*.

8 El carácter de Dios derrocha vida, y en esa vida nosotros somos felices. Jesús lo explicó de una manera muy gráfica al decir que, cuando le conocemos, de nuestro interior surge la vida. No viene desde afuera, sino que Él la hace surgir desde dentro de nosotros mismos: *El que cree en mí, como ha dicho la Escritura: «De lo más profundo de su ser brotarán ríos de agua viva»* (Juan 7:38).

comprar un balón. Las discusiones sobre si era gol o no, o las veces que la botella iba a parar a quién sabe dónde (jugábamos cerca de los garajes) y, sobre todo, el tener que sortear los coches que pasaban de vez en cuando, hacían que el *tiempo real* de juego fuera mínimo, pero aun así disfrutábamos de nuestro deporte favorito. Cuando alguien habla de restricciones y leyes recuerdo esos momentos: ¡daríamos cualquier cosa por tener un balón, una portería, un campo marcado, unas normas! Más tarde, a los diecisiete años pude jugar por primera vez en un campo de hierba limitado por sus líneas, ¡fue uno de los momentos más geniales que recuerdo! Las normas y los límites nos enseñaron a disfrutar. Si no aprendemos que las leyes están ahí de parte de Dios porque Él lo creó todo: el placer, la comida, las relaciones, la naturaleza, el sexo, el juego, etc., jamás podremos disfrutar.

Agradecer, admirar, adorar...

Nos asombramos de que, con el paso del tiempo, la gratitud sea una cualidad que se va perdiendo en el ser humano, pero es algo *normal*. Si creemos que el azar lo ha diseñado todo, entonces no tenemos a quién agradecer, así que acabamos dándole *gracias a la vida,* como dice la letra de la famosa canción. En ese sentido, el naturalismo tiene un problema grave, porque no puede disfrutar de una manera total: desconoce si alguien hizo todo lo que tenemos, el tiempo que va a durar, o si vamos a perder lo que tenemos (el azar no tiene ningún sentido), de tal manera que esa sensación de que *todo puede terminar de un momento a otro*, nos vence. El reinado del pesimismo, la pérdida de la esperanza, o incluso el problema del suicidio, son demasiado reales en el día de hoy como para ignorarlos o no hablar de ellos. Si no hay esperanza para el futuro, no podemos disfrutar el presente, por más que lo intentemos y queramos *cerrar los ojos* a todo.

El agradecimiento es esencial en nuestra vida porque demuestra que amamos lo que recibimos y podemos *aprender* a disfrutarlo. Cuando no es así, el orgullo nos vence: a veces, si alguien nos hace un favor, con el tiempo nos escondemos de esa persona, y casi ni queremos encontrarnos con ella; porque nos avergüenza *deber* agradecimiento. Esa es una de las razones por las que muchas personas huyen de Dios, ¡no quieren agradecer nada de lo que Él hace!

Del agradecimiento nace la admiración: cuando nos asombramos, casi no podemos medir el placer que tenemos, ni tampoco la paz que genera dentro de nosotros; no se puede razonar el impacto de la *belleza* en nuestra alma, ¡ni siquiera se puede conocer a ciencia cierta esa influencia! Si admiramos una pieza musical, por ejemplo, sentimos como si el cielo viviera dentro de nosotros: lo espiritual anida en nuestro corazón haciéndonos sentir que todo va bien, como si llegáramos a casa. No se trata solo de estímulos sensoriales, si buscamos en lo más profundo de nuestro ser, nos damos cuenta de que la bondad, la belleza y el placer nos llevan a *adorar*, y eso, ¡llena de significado nuestra vida! El proceso siempre es el mismo: agradecemos, admiramos y adoramos. Nuestro tesoro es aquello que amamos en lo más profundo de nuestro *corazón*[9]; por eso adoramos. Incluso si nos amamos a nosotros mismos, terminamos *adorándonos* a nosotros mismos.

Pero si perdemos la capacidad de amar, perdemos también todas sus expresiones: el cariño, los abrazos, las caricias, las sensaciones inexplicables, el arte para expresarlo, etc. Todas esas manifestaciones sobrepasan lo *natural*; van mucho más allá de las relaciones y reacciones físicas. Para ser justos, incluso quienes creen que todo es debido a una cadena de sucesos y procesos materialistas, también vuelven a casa, y abrazan a su familia, viven rodeados por el amor de sus amigos, experimentan momentos de contentamiento, etc. Pero hay que reconocer que, en esos procesos, la materia no tiene absolutamente *nada que ver*. Cualquier naturalista ama a sus hijos más que a otras personas, sin que haya una respuesta lógica a esa conducta: hay algo en ellos que les hace diferentes de los demás (aunque no a nivel material, la única diferencia es que son nuestros hijos). Esa es una prueba más del sentimiento moral que tenemos dentro: aunque suene algo cruel decirlo, todas las personas aman a sus hijos y a su familia/amigos; no importa si son moralmente aceptadas o si son asesinos. Y, en último término, todos se aman a sí mismos.

Por eso, quienes rechazan a Dios por el problema del mal en el mundo, ¿cómo explican la necesidad de amar y experimentar placer? ¿Por qué ansiamos ser felices? Como decíamos más arriba, los deseos que tenemos suelen tener su satisfacción en esta vida, ¿y el deseo de conocer nuestro destino y el ansia de inmortalidad? ¿Los tenemos y nunca serán satisfechos? Hay muchas más preguntas que responder en el rechazo de Dios que en su aceptación, porque con Él tenemos la posibilidad de pensar, sentir y actuar de una manera completamente nueva ante situaciones nuevas. Somos nosotros mismos ocurra lo que ocurra, y esa es la libertad a la que jamás debemos renunciar: la posibilidad de vivir por encima de las circunstancias y tener contentamiento ocurra lo que ocurra.

El atractivo y el esplendor del mundo natural son reflejo del carácter de Dios, pero su belleza es mucho mayor que todo, de la misma manera

---

9 Como Jesús explicó: *Porque donde esté vuestro tesoro, allí también estará vuestro corazón* (Lucas 12:34).

que la belleza del artista y su imaginación es superior a sus obras. Dios nos dejó la creación para que la disfrutáramos juntos y nos deleitáramos en su carácter[10]. De nosotros depende si vivimos el *riesgo feliz* de la aventura, o queremos morir en la esclavitud del aburrimiento.

Más contenido audiovisual:

---

10   La Biblia nos enseña que, de alguna manera, la creación conoce y disfruta del Creador: *¡Que se alegren los cielos y la tierra! ¡Que brame el mar y todo lo que contiene! ¡Que se alegre el campo y todo lo que hay en él! ¡Que griten de alegría los árboles del bosque, delante del Señor, que viene! ¡Sí, él viene a gobernar la tierra, y gobernará a los pueblos del mundo con justicia y con verdad!* (Salmo 96:11-13) (DHH).

CAPÍTULO 13
La religión, uno de los mayores inventos del ser humano

He hecho las paces con Dios. Mi guerra es con el ser humano, esa es la afirmación de Henri Verdoux, el protagonista de *Monsieur Verdoux* (dirigida por Charles Chaplin, 1947), con la que el genial actor, director y guionista resume lo que muchas personas piensan en cuanto a la relación con el Creador. Nuestros problemas suelen ser con lo que los seres humanos hacen y, desgraciadamente, en cuestiones religiosas esos problemas son inmensos.

Tal y como hemos visto, todas las personas *adoran* a alguien o a algo; la mente y el corazón del ser humano necesitan comprender la trascendencia de la vida y todos la buscan en muchas situaciones diferentes: algún tipo de creencia, el poder, el dinero, la ciencia, el placer, el trabajo, etc. En la base de todo está lo que necesitamos para vivir, aquello que creemos que es importante en la vida, lo que *amamos* más que ninguna otra cosa. ¿Recuerdas?, nos asombramos, admiramos a algo o a alguien, nos sentimos agradecidos, amamos y, a través de ese proceso, surge la adoración. Aquello que adoramos es lo que da sentido a nuestra vida. De hecho, aunque no creamos en Dios, vivimos siempre con esa sensación de que hay algo/alguien que, en cierto modo, da sentido a nuestra vida: adoramos a los absolutos que nosotros mismos hemos colocado como referencia en nuestra existencia.

No todo se queda ahí, como siempre amamos a aquello que adoramos, terminamos tomando las características del *sujeto de adoración*, porque ese es nuestro objetivo, consciente o inconscientemente. Sí, es cierto que muchas personas no pueden ser consideradas como *religiosas*, pero viven como si lo fueran, porque su vida *gira alrededor* de sus héroes[1]. Incluso el

---

1 Hace años me impresionó asistir a un partido de fútbol en Old Trafford: una gran pancarta cubría uno de los graderíos del estadio con la leyenda: *United, our religión.* (United –el nombre del equipo– nuestra religión) Durante todo el partido, el público cantaba las melodías que normalmente se entonan en la iglesia, pero con letras dedicadas a cada uno de los jugadores. Casi todos iban vestidos igual (con la camiseta del equipo), hombres y mujeres de todas las edades; y todos se abrazaban unos a otros (a pesar de ser absolutos desconocidos) cada vez que el equipo marcaba un gol. Ese es el *dios* de muchos hoy.

pensamiento naturalista es una *religión* más, porque defiende siempre a la *madre naturaleza* como la fuente de la *vida*[2]. En ese sentido resulta cuando menos curioso que, tanto los naturalistas como gran parte de las religiones establecidas, ¡confíen en lo inanimado! Prefieren creer en lo natural antes que en el Creador que lo hizo. Defienden que tiene más sentido confiar en algo que no tiene vida: creen que todo *vive* por procesos que se desarrollan por sí mismos[3]. Si adoramos a Dios, Él es eterno y nuestro corazón se llena de eternidad, porque para eso fue diseñado. Si adoramos cualquier otra cosa, no solo nos limitamos a nosotros mismos (siempre nos faltará algo), sino que nos convertiremos en aquello a lo que adoramos: dinero, poder, placer, otras personas, etc.[4]. Aun así, no podemos ser injustos, no todos los sistemas, tanto ateos como religiosos, son malos o violentos; en muchas ocasiones han hecho el bien y han mejorado la vida del ser humano: todavía guardan un reflejo de Dios en sus actos. No podemos generalizar o creer que todos obran de la misma manera.

1. La religión como alienación del ser humano

Aunque parezca una afirmación demasiado radical, el mayor *enemigo* de Dios es la religión. Marx afirmó que la religión era el opio del pueblo, y en cierta manera tenía razón, porque la religión casi siempre se preocupó por el *más allá*, desentendiéndose de lo que estaba sucediendo en ese momento. De hecho, lo sigue haciendo: casi nunca los responsables de las religiones se preocupan por transformar el mundo y establecer una justicia social, o simplemente ayudar a quién está pasando necesidad. Si a esto añadimos que para la mayoría de las creencias nuestro cuerpo es considerado *malo*, tenemos el caldo de cultivo ideal para desarrollar toda una serie de características que lo único que hacen es aumentar el control sobre las personas e impedirles su realización personal, porque no les preocupa lo que sucede *en este mundo*. En nombre de esa supuesta

2   El profeta lo define de una manera perfecta, hablando de parte de Dios: *Los que dicen al leño: «Mi padre eres tú», y a la piedra: «Tú me engendraste». Porque ellos me han vuelto las espaldas, y no el rostro; pero en el tiempo de su calamidad dirán: «Levántate y sálvanos»* (Jeremías 2:27).

3   Es, cuando menos, curioso que muchas personas pasan su vida entera buscando sustitutos de un ser supremo, necesitan llenar el vacío de amor, justicia, libertad. etc., porque lo que les falta no es en primer lugar amor, paz, tranquilidad, etc., ¡lo que les falta es Dios!

4   Cuando amamos a Dios, nos convertiremos en *parte* de Él, ¡porque Él nos hace participar de su misma naturaleza! ¡Es obvio que jamás ninguna religión habló sobre algo parecido! *Nos ha concedido sus preciosas y maravillosas promesas, a fin de que por ellas lleguéis a ser partícipes de la naturaleza divina, habiendo escapado de la corrupción que hay en el mundo* (2 Pedro 1:4).

espiritualidad, prácticamente todas las religiones y sectas son señaladas por las siguientes características:

Miedo

El miedo es imprescindible para dominar y controlar a los demás, de hecho muchos lo usan de una manera directa o indirecta, sean religiosos o no: miedo a lo que digan los demás, miedo a perder algo que es nuestro (empleo, posesiones, relaciones, etc.), miedo al futuro, miedo al sufrimiento, miedo a ser señalado, etc. Desde el liderazgo religioso se usa el miedo para que las personas no tomen sus propias decisiones, ya que el control es la clave en la estructura, y ese control tiene que ver no solo con la conducta del iniciado, sino también con su dinero y sus posesiones. Desgraciadamente, eso lo hacen todos, absolutamente todos.

Nada está más lejos del carácter de Dios[5].

Para que el miedo surja efecto, la religión necesita amenazar, así que las normas religiosas son siempre absolutas: tenemos que comportarnos bien con los demás, hacer lo que nos piden, tener un tipo de conducta determinada, etc. De lo contrario, las amenazas se cumplirán en nuestra vida, ¡y casi siempre dan resultado! Bajo el imperio de la violencia, todo el mundo intenta hacer lo bueno. Esa es la razón por la que todas las religiones defienden la ley causa/efecto como fundamento de las creencias: si eres bueno todo irá bien, y si te portas mal, todo irá mal. Esa *espada de Damocles* está permanentemente colgada encima de los fieles, sin importar cuál sea su religión. Si algo va mal, es porque el *dios* en que creemos está enfadado con nosotros[6]. El religioso es completamente incapaz de comprender el amor del Creador, y mucho menos su derroche de *gracia* por todas sus criaturas, le amen o no. Ese tipo de control religioso es el más terrible, y el más lejano al carácter de Dios, porque Él espera corazones sinceros que le amen; si no es así, la religiosidad es una ridícula apariencia que destruye a quien la proclama. Como veremos más adelante, el contraste con el

---

5 El miedo no lleva al amor, ¡todo lo contrario! La Biblia enseña que es el verdadero amor el que quita el miedo (1 Juan 4:18), así que, el que teme no ha aprendido a amar, ni conoce a Dios.

6 Recuerdo el caso de un gran amigo, profundamente religioso, que siempre hacía todo lo que le decían e intentaba cumplir con todos los preceptos de su creencia. Cuando enfermó gravemente y tuvo que dejar su trabajo, quedó completamente *descolocado* por el dolor y el sufrimiento. No podía comprender cómo estaba sufriendo cuando él era un fiel seguidor de su religión: su *dios* no tenía derecho a hacerle pasar por lo que estaba pasando. En casi todas las religiones cuando estás sufriendo es porque algo malo has hecho. Dios nos enseña que todo es completamente diferente porque, como vamos a ver, en el sufrimiento, ¡Él está con nosotros!

cristianismo es absoluto y radical: la Biblia llega a afirmar que Dios sufre con nosotros cuando el dolor nos domina[7]. Jamás ninguna religión había dicho (¡ni siquiera pensado!) algo parecido.

Integrismo

Todas las religiones y/o sectas se definen también por su intransigencia: creen que tienen la razón, sean del trasfondo que sean, tengan los siglos que tengan y sea cual sea su origen. En ese sentido, jamás debemos olvidar que la religión es más peligrosa cuanto más poder tiene; así mismo una idea es más peligrosa cuando los que la defienden nos obligan a pensar de la misma manera a todos.

El religioso es *moralista* por excelencia: quiere vivir en una posición superior a los demás, señalándoles siempre por sus errores, y creando normas que nadie puede cumplir; salvo él, claro. La religión crea personas orgullosas que se sienten *mejores* que los demás. La intransigencia es una de sus armas, porque divide la concepción del universo entre buenos y malos; el que sigue sus creencias siempre se considera de los buenos, los demás, sean quiénes sean, son malos. Ese camino lleva a la persona religiosa a añadir a su carácter arrogancia, intransigencia, burla y, con el tiempo, odio. La comparación y la posterior división entre los que cumplen con toda una serie de requisitos y los que no, es la base de su manera de actuar, y por si fuera poco, ¡pretenden obligar a Dios a que apruebe lo que dicen y hacen![8].

Todas las religiones se *instalan* en el día a día del ser humano asumiendo pautas culturales y ritos humanos como referencia a una supuesta relación con Dios. Juzgan a los demás por cuestiones culturales y defienden que Dios quiere una u otra cosa, simplemente porque a ellos y/o a su cultura les va bien que sea así. Al final, es el poder el que gobierna las creencias; las personas más poderosas son las que imponen sus ideas y costumbres. Ese mismo proceso apareció en todas las épocas de la historia y en todos los lugares del mundo, sean cuales sean las ideas que se defiendan. Es ese integrismo el que enfrenta a la religión contra la ciencia, y a la ciencia contra la religión: cuando muchos no creyentes hablan en contra de Dios, lo que están haciendo realmente es revelar su frustrante lucha contra el integrismo religioso, lucha que ha llegado a agotarlos por completo. Solo por recordar una historia muy conocida, en su biografía *La hija de Galileo*, Dava

---

7   *En todas sus angustias Él fue afligido* (Isaías 63:9).

8   No hay que olvidar que fueron los religiosos los que llevaron a la cruz al Hijo de Dios. *Pero cuando los fariseos salieron, se confabularon contra Él, para ver cómo podrían destruirle* (Mateo 12:14), por mencionar solo uno de los numerosos textos. Esa característica es igual en todas las religiones, ¡ningún religioso admite que Dios pueda estar en su contra!

Sobel demuestra que Galileo era un creyente firme, y exponía que las leyes de la naturaleza fueron escritas por Dios en el lenguaje matemático; de hecho, el científico echó abajo el aristotelismo que siguió siempre la iglesia de Roma en su manera de estudiar y ver el universo. ¡Ese fue el verdadero problema! Entre otras cosas, Aristóteles afirmaba que el sol era perfecto y Galileo había visto manchas solares, además de afirmar que el cielo no era inmutable, tal como el filósofo y sus seguidores pensaban. Galileo tuvo un problema grave con la curia romana, ¡no con Dios![9].

Orgullo

El religioso suele ser una *buena persona* en el peor sentido del término: alguien que, no solo se cree superior a los demás, sino también que juzga y mira a los otros con orgullo porque él/ella es bueno/a. Al final el error es el mismo de siempre: la necesidad orgullosa de colocarse uno mismo en el lugar del Creador; llegar a creer que Dios no tiene otro remedio que *bendecirle* porque es bueno.

Las personas religiosas suelen ser las más infelices del mundo, porque no son capaces de disfrutar con Dios (porque no le conocen) ni con ninguna otra cosa por miedo a infringir alguna ley. Y no solo son infelices ellos mismos sino que pueden llegar a ser verdaderamente crueles al señalar a todos los que lo son, sin obedecerles a ellos: la religión condena siempre, porque su *función* es establecer una diferencia de castas: los que están más cerca de su dios (o dioses según el caso) y los que no; los fieles y los infieles; los de arriba y los de abajo; los que tienen y los que no tienen, etc.[10]. Para el religioso, la igualdad es imposible.

Ese orgullo llevado al extremo ha determinado que muchos usaran la religión no solo para juzgar, sino también para matar a todos los que se opusieran

---

9 Sobel, Dava, *La hija de Galileo*, Debate, Madrid 1999.
10 Dios condena esas diferencias de una manera extraordinaria. Basta leer un párrafo del Nuevo Testamento, en el que se *avisa* a los ricos por su manera de vivir, comparándolos con ¡cerdos engordados para el día de la matanza! ¡Oíd *ahora, ricos! Llorad y aullad por las miserias que vienen sobre vosotros. Vuestras riquezas se han podrido y vuestras ropas están comidas de polilla. Vuestro oro y vuestra plata se han oxidado, su herrumbre será un testigo contra vosotros y consumirá vuestra carne como fuego. Es en los últimos días que habéis acumulado tesoros. Mirad, el jornal de los obreros que han segado vuestros campos y que ha sido retenido por vosotros, clama contra vosotros; y el clamor de los segadores ha llegado a los oídos del Señor de los ejércitos. Habéis vivido lujosamente sobre la tierra, y habéis llevado una vida de placer desenfrenado; habéis engordado vuestros corazones en el día de la matanza. Habéis condenado y dado muerte al justo; él no os hace resistencia* (Santiago 5:1-6). La religión siempre ha buscado la riqueza por encima de todas las cosas. No hace falta más que recordar que en la Edad Media prácticamente la mitad de las tierras en Europa eran propiedad de la iglesia de Roma.

a sus creencias. La historia certifica esa maldad operada en nombre de numerosos *dioses* diferentes. Desgraciadamente los hay en todas las religiones: están tan contentos consigo mismos, que jamás pueden estarlo con los demás[11].

Inaccesibilidad

Los *dioses* siempre son lejanos e insensibles, imposibles de alcanzar si no existen mediadores. Todas las religiones dependen de la *revelación* de una persona, y de lo que esa persona (o grupo de personas) decide. El elemento humano siempre es el más importante, porque no existe (¡ni está permitido!) el contacto directo con el Creador. Si acaso pudiera darse esa condición, siempre aparece la figura del *iluminado*, aquel del que todos dependen para acercarse a la divinidad.

En cierta manera, las religiones muestran los esfuerzos de la humanidad para llegar a Dios. Tanto es así, que en realidad deberíamos hablar más de supersticiones que de creencias, porque casi todos le dan un valor espiritual a lo que es simplemente material: objetos, dioses creados, imágenes, ritos, etc. En la Biblia, el Creador incluso llega a ridiculizar esas creencias, porque los ídolos (como es obvio), no hablan ni saben, ni pueden hacer nada[12].

Legalismo

Todas las religiones son legalistas: lo único que realmente importa en la vida es que tu comportamiento sea de acuerdo a los principios que hay que cumplir. Esa es la base de su seguridad como sistema. Con el tiempo terminan *moldeando* personas aparentemente buenas, pero que en su interior

---

11   *Hemos sabido de su gran orgullo, de su arrogancia, de su altivez y de su furor; son falsas sus vanas jactancias* (Isaías 16:6). Las cinco características que menciona, desnudan el orgullo religioso delante de Dios:
Arrogancia, insolencia: altanería, descaro, insultante).
Orgullo: exceso de estimación propia, suele llevar consigo un sentimiento de superioridad.
Soberbia: dárselas de lo que uno no es, creer que somos mejores que los demás y mirarlos con desprecio.
Jactancia: Charlatanería, hablar solo de nosotros mismos, alardear de lo que hacemos nosotros, aunque no sirva para nada.
Vanidad: Vana representación, ilusión o ficción de nuestras fantasías; vivir siendo presumidos.
12   Los textos son casi innumerables, pero por mencionar solo dos de ellos muy claros: *Reuníos y venid; juntos acercaos, fugitivos de las naciones. No tienen conocimiento los que llevan su ídolo de madera* y suplican a un *dios* que no puede salvar (Isaías 45:20). *Los ídolos de ellos son plata y oro, obra de manos de hombre. Tienen boca, y no hablan; tienen ojos, y no ven; tienen oídos, y no oyen; tienen nariz, y no huelen; tienen manos, y no palpan; tienen pies, y no caminan; no emiten sonido alguno con su garganta. Se volverán como ellos, los que los hacen, y todos los que en ellos confían* (Salmo 115).

tienen los mismos problemas que cualquier otro. La única diferencia es que, cuando celebran sus ritos, los religiosos parecen gente excepcional, sin importar el contenido de sus creencias. Normalmente pasan su vida juntos, y les es difícil *soportar* a otro tipo de personas, porque aquel que no se adapte a sus normas termina siendo señalado y despreciado[13].

Las leyes lo gobiernan todo: en algunas religiones te salvas por cumplir la ley; en otras por rezar o meditar, dar limosnas, ayunar durante varios días al año, y/o visitar los lugares de peregrinación siguiendo todos los preceptos de los responsables, etc. En otros casos, la estructura piramidal de sus líderes es la que dirige la salvación de los fieles: todo lo que tienes que hacer es obedecer. Otras admiten miles de dioses diferentes (de hecho tú también puedes llegar a ser uno de ellos), que regulan nuestras acciones. El argumento es siempre el mismo: cumple con todo lo que te dicen y el ser superior te bendecirá, y si no obedeces te olvidará. Eso lleva a una verdadera esclavitud, porque no puedes dejar de cumplir las leyes jamás[14].

Hipocresía

¿Cuál es la raíz del problema? Normalmente, la persona religiosa se preocupa en primer lugar de lo exterior, porque es lo que todos ven. La apariencia y, por lo tanto, la hipocresía son sus amigos. Eso no quiere decir que no sean buenas personas: el problema está en la motivación. Hacer algo bueno con una motivación equivocada puede llegar a ser terrible. Muchos usan la religión para ocultar su conciencia, porque les hace creer que todo lo que hacen es bueno; y si hacen algo malo, enseguida puede *ocultarse* a base de ritos. En el fondo, de lo que se trata es de vivir siempre *intentando ser,* lo cual deriva en una frustración continua que nunca permite ser verdaderamente libres.

Como vamos a ver más adelante, la transformación que Dios realiza en nosotros es desde dentro: no dejamos de mentir, odiar o engañar, para amar, perdonar y ayudar porque alguien nos obligue a hacerlo, sino porque nuestra *manera de vivir* es diferente. El contraste es absoluto: el cambio que produce la religiosidad es orgulloso, aparente y en cierta manera engañador, porque el objetivo es cumplir la ley para *llegar a ser.* Aquel que ama

---

13   Desgraciadamente, como hemos visto, esa misma situación se da dentro de cualquier partido político, asociación, club, y en muchos de los que sostienen posturas filosóficas o científicas. Tenemos mucho que aprender todavía en la cuestión de saber disentir sin odiar al diferente.

14   Ya en los primeros momentos del cristianismo, algunas personas querían esclavizar a otras *en nombre de Dios,* queriendo que cumplieran leyes que ellos mismos querían poner por encima del mismo Creador; por eso el aviso es muy claro y contundente: *Permaneced firmes, y no os sometáis otra vez al yugo de esclavitud* (Gálatas 5:1).

al Creador vive *casi* sin pensarlo, y experimenta el perdón de una manera natural porque lo que realmente desea (¡a pesar de las luchas en su interior!), es hacer el bien, *¡aunque nadie le vea!*

No permitir pensar

Ningún tipo de religión puede permitirte pensar o decidir por ti mismo; el *sistema* lo domina todo, de tal manera que siempre hay personas iniciadas o líderes religiosos que marcan el camino. La uniformidad de pensamiento y acción es obligatoria, porque si no es así, el castillo de naipes de las creencias se desmorona por completo.

Ese conocido *control del pensamiento* se ha extendido de una manera tan impresionante, que es cuando menos curioso que, incluso en círculos agnósticos, lo que está de moda hoy es la vuelta a la llamada meditación trascendental, el dejar la mente en blanco para buscar una trascendencia desconocida: es como si la humanidad hubiera retrocedido miles de años en su percepción de la realidad. Como para muchos Dios no existe, el único camino para llegar a la espiritualidad es intentar comunicarse con el universo para llegar a un *éxtasis místico*; sin darse cuenta de que, ciertos tipos de meditación a base de repetir sonidos con el objetivo de liberar los sentimientos y la razón (¡para no pensar en nada!), son completamente antinaturales, porque tienes que repetir una y otra vez *mantras* sencillos, para no meditar sobre lo que estás haciendo.

Una consecuencia paralela es que muchos otros están volviendo al vudú, ocultismo, espíritus, astrología, ovnis, etc. Proliferan, en los medios de comunicación, los *adivinadores* del futuro, y programas que tratan de lo sobrenatural: gente que habla de lo desconocido, y lo deja ahí, en el umbral de lo imposible, como si temiese profundizar, o como si simplemente se estuviera intentando razonar sobre una *curiosidad*. Al final, la gran mayoría se basan en un pensamiento panteísta: todo es *dios*, la naturaleza es *dios* y todos formamos parte de ese *dios* total. John Lennon lo creía así y lo defendió en su búsqueda de lo trascendental. No me gustaría ser cruel con el extraordinario músico, pero si defendemos esa creencia deberíamos preguntarnos, ¿estaba de acuerdo John Lennon con la decisión que tomó su asesino al quitarle la vida?, o ¿deberíamos decir que solo algunas personas forman parte de ese dios panteísta (que somos todos) y que toma decisiones correctas?

Muchas de esas ideas proclaman que podemos vivir de acuerdo al *espíritu del universo* a través de miles de dioses diferentes, pero la aplicación de esos principios nos lleva a seguir defendiendo la desigualdad de castas, razas, grupos sociales, etc. La opresión llega a tal extremo, que incluso si alguien quisiera casarse con otro de una casta diferente podría ser condenado a muerte, como ocurre en algunos países. No está de más recordar lo que vimos en el capítulo dedicado a la verdad: si no existe una verdad absoluta, la lucha por el poder lo corrompe todo.

¡Dios quiere que pensemos y meditemos! Lo que Él desea es hablar y razonar con nosotros. *Conoceréis la verdad, y la verdad os hará libres*[15], anunció Jesús, porque quienes relativizan la verdad para ser sus guardianes, lo hacen para esclavizar a todos. Esa es una de las razones por las que todas las religiones *acaparan* el dinero de sus prosélitos. Si alguien controla tu vida, domina también tu dinero y lo que haces con él. Ese amor al dinero está ahí desde el comienzo de la humanidad[16]; la religiosidad, lo único que hace es *conducirlo*: millones de euros gastados en templos, sacrificios, actividades superfluas, etc., sin preocuparse, en absoluto, por hacer mejor este mundo, ni tampoco luchar para vencer el hambre y las enfermedades.

2. El problema de la corrupción de algunos sectores cristianos

Si Dios existe y, como hemos visto, también el príncipe del mal, deberíamos esperar que este se oponga con todas sus fuerzas al bien y luche para engañar al mayor número de personas posible. Eso es exactamente lo que está ocurriendo.

El cristianismo nació y se desarrolló de una manera completamente diferente a todos los sistemas religiosos de su época y del pasado. Como vamos a ver, los primeros cristianos anunciaron un mensaje de libertad y lo vivieron, aun a costa de sus propias vidas. Durante los primeros siglos revolucionaron el Imperio romano por el poder del amor, hasta que Roma *se introdujo* dentro del cristianismo. El emperador Constantino presidió el primer concilio que celebró la iglesia (Nicea, año 325), y proclamó que los obispos eran magistrados del imperio, y podían juzgar conflictos no solo religiosos, sino también civiles; entre otras decisiones que hicieron que la iglesia comenzara a *amar* el poder. A partir de ese momento, el obispo de Roma se proclamó a sí mismo representante de Jesús en la tierra (*Papa*) con la ayuda del imperio, y la iglesia dejó de ser de Dios para pertenecer a los hombres[17].

---

15   Juan 8:31-32.

16   Cuando Jesús hablaba sobre cómo el dinero llega a ser un *dios* en nuestra vida, los religiosos no querían escucharle: *Oían todo esto los fariseos, a quienes les encantaba el dinero, y se burlaban de Jesús* (Lucas 16:14).

17   Jesús lo había dejado muy claro, la iglesia jamás lucharía por el poder: *Pero entre vosotros no es así, sino que cualquiera de vosotros que desee llegar a ser grande será vuestro servidor, y cualquiera de vosotros que desee ser el primero será siervo de todos. Porque ni aun el*

En los siglos siguientes, la iglesia de Roma prohibió que las personas leyeran la Biblia, porque en ella encontrarían un mensaje radicalmente diferente a lo que estaban proclamando: muchos fueron asesinados por traducirla a la lengua del pueblo, e incluso por leerla. ¡Asesinados por personas llamadas cristianas![18]. Los obispos quemaban las Biblias y mandaban a la hoguera a todos aquellos que la predicaban o la hacían llegar a otras personas. No querían a nadie por encima de su propia autoridad, ¡ni siquiera a Dios mismo! Cuando muchos nos recuerdan que la iglesia persiguió a algunos científicos, siempre respondo que no me extraña ese comportamiento loco, ¡la iglesia persiguió y quemó a los que traducían y distribuían la Palabra de Dios! El problema no es el Creador, sino aquellos que dicen hablar *en su nombre* y no tienen <u>nada</u> que ver con Él. El *llamado cristianismo* beligerante, vengativo y condenador no tiene ningún lugar en el corazón de Dios.

Muchos religiosos han aprendido a comportarse como buenos evangélicos, católicos, ortodoxos, anglicanos, etc., pero no a vivir de acuerdo a lo que Dios espera de ellos: desde luego, no se preocupan de que el mundo (su pequeño mundo, el lugar en el que viven) sea mejor. La autoridad, el dinero y el poder siguen siendo tentaciones demasiado grandes como para no caer en ellas. En muchas situaciones diferentes, el *cristianismo* dejó de seguir a Cristo para hacerse amigo del imperio y el poder. Por si fuera poco, con el tiempo, algunos de los peores enemigos del cristianismo (la violencia, la injusticia, la desigualdad, la inmoralidad, etc.), no solo dejaron de serlo, sino que se disfrazaron de *dogma*, con lo que los principios del evangelio fueron desapareciendo: los primeros seguidores de Jesús habían renunciado a todo, incluidos sus bienes, para ayudar a los demás[19], pero la religión derivada del poder, la prosperidad y la expansión autoritaria logró que una parte del cristianismo aborreciera las enseñanzas de Jesús. No está de más decir que en algunas situaciones, el comportamiento de los

Hijo del Hombre vino para ser servido, sino para servir, y para dar su vida en rescate por muchos (Marcos 10:43-45).

18 La iglesia de Roma sigue manteniendo la tradición a la altura de la Biblia, y esa es la *madre* de todos los problemas ocasionados por la religiosidad. Desgraciadamente, el ejemplo ha cundido entre bastantes evangélicos que también colocan a sus profetas, pastores, maestros y/o predicadores prácticamente al mismo nivel que lo que Dios dice en su Palabra. Cuando vivimos de esa manera, llegamos a creer que podemos estar a la *altura* de Dios y tomar las decisiones que queramos, porque Él va a hacer siempre lo que *nosotros* decimos.

19 *Todos los creyentes estaban juntos y tenían todo en común: vendían sus propiedades y posesiones, y compartían sus bienes entre sí según la necesidad de cada uno* (Hechos 2:44-45).

que no creen ha sido éticamente más loable que el de algunos que dicen ser cristianos[20].

¿Qué podemos decir? Si tienes el nivel de colesterol elevado y sigues comiendo grasas hasta que todo deriva en un paro cardíaco, no es culpa de los médicos que te atienden, ni siquiera de la comida, sino de tu descontrol. No se puede culpar a otros por nuestros errores, así que no es justo culpar a Dios de los males que algunos que se llaman *cristianos* han cometido. El médico puede decirte una y otra vez que no vuelvas a comer grasas, pero no puede estar detrás de ti a cada momento para impedirlo, simplemente porque es tu decisión. Ni más ni menos. La culpa de los males de la religión es de las personas que cometen esas atrocidades.

Si me permites explicarlo de una manera muy sencilla, nada hace más daño a la ciencia que aquellos científicos que ocultan pruebas, o simplemente siguen procedimientos engañosos en sus experimentos, para demostrar que sus investigaciones son importantes. De la misma manera nada hace más *daño* a Dios que las personas que mienten, roban y matan en su nombre. La *ciencia* no puede defenderse, lo único que podría pasar es que otras personas demostraran que existen científicos fraudulentos; Dios sí puede defenderse y de hecho lo hace, porque nos enseña una y otra vez que las religiones son engañadoras, ¡la Biblia es muy clara en cuanto a eso! Algunos creen en sus palabras, otros no. Muchos siguen identificando lo que hizo parte de la iglesia con lo que Dios es, pero recuerda que lo mismo sería afirmar que los científicos son asesinos por haber desarrollado la bomba atómica. En cierta manera, el *cristianismo nominal* es semejante al policía o al juez que vive de una manera corrupta: ¡No por eso vamos a defender que no pueden existir policías ni jueces! No podemos desechar a Dios por lo que hayan hecho algunas personas en su nombre.

Lo que sí es cierto es que un loco proclamando mentiras *en nombre* de Dios hace mucho más daño al cristianismo que cien personas que se declaran ateos. El cristianismo, cuando no sigue a Jesús y no se compromete para ayudar y transformar la sociedad, se convierte en el brazo espiritual del poder: el arma religiosa de los que mandan y lo tienen todo, para terminar sometiendo (no solo físicamente sino también espiritualmente), a los que no tienen nada.

20　El llamado *evangelio de la prosperidad* es un ejemplo claro de la destrucción de los principios bíblicos, para seguir la voluntad de todo tipo de personas que lo único que quieren es ganar más dinero y vivir a *todo lujo*, a costa de las creencias de los demás.

3. ¿Por qué Dios permite las religiones?

Ese es uno de los primeros argumentos que algunos mencionan para demostrar la *no existencia* de Dios: lo que se ha hecho *en su nombre*; muchos dicen que si Dios existiera no debería haberlo permitido. Puede parecer un buen argumento, pero en realidad no lo es, porque sería lo mismo que decir que yo no existo si mis hijas se portan mal, o alguien que dice hablar en mi nombre es un asesino. ¿Te imaginas a una persona buena, pero que no admitiera que nadie hablara mal de ella, o que ajusticiara de inmediato al que hace algo malo? Nos resulta difícil comprender que el Creador no intervenga cuando se cometen barbaridades en su nombre, pero déjame decirte que nosotros hacemos lo mismo: la única manera de probar el amor que alguien tiene, es que no nos defendamos de las falsas acusaciones que otros nos hacen, porque esa persona que dice amarnos, decidirá por sí misma si nos cree o no. ¡Tan sencillo como eso! Dios no responde en la mayoría de las ocasiones, a la gente que hace o habla mal en su nombre, porque así todos sabemos si le buscamos y le amamos a pesar de todo; si nuestro amor es sincero o simplemente estamos queriendo aparentar. El hecho de conceder libertad a otros implica que no podemos gobernar los pensamientos y las acciones de esas personas.

La libertad de elección no supone descartar la mentira, sino vencerla: Dios permite que las personas puedan tomar malas decisiones, aun en su nombre, para que usemos la razón y podamos distinguir entre lo bueno y lo malo. Por eso, aunque nos parezca increíble, cualquier religioso puede *hacer milagros*, ¡incluso el mal puede hacerlos! Por decirlo de una manera campechana, Dios tolera que todos *jueguen sus cartas*; si no fuera así, seguir al Creador sería muy sencillo y nuestras motivaciones no serían buenas. Las mismas leyes físicas nos enseñan que el *bien* permite la libertad, pero el mal te esclaviza, ¡no te deja escoger! La enfermedad se contagia, la salud no. Por eso muchos *escogen* el mal, simplemente dejándose llevar. ¡Para elegir el bien hay que tomar una decisión! ¡Hay que enfrentarse! Y *eso* es demasiado para muchos.

Si Dios existe, tiene que estar por encima de todo, sin verse involucrado en ningún tipo de creencia, porque, ¡nadie puede controlarlo! Ninguna religión o creencia puede *hacer justicia* a la grandeza del Dios Creador, ni (desde luego) mostrarla por completo: cuando somos nosotros los que ocupamos su lugar, le limitamos porque queremos que haga lo que nosotros decimos. Cuando ocurre eso es porque le hemos *hecho* a nuestra medida, un *dios* que cabe en nuestra mente y nuestros proyectos: un *dios* que obedece a nuestros ritos y ceremonias.

Dios odia la religiosidad

Por eso, cuando leemos la Biblia, una de nuestras mayores sorpresas es encontrarnos con las críticas a la religiosidad, y a las personas que pretenden hacer lo que quieren en nombre de Dios[21]. Centenares de años antes de que Marx y otros filósofos asegurasen que la religión era el opio del pueblo, Dios ya lo había dejado escrito en su Palabra. Hasta tal punto que Jesús llegó a afirmar que las prostitutas y los cobradores de impuestos van delante de los religiosos al reino de los cielos[22], algo que jamás nadie se había atrevido a decir, ¡mucho menos en nombre de Dios! La religiosidad jamás es admitida por Jesús, ¡mucho menos en aquellos que dicen que le siguen! Por muy buena que sea la doctrina de una persona, lo que determina la validez de su testimonio es lo que vive, no lo que dice[23]. Un par de veces durante su ministerio, el mismo Jesús entró en el templo (donde se *adoraba* a Dios) para echar de allí a los comerciantes, anunciando que habían hecho de la casa de Dios una *cueva de ladrones*[24]. De hecho, la palabra hipócrita aplicada a la *supuesta* relación con Dios, la usó Jesús por primera vez, no fueron los naturalistas o los ateos. El Hijo de Dios dejó bien claro que no tolera a aquellos que tienen una *doble cara*, a los que se viven *en nombre de* Dios para hacer lo que quieren[25]. Más allá de lo que cualquier filósofo se haya atrevido a denunciar, Jesús condenó

---

21   *¡Ay de ustedes, maestros de la ley y fariseos, hipócritas! Les cierran a los demás el reino de los cielos, y ni entran ustedes ni dejan entrar a los que intentan hacerlo. ¡Ay de ustedes, maestros de la ley y fariseos, hipócritas! Recorren tierra y mar para ganar un solo adepto, y cuando lo han logrado lo hacen dos veces más merecedor del infierno que ustedes* (Mateo 23:13-15). *Así dice el Señor Todopoderoso, el Dios de Israel: «No se dejen engañar por los profetas ni por los adivinos que están entre ustedes. No hagan caso de los sueños que ellos tienen* (Jeremías 29:8). *En aquel día los profetas se avergonzarán de sus visiones proféticas. Ya no engañarán a nadie vistiéndose con mantos de piel* (Zacarías 13:4). Prácticamente no hay un solo libro de la Biblia que no se refiera al engaño de muchas personas que, supuestamente, hablan en nombre de Dios.

22   Mateo 21:31.

23   Ese es el problema de una parte del cristianismo, sobre todo en el llamado *primer mundo*, que cree muchas cosas, pero no las vive. Jesús lo definió, como siempre, de una manera admirable: *Tenía razón Isaías cuando profetizó acerca de ustedes, hipócritas, según está escrito: "Este pueblo me honra con los labios, pero su corazón está lejos de mí"* (Marcos 7:6). La verdad no tiene que ver solo con la información sino también con la vida. Por eso no podemos conocer a Dios solo con la mente, sino con todo lo que somos. De otra manera, no le amamos realmente, sino que (simplemente) seguimos una religión.

24   *Y les dijo: Escrito está: «Mi casa será llamada casa de oración», pero vosotros la estáis haciendo cueva de ladrones* (Mateo 21:13).

25   Lo que Jesús dice, registrado en el evangelio según Mateo (6:5), no deja lugar a dudas: *Cuando oren, no sean como los hipócritas, porque a ellos les encanta orar de pie en las sinagogas y en las esquinas de las plazas para que la gente los vea. Les aseguro que ya han obtenido toda su recompensa.* Una lectura tranquila de todo el capítulo 23 del mismo evangelio puede llegar a asombrarnos de tal manera, que no queda ninguna duda de la oposición de Dios a cualquier tipo de religiosidad.

la religión y prohibió el uso de la fuerza para *defender* el mensaje[26]. Los que le siguieron jamás usaron la violencia, ¡todo lo contrario! Entregaron sus vidas como mártires: el único *arma* que usan los verdaderos cristianos es el amor. Muchos de los argumentos que se utilizan contra el cristianismo deberían abandonarse inmediatamente, porque no tienen nada que ver con lo que Dios espera de nosotros[27]. Por si había alguna duda del compromiso del Salvador, fueron los responsables de la religión los que mataron a Jesús, simplemente porque Dios no hizo lo que ellos querían que hiciera[28].

4. La clave de todo: El cristianismo es radicalmente diferente

El cristianismo es radicalmente diferente: todos, no importa si son empleados, carpinteros, médicos, deportistas, artistas, constructores, maestros, funcionarios, comerciantes, etc., viven según los principios del evangelio, defendiendo la verdad y la justicia antes que sus propios intereses. Son leales y en sus vidas se *ve* el fruto del Espíritu de Dios[29], en todas las circunstancias. Intentan ayudar a los demás, son pacificadores y buscan la reconciliación de las familias, de la sociedad, de los países, ¡de todos en general! De hecho, como veremos más adelante, aquellos que conocieron y amaron a Dios fueron los impulsores del desarrollo de la ciencia: sabían que el universo físico era bueno, y que las leyes de la naturaleza fueron diseñadas por Dios, así que, investigarlo todo era un regalo del Creador, formaba

---

26 *Y sucedió que uno de los que estaban con Jesús, extendiendo la mano, sacó su espada, e hiriendo al siervo del sumo sacerdote, le cortó la oreja. Entonces Jesús le dijo: Vuelve tu espada a su sitio, porque todos los que tomen la espada, a espada perecerán* (Mateo 26:51-52).

27 Cristo prohibió el uso de la violencia para imponer la verdad, incluso se enfrentó a sus discípulos simplemente por *pensar* en hacerlo; delante de una situación en una ciudad vecina, ellos le propusieron, *Al ver esto, sus discípulos Jacobo y Juan, dijeron: Señor, ¿quieres que mandemos que descienda fuego del cielo y los consuma?* La respuesta de Jesús fue inmediata y radical: *Les reprendió. —Ustedes no saben de qué espíritu son —les dijo—, porque el Hijo del hombre no vino para destruir la vida de las personas, sino para salvarla* (Cf. Lucas 9:54-56). ¡Estaba acusándoles de que estaban siguiendo el espíritu del mal! Ese ha sido uno de los grandes problemas del *cristianismo*; querer *defender* a Dios, creer que tenemos el honor de Dios en nuestras manos. De ahí salieron las cruzadas, las luchas religiosas, el odio al que no cree, etc. ¡Todo lo contrario a lo que Dios siente! Él no quiere destruir a las personas, sino salvarlas.

28 A lo largo de la historia, ese problema de los factores políticos y sociales dentro del cristianismo han llegado a ser el mayor peligro. Todos, creyentes y no creyentes, pensamos que podemos salvar al mundo. ¡Todos nos creemos los Mesías! Como el pensador Ravi Zacharias, escribió, el único que no cayó en la tentación de ser el Mesías, era el Mesías mismo.

29 *Amor, alegría, paz, paciencia, amabilidad, bondad, fidelidad, mansedumbre y dominio propio* (Gálatas 5:22-23).

parte de su carácter. En todas las religiones puede haber *algo* de verdad, como un pequeño reflejo del carácter de Dios, pero en el cristianismo la verdad absoluta es imprescindible; el engaño no tiene lugar, la Biblia habla siempre de la seguridad en lo que creemos[30].

Como veremos en el último capítulo, las religiones no suelen conocer el perdón, porque la justicia está siempre por encima de la compasión: Dios perdona de una manera incondicional, no espera a que podamos cumplir una serie de normas, sino que Él mismo da todos los pasos para acercarse a nosotros y transformar nuestra vida. Todas las religiones, sin excepción, intentan *pagar* por lo que uno hace: penitencias, dinero, meditaciones, esfuerzos, etc. Jesús ocupó nuestro lugar para pagar lo que nosotros merecíamos. Todas las religiones viven alrededor del dinero[31]; los dioses de la antigüedad y se asociaban siempre con los reyes y poderosos, con aquellos que les podían ofrecer más (algo parecido a lo que sucede hoy); la Biblia nos enseña que Dios se preocupa por el extranjero, la viuda y el huérfano. Jesús estuvo al lado de los mendigos, los lisiados, los ciegos, los considerados *inútiles,* los que no tenían nada. Se detenía a hablar con los ciegos, abrazó a los leprosos, escuchó a las prostitutas y conversó con los pecadores; nos enseñó a todos que cada persona es una creación de Dios y, por lo tanto, un reflejo de su gloria. Nadie tiene más valor que otro. Lo que Dios busca no es solo el alma de las personas, sino un cambio radical[32]. Todas las religiones le dieron muy poca importancia al cuerpo físico; la mayoría quiere *trascenderlo* e incluso algunas mortificarlo. Dios lo transforma día a día, lo usa para hacer el bien, y un día lo renovará por completo. El cristianismo defiende la persona íntegra: el cuerpo, las relaciones físicas, el placer, el descanso, etc., en contra de todas las demás religiones y creencias. Dios lo creó todo y anunció que era bueno, y al hacernos

---

30   *Nosotros somos de Dios; el que conoce a Dios, nos oye; el que no es de Dios, no nos oye. En esto conocemos el espíritu de la verdad y el espíritu del error* (1 Juan 4:6). *Lo que existía desde el principio, lo que hemos oído, lo que hemos visto con nuestros ojos, lo que hemos contemplado y lo que han palpado nuestras manos, acerca del Verbo de vida (pues la vida fue manifestada, y nosotros la hemos visto y damos testimonio y os anunciamos la vida eterna, la cual estaba con el Padre y se nos manifestó)* (1 Juan 1:1-2).

31   *Ningún siervo puede servir a dos señores, porque o aborrecerá a uno y amará al otro, o se apegará a uno y despreciará al otro. No podéis servir a Dios y a las riquezas* (Lucas 16:13). Solo hay dos dioses, afirmó Jesús: Dios, o el dinero. De hecho incluso esa es una gran tentación dentro del cristianismo: algunos viven intentando adorar a los dos dioses casi por igual, sin darse cuenta de que es imposible. Ese es uno de los mayores engaños, creer que podemos tenerlo todo y no preocuparnos ni de lo que Dios dice, ni de lo que los demás necesitan.

32   La redención no tiene que ver solo con la vida espiritual, sino también con la material. Recuerda lo que vimos anteriormente en cuanto a que la gran mayoría de las religiones hablaban (y siguen afirmando) que lo material es malo.

a nosotros, ¡bueno en gran manera![33]. ¡Nuestro cuerpo no es para ser tirado, sino para ser redimido y renovado!

Esa misma *redención* se aplica de una manera extraordinaria al trato con los demás. Las palabras de Jesús son muy claras: *cuando lo hicisteis a uno de estos pequeños, me lo hicisteis a mí*[34]. El cristianismo es la única creencia que declara que cuando amamos y ayudamos a las demás personas, amamos y ayudamos a Dios.

Se trata de amor

El amor es imprescindible en el cristianismo[35]. Muchas creencias religiosas son excluyentes: incluso en algunas religiones se pide *dar muerte* al infiel. Jesús dijo que amáramos a nuestros enemigos[36]. De hecho, eso fue lo que sucedió en los primeros años de la iglesia, el amor transformó el Imperio romano: Dios dio todo el poder al crucificado, al débil, al perseguido, al mártir. Esa debilidad venció a quien creía ser invencible, no solo en aquel momento, sino también a lo largo de la historia: los aparentemente débiles y los pacificadores han sido llamados hijos de Dios y los mansos heredan la tierra por el poder del amor[37]. La religión quiere imponer sus dogmas por la fuerza, de la misma manera que los imperios imponen su lengua, sus costumbres y su poder pensando que pueden hacer cambiar de opinión a base de inquisiciones, batallas y juicios sumarios. Olvidan que la libertad de una persona no se puede quebrantar porque es un regalo de Dios. Jesús demostró que el poder del amor es invencible, porque Dios es amor. El que ama, el que sirve, el que renuncia, el que pone la otra mejilla es el realmente fuerte, porque se vence a sí mismo en primer lugar y, de esa manera, es capaz de vencer las circunstancias y los ataques de otros.

La Biblia habla de establecer un *reino* justo, perfecto, donde todos tienen cabida, y nadie es superior a otro, donde lo que cada uno hace es admirado. Una sociedad compuesta por *hermanos*. Un día Marx anunció: *Los filósofos no han hecho más que interpretar de diversos modos el mundo, pero de lo que se trata es de transformarlo*[38]. La humanidad ha fracasado en ese objeti-

---

33 Génesis 1:29.

34 Cf. Mateo 25:31-46.

35 *El que dice que está en la luz, y aborrece a su hermano, está aun en tinieblas. El que ama a su hermano, permanece en la luz y no hay causa de tropiezo en él* (1 Juan 2:9-10).

36 *Pero a vosotros los que oís, os digo: amad a vuestros enemigos; haced bien a los que os aborrecen; bendecid a los que os maldicen; orad por los que os desprecian e insultan* (Lucas 6:27-29).

37 Cf. la vida de Martin Luther King, William Wilberforce, Amy Carmichael, Henry Dunant y muchísimos otros, tanto conocidos como desconocidos.

38 Carlos Marx, *Obras escogidas,* Progreso, Moscú 1977, p. 403.

vo, con todos sus sistemas políticos, económicos y religiosos. Jesús pidió que oráramos para que su reino viniera a esta tierra porque el evangelio implica cambiar el mundo, Él mismo prometió que volvería para restaurar todas las cosas.

Se trata de justicia

Esa es la razón por la que la justicia es imprescindible, también, en el cristianismo[39]. A lo largo de la Biblia la idea de no engañar, dar a cada uno lo que le corresponde, no hacer distinción de personas, cuidar a los que tienen menos, etc., es una constante. Dios va más allá de lo que habríamos imaginado explicándonos que hay dos maneras de ser *ladrón*, una es robar, otra es no preocuparse por los pobres[40]. La Biblia enseña que todas las personas son iguales delante de Dios, de hecho esa ha sido la base de la igualdad en las democracias, en casi todos los lugares[41]. Nos conviene recordar de dónde *venimos:* antiguamente algunos *filósofos* muy conocidos decían que los *mayores* podían decidir en cuanto a la vida de los niños, de tal manera que recibían favores sexuales (castraban a muchos para ese fin), y a cambio les enseñaban ciencias. La vida humana no tenía valor alguno: ahogaban a las niñas recién nacidas al ver que no eran niños y en otros lugares mataban a los niños *débiles* cuando se veía que no iban a servir para luchar. En el Imperio romano no se le ponía nombre a los recién nacidos hasta que cumplían ocho días, tenían contenedores donde podían tirarlos si por alguna razón no los deseaban[42]. Aristóteles aseguró que en los niños la razón todavía no está presente, y las mujeres no saben utilizarla, ¡los romanos y los griegos despreciaban al cristianismo porque decían que era

---

39 *Si sabéis que Él es justo, sabéis también que todo el que hace justicia es nacido de Él* (1 Juan 2:29).

40 *Supongamos que un hermano o una hermana no tiene con qué vestirse y carece del alimento diario, y uno de ustedes le dice: «Que le vaya bien; abríguese y coma hasta saciarse», pero no le da lo necesario para el cuerpo. ¿De qué servirá eso?* (Santiago 2:15-16). *Así dice el Señor Dios: "Basta ya, príncipes de Israel; dejad la violencia y la destrucción, y practicad el derecho y la justicia. Acabad con las extorsiones que hacéis a mi pueblo"* —declara el Señor Dios (Ezequiel 45:9). *Pero el hombre que es justo, y practica el derecho y la justicia (...) El hombre que no oprime a nadie, sino que devuelve al deudor su prenda; que no comete robo, sino que da su pan al hambriento y cubre al desnudo con ropa, que no presta dinero a interés ni exige con usura, que retrae su mano de la maldad y hace juicio verdadero entre hombre y hombre* (Ezequiel 18:5-8).

41 Todos aquellos que siguen la evolución naturalista, defienden que la naturaleza muestra a través de la selección natural, que solo los fuertes sobreviven; los débiles no son tenidos en cuenta. ¿Cómo puede surgir de ese planteamiento la defensa de la dignidad de todas las personas sin excepción?

42 Sabemos la razón de esas situaciones por medio del historiador Suetonio, que nos dice que se les llama *expositio* a esos contenedores.

una religión para mujeres! En Grecia y Roma existían cientos de dioses, incluso los propios emperadores eran dioses y podían disponer de las vidas de las personas[43]. Platón incluso decía que debían abolirse las familias, para que todo lo referente al nacimiento, cuidado y enseñanza de los niños estuviese a cargo del estado y, por lo tanto, de los más ricos en aquel momento. El cristianismo venció todas esas prácticas, y fue el que introdujo el concepto de *amor* en la relación entre hombre y mujer, al hacer al matrimonio un ejemplo de la relación entre Jesús y la Iglesia. Eso es algo que nadie puede negar a pesar de que no le guste[44].

Los seguidores de todas las religiones temen a un dios lejano, Jesús nos llama amigos. Los religiosos crean castas de poder, para Dios no existen los mediadores, nos conoce a cada uno. Los religiosos construyen ritos y leyes, el cristianismo está escrito en el corazón de las personas. El Espíritu de Dios nos enseña a llamar *Papá* (Abba, en el idioma hebreo, la transliteración del primer balbuceo de un bebé para dirigirse a sus padres), a nuestro Creador[45]. Ninguna otra religión puede comprender esto, ¡ni mucho menos ofrecerlo! Dios nos devuelve nuestra dignidad, seamos quienes seamos y estemos donde estemos. Los dioses de todas las religiones se *presentan* poderosos: Jesús nace en un pesebre, y es llamado el Príncipe de la paz[46].

Ese enfrentamiento racional y espiritual de Jesús con todo lo establecido, nos ha llevado a vivir una situación increíble: muchos admiten que puedas creer cualquier cosa antes de seguir a Jesús. Puedes ser religioso (de cualquier creencia), ateo, seguir una secta o adorar los árboles de tu jardín, todo vale; lo único que muchos no toleran es que alguien siga a Jesús y, (peor todavía) que ame, ayude a los demás y sea feliz. Puedes defender cualquier cosa en el día de hoy, menos algo que tenga que ver con el cristianismo, porque te encontrarás con las burlas de muchos. ¡Y no digamos nada si aun encima es alguien importante en el mundo de la ciencia!, para muchos, eso parece imposible. ¿Cuál es el problema? Una religión más, una creencia más no importa. Pero cuando el mundo comenzó a cambiar debido a las enseñanzas y la manera de vivir de los cristianos, la sociedad

---

43   Uno de los primeros *problemas* con el Imperio romano, fue que los cristianos no iban a la guerra porque no querían derramar sangre, sabían que la vida era un regalo de Dios, así que preferían morir a matar.

44   La bondad del matrimonio y la dignidad de la relación; además de la igualdad entre hombre y mujer. En aquel momento las personas se casaban por poderes o por lo que sus padres o la sociedad decidieran. Fue el cristianismo el que le dio la posibilidad de elección.

45   *Pues no habéis recibido un espíritu de esclavitud para volver otra vez al temor, sino que habéis recibido un espíritu de adopción como hijos, por el cual clamamos: ¡Abba, Padre!* (Romanos 8:15). *Y porque sois hijos, Dios ha enviado el Espíritu de su Hijo a nuestros corazones, clamando: ¡Abba! ¡Padre!* (Gálatas 4:6).

46   Isaías 9:6.

se rebeló contra ellos (y lo sigue haciendo) porque muchos no admiten que alguien pueda defender una verdad objetiva que pueda llegar a señalarles. Desde ese momento llegó a ser *peligroso,* y esa es una de las lecciones más curiosas de la historia: los que defienden la tolerancia como bien supremo, son los mismos que consideran intolerable al cristianismo, porque este no se conforma con formular la verdad, sino que llega hasta donde no queremos. Lo intolerable para muchos no es que la luz muestre la verdad, lo que no podemos soportar es que descubra nuestras mentiras.

Más contenido audiovisual:

CAPÍTULO 14
Conocer la mente de Dios

Lo que quiero conocer es el pensamiento de Dios,
lo demás es puro detalle
Albert Einstein

El cineasta Woody Allen es uno de los agnósticos más conocidos en el día de hoy. Incluso se ha atrevido a bromear con la existencia de Dios diciendo que él creería que el Creador está ahí, si le diera alguna prueba: *que ponga un millón de dólares en mi cuenta en el banco, entonces creeré en Él*. Como digo, puede sonar a broma, pero lo que revela esa frase, es el tipo de tonterías que muchas personas admitirían para creer en la existencia de Dios. Como debe ser obvio, la ciencia no espera algo así.

El hecho de que no podamos comprender completamente a Dios no implica que dejemos de seguir profundizando, ni mucho menos dudar de su existencia. Sería lo mismo que desechar los agujeros negros del universo o la llamada materia oscura, simplemente porque su conocimiento en estos momentos es prácticamente nulo. Tampoco podemos conocer la esencia de alguna de las leyes más importantes del universo, simplemente podemos confirmar sus efectos, así que, ¡jamás podemos argumentar que si no podemos entender algo es porque no existe! El Creador se diferencia de nosotros de una manera absoluta, no tanto porque su conocimiento sea superior al nuestro, sino porque su carácter, su manera de actuar, ¡su esencia!, es radicalmente diferente a la nuestra.

Algunos han seguido un proceso cuando menos curioso: en primer lugar han llegado a la conclusión de que *no se puede estudiar* a Dios por medio de la razón y el método científico. El siguiente paso ha sido: *no podemos conocerlo*, con lo que apareció el agnosticismo; y el tercero: *Dios no existe*. Es cierto que no es posible llegar a la esencia de Dios por medio de una investigación exclusivamente racional, pero podemos conocer parte de su carácter cuando estudiamos todo lo que ha creado: materia, leyes, energía, naturaleza, el ser humano, etc. Eso es posible porque, cuando *creamos*, todos reflejamos parte de lo que somos.

1. Con Dios no existe la indiferencia

En la Biblia, la existencia de Dios se da por supuesta, no se ve la necesidad de argumentarla[1]. Robert Griffits (ganador del premio Heinermann en física matemática) afirmó: *Si necesitamos un ateo para un debate, voy al departamento de filosofía. El departamento de física no sirve para mucho*[2]. ¡La existencia de Dios no es indiferente a nadie! Al final todos argumentan sobre el tema, algunos lo aparcan de una manera casi definitiva, otros lo discuten como si en ello les fuera la vida (¡que es lo cierto, aunque no lo sepan!), pero no es un tema superficial: está en lo más profundo de nuestro interior.

Encontramos a Dios en la historia, la ética, la cultura, el arte, la moral, la ciencia, etc. No hay un solo campo de la historia de la humanidad en la que Él no esté presente. De hecho, la ciencia nos muestra un camino más seguro hacia Dios que la propia religión: nos muestra el carácter del Creador de una manera limpia, sin contaminación de ideas humanas. Absolutamente todas las culturas tienen raíces religiosas y buscan a su dios/dioses en alguna forma, no importa lo antiguas o modernas que sean, o el lugar donde estén; no existe una sola cultura en la que no viva el fenómeno religioso y la necesidad de expresarse delante de Dios. Los antropólogos nos dicen que no hay una sola cultura que no defienda, en su origen, la existencia de un ser superior que hizo el Universo. Todos los seres humanos tienen la necesidad de hablar con Dios y de dirigirse a Él, incluidos los que le culpan de todo y los que quieren demostrar que no existe. Dios siempre está ahí.

Si Dios realmente no existiera, podríamos considerarlo el invento más grandioso de la razón y la emoción humanas. No existe un solo campo del conocimiento, arte, literatura, pensamiento, conducta, etc., que no esté relacionado con la existencia de Dios, o que la humanidad no haya dedicado a Él. Y eso ha ocurrido no solo en la historia pasada, sino ¡más que nunca!, en el momento presente, mal que les pese a algunos. Jamás ha habido tantos creyentes como hoy, y nunca se ha defendido *su existencia* con más razón y convencimiento personal que en la actualidad. De hecho, que hoy se siga hablando de Dios en el llamado primer mundo, y miles de mujeres y hombres de ciencia afirmen que creen en Él, es una prueba de que no podemos estar delante de una invención. Si las pruebas contrarias al Creador

---

1 La Biblia comienza así: *En el principio creó Dios los cielos y la tierra* (Génesis 1:1). Él es el artista de la creación, el que se revela a nosotros.

2 Ross, Hugh. *El Creador y el Cosmos*. Mundo Hispano 1999, página 159.

fueran tan irrefutables, como algunos dicen, la ciencia estaría dándole la espalda, pero está sucediendo justo lo contrario: aparecen más creyentes en Dios que en ningún otro momento.

Simplemente como ejemplo, alguien puede creer y defender que existen los unicornios, y seguir haciendo bien su trabajo en el ámbito que sea, aunque todos sepamos que cree en algo completamente irreal. Pero si su creencia llega a afectar su visión del universo de tal manera que ejerce su fe en los unicornios e implica su vida y sus actos en ello, lo más normal es que fuera apartado de su trabajo porque pueden estar en juego las vidas de otras personas; se le consideraría alguien *fuera de sí*. Sin embargo eso jamás ocurre con todos los que ejercen su fe en Dios y se comprometen con Él; más bien al contrario, para muchas personas ese hecho es una fuente de confianza.

Por otra parte, todos estamos de acuerdo en que en el universo existe el mal y vivimos en un mundo injusto, así que la pregunta es obvia: ¿cómo pudo surgir la idea de Dios en un entorno así? No tiene ninguna lógica que, de un mundo a veces cruel, surja la idea de un Dios bueno que está por encima de todo. Más del ochenta por ciento de los habitantes de nuestro planeta creen en algún tipo de *Gobernador del Universo*. ¿Todos ellos son ignorantes? ¿Todos necesitan una muleta espiritual para que sus vidas tengan sentido? Yo puedo *creer* que existen seres extraterrestres absolutamente inteligentes que han diseñado todo, pero ese concepto es solo un producto de mi imaginación y la de unos pocos más. Si viajo a culturas milenarias en Asia o África que no han tenido contacto con otras personas, jamás voy a encontrar esa idea, y sin embargo sí me van a hablar de la existencia de un ser superior.

Algunos afirman que la religión aparece porque es una explicación fácil a lo incomprensible: la idea de un ser superior surgió solo del hecho de no poder comprender lo que ocurre, y eso *obligó* al hombre a inventarse un Creador. Cada vez que el hombre se encontraba con algo que no podía resolver, pensaba que debería haber un ser que lo controlaba todo. Hoy, esa necesidad ha *desparecido*, porque conocemos las causas de la mayor parte de las situaciones que enfrentamos, ¿cuál es la razón de que muchas personas procedentes de todos los ámbitos de la ciencia, el arte y la cultura sigan defendiendo que Dios existe? ¡Algunos han llegado a afirmar que el descubrimiento del Creador es la idea más importante que la ciencia nos ha dejado!

Otros defienden que la fe en Dios es una imposición de los más mayores sobre los jóvenes, como se creía en países declarados *ateos*, desde principios del siglo XX. Sin embargo, en esos mismos países, las personas siguen creyendo en Dios a pesar de la oposición, y de muchos años de *lucha* contra el Creador[3]. En esos países muchas personas son capaces de entregar sus vidas para defender su fe en Dios sin que nadie les obligue a hacerlo.

Por último, nos encontramos con los que dicen que la creencia en Dios es debida a la necesidad de tener a alguien a nuestro lado, cuando todo lo demás falla. Puede parecer una buena razón, pero al examinarla con detenimiento, nos damos cuenta de que, ¡es uno de los mejores argumentos a su favor! Porque la gran mayoría de las personas (¡sin importar las culturas y las épocas!), buscan a Dios cuando lo necesitan; en los momentos de mayor dificultad y miedo, lanzan un grito desde lo más profundo de su alma para encontrarlo. Incluidos los que no lo conocen, o no saben cómo hacerlo: todos buscan a Dios cuando creen que la vida se les escapa. Puede que no sepan que su felicidad está en Él, pero sí creen que es el único que puede salvarlos, el único que tiene poder para transformar la situación que atraviesan.

Reacciones ante Dios

Si Dios no existe, ¿por qué preocuparse tanto por Él? ¿Por qué muchos siguen escribiendo y dedicando sus vidas para luchar contra Él? Una de las respuestas más socorridas es: *para que nadie más sea engañado* (¿?). Está demostrado que muchas personas toman decisiones, aun sabiendo que no es cierto aquello que creen, ¡y no les importa! La gente cree lo que quiere creer. ¿Por qué no dedicar nuestras energías contra otro tipo de situaciones más *reales?* Solucionar el hambre en la tierra, la lucha contra la proliferación de armamento, derribar las desigualdades sociales, desterrar la corrupción, etc., parecen ser temas mucho más importantes que la posible existencia de un ser superior, ¡si es que realmente *creemos* que no existe!

Necesitamos comenzar por el principio: a lo largo de la historia, y ante ese ser contingente y necesario, el ser humano ha respondido de diferentes maneras. En primer lugar, los deístas creen que Dios hizo el mundo, pero se ha desentendido de él. Está ausente. En segundo lugar el panteísta afirma que Dios y el mundo son idénticos. El mundo es eterno también, y la madre naturaleza es el *dios* que existe y lo mantiene todo. El problema es que nuestro mundo no es infinito, y nosotros tampoco lo somos: tenemos imperfecciones físicas, sociales, espirituales, etc., y Dios no puede tenerlas, así que Dios es distinto de nosotros y del universo.

En tercer lugar nos encontramos con el panenteísmo: Dios depende del mundo. No es todopoderoso ni eterno, sino que cambia al mismo nivel que cambiamos nosotros, y mejora con las mejoras del universo. Todo es dios, y todos formamos parte e influimos en ese dios. No hace falta ser

---

3   Por ejemplo, China, es uno de los países que tienen el mayor número de cristianos hoy en todo el mundo.

muy inteligente para darnos cuenta de que no hemos mejorado tanto como creemos; tal como vimos en los capítulos dedicados a la conciencia y el problema del mal, deberíamos reconocer que nuestro mundo dista mucho de *ir a mejor*.

En cuarto lugar, el ateísmo afirma que no existe un ser superior, simplemente ha *aparecido* en la historia de la humanidad para explicar lo que no entendemos. Como hemos visto, para afirmar que Dios no existe, ¡hay que demostrarlo! Algo que por ahora, nadie ha hecho. En segundo lugar, todos creen en algo o alguien que colocan en el lugar de Dios: la naturaleza, la ley de la gravedad –Hawking–, el universo, el azar. etc. Dios es reemplazado por el cosmos, o las propias leyes a quienes se le atribuyen las características del Creador; cualquier persona que se define como *atea* tiene y defiende un sistema de creencias comparable a los que siguen una fe determinada.

En quinto lugar, el agnosticismo afirma que no se puede saber si Dios existe o no. En realidad el agnóstico termina creyendo que Dios ha *desaparecido*; no es que no se pueda saber si existe o no, simplemente lo ha *borrado* del mapa. Con la ausencia de Dios, algunas teorías científicas han pasado a ser ideologías en sí mismas, porque son la base racional sobre la que se asientan muchos principios morales. Cualquier cosa que podamos *controlar* es admitida en nuestra toma de decisiones, con la tranquilidad de que estamos haciendo lo correcto porque, sin Dios, no existen principios morales externos que puedan gobernar nuestra vida, esa es la *gran ventaja* para todos.

Por último, nos encontramos con una de las categorías que más ha crecido en los últimos años: el *antiteísmo*, la lucha contra Dios. Si soy sincero, debería decir que no conozco a un solo ateo, porque hay muy pocas personas con las que compartir razones científicas, históricas o racionales para intentar demostrar la existencia de Dios. De hecho, si alguno de los argumentos que los ateos proponen, como hemos visto, los aplicáramos en cualquier otro campo científico, las risas que se escucharían atronarían el mundo. Por eso el término real es *antiteísta*, o ¡si me apuras! *anticristiano*: porque, como vamos a ver, la persona y la obra de Jesús es imposible de ser derribada con hechos y razonamientos. De ahí los esfuerzos de muchos (y la razón de su dogmatismo) por querer destruir a Dios, defender que está muerto, o (en el peor de los casos, para ellos), intentar explicar que si existe, es un ser despreciable. Se admite *cualquier cosa* con tal de que el Creador no intervenga en nuestra vida.

En el fondo, no necesitamos demostrar su existencia

Muchos dicen *Dios no existe* y una de las razones que dan es que Él no se defiende ni, aparentemente, se expresa para hacerse *ver*. Pero ¿serían capaces de creer, si Dios nos castigara cada vez que dijéramos o hiciéramos algo que le desagradara? ¿Preferirían que Dios actuase de esa manera? Dios no necesita demostrar su existencia, porque fue Él quién nos regaló la vida a nosotros. Podemos razonar para llegar hasta Él, le conocemos, le sentimos y sabemos que está ahí, pero al final como ser creador y único, no depende de nuestros razonamientos, sentimientos, pensamientos, decisiones o hechos. El sigue siendo Dios hagamos lo que hagamos[4].

La metodología para estudiar algo depende del objeto de estudio: si quieres llegar al fondo de un hecho que ha sucedido en el pasado, tienes que usar el método histórico. Si es una ley matemática, estudias los procesos matemáticos. Si es el comportamiento de una persona te ayudarán las ciencias sociales. Si es conocer a Dios, tienes que aplicar una *metodología* espiritual porque Dios es espíritu. No estamos hablando de ciencia ficción, esa metodología la usamos todos los días cuando queremos conocer a otra persona: tenemos que escucharla, hablarle, observarla, intentar comprenderla, etc. Si queremos conocer a Dios tenemos que hacer lo mismo; Él no forma parte del mundo creado, así que no podemos llegar a Él con la misma metodología con la que estudiamos la creación; vive más allá de lo estrictamente material. Nuestra razón no puede dominarlo todo, aunque esa idea de Aristóteles la hayan adoptado pensadores cristianos como Tomás de Aquino: la Biblia nos dice que podemos usar la razón cuando contemplamos la naturaleza, las leyes físicas, el orden, etc., pero solo podemos llegar a conocer íntimamente al Creador a través de nuestro espíritu.

Hay que entender que si existe un ser superior, lo hace independientemente de que nosotros podamos demostrarlo. ¡Más allá de todos nuestros argumentos! Para que podamos entendernos y aunque sea un ejemplo demasiado simple, imagínate que en un accidente de avión has sido dado por muerto, y te encuentras en algún lugar remoto: puedes ver las noticias sobre tu muerte e incluso, ¡asistir a tu propio funeral por televisión! (La cobertura de los accidentes en los medios de comunicación suele ser mundial); pero días después al volver a casa, ¡todos verán que no estás muerto! ¡Tu existencia no depende de lo que otros digan o hagan! No importa si

---

4 Puede parecer obvia esa afirmación, pero no es ninguna tontería, porque en nuestra mente puede llegar a introducirse la arrogancia por el resquicio de la auto justificación: podemos llegar a pensar que algo de lo que Dios es o hace, depende de nosotros y otros pueden llegar a conocerle por nuestros razonamientos, por nuestras palabras o por nuestros hechos. No es así, como dije, Dios sigue y seguirá siendo Dios hagamos lo que hagamos.

incluso diferentes personas certificaron tu muerte debido a que encontraron alguna prenda determinada tuya entre los restos del accidente; eso no influye para nada en el hecho de que estés vivo.

Dios como ser trascendente está por encima de todo y es independiente de todo, no necesita nada. Como ser inmanente, está presente en todo el universo y nada escapa a su conocimiento. De hecho, Él es el único ser imprescindible y necesario para la vida porque Él la creó. Cualquiera de nosotros es prescindible, y si desaparecemos el universo seguiría funcionando de la misma manera. Dios es imprescindible porque es la fuente de la vida y la razón de la existencia de todos los seres. Si queremos vivir dándole la espalda, perdemos la vida misma; esas son las condiciones. No podemos argumentar: *Yo odio el aire y quiero vivir y disfrutar sin él.* Lo siento, pero es imposible: estamos diseñados para respirar, así son las reglas del juego. No puedes ir en contra de tu propia vida[5].

Dios es el ser en sí mismo. Alguien absolutamente diferente y *fuera* de su creación; la esencia de todo, pero al mismo tiempo completamente libre de sus obras. Uno de los argumentos más usados en cuanto a la existencia de Dios es que se necesita una primera causa del universo, una primera razón, porque todos sabemos que no puede existir un proceso infinito de causas anteriores. Todo lo que observamos por medio del método científico es contingente, es decir, depende de una causa, y una secuencia de fenómenos contingentes causados por otros, no puede ser infinita, no puede existir una complejidad infinita real de causas. Tiene que haber una *causa original* no causada; recuerda que la contingencia es la incapacidad de vivir completamente ajenos a todo. Si dependemos de otra cosa o de otra persona, es porque tenemos una causa. Además, esa primera causa tiene que tener personalidad, porque ha sido capaz de causar de una manera libre a otros seres con las mismas características. Tiene que estar ajena al tiempo para intervenir causando a las demás: esa primera causa sería el origen del tiempo (como hemos visto), porque crea a otros seres a partir de un momento determinado. *Vive* sin principio ni final, pero cada vez que interviene, crea un principio y un final para aquello que ha creado.

---

5 Algunos dicen: *Dios es cruel al crearnos de esta manera, con este vacío sin Él.* Dios nos hizo para que seamos inmensamente felices y nos dio la capacidad para serlo; somos nosotros los que no queremos relacionarnos con Él. Es como si alguien dijera: *yo quiero disfrutar de la vida y vivir a mi aire, pero no voy a comer; renuncio a comer ¡No me gusta nada!* Puede pasar unos días excepcionales subjetivamente hablando, pero llegará el momento en el que su vida se acabará porque necesita la comida, está diseñado para vivir de esa manera. Si echamos a Dios de nuestra vida perdemos nuestra identidad, porque estamos diseñados para que nuestro espíritu y nuestro cuerpo disfruten por completo, y eso solo es posible al estar cerca del Autor de la vida.

Dios también tiene que ser la fuente de todas las cualidades que existen, y tenerlas en un grado infinito y perfecto (amor, bondad, fidelidad, paciencia, alegría, etc.), porque esa sería la única manera que pudiera colocar esas cualidades en nosotros: expresamos lo que tenemos dentro, es imposible dar a luz algo que no está en nuestro interior. Por eso podemos llegar a comprender parte de las acciones de Dios a través de nuestra razón, porque fue Él quién diseñó esa capacidad para pensar. En ese sentido, toda lógica tiene su base en la mente de Dios, porque es esa mente la que ejerce como fundamento de todo. La razón humana por sí misma no puede conocer la verdad absoluta, porque nuestra mente es limitada, pero sí puede reconocer que existe esa verdad y *obligarse* a sí misma a buscarla.

2. Lo que muchos hacen, huir hacia delante: Dios no existe, y punto

No creer en Dios ha sido, para muchos, una válvula de escape, una huida hacia lo desconocido y no tanto una postura racional. Los argumentos de la gran mayoría de los que han escrito libros sobre ateísmo, se resumen hablando de la ridiculez de la fe, el sentimentalismo, la necesidad de Dios en momentos difíciles, etc., pero pocas veces se añaden razones que puedan argumentarse. Da la impresión de que se quiere hacer desaparecer al *enemigo* a base de desacreditarlo; el problema es que cuando dedicas toda tu vida intentando desprestigiar a alguien es porque realmente está ahí. Para muchos, es más una lucha contra Dios que una defensa de la racionalidad: el motivo de la vida de algunas personas es intentar destruir a aquel que dicen que no existe.

Hay quienes afirman que un creyente no puede ni debe intentar convertir a los demás a la creencia de un Dios personal que le ha creado, le cuida y le da significado en la vida, porque eso sería proselitismo. Pero luchar para que las personas dejen de creer en Dios y la vida deje de tener sentido (porque no existe nada más), ¡eso sí es bueno! No estamos criticando la necesidad de proclamar lo que uno cree, sino el hecho de hacerlo sin ningún tipo de racionalidad: hay que dejar de creer en Dios porque sí, sin ninguna otra razón; solo porque algunos dicen que son ideas anticuadas e intolerantes, nada más.

A veces olvidamos que si dejamos al Creador a un lado, la finalidad, el propósito, la información, el diseño, las leyes, ¡todo!, debe surgir por sí mismo, y de una manera natural. Como hemos visto, cuando se defiende esa idea, hay que explicar no solo que sea posible que aparezcan mecanismos de información que funcionen de una manera perfecta, ¡sino que toda la información generada no tenga ningún tipo de origen racional! Podemos diseñar un reloj que llegue a funcionar de una manera autónoma, sin que necesite que alguien vuelva a interferir en su funcionamiento (porque puede recibir energía del exterior), pero eso ¡no implica que se haya generado por sí mismo! La mecánica de un reloj puede funcionar por energía solar, por ejemplo, sin necesitar nada más, pero es imprescindible que quien lo diseñó lo haya programado así. Ese es el problema irresoluble del argumento del *relojero ciego* que muchos ateos defienden: es cierto que la naturaleza funciona de una manera perfecta, pero eso no elimina el hecho de que alguien la tuvo que haber diseñado para que su funcionamiento sea precisamente ese. Los procesos físicos, así como la selección natural pueden ser *inconscientes,* pero no responden a nuestras preguntas de quién ha *echado a andar* esos procesos. Llegar a un reduccionismo ontológico tal es simplemente echar por tierra todo el método científico, porque implica explicar que algo que funciona *por sí mismo* (aunque no sabemos realmente la razón por la que funciona), se ha *creado* a sí mismo también, o que otras fuerzas de la misma categoría lo han creado. Cuando se valoran los sistemas evolutivos en las diferentes ciencias, siempre aparecen adjetivos como *automático, al azar, ciego*, etc., al lado de cada explicación del funcionamiento. No es que algo falle en ese argumento en concreto, ¡falla todo el sistema! Simplemente no se está dando ninguna explicación racional.

3. Un ser extraordinario

La *mente* de Dios nos sobrepasa. Una razón finita como la nuestra no puede comprender a un Dios infinito. Un niño de cuatro años no puede pilotar un avión. ¡Tampoco podría hacerlo cualquiera de nosotros, salvo que hubiera sido preparado para ello! Pero el piloto que sí sabe hacerlo, no puede operar a corazón abierto, o construir un edificio, o componer una sinfonía. Todos tenemos un conocimiento finito, por eso no podemos abarcar y comprender todo lo que está sucediendo: tenemos que depender de otros en las áreas en las que somos ignorantes. Si tenemos esas limitaciones en el conocimiento finito, ¿qué no tendremos en el infinito? Afirmar que Dios no existe porque no podemos verlo o tocarlo, puede llegar a ser una prueba tangible (¡nunca mejor dicho!) de nuestra propia ignorancia.

La inmensidad de Dios impide que pueda ser *reducido* no solo a nivel físico o espiritual, sino incluso a nuestra comprensión racional, porque nuestra mente es finita. Dios vive en otras dimensiones: hace años nuestra pequeña Mel jugaba con los diseños de muñecas en dos dimensiones, pero ella estaba en una dimensión superior, podía controlarlas y dibujarlas a todas, y ellas (en dos dimensiones) jamás podrían comprender lo que ella está haciendo, solo *ver* las consecuencias de sus acciones, como cuando algo cambiaba de lugar. Así nos sentimos nosotros al darnos cuenta de que Dios vive en dimensiones diferentes a las que nosotros vivimos. Él es Espíritu:

no tiene materia, ni localización temporal o espacial; no está limitado por nada ni por nadie. De la misma manera que nuestro *yo* está en todo nuestro cuerpo, pero en ningún lugar en concreto, sino en cada parte de nosotros mismos en cada momento, Dios está en todas partes, y al mismo tiempo en cada una de ellas[6]. Incluso si queremos llegar a comprender su comunicación con nosotros, simplemente basta con recordar que nuestro sistema nervioso central recoge miles de millones de informaciones cada minuto: Dios puede escuchar a miles de millones de personas al mismo tiempo, ¡no es imposible lo que a veces creemos que es imposible!

Dado que Dios diseñó al ser humano, lo normal es que se comunique con él, que quiera hablarle y escucharle, porque eso sería uno de sus objetivos al crearlo y al hacer un espacio absolutamente perfecto para que desarrolle su vida. Dios habla a través de la naturaleza, la vida de las personas, la historia, las circunstancias... Dios se revela en todos los actos buenos que pensamos y hacemos, en la belleza, la paz, en todo aquello que hace que el mundo sea mejor, sea quien sea que realice cualquier acto de bondad o amor. Dios habla dentro de nuestros pensamientos y de nuestro corazón; quiere que gustemos de su bondad como si tuviera su origen en nosotros, porque su ausencia de egoísmo es total, al punto de renunciar muchas veces a sus propios derechos para hacernos disfrutar de nuestras decisiones. Su manera de revelarse está al alcance de todos sin excepción, ¡desde que somos niños![7].

Muchas personas saben que Dios está ahí y tienen indicios más que suficientes no solo de su existencia sino también de su cuidado, pero no se atreven a dar un paso más. El conocimiento de Dios es posible, pero está dañado de muerte en el interior de cada ser humano por culpa de nuestra rebelión contra Él: no somos nosotros mismos, y por eso no somos capaces de escuchar. Igual que alguien que va adquiriendo sordera con los años no puede escuchar lo que otras personas le dicen, y solo recuerda como eran las palabras, los sonidos y la música; cuanto menos escuchamos a Dios, menos nos acostumbramos a hacerlo.

---

6 *Los cielos cuentan la gloria de Dios... No es lenguaje de palabras ni es oída su voz* (Salmo 191, 3). *Los ojos de Dios velan por la ciencia, pero él confunde las palabras de los mentirosos* (Proverbios 22:12). La naturaleza *habla* con Dios en otra dimensión que nosotros no conocemos.

7 Esa es una de las primeras cosas que nos llaman la atención de Jesús de Nazaret, el hecho de que dedicara tiempo a los niños, algo que ningún maestro de la época hacía: *Jesús dijo: Te alabo Padre, Señor del cielo y de la tierra, porque escondiste estas cosas de los sabios e inteligentes, y se las diste a conocer a los niños* (Mateo 11:25). *No impidan que los niños vengan a mí, porque de ellos es el reino de los cielos* (Mateo 19:14).

El argumento de que no necesitamos a Dios

Al llegar a este punto necesitamos volver a algo que hemos mencionado anteriormente: muchos afirman que Dios no existe, y si existe, no le necesitamos. CS Lewis dijo una vez que un ateo tiene que cuidar mucho lo que lee, lo que ve y lo que escucha, porque si no protege su ignorancia lo máximo posible, está *perdido:* tarde o temprano corre el riesgo de encontrarse con la verdad, esa verdad absoluta que existe independientemente de nosotros. Los argumentos de muchos son bien conocidos: *no podemos aceptar que haya un diseñador inteligente, porque eso nos llevaría a un callejón sin salida,* o, *no podemos permitirnos respuestas que tengan un origen espiritual.* Ese *no podemos aceptar,* o *no queremos admitir,* implica comenzar la investigación con un grave perjuicio que nos llevará, tarde o temprano, a quedar atrapados en un camino sin retorno y sin final. De hecho, jamás hacemos eso en ningún otro campo: imagina que al hacer un chequeo personal, mi médico me dice: *Vamos a hacerle un chequeo completo, pero no voy a admitir absolutamente nada que tenga que ver con el cáncer, usted no puede tenerlo.* Creo que nadie seguiría en la consulta de un doctor así, ¡lo que queremos es examinarlo absolutamente todo!

Muchos se han apuntado a la *muerte* de Dios, porque prefieren vivir el orgullo de querer estar solos ante la vida, las decisiones, y las circunstancias: el propio Nietzsche lo comenta en una de las frases más famosas de su libro *Así habló Zarathrusta*: *Dejad que os abra mi corazón: Si hubiese dioses, ¿cómo soportaría yo no ser un dios? Luego no hay dioses.* Lo que realmente anhelamos es que nadie nos quite nuestro lugar en el universo o, por lo menos, en nuestra vida. Ese ámbito es completa y absolutamente nuestro, así que Dios tiene que *morir* como sea para que nosotros podamos ocupar su lugar. Mientras tanto, Él sigue dentro de lo más profundo de nuestra alma aunque algunos declaren que ha muerto; y ese es *su problema*[8].

Personalmente creo que gran parte del llamado ateísmo es un rechazo de ciertas ideas de Dios, no de Dios mismo. Si no me conoces personalmente y alguien te ha hablado mal de mí, es muy difícil que pueda tener alguna posibilidad de ganarme tu amistad: de hecho eso ocurre, a veces, en las relaciones personales. ¡Lo que jamás nadie hace es defender que yo no existo! La raíz del problema es que no te gusta mi carácter, ¡no mi existencia! Aunque me niegues el saludo, sigo ahí de todas formas, salvo que me odies tanto que quieras *matarme*. Muchas personas creen que Dios ha

---

8　En la Biblia no existen los ateos teóricos, es decir, personas que han llegado a esa conclusión por estudio o conocimiento, sino ateos *prácticos*: personas que viven como si Dios no existiera. *El necio ha dicho en su corazón: No hay Dios. Se han corrompido, han cometido hechos abominables; no hay quien haga el bien* (Salmo 14:1).

muerto o no existe, pero es el *dios* que ellos mismos han imaginado o creído de acuerdo a lo que otros han dicho. El Dios real es imposible que muera[9].

No podemos dejar de investigar

Dios nos ha hecho con mente y corazón, no solo para conocerlo sino también para amarlo; las dos acciones son imprescindibles porque son parte de nuestra relación con Él. El cristianismo no puede evitar pensar: se cree y se expresa por medio de la fe, pero es Dios mismo el que nos *empuja* a examinarlo todo para llegar a lo más profundo de esa fe; Él sabe que cuanto más le conocemos, *más razones tenemos para amarlo*. Como alguien que es absolutamente radiante en su carácter, se expresa y busca que le conozcan, porque, ¡nos lo da todo! Conocerlo es amarlo, y amarlo es querer conocerle más a Él y a sus obras. Nuestro problema no es la evidencia, sino la supresión de la evidencia. Cuando le preguntamos a algunos sobre Dios, responden: *No lo sé, ni puede saberse.* Déjame decirte que esa no es una posición de ignorancia, sino de no querer saber. Es un *no me importa* o *me da igual lo que sea.* Si no admitimos ningún otro tipo de explicación que el que nos conviene, la ciencia en sí misma (y la propia vida) se derrumba: imagina que la policía está buscando al autor de un asesinato, pero no quiere usar ningún tipo de investigación con restos de ADN. Sabe que muchos casos se han resuelto así, incluso casos que parecían absolutamente cerrados, porque todas las *evidencias* señalaban a una determinada persona. Con el tiempo, tuvieron que ser revisados cuando la prueba del ADN demostró que esa persona jamás estuvo en aquel lugar. No importa si algún testigo aseguraba haberle visto allí, ¡porque hasta los testigos pueden equivocarse o mentir!

Algunos sectores de la ciencia siguen dependiendo de testigos que pueden equivocarse, con tal de que Dios no aparezca en escena. Incluso algunos han llegado a afirmar que la ausencia de evidencias en determinados campos de la ciencia, nos da la seguridad de que se está avanzando en el camino correcto, ¡porque esa es la mejor teoría posible! ¡Menos mal que no razonamos de esa manera en otras investigaciones! Imagínate que en la lucha contra una enfermedad habilitamos un fármaco que está demostrado que no sirve absolutamente para nada, pero los investigadores nos dicen que vamos a seguir en ese camino, porque tarde o temprano, ¡se demostrará que tenemos razón! Lo que es curioso es que ese *empeñarse en no querer seguir investigando*, así como la debilidad de los argumentos de quienes defienden que Dios no existe, es lo que *obliga* a muchos a querer llegar al fondo del asunto:

---

9 *Si de verdad Dios existió alguna vez es evidente que no ha podido morir, y, si "ha muerto" es que no ha existido jamás.* Página 265, Torres Queiruga, Andrés. *El problema de Dios en la modernidad*, Verbo Divino, Estella 2000.

se conocen muchas personas que comenzaron a buscar a Dios después de leer libros como *El relojero ciego* de Richard Dawkins. Es la gran paradoja de la situación, a pesar de que él y otros escribieron ese tipo de libros para, supuestamente, *desengañar* a los creyentes, lo que han conseguido es justo el efecto contrario: sus argumentos se vuelven en su contra de una manera irreversible, porque muchos se dan cuenta de que esos razonamientos no tienen sentido; no solo en diferentes fases del proceso, ¡muchos argumentos no son válidos desde el mismo punto de partida!

Desde el naturalismo se argumenta que: *alguien tendría que haber diseñado a Dios*. La equivocación de ese razonamiento está en la diferencia, no en cantidad de información, sino en calidad: si el Diseñador no está atado a límites físicos, tiene la posibilidad de introducir información en cualquier momento, porque *vive* en una dimensión diferente, no necesita *haber sido creado*. Una vez más, nos puede ayudar un pequeño ejemplo: salimos a pasear por un bosque cerca del mar y escuchamos la música de la naturaleza, los pájaros, el sonido del viendo entre los árboles, las olas del mar, etc. Se trata de una música natural, sonidos que surgen de una manera *física*, por lo tanto, tienen una explicación natural y racional. Pero si, de repente, comienzas a escuchar la quinta sinfonía de Beethoven, también estás oyendo sonidos naturales y físicos, pero que tuvíeron su origen en la imaginación del compositor y que son interpretados por muchas personas con instrumentos musicales diferentes. ¡Alguien tiene algún tipo de aparato que está reproduciendo esa música en ese lugar! No estamos hablando de una diferencia en cantidad de sonidos, sino en calidad: la música del compositor obedece a una información que él ha desarrollado en su imaginación y ha plasmado en partituras para que todos los músicos puedan interpretar lo que hay en el interior de su ser e interpretarlo, no solo para ellos mismos, sino para todos los que escuchan. Y, ¡por si fuera poco!, esa misma música da a luz sentimientos completamente diferentes en aquellos que la están oyendo: amor, asombro, paz, indiferencia, intranquilidad, recuerdos, amargura dependiendo del caso, etc. El salto en la calidad de información nos enseña que no necesitas otro músico para *crear* a Beethoven, sino algo o alguien que haya podido darle vida a él: ahora ya no estamos hablando de música, sino de la vida del compositor, de su imaginación, de la capacidad para componer esa determinada sinfonía, porque eso es lo que hace la diferencia en nuestro universo, la calidad de la información codificada. Como vimos anteriormente, J.S. Bach lo hace en alguna de sus partitas, tomando como referencia las notas musicales, pueden leerse frases en latín sobre la creación de Dios y la obra de Jesús. Esa información es completamente imposible que surja al azar, tiene que estar establecida por el compositor previamente; todos disfrutamos de esa música, independientemente de si sabemos que esa información está ahí o no[10].

¿Qué hacemos en la vida? Jugamos, amamos, imaginamos y morimos esperanzados. Eso puede parecer una declaración de principios, pero si te fijas bien, esas cinco palabras forman las iniciales de Jaime (mi nombre). ¡He escogido cada una de ellas! Alguien podría decirme que no lo hice yo, sino que las palabras surgieron al azar; pero si sigo escribiendo y añado: *Fue esa razón nada aparente, no daré explicaciones zafias*, para corroborar que estoy escribiendo mi primer apellido, Fernández, otra vez con las iniciales, ninguna persona en su sano juicio diría que mi nombre y apellido surgieron al azar mientras estaba escribiendo. Dios el único que tiene esa capacidad para dar vida, porque solo Él puede usar información específica y compleja, y ser el garante de toda la información y el diseño: información que da origen y significado a la vida física. Dios no solo es el Creador, sino también el Compositor.

4. La razón y el corazón

A veces nuestra razón no puede comprender nuestras motivaciones, porque le sobrepasan: las decisiones que tomas pueden llegar a parecer contradictorias, no porque no sean razonables, sino porque obedecen a una ley superior, la ley del amor. El conocimiento nos ayuda a describir hechos nada más; no hay *vida* en él. Cuando amamos, nos enfrentamos a todo de una manera diferente, *más allá* de lo exclusivamente material de tal manera que, como hemos visto, a veces *razonamos* con el corazón. Ese tipo de decisiones las tomamos todos y siempre tienen que ver con el valor que le damos a algo o a alguien. Por ejemplo, voy a comprar un jersey y hay dos exactamente iguales en cuanto a calidad, pero uno de ellos tiene los colores de mi equipo de deportes favorito. Puede ser más caro, pero a mí no me importa porque me gustan esos colores. Estoy pagando más por algo que es exactamente igual, y mi razón diría que es una mala decisión; pero mi corazón me dice que es lo mejor que puedo hacer, porque me voy a sentir *bien* cuando lo lleve puesto. Cuando entramos en la dimensión del amor, la razón no queda anulada sino que simplemente

---

10   Eso es lo que ocurre con el llamado *código secreto* en muchas de las frases de la Biblia en hebreo, donde las letras son números y hay procesos matemáticos complejos detrás, y frases enteras con significado si leemos verticalmente, o diagonalmente, etc. Es imposible que esa información haya surgido por sí misma, porque es una información codificada que alguien colocó ahí, como sucede (perdón por la comparación) con los mensajes que suelen aparecer en las películas de espionaje; la información perfectamente codificada nunca es producto del azar.

obedece a un tipo de *ley* superior en la que los argumentos racionales ya no tienen *poder*. Esa es la diferencia.

Reaccionamos de esa manera en cualquier tipo de relaciones: en principio nuestra razón nos enseña que la relación con tal o cual persona es buena para nosotros, porque nos hace sentir bien o porque nosotros podemos ayudarla, pero hay un momento en que damos el paso de confiar en la otra persona. La razón queda atrás y el amor toma la iniciativa. No quiere decir que sea una relación irracional, sino que nos hemos adentrado en el campo espiritual: creemos, confiamos y amamos. Cuando conocemos a Dios no estamos desechando la razón, sino que estamos avanzando en el camino del amor.

En ese sentido, la fe también tiene que ver con el proceso, aunque es la mente la que decide dar un paso adelante, porque no se conforma con las respuestas que tiene y busca las que puedan ser definitivas; solo cuando amamos (algo o a alguien), creemos y confiamos. En el amor no existe una relación sin riesgo. Dios lo sabe por experiencia, aunque en su caso el *riesgo* sea conocido porque Él conoce lo que va a ocurrir, pero ese conocimiento no atenúa el riesgo, sino que lo acentúa; Dios sigue amando aun sabiendo que no va a ser respondido o que el ser humano intentará engañarle. Nosotros jamás haríamos eso porque no queremos que nos tomen por *tontos*. Dios sigue comportándose igual, aun conociendo nuestra respuesta. No le importa cómo le *tomemos*, *simplemente* ama.

5. La evidencia de Dios

A veces pensamos que si la evidencia de Dios fuera extraordinaria podríamos creer[11]; pero lo cierto es que, aunque ese conocimiento fuera absoluto y claro, la mayoría seguiría enfrentándose directamente a Él. Como veremos en el último capítulo, Dios se revela en la naturaleza, y su imagen está en cada uno de nosotros; pero su revelación definitiva es Jesús[12]. Podemos saber mucho del carácter de Dios por otros medios, pero no podemos llegar a conocerle plenamente si no nos acercamos a Jesús y a la Biblia.

---

11   Algunos piensan que así podríamos creer, sin embargo, las personas que tenían una evidencia absolutamente total, Adán y Eva, ¡fueron los primeros en rebelarse contra Él!

12   La descripción de Hebreos 1:1-3 es absolutamente impresionante: *Dios, habiendo hablado hace mucho tiempo, en muchas ocasiones y de muchas maneras a los padres por los profetas, en estos últimos días nos ha hablado por su Hijo, a quien constituyó heredero de todas las cosas, por medio de quien hizo también el universo. Él es el resplandor de su gloria y la expresión exacta de su naturaleza, y sostiene todas las cosas por la palabra de su poder.*

Dios nos ama, y por eso su deseo es que encontremos la felicidad en Él. El universo es la expresión de ese deseo de regalar felicidad[13]. Dios nos creó para derrochar su amor en cada ser humano, ¡de la misma manera que a nosotros nos encantaría tener miles de hijos y hacerlos inmensamente felices a todos! El propósito de Dios en la creación es relacionarse con nosotros: la naturaleza nos muestra un Dios personal que se da a sí mismo, que no necesita nada, pero quiere entregarse por amor y escuchar siempre lo que hay en nuestro corazón[14]. Dios es el ser más infinitamente alegre que existe: si no lo vemos así, es porque no lo conocemos. Abandonarle significa perder la fuente de la vida y eso a quien más daño hace, es a nosotros mismos[15], porque la *gloria* de Dios consiste en ser el único que puede crear, salvar y hacer feliz al ser humano[16]. Él no es egoísta como nosotros cuando buscamos nuestro propio honor: su *prestigio* se basa en hacer el bien. Por eso, siempre me sorprendió que las características de Dios que una parte de la humanidad cree ver en él, son las de su peor enemigo: la Biblia dice que el diablo es cruel, despótico, insensible, aburrido, lejano, controlador, etc. ¡Dios no tiene nada que ver con eso! Él es inmensamente atractivo, porque es la fuente de toda la belleza, creatividad y perfección, y al mismo tiempo alguien rebosante de amor: cercano y compasivo.

Algunos piensan que Dios es el responsable de sus males, y el Juez que dictamina lo que deben o no deben hacer, impidiéndoles disfrutar de la vida. Cuando una persona piensa en Dios de esta manera, reacciona enfrentándose a Él y juzgándolo, incluso gritándole cuando atraviesa momentos difíciles en

---

13   El salmo 96 presenta un acróstico con el nombre de Dios en hebreo (YHVH), formando cuatro palabras que se repiten una y otra vez, en diferentes partes de la Biblia: *alégrense cielos, regocíjese tierra*. Dios quiere decirnos que nuestra alegría surge de su propia esencia, porque nos creó para que seamos inmensamente felices con Él y con todo lo que Él nos regala. Su alegría desborda el universo.

¡Que se alegren los cielos y la tierra! ¡Que brame el mar y todo lo que contiene! ¡Que se alegre el campo y todo lo que hay en él! ¡Que griten de alegría los árboles del bosque, delante del Señor, que viene!

14   No podemos decir que ese deseo de Dios es algo ilógico: actualmente estamos trabajando en crear robots independientes, que puedan pensar por sí mismos, ¡esa parece ser una ambición científica que colmaría el deseo de muchos! Si tenemos ese deseo, es porque Dios nos creó así.

15   La tierra está llena de la gloria de Dios, vez tras vez lo repite la Biblia. *Su gloria cubre el cielo y su alabanza llena la tierra* (Habacuc 3:3). El carácter de Dios se ve reflejado en su creación, como nosotros dejamos destellos de nuestro carácter en todo lo que hacemos.

16   *En Él estaba la vida, y la vida era la luz de los hombres* (Juan 1:4). La luz y la vida se abrazan, porque Dios es luz y amor en su esencia. La gloria de Dios se manifiesta en su luz, en los miles de colores y la belleza en el universo, los miles de millones de personas diferentes, etc. Su gloria y su carácter se manifiestan siempre hacia el exterior: esa es una de las razones por las que nos creó, y por las que nosotros le *adoramos*. Cuanto más buscamos su gloria, más disfrutamos de su luz y su creatividad.

su vida. Es curioso, porque aunque no crea en Él, su desafío es verse como un mártir rebelde por su causa: cree que mostrando su puño airado delante de su Creador ha llegado a vencerle; como el niño que, siendo disciplinado por sus padres que le aman tanto como para buscar lo mejor para él, aprieta sus dientes con rabia cuando está sentado en un rincón y sueña con el día en el que ellos desaparezcan y él pueda hacer todo lo que quiera. ¡Cree que en ese momento será la persona más feliz del mundo!

Dios nos habla y nos escucha, *vive* al alcance de todos. Las personas famosas no tienen tiempo para nosotros, pero el ser más grande y extraordinario que existe nos conoce y se interesa por cada uno, porque nos ama. De la misma manera que el más mínimo deseo de mis hijas tiene un valor impresionante para mí, y cualquier dolor (por muy pequeño que sea), hace que *aparque todo* lo que estoy haciendo para ayudarlas y consolarlas; Dios, que es el mejor padre que existe, aun gobernando el universo, *abandona* todo (Él puede hacerlo, porque le *sobra* el tiempo) para preocuparse por mí[17]. Él es capaz de prever todas las circunstancias, aun respetando la libertad de cada uno; como un gran jugador de ajedrez, que mueve sus piezas pensando en todas las posibilidades, aun sabiendo que es su contrario el que hace cada movimiento de una manera libre; como el gran maestro que puede jugar cien partidas simultáneas y piensa en todo lo que sus contrincantes van a hacer. Dios nos conoce a todos; nos ve de una manera universal (no general), y ve a cada individuo en particular, porque para Él no somos una masa de personas, ¡todos estamos en su corazón!

6. El amor y la bondad de Dios

Dios es amor en esencia así que, amarle, es la manera más sencilla de acercarse a Él[18]. Solo podemos conocer realmente a una persona cuando la amamos. Si no es así, únicamente conseguiremos verla desde *afuera,* con la frialdad calculada de quien examina un objeto sin alma. Ese tipo de conocimiento nos descoloca por completo, porque fuimos diseñados para amar, no solo para examinar: podemos conocer la apariencia de alguien, o acercarnos a su carácter de una manera fría, pero solo sabemos personalmente

---

17   El amor de Dios es más extraordinario de lo que jamás podamos imaginar. Nosotros amamos porque Él nos amó primero, pero aun así, jamás podemos comprender… *Cuán ancho y largo, alto y profundo es el amor de Cristo; en fin, que conozcan ese amor que sobrepasa nuestro conocimiento, para que sean llenos de la plenitud de Dios* (Efesios 3:18-19). A veces nos asombramos de lo que las personas son capaces de hacer por amor a otros. Lo que Dios hace por nosotros es darlo, ¡todo! Incluido su propio Hijo, porque Él es amor. Cuando recibimos a Jesús en nuestra vida, como vamos a ver en el último capítulo, llegamos a ser llenos de la plenitud de Dios.

18   *Dios es amor. El que permanece en amor, permanece en Dios, y Dios en él* (1 Juan 4:16).

cómo es una persona cuando la amamos. Podemos conocer características de Dios, pero eso no cambia nuestro corazón ni transforma nuestra mente; nos deja tan insensibles como antes. Esa es una de las razones por las que muchos no son *capaces* de encontrar a Dios ni de sentir su presencia. Si lo pensamos bien, es lo mismo que ocurre en todos los campos de la investigación. Muchos premios Nobel afirman que lo que les llevó a descubrimientos excepcionales, solo logrados después de meses enteros de estudio sin descanso, fue el *amor* a su trabajo, la pasión por descubrir más de aquello en lo que estaban involucrados, el sentimiento de no preocuparse por las horas pasadas en un laboratorio, porque eso era lo más importante en sus vidas. ¡Mucho más importante que comer o dormir en determinadas ocasiones! Dios nos hizo de esa manera, para que podamos apasionarnos con lo que hacemos. Dios nos creó con la capacidad de entusiasmarnos con Él: solo cuando le buscamos así podemos encontrarle, ¡y desde luego que el hallazgo recompensa con mucho la búsqueda!

En todas las relaciones, el amor no puede permanecer en silencio, oculto, ¡necesita darse a conocer! Cuando amas a alguien quieres hacerle bien a esa persona y expresar tu cariño: el amor no quiere ser escondido. Dios regala ese amor infinito e ilimitado porque, ¡no tiene otro remedio! Si tenemos un modelo de amor tan elevado, es porque lo hemos *visto*: si amamos de una manera desinteresada es porque nuestro Creador ama así[19]. Aun con todo, el amor de Dios es radicalmente diferente al nuestro porque Él no necesita nada. Tiene todo para dar y nada que recibir, no hay motivaciones escondidas en su amor. Cuando nosotros amamos solemos esperar algo a cambio; Dios da sin condiciones, su amor es absolutamente puro; busca la felicidad de los demás y por eso Él es feliz: el egoísmo es absolutamente contrario a su carácter.

El conocimiento implica adquirir algo, recibirlo dentro de nosotros, comprenderlo, porque siempre vivimos con la sensación de que podemos controlar aquello que sabemos explicar. Cuanto más conocemos, más nos alabamos a nosotros mismos y pensamos que somos mejores situándonos en *otra altura*; sin embargo, cuanto más amamos, más nos damos cuenta de las necesidades de los demás poniéndonos a *su altura*. Muy pocos pueden llegar a entender a Dios, porque muy pocos han aprendido a amar de esa manera:

---

19 Jesús expresa el amor de Dios de una manera incondicional por todos, incluso cuando ese amor es rechazado. Llora por aquellos que ama, porque es un rey que no quiere sumisión sino amor. No pide obediencia en primer lugar, sino que quiere conquistar el corazón de las personas: ¡*Cuántas veces quise reunir a tus hijos, como reúne la gallina a sus pollitos debajo de sus alas, pero no quisiste!* (Mateo 23:37). El *secreto* del evangelio es el amor de Dios, que se ofrece por quien no lo merece: *Tanto amó Dios al mundo que dio a su Hijo unigénito, para que todo el que cree en él no se pierda, sino que tenga vida eterna* (Juan 3:16).

nosotros queremos conocer, Dios ama. Nosotros queremos tener, Dios da. Nosotros queremos recibir y controlar, Dios regala libertad. ¿Cómo es posible? La persona que ama lo hace de una manera libre, pero decide renunciar a esa libertad para volverse dependiente: el enamorado escoge amar y estar al lado de quien ama, aunque realmente, no se sabe si es mayor la libertad o el amor; si es el amor quien decide, o simplemente ya tiene la decisión tomada porque escogió amar. ¡Jamás se plantea hacer otra cosa! Para el amor no existe posibilidad de renuncia; de eso se trata el Amor con mayúscula: cuando vivimos así, comprendemos el corazón de Dios.

El que ama, siempre sufre

Cuando alguien ama se da a sí mismo, y eso tiene un valor que nadie puede pagar. Si no me crees, piensa en cuanto costaría el tiempo que tu mujer/marido/padres/hijos/amigos, etc., te dedican. ¿Realmente lo mereces? No es una pregunta retórica, porque no podemos *ganar* el cariño que recibimos. El amor de Dios es completamente diferente, porque no necesita justificación: ¿por qué nos ama? No necesita una razón. Simplemente ama y se ofrece por el bien de cada uno de nosotros, aunque creamos que no tenemos nada digno para ser amados; pero es obvio que Él no piensa eso.

Dios *sufre* porque ama, pero ese sufrimiento no ciega su amor, no le hace perder los estribos ni sumirse en la melancolía o la amargura, como a veces nos ocurre a nosotros: el dolor de Dios ensalza todavía más un amor que, ya de por sí, es eterno. Incluso la ira contra la injusticia hace desbordar la compasión por los que están sufriendo ese maltrato. Debemos recordar lo que mencionamos cuando hablamos sobre el problema del mal: el que ama escoge sufrir. Dios ama y ese amor le *complica la vida* como ocurre con cualquier otra persona. La vida más tranquila es la del que no ama jamás. Para muchos filósofos, la apatía puede ser una virtud porque el estoico es aquel que no es influido por ninguna circunstancia externa, ni por lo que otros puedan hacer; Dios se *descubre* a sí mismo sufriendo por nosotros, y lo hace porque ama. Él es diferente a todos los *dioses* inventados por el ser humano, porque no es insensible, lejano, impasible; Él no es un héroe *todopoderoso* inalcanzable, sino alguien que ama de una manera absoluta.

A veces pensamos que la perfección tiene que ver con la imposibilidad de cambio, y la inmutabilidad de las acciones de alguien que es superior por su sabiduría y su justicia, Dios nos enseña que la perfección tiene que ver con la *flexibilidad* del amor. La justicia y la sabiduría se entrelazan con ese amor absoluto, de tal manera que podemos hablar con Dios y exponerle nuestras decisiones para que a veces incluso *cambie* de parecer, ¡algo que no podríamos ni siquiera imaginar![20], que el Ser Eterno admita ser influido por nosotros. La *perfección* no tiene que ver con la apatía y la insensibilidad; un *dios* apático e insensible no es más que una fotografía del enemigo, el diablo[21].

7. El carácter de Dios en la Trinidad

Cuando leemos la Biblia, nos encontramos una gran sorpresa en cuanto al carácter de Dios: nos presenta a un ser que es uno, pero que vive en tres personas diferentes. Una vez más resulta imposible creer que alguien hubiera inventado algo así. Dios es inmensamente y eternamente feliz por esa razón, porque no necesita nada para sentirse *realizado*: ama en las tres personas, conoce en las tres personas, se comunica en las tres personas, disfruta en las tres personas, ¡todo ello de una manera eterna e infinita! No necesita nada fuera de sí mismo: en esas tres personas lo abarca todo.

Energía infinita y origen de todo, el Padre: la energía y la luz dependen de Él porque, ¡Él es el origen de todo! La idea, el *poder*[22].

Información infinita y Palabra Viva: el Hijo, el ser más inteligente y sabio que existe, porque la verdad es Él, el *saber*[23].

Amor infinito y comunión infinita: el Espíritu, el ser más amoroso que existe porque en Él está la fuente del amor, y ese amor llega a todas las personas; el *querer*[24].

---

20   A lo largo de toda la Biblia aparecen diversas ocasiones en las que Dios *cambia de opinión* al conversar con sus hijos: no es que no supiera lo que iba a ocurrir, ni que su opinión *fuera equivocada*, sino que estaba esperando que ellos razonaran con Él, para declararles su corazón. De la misma manera que ocurre, cuando es Él mismo el que les dice a quienes ama, ¡lo que tienen que hacer para que Él cambie! *Así que enmienden ya su conducta y sus acciones, y obedezcan al Señor su Dios, y el Señor se arrepentirá del mal que les ha anunciado* (Jeremías 26:13). Jamás ningún ser humano podría haber imaginado algo así, en cuanto al carácter de su Creador.

21   Esa es la razón por la que un cristiano apático e insensible es la mejor creación del enemigo: una santidad lejana e impasible es lo más parecido al pecado que uno pueda imaginar, porque lleva dentro de sí la semilla del orgullo y la arrogancia, algo que ¡ni por asomo! se puede asociar con Dios.

22   *Con mi poder hice el cielo y la tierra: con solo pronunciar sus nombres comenzaron a existir* (Isaías 48:13). La energía de la palabra, de la información en la boca de Dios.

23   La Palabra, Jesús contiene toda la información necesaria para que todo funcione. *¿Alguna vez ordenaste al amanecer que apareciera y mandaste a la aurora que surgiera en el oriente? ¿Alguna vez ordenaste al día que se extendiera hasta los confines de la tierra para poner fin a las maldades nocturnas? ¿Alguna vez diste a la aurora su manto rojo* (Job 38:12-14).

24   *Dios ha derramado su amor en nuestro corazón por el Espíritu Santo que nos ha dado* (Romanos 5:5).

Dios es una *comunidad* de tres personas llenas de bondad, amor, poder, justicia y alegría desbordante. Las tres personas divinas existen unas en otras, unas para otras y unas con otras; las tres personas existen en sí, pero también fuera de sí, porque cada una se entrega totalmente y enteramente a las otras dos. Por eso Dios ama desde la eternidad y hasta la eternidad en esa relación interpersonal. Los dioses que el ser humano crea no necesitan a nadie, son *perfectos* sin relacionarse con nadie. El único Dios que existe es radicalmente diferente. Incluso la palabra usada para la relación entre las tres personas, la griega *pericóresis,* solo podría definirse como una danza continua entre seres permanentemente perfectos y amantes que se relacionan eternamente. Nosotros queremos que todo gire a nuestro alrededor: las tres personas de Dios giran en torno a las demás, por eso el egoísmo es imposible en el Creador. En el *corazón* de cada una de las personas están las otras dos; esa es la razón por la que nos expresan a nosotros el mismo amor. Todo es creación y belleza, porque ese amor es lo que realmente mueve el universo. La felicidad está en servir amando, ¡por eso Dios es infinitamente feliz!

La decisión que todos tomamos en cuanto a Dios

A nosotros, lo que nos hace vivir de una manera diferente es saber que alguien nos ama sin que lo merezcamos, que nos lo da todo sin que tengamos que hacer nada. Sentirse amado de esa manera, sin ninguna condición de nuestra parte, es la clave en nuestra vida. Cuando alguien nos ama así, no por lo que tenemos ni por lo que hacemos, sino simplemente por cómo somos, nos enamoramos de esa persona: esa es la raíz del verdadero amor, la que tiene que ver con el *querer no merecido.* Amamos a nuestros hijos no tanto por lo que hay en ellos, sino por lo que hay dentro de nosotros. Así es Dios, nos ama no por lo que nosotros somos sino por lo que es Él. El hecho de amarnos como somos no le hace renunciar a su carácter, sino que lo realza más todavía. Cuando recibimos su amor, y nos sentimos amados por Él, nosotros también aprendemos a amar a los que nos rodean. Regalamos ese mismo tipo de amor y entonces lo transformamos todo, porque somos capaces de ayudar aun donde las personas no nos aceptan. Con el paso de los años descubrimos que el amor es la clave, nos *domina* por completo. ¡Nos encanta que sea así!

Cuando alguien nos ama, nosotros solo podemos aceptarlo, rechazarlo o decidir ser indiferentes ante ese amor: no existe otra vía; ¡en todo caso tenemos que decidir! Decidimos aceptar el amor que nos ofrece y compartimos nuestra vida (en el nivel que cada uno crea conveniente) con esa persona. Decidimos rechazar a esa misma persona y eso significa que ya no forma parte de nuestra existencia, aunque siempre estará en nuestro recuerdo, porque los momentos y sucesos compartidos no desaparecen por completo. O decidimos ser indiferentes a su ofrecimiento, y entonces intentamos pasar página como si nada hubiera pasado; pero aun así, jamás podremos borrar el recuerdo de nuestra indiferencia. Cuando el amor llama a nuestra puerta ya nada es igual, sea cual sea la respuesta. Cuando se encuentran con el amor de Dios, las personas suelen responder de una de esas tres maneras: algunos no solo lo aceptamos, sino que también lo disfrutamos. Otros lo rechazan: quizás en algún momento han atisbado lo que Dios es y hace, pero no quieren saber nada de Él. A pesar del rechazo, los recuerdos siguen ahí y, en cierta manera, alimentan la sensación de que no todo es como uno piensa. Existe un tercer grupo, el de los que quieren ignorarlo por completo.

Esta última puede parecer una postura sabia si uno no quiere comprometerse con el Creador, pero encuentra muchas dificultades insalvables: por una parte, el desprecio no implica la desaparición del otro. Ignorar a Dios no significa que Él no esté ahí. Esa es la razón por la que muchos intentan a la desesperada encontrar argumentos de todo tipo para hacerlo desaparecer; no se sienten tranquilos con la *más mínima posibilidad* de que Dios les siga amando, ¡aunque no lo entiendan! Por otra parte, si Dios realmente existe, algún día tendrán que enfrentarse con Él, y ¡eso son palabras mayores! Sobre todo si hemos pasado toda nuestra vida intentando ocultar su presencia.

¡Es cierto! Si crees que Dios no existe tienes que vivir de acuerdo a esa realidad, con las consecuencias vitales y morales que conlleva: nada tiene sentido más allá de lo natural y con la muerte se acaba todo, así que, en cualquier momento todo puede terminarse, sin motivo ni razón. Tienes que defender la idea de que la única justicia que existe es la que nosotros ejercemos aquí, nos equivoquemos o no. Debes reconocer que tu vida no tiene más valor que el que te dan los demás por lo que haces o lo que tienes. Necesitas argumentar que, hasta las razones con las que intentas explicar lo que sucede, tienen su origen exclusivamente en lo natural y que, por lo tanto, tal como han venido se pueden ir… sin ningún motivo. Si crees que Dios no existe, tu vida tiene que ser consecuente con tus ideas. Piénsalo, esa es la única manera de honrar tu integridad como persona.

Dios es quien nos creó y, por lo tanto, tiene derecho a decirnos cómo debemos vivir. Es curioso que *defendamos* tanto las leyes naturales y no aprendamos lo que nos enseñan, lo que son las consecuencias de la vida: si no las obedecemos, el resultado puede ser la muerte. Podemos protestar, gritar, escribir lo que queramos, sostener nuestras ideas etc., pero las consecuencias de infringir las leyes naturales no van a cambiar. Lo mismo sucede con el Creador, no va a cambiar su carácter ni la realidad en la que vivimos[25]. Todos fuimos hechos a la imagen de Dios, para relacionarnos con él, escucharle y hablarle de tú a tú, aunque nos cueste creerlo. Aun con nuestras diferencias aparentemente insalvables, de lo que se trata es de conversar con el Creador. ¡Se trata de adentrarse en lo infinito y lo eterno, fuimos diseñados de esa manera! Su relación con nosotros siempre es personal. A Dios o se le ama o se le ignora o se le rechaza, pero no existe ninguna otra vía para conocerle que no sea el amor que nos lleva a Él. Por eso el conocimiento de Dios es personal o no es nada[26]. O nos dejamos amar o morimos: el espejo solo nos desilusiona, y todo lo que conocemos del Creador por medio de reflejos y sombras nos sabe a poco y puede conducirnos a la frustración, ¡lo que necesitamos es experimentar todo lo que Él es! Cuando eso sucede Él transforma nuestra vida y todo lo que nos rodea, porque en ese momento comprendemos que pasado, presente y futuro se funden en el mismo Amor que nos dio la vida. *Alcanzar a Dios, al final se trata de eso*[27].

Todas las religiones promueven relaciones con sus dioses, pero esas relaciones son imposibles, porque esos dioses viven en otro *mundo:* ¡El mundo de la ficción! Los seres humanos inventamos dioses que son poderosos pero no aman, y cuando el poder es más importante que el amor, el mundo pierde su sentido. ¡Eso ocurre en todos los ámbitos de la sociedad! Los religiosos viven amedrentados por la autoridad de sus dioses hechos a su propia imagen. Los que no creen viven abrumados por el poder de las leyes naturales que lo dominan absolutamente todo de una manera impersonal y tiránica. El único Dios que existe vive expresando su amor y su compasión, no porque renuncie a ser poderoso, sino porque ese poder se perfecciona a través de su amor: su propia esencia le *impide* hacer nada injusto. ¡Tiene que ser como es porque no quiere, ni sabe, ni puede hacer nada malo!

Dios habla y nosotros respondemos. Su Palabra creó el mundo y nosotros somos la respuesta. Él inició la conversación y nosotros la seguimos,

---

25 Muchos no quieren reconocer que el carácter del Creador es la base de la vida. Si el mundo dependiera de nosotros, lo cambiaríamos casi todo, sí, ¡pero para nuestro bien! Ese es el problema Aunque a algunos no les guste, tenemos que reconocer que nosotros no decidimos las *reglas del juego* que tienen que ver con nuestra vida. Claro que nos gustaría entrar en esas reglas y cambiarlas (la mayor parte de los esfuerzos de muchos van dirigidos a ese punto, querer crear vida y controlarla), pero, realmente, nos gustaría que todo cambiara solo para nosotros: queremos ganar más, disfrutar de lo que queramos, tener buena salud, etc.

26 Esa fue la experiencia de Job, después de saber mucho de Dios, e incluso de haberle servido durante años; con Dios no se trata tanto de lo que sabemos, sino de nuestra relación personal con Él, *Había oído hablar de ti, pero ahora te he visto* (Job 42:5).

27 Un día viviremos disfrutando eternamente con Él y con todo lo que ha creado: *para que Dios sea todo en todos* (1 Corintios 15:28).

¡de eso se trata la oración (el hecho de poder hablar con Él)! Él nos dio la capacidad para expresarnos, el poder de usar las palabras, la aventura de comprender lo que otros nos dicen, etc. Si podemos conversar, tanto con el Creador como con el resto de los seres humanos, es porque Él comenzó a hablar con nosotros. Ese anhelo que todos tenemos de relacionarnos con alguien es un reflejo de su carácter. Dile a Dios que se manifieste a tu vida de alguna manera. Él te conoce y sabe cómo llegar a tu corazón, a tu mente y a tu espíritu. El hambre de amor es hambre de Dios. La sed de eternidad solo se satisface al ver sonreír a nuestro Creador, quien lo probó lo sabe y nadie puede discutirle eso.

Más contenido audiovisual:

CAPÍTULO 15

Jesús: Dios se hace hombre

Jesús es el final de la argumentación, el capítulo definitivo, la conclusión de todo; como Dios hace todas las cosas de una manera excelente, no deja ningún *cabo suelto*, porque todo gira alrededor de Jesús. Él es el único que afirma acompañar a sus seguidores siempre, lo que no ocurre en ninguna otra religión o creencia con sus *dioses*. De hecho eso es lo que implica su resurrección, su presencia real en todos los momentos de la historia, porque ningún otro puede decir: *Yo estoy con vosotros todos los días hasta el fin de los siglos*[1].

El mayor *problema* del ateísmo es Jesús, sin ninguna duda. Existen muy pocos ateos/agnósticos que escriban sobre otras religiones: sus ataques van directamente contra el cristianismo. ¿Alguna vez te has preguntado la razón? La vida de Jesús no solo es razonable, sino también demostrable históricamente. Lo que Él hacía era argumentar y explicar los principios del evangelio de tal manera que las personas lo comprendieran. De la misma manera se comportaron sus seguidores en los primeros momentos del cristianismo: esa fue la gran diferencia, un único Dios en un Imperio romano con cientos de dioses diferentes. De manera similar ocurre en el día de hoy, en el que vivimos como si cada uno de nosotros fuéramos nuestro propio *dios*.

1. Dios se hace hombre

A ninguno de nosotros nos gusta ser ignorados, a Dios tampoco: la primera lección que aprendemos al leer la Biblia es que Él escucha nuestro corazón, y podemos hablarle porque nos comprende. Dios se expresa, es la Palabra; Él habla en la persona de Jesús, nos habla a nuestra razón y a nuestro espíritu[2]. Dios se hace hombre, Jesús une el cielo y la tierra; no solo une dos mundos sino también dos tiempos diferentes. Une lo material y lo espiritual, lo que se ve y lo que no se ve, la razón y la fe, lo temporal y lo eterno, ¡lo une todo! Incluso lo que creíamos que era imposible

---

1 Mateo 28:20.

2 *Nadie ha visto jamás a Dios; el unigénito Dios, que está en el seno del Padre, Él le ha dado a conocer* (Juan 1:18).

unir. No a través de la justicia impuesta (Él es el Creador y tendría derecho a hacerlo), ni de la religión, sino revolucionando por completo nuestro mundo: naciendo como un bebé, llevando una vida absolutamente normal, sufriendo por todos, ayudando a todos, amando, sirviendo, poniendo la otra mejilla, dándose por completo, ¡de una manera que jamás nadie hubiera podido imaginar! Jesús se hace hombre y renuncia al ejercicio individual de sus cualidades como Dios, por amor a nosotros[3]. Demuestra con su vida y sus enseñanzas que el amor es más importante que el poder.

Dios habla por medio de Jesús. Muchos le reclaman que se exprese, que demuestre su existencia y se manifieste al ser humano; Él lo hizo de la manera más sublime que podamos imaginar: si no somos capaces de ver a Jesús y escucharle, nada nos hará cambiar de opinión. Si no nos asombramos ante la vida del Mesías, ningún otro milagro podrá llegar a nuestro corazón ni, ¡mucho menos!, a nuestra mente, porque Él es Dios mismo contestando todas nuestras preguntas, ¡en persona![4]

Jesús devolvió la dignidad a todas las personas, independientemente de sus circunstancias o conocimientos; mostró la imagen de Dios en la vida de cada uno, justo en un momento histórico en el que la vida no tenía ningún valor, Dios se hizo hombre para recordarnos que somos su creación. Todo lo que Jesús hizo fue extraordinario: en aquel momento, las mujeres eran despreciadas, pero Él habla públicamente con ellas y las pone como ejemplo delante de todos; no solo le seguían, sino que le sustentaban también[5]. A los niños se les consideraba un estorbo, pero Él pasaba el tiempo con ellos. Los despreciados y señalados por la sociedad eran sus compañeros de viaje. A todos aquellos que se sentían culpables, débiles, oprimidos, angustiados, desesperanzados, etc., los consideró sus amigos. ¡Nadie podría haber inventado una historia así! ¡Mucho menos en aquella época! Los *dioses* admirados por Roma y Grecia despreciaban a los pecadores y los débiles; la imagen que desde la religión judía se había dado de Dios, creaba

---

3 *Cristo Jesús, quien, siendo por naturaleza Dios, no consideró el ser igual a Dios como algo a qué aferrarse. Por el contrario, se rebajó voluntariamente, tomando la naturaleza de siervo y haciéndose semejante a los seres humanos. Y, al manifestarse como hombre, se humilló a sí mismo y se hizo obediente hasta la muerte, ¡y muerte de cruz! Por eso Dios lo exaltó hasta lo sumo y le otorgó el nombre que está sobre todo nombre, para que ante el nombre de Jesús se doble toda rodilla en el cielo y en la tierra y debajo de la tierra, y toda lengua confiese que Jesucristo es el Señor, para gloria de Dios Padre* (Filipenses 2:5-11).

4 *En el Señor Jesús residen todos los tesoros de la sabiduría y el conocimiento.* (Colosenses 2:3).

5 *Y poco después, Él comenzó a recorrer las ciudades y aldeas, proclamando y anunciando las buenas nuevas del reino de Dios; con Él iban los doce, y también algunas mujeres que habían sido sanadas de espíritus malos y de enfermedades: María, llamada Magdalena, de la que habían salido siete demonios, y Juana, mujer de Chuza, mayordomo de Herodes, y Susana, y muchas otras que de sus bienes personales contribuían al sostenimiento de ellos* (Lucas 8:1-3).

división entre las personas: solo los *buenos* tenían derecho a acercarse a Él. De pronto Dios se revela en Jesús amando a los despreciados. ¡Y aun más! Se da a sí mismo por ellos[6]. Jesús nació de madre soltera; fue pobre, avergonzado, escupido, rechazado por sus hermanos, despreciado... pero no le importó: mostró que la redención del ser humano era posible; la redención de los que no tienen nada, de los que no pueden hacer nada. Cada vez que se ha usado el cristianismo como un instrumento de opresión ha sido en contra de la voluntad explícita e implícita de Dios, porque Él *apareció* como el Dios de los oprimidos.

Un ser perfecto

Si examinamos la vida de Jesús, comprobamos que nadie jamás ha podido señalarle una falta, en contraste con cualquier otro *líder* en la historia. Jesús es la respuesta al problema de las desigualdades y el mal en el mundo, pero también a la salvación y la eternidad del alma. Cualquier pregunta que el ser humano se haya hecho, encuentra su respuesta en el Hijo del hombre[7]. Nadie puede examinar su vida y permanecer insensible o impasible. Desde el mismo momento de su nacimiento, con aquellos *hombres de ciencia* examinando las señales escritas en las estrellas[8], la ciencia se *rinde* a la sabiduría del Dios hecho hombre.

Si Dios no existiera, Jesús habría sido el mayor fraude de la historia. Él afirmó ser Dios y, como hemos visto, por esa razón le llevaron a la muerte; así que las únicas posibilidades que tenemos son:

1. Alguien lo impulsó a hacerlo.
2. Se lo creyó con el tiempo, estaba loco.
3. Los que le siguieron lo inventaron.
4. Era un vanidoso.

---

6 Una lectura objetiva de los evangelios, así como de otros historiadores del momento, como Flavio Josefo, Suetonio, Plinio, etc., lo demuestra. Aun en el día de hoy, muchos no creyentes definen a Jesús como el *revolucionario* por naturaleza.

7 *Hijo del hombre* es el título que Él mismo se da, prácticamente en todas ocasiones. Si hubiera necesitado demostrar su deidad, lo habría argumentado y se había dado un *título* más acorde a esa necesidad. Nunca le preocupó eso, porque se daba por supuesto que todos reconocían que era alguien sobrenatural. Lo que Jesús quería es que todos vieran que era Dios hecho hombre: el ser humano por excelencia.

8 Los llamados magos, eran realmente hombres de ciencia, tal como señala la palabra original en el griego que se usa para definirlos. Ellos vieron la estrella y las señales en los cielos porque examinaban lo que acontecía en el universo; y esa estrella les llevó hasta el *niño de Belén*.

5. Un plan perfectamente diseñado y preparado con el tiempo, era un mentiroso.
6. Una equivocación. Todos se equivocaron con él.
7. Era Dios mismo.

Cuando leemos los documentos históricos, tenemos que tomar una decisión en cuanto a Jesús: hay pruebas suficientes como para demostrar que no fue un engañador, ni alguien sinceramente equivocado. Ni aun sus peores enemigos llegaron a afirmar que fuera un mentiroso o un loco. Él no solo sabía que era Dios, sino que vivió como tal: no tuvo que esforzarse ni actuar, simplemente expresaba su naturaleza divina[9]. Le insultaron y le denigraron, intentaron cambiar sus actos y retorcerlos diciendo que hacía milagros en nombre del diablo; se confabularon contra Él pública y privadamente, pero no pudieron cambiar los hechos ni cambiarle a Él. Jamás se defendió, ni tampoco quiso dejar *sin palabras* a sus oponentes, simplemente siguió adelante con su misión. Le preocupaba el corazón de las personas, no el querer demostrar lo que era o lo que hacía.

Estamos hablando de hechos, no de leyendas o ideas, porque nadie pone en duda la existencia de Jesús. Algunos dicen que fue un gran maestro, otros un líder de su tiempo, otros un revolucionario, incluso hay muchos que no creen en sus afirmaciones; pero históricamente no es posible poner en duda su existencia, sus palabras y sus hechos, por eso las personas que no creen en Jesús buscan otras salidas. Cuando nos acercamos a Él, tenemos que aceptarlo o rechazarlo, pero es imposible ser indiferente. Enfrentarse con Jesús es enfrentarse con la vida, ¡con Dios mismo!

Todos los líderes conocidos hablan sobre la verdad, la existencia, los principios morales, etc., Jesús dijo: *Yo soy la verdad, Yo soy la vida*[10]. Las personas no siguen a un loco ni se entregan de una manera voluntaria para seguir a un demente; puede que en un momento de la historia personas como Hitler hayan arrastrado multitudes, pero siempre de una manera temporal. Con el paso de los días la humanidad reconoce la crueldad o la locura de alguien, sin importar el número de personas a las que haya engañado. Nadie da su vida por alguien así, pero muchos siguen entregando sus vidas por Jesús en el día de hoy.

Nadie podría haber inventado su historia: un simple carpintero que vivió en la pobreza extrema trabajando hasta los treinta años, y que nunca

---

9 Jesús afirmó ser Dios una y otra vez, no solo tuvo conciencia de su divinidad, sino que la proclamó y la defendió (Cf. pp. 83-93. *La persona y obra de Jesucristo*, Francisco Lacueva, para encontrar todos los textos bíblicos e históricos que mencionan sus palabras y la afirmación de su divinidad).
10 Juan 14:6.

tuvo estudios ni era conocido más allá de su ciudad, revolucionó el mayor imperio de la historia e impactó a la humanidad entera con su existencia en los siguientes dos mil años. Todos los fundadores de religiones y creencias aparecen sin más, nadie profetiza su llegada, no solemos saber casi nada de sus padres, y mucho menos de sus abuelos o su linaje: Jesús nace después de cientos de años de profecías y se nos explica su llegada a la tierra desde la misma existencia del primer ser humano[11]. Está *dentro* de la humanidad, es parte de ella, no es un ser que aparece para enseñarnos cómo vivir, sino alguien que vive nuestra misma vida. Nos sigue asombrando la cantidad de personas no creyentes (incluidos ateos declarados), que han sido convencidos al acercarse a la historia de Jesús, viendo como vivió, murió y resucitó; personas que, en principio, no querían aproximarse a las pruebas históricas, pero su vida cambió al encontrarse con ellas.

La influencia de Jesús en la cultura, las artes, el cine, la música, etc., en todas las épocas de la historia sigue siendo impresionante. Cualquier mente razonable examinaría a fondo la vida y las palabras de alguien así, porque si quitamos a Jesús de la historia, ¿qué nos queda? Quizás ni siquiera existirían algunos países, o lo harían sin los principios democráticos y fundamentos morales que les han hecho *crecer*. La historia de la humanidad no puede entenderse sin Jesús y sus seguidores, en ningún país del mundo.

Dios se limita por amor a nosotros

Jesús es radicalmente diferente a todos: enseña la no violencia, la dignidad de las personas, los peligros de la religiosidad y la hipocresía, la esclavitud del dinero, etc. Sus enseñanzas no tienen comparación con ningún otro responsable de cualquier religión. Para los que dicen que Dios no existe, les queda la más dura de todas las tareas: demostrar que la vida y las enseñanzas de Jesús fueron un fraude total. Servir, amar, darse por completo, sufrir por los demás, buscar el bien de todos, perdonar, entregar la vida, etc., son muestras del Dios que se hace cercano.

Jesús se hizo hombre, no solo en el *espacio*, sino también en el tiempo, con lo que Dios mismo se vio limitado como nosotros, teniendo que esperar a que algo sucediera; *esclavizado* en el transcurso de los minutos sin poder ni querer hacer nada para cambiar esa situación. El Dios omnipotente, se *limita* por amor. Jesús toma sobre sí mismo las debilidades del ser humano, no solo las que se derivan de haber sido creado, sino también aquellas que son consecuencia de la rebeldía contra el Creador: el Hijo, que hizo siempre la voluntad del Padre, asume como propia la maldición de los rebeldes y el desprecio de los traidores; el que es perfecto acepta el papel del criminal;

---

11 Se puede comprobar en las genealogías de Mateo capítulo 1, por parte de su padre; y Lucas 3, por parte de su madre.

el que es amor en esencia recibe el castigo del odio más profundo y vive el abandono de la humanidad en la cruz; el que jamás desprecia a nadie recibe el desamparo de Aquel a quien está unido de una manera indisoluble y eterna: su propio Padre[12].

Los argumentos de Jesús son brillantes, más que los de ningún otro maestro, pero mucha gente simplemente lo coloca como un ejemplo de *santidad*, para no tener que responder a sus preguntas. Él no vivió para que pensáramos eso, sino para transformar las vidas de todos, y para revolucionar nuestra manera de ver el mundo. Hoy se piensa que algunas personas son *santas* porque se dedican a ayudar a los pobres, pero no se les considera tan importantes como, por ejemplo, alguien que tenga dinero y poder. Por eso, incluso en el campo religioso muchos elevan a Jesús a los altares, para no tenerlo demasiado cerca de sus vidas. Pero esa precisamente es una de las pruebas de que Jesús es el Mesías que había sido anunciado por los profetas, ¡lo revolucionó todo! Muchos de los principios del cristianismo son completamente diferentes (contradictorios incluso) a la gran mayoría de las creencias[13]. No le preocuparon los ritos ni las tradiciones, sino solo lo espiritual: el interior de las personas. No quiso fundar una nueva religión, sino restaurar a quienes le amaban. Lo importante para los líderes religiosos de aquel momento (¡y de casi siempre!), era la ambición, el poder, el dinero, el orgullo, la apariencia, etc., pero eso no le impresionó en absoluto, ¡todo lo contrario! Su lucha más cruel fue contra ese tipo de personas; las religiones adoran las apariencias, Dios ve lo que hay en el corazón de cada persona. Jesús demostró que los problemas no están en la conducta como la sociedad piensa, sino en el corazón. Todo comienza dentro de nosotros.

Todos los maestros buscan seguidores, Jesús quiere que las personas vivan lo que está enseñando. ¡No espera que le sigan en primer lugar, sino que le comprendan y le amen! No admite que solo busquemos lo extraordinario, de hecho varias veces *enfría* los ánimos de aquellos que están con Él, para que no le sigan después de haber visto un milagro. No se preocupa tanto por las doctrinas, sino por los hechos. Era accesible y aunque era el hombre perfecto, nunca ejerció como tal. No se comparó con nadie ni quiso dejar mal a otros; simplemente brillaba sirviendo a los demás. Nunca le preocupó causar buena impresión, incluso a veces les preguntó a los que le

---

12   *El que me ha visto a mí, ha visto al Padre; ¿cómo dices tú: «Muéstranos al Padre»? ¿No crees que yo estoy en el Padre, y el Padre en mí?* (Juan 14:9-10).

13   Vivía y estaba tan *por encima* de la ley, que muchos se escandalizaron. Jamás hizo nada incorrecto, pero tampoco se dejó *aplastar* por los preceptos de los hombres. *Los ciegos reciben la vista y los cojos andan, los leprosos quedan limpios, los sordos oyen, los muertos son resucitados y a los pobres se les anuncia el evangelio. Feliz el que no se escandaliza de mí* (Mateo 11:5-6).

seguían si se querían ir[14]. Quería ser amado y no tanto seguido. No había dobles motivos en Él; fue la persona más sencilla y trasparente que se conoce en toda la historia.

Su manera de hablar fue siempre directa y absolutamente genial: *Habéis oído, pero yo os digo*[15]. ¡Nadie se había atrevido a decir algo parecido! La mayoría de los maestros hablan desde lo alto de su dignidad y sabiduría. Él se hizo tan *simple* que le reclamaron ser un ignorante, le decían maestro de prostitutas y publicanos, y le insultaban. Pero Él transformó las vidas de todos los que le rodeaban, comenzando por los más *sencillos*. Los maestros son admirados, Jesús fue amado hasta el fin; esa es la gran diferencia. Los grandes enseñadores dejan sus palabras escritas, describen sus razonamientos y filosofías en sus libros para que las personas los entiendan y no haya ningún malentendido. Jesús no escribió absolutamente nada, porque sabía que su obra y sus palabras vencerían, a pesar de todo y de todos.

Habló siempre de una manera directa, y definió claramente la maldad del ser humano, su pecado. No le importó ser malentendido. Habló de un perdón único, ilimitado, total, gratuito, algo que jamás nadie había planteado antes, ni se atrevería a hacer después: perdonó de una manera unilateral y explicó que así era como Dios actuaba. Habló al espíritu de los seres humanos, sanó sus cuerpos y se ocupó de ellos de una manera integral. Curó a todos, física y espiritualmente; abrazó el cuerpo y el alma de todos.

Jesús nos mostró a Dios como Padre: de una manera absolutamente tierna pide que tratemos al Creador como nuestro *Papá*: ninguna religión jamás pensó en algo así, ni mucho menos lo anunció[16]. Nuestra rebeldía colocó a Dios como a alguien lejano a todos; pero las personas alaban a Dios al encontrarse con Jesús de una manera tan cercana[17].

---

14   Cuando muchos le abandonaron por no comprender sus enseñanzas, y los discípulos comenzaron a preocuparse, la reacción de Jesús, delante de ellos, fue absolutamente sublime e inesperada: *Entonces Jesús dijo a los doce: ¿Acaso queréis vosotros iros también?* (Juan 6:67).

15   Lo repite una y otra vez a lo largo del Sermón del monte (Cf. Mateo capítulos 5-7). No para abolir la ley, sino para darle su verdadero significado, ¡algo que solo Dios podía hacer, porque era Él quién les había dado la ley! *Habéis oído que se dijo a los antepasados: «No matarás» y: «Cualquiera que cometa homicidio será culpable ante la corte». Pero yo os digo que todo aquel que esté enojado con su hermano será culpable* (Mateo 5:21-22).

16   Cuando nos enseñó a orar, nos dijo que nos dirigiéramos a Dios así: *Padre nuestro que estás en los cielos, santificado sea tu nombre...* (Mateo 6:9-13).

17   *Sabemos que el Hijo de Dios ha venido y nos ha dado entendimiento a fin de que conozcamos al que es verdadero; y nosotros estamos en aquel que es verdadero, en su Hijo Jesucristo. Este es el verdadero Dios y la vida eterna* (1 Juan 5:20).

El carácter de Jesús

Jesús destrozó todos los paradigmas del pensamiento humano: ganó perdiendo, venció a la muerte, muriendo; afirmó su deidad sintiendo compasión por todos, se reveló como Mesías expresando su amor a un mundo rebelde; fue proclamado rey, sirviendo... Su carácter era tan extraordinario que los que se consideraban sus enemigos tuvieron que *inventar* insultos: no le encontraron ninguna imperfección, nada que echarle a la cara. Comenzaron a decir que era un comedor y un bebedor, que hacía milagros por el poder del diablo, que no podía enseñar porque su ciudad no era cuna de buenos maestros, etc. Todo de una manera absurda y ridícula, porque jamás quisieron admitir que su amor y su sabiduría eran extraordinarios, que todos le comprendían cuando hablaba, ¡incluso que la propia naturaleza le obedecía!

Jesús es Dios que viene a cada uno de nosotros, no se queda en la trascendencia ni en la eternidad; no espera que le encontremos en la majestad y el poder, sino que es Él mismo el que nos busca a nosotros. No quiere que trascendamos nuestra vida para acercarla a la eternidad, al contrario, toma nuestra finitud y la hace eterna. El hecho de que Dios se hiciera hombre en la persona de Jesús, es la mayor prueba de la dignidad del ser humano en su integridad. Muchos filósofos se han empeñado en hacernos creer que nuestro cuerpo es malo, Jesús demuestra que es bueno porque fue creado por Dios. En una cultura en la que el nombre era lo más preciado de la dignidad humana, porque identificaba el valor de cada uno, Dios le puso a su Hijo *Jesús* (Dios salva), *Emmanuel* (Dios con nosotros). Él es el Salvador de todos, pero también Aquel que muere en una cruz condenado por el poder religioso: el Hijo de Dios que es odiado por los que dicen amar a su Padre.

Cuando leemos sobre los milagros que Jesús hizo, nos encontramos con la misma rigurosidad histórica: se habla de lugares específicos y testigos presenciales, explicando muchos detalles en cada situación. A veces incluso existe alguna pequeña diferencia de apreciación en los evangelistas dependiendo de lo que cada uno quiere subrayar. ¡Si hubieran sido una invención, todos sostendrían la misma versión sin ninguna fisura! Otro de los hechos más sorprendentes de los milagros es que en muchas ocasiones los propios sujetos no creían en ellos[18]. Además, Jesús siempre quería que

---

18   *De modo que la muchedumbre se maravilló al ver que los mudos hablaban, los lisiados quedaban restaurados, los cojos caminaban y los ciegos veían; y glorificaron al Dios de Israel* (Mateo 15:31). A lo largo de los evangelios, una y otra vez nos encontramos con la incredulidad de aquellos que seguían a Jesús: las referencias pueden ser casi interminables, pero solo por mencionar algunos ejemplos, Zacarías no creyó cuando se le anunció el nacimiento de su hijo (Lucas 1:20); María tampoco, cuando el Señor iba a nacer (Lucas

todos *colaborasen* para la aparición de lo sobrenatural: el niño que trajo los panes y los peces para su multiplicación; las tinajas de agua cuando cambió el agua en vino; los discípulos echando las redes en la *pesca milagrosa*, etc. Dios quiere que nos sintamos parte de la historia, *trabajando* junto a Él; no es el arrogante que quiere asombrar a todos haciendo prodigios, sino que usa lo que nosotros tenemos para bendecir[19]. Muchos le pedían un milagro para creer[20], que obrara de una manera extraordinaria para seguirle, pero eso sería como anular nuestra comprensión de lo que sucede y que no pudiéramos razonar: no tiene sentido. No podemos seguir a un *milagrero*, simplemente por la fascinación de lo extraordinario: se trata de aplicar el método racional y descubrir si algo es realmente extraordinario, y si es así, ¡hay que creerlo!

Una cruz, el secreto de las buenas noticias

Una de las canciones que más me impresionó cuando era adolescente, fue un espiritual negro que se titulaba *Were you there?* La letra decía:

¿Estabas tú allí cuando crucificaron al Señor?…
Oh Dios, al verlo tiemblo, tiemblo… tiemblo.

El cristianismo es la única creencia en la que Dios se hace hombre y soporta, voluntariamente, nuestro sufrimiento y nuestra maldad. Jesús surge en la historia como Mediador porque forma parte de cada uno de los dos *contendientes:* Dios y hombre. La humanidad de Jesús y su crucifixión son las dos caras de la misma moneda; se hizo hombre para pagar nuestra culpa; era Dios y por eso podía pagar nuestra culpa.

La cruz era el castigo que Roma tenía reservado para los peores criminales: el condenado incluso tenía que llevarla antes de ser clavado en ella. ¡Eso es lo que Jesús ofreció a sus seguidores! ¡No quiso que usaran la espada jamás! El camino de la no violencia es el camino de Dios. La cruz de Jesús significa la más absoluta rebelión de la historia porque implicaba una manera radicalmente diferente de ver el mundo: el justo es condenado

1:34); Marta, cuando Jesús iba a resucitar a Lázaro (Juan 11:39-40); Tomás, y los discípulos, después de la resurrección (Lucas 24:25), etc.

19   *Y Él les dijo: ¿Cuántos panes tenéis? Id y ved. Y cuando se cercioraron le dijeron: Cinco, y dos peces* (Marcos 6:38). Él no hace aparecer los panes y los peces por arte de *magia*, sino que toma los que tiene y los multiplica. No quiere decir que no pueda hacerlo, sino que quiere enseñarnos a construir y a descansar en Él.

20   Lo sigue haciendo mucha gente hoy: *¿por qué Dios no habla de una manera clara, o no hace un milagro para que todos lo vean?*

en silencio, el amor es odiado, el que regala compasión es abandonado, el misericordioso es escupido[21].

El ser humano vive en el reino del poder: Dios proclama como héroe a un crucificado, un humillado, un *perdedor*. La crucifixión de Jesús es una locura, nadie podría haber inventado algo así, esperando que millones de personas lo creyeran a lo largo de más de veinte siglos: Dios crucificado, llevando el castigo que toda la humanidad merecía. Eso es lo que jamás ningún *poderoso* habría permitido, conseguir la paz a costa de su propia vida[22]. Un Dios que sufre y muere no tiene sentido, es una locura: según la ley, el crucificado quedaba maldito; nadie creería en Él, sería olvidado en pocos días. La cruz era la muerte preparada para los criminales, la esencia de un fracaso total se mire por donde se mire. Pocos días antes de ser crucificado entró en Jerusalén y la multitud gritaba: ¡*Hosanna al Hijo de David!*[23], porque creían que era el futuro rey de Israel ¡Eso sí era lógico! Cuando murió, todo se acabó para ellos, porque Jesús apareció en la historia como el *siervo sufriente*. Cuando necesitamos que alguien nos represente, enviamos lo mejor que tenemos: lo más majestuoso, lo que requiere más solemnidad y pompa. Dios derrota al mal mostrando un amor absoluto e ilógico: nadie esperaba que el Hijo de Dios muriera por la humanidad. ¡Mucho menos que Dios desamparara a su propio Hijo en una cruz![24]. Esa fue la injusticia más grande, el mejor hombre que jamás haya vivido muere en el castigo más cruel cargando con nuestra culpa, con todo lo que nosotros hemos hecho mal a lo largo de toda la historia.

Porque en aquella cruz, realmente, no fue juzgado Jesús, sino la maldad del ser humano. En la cruz no fue condenado Jesús sino nuestro pecado, porque Él lo llevó consigo. Jesús da su vida por nosotros, y lo hace sin reservar nada. El mayor regalo para la humanidad es ver a su Creador entregándose más allá del límite de lo imaginable, mucho más allá de lo que nadie pueda comprender o explicar. Jesús muere por nosotros para que nosotros podamos vivir. Nos sirve para que podamos reinar con Él. Lo abandona todo para

---

21   Eso es lo que recibimos nosotros en la vida, pero no con resignación, sino, ¡esperando el triunfo! Cuando llega el tiempo de Dios, el no violento es el que vence. Los seguidores del Señor eran un *ejército* de compasivos y misericordiosos, y así revolucionaron el mundo.

22   Y no solo eso: podemos ver un reflejo de la cruz cada día, resplandeciendo en miles de personas que dan su vida por el bien de los demás.

23   Mateo 21:9.

24   Abandonar es algo físico, desamparar significa hacerlo moralmente y afectivamente. Se puede abandonar a alguien pero no desampararlo (se ha ido a otro lugar), y se puede estar con alguien al lado, pero haberlo desamparado, como sucedió en la cruz. Dios Padre le desamparó para *ampararnos* a nosotros. Todo el mundo vio a Jesús indefenso, roto, despreciado y muerto, víctima del mayor desamparo de Dios en toda la historia.

que nosotros podamos llegar a tenerlo todo. Acepta el desprecio para que nosotros seamos amados. Soporta la vergüenza de la cruz por nosotros: la vergüenza de nuestra culpa y el desprecio de nuestro dolor.

La cruz es el acto más vergonzoso de la historia de la humanidad, porque el mismo Creador dio la cara por nosotros, no se escondió cuando tenía todo el derecho a hacerlo. Cuando el ser humano se rebeló contra Dios, lo primero que hizo fue esconderse porque se supo desnudo: físicamente, socialmente y espiritualmente[25]. Jesús amó tanto a la humanidad que ocupó el lugar que nos pertenecía a cada uno de nosotros. Estamos acostumbrados a amar la belleza, lo agradable, lo que mueve nuestro corazón. En la cruz, Dios ama al enemigo, al ingrato, al despreciable... ¡fue hecho *maldición* por nosotros![26]. Dios *abandona* su imagen poderosa para revestirse de amor; no cambia absolutamente nada en su esencia, porque Él fue, es y será Amor infinito, pero sí cambia nuestra manera de verlo: un Dios que toma como suyo nuestro sufrimiento, no puede ser ignorado o rechazado de una manera trivial. Jesús decide que merece la pena ser insultado, escupido, perseguido, malentendido e incluso asesinado, porque desea con todo su ser, que ni una sola persona de este mundo pueda sentirse sola sin que Él esté a su lado, y sin saber *personalmente* lo que está pasando. Él podría dominar cualquier conciencia, e incluso hacerlo de tal manera que fuera la libertad de esa misma conciencia la que le escogiera a Él, pero no lo hace: prefiere un acto de amor sincero al poder de todos los imperios.

Esa cruz transformó por completo al ser humano. La *locura* de Dios[27] demostró ser más juiciosa que la sabiduría de todos las personas del universo, porque nadie pudo ni puede luchar contra un Dios crucificado. Nadie pudo vencer a seguidores que entregaban voluntariamente la vida para que otros conociesen la verdad y disfrutasen de lo que ellos tenían en su interior. De ninguna manera matan, sino que se dejan matar; no se esconden sino que arriesgan sus vidas; no quieren imponer su razón, sino que

---

25 Génesis capítulo 3. Cuando Jesús subió a la cruz voluntariamente se mostró públicamente por amor a nosotros: desnudo físicamente, socialmente y espiritualmente. Llevó consigo no solo nuestra culpa sino también nuestra vergüenza, y lo hizo de tal manera que nunca más tengamos de qué avergonzarnos. Por eso una y otra vez la Biblia nos recuerda que Jesús sufrió *públicamente* en la cruz. Lejos de querer esconderse, exhibió su flaqueza.

26 *Cristo nos redimió de la maldición de la ley, habiéndose hecho maldición por nosotros (porque escrito está: Maldito todo el que cuelga de un madero)* (Gálatas 3:13).

27 *Nosotros predicamos a Cristo crucificado. Este mensaje es motivo de tropiezo para los judíos, y es locura para los gentiles, pero para los que Dios ha llamado, lo mismo judíos que gentiles, Cristo es el poder de Dios y la sabiduría de Dios. Pues la locura de Dios es más sabia que la sabiduría humana, y la debilidad de Dios es más fuerte que la fuerza humana* (1 Corintios 1:23-25).

regalan un amor desinteresado[28]. Eso jamás tuvo nada que ver con el fanatismo, sino con la vida: vida que lo transforma todo.

Porque antes de que yo perezca, el Creador del universo prefirió morir por mí.

La resurrección de Cristo

Cuando los romanos vieron cómo había muerto Jesús, se dieron cuenta de que era alguien extraordinario: comprobaron cómo perdonaba a todos, como se preocupaba de los que tenía alrededor (los crucificados con él, las mujeres, su madre, Juan), como aceptaba el sufrimiento sin un solo momento de rabia, cómo entregaba su espíritu en manos de Dios, y como le daba permiso a la muerte para que viniera a Él[29].

La resurrección de Jesús establece una diferencia primordial y absoluta con las demás religiones: se trata de creer en el Dios resucitado y de saber que hay vida después de la muerte y, por lo tanto, una puerta abierta a esa vida. Algunos sostienen que es absolutamente deplorable que el cristianismo pueda sea considerado como verdad, pero lo que hace la diferencia es la resurrección de Jesús: si realmente venció a la muerte, todo cambia. Nuestra historia jamás puede ser la misma.

Jesús anunció una y otra vez que resucitaría después de ser crucificado y morir, pero nadie le creyó[30]. Nadie en el pueblo de Israel pensaba que el Mesías iba a morir, ¡mucho menos resucitar después! Incluso sus propios discípulos no lo creyeron hasta verlo resucitado, jamás esperaban que sucediera algo así. Para un judío, la crucifixión era la mayor maldición que podía caer sobre él, ¡mucho más para el Mesías, el *supuesto* Libertador del pueblo! ¡Eso era imposible!

La situación después de la crucifixión era muy clara: muerto y enterrado con testigos judíos y romanos. El mismo gobernador, Pilato certificó su

---

28　El mundo sin Dios adora el *yo*; el cristianismo gira alrededor del *nosotros*. Nuestra sociedad adora la individualidad, la Biblia nos habla de la comunidad, de la trascendencia de los demás, de amar y ayudar a los que nos rodean.

29　Inclina la cabeza dándole permiso a la muerte y para que no quedara ninguna duda, el evangelista nos explica que *entregó* su espíritu: *Entonces Jesús, cuando hubo tomado el vinagre, dijo: ¡Consumado es! E inclinando la cabeza, entregó el espíritu* (Juan 19:30).

30　No le creyeron cuando lo anunció antes de ir a la cruz: *Saliendo de allí, iban pasando por Galilea, y Él no quería que nadie lo supiera. Porque enseñaba a sus discípulos, y les decía: El Hijo del Hombre será entregado en manos de los hombres y le matarán; y después de muerto, a los tres días resucitará. Pero ellos no entendían lo que decía, y tenían miedo de preguntarle.* (Marcos 9:30-32). Varias veces volvió a anunciar su muerte y resurrección, pero jamás le creyeron. De hecho, cuando fue juzgado, todos huyeron: no querían estar cerca de Él por miedo a lo que pudiera pasar.

muerte por medio del centurión romano que había dirigido la crucifixión[31]. Para comprender lo que sucedió después, debemos recordar cómo se enterraba a los fallecidos: en primer lugar eran llevados a una tumba, vendados por completo con ungüentos que olieran bien; después de varios días, cuando la carne se descomponía, se separaban los huesos para guardarlos en osarios. Se han encontrado centenares de osarios de la época. Esa segunda parte del entierro, (cuando al pasar unos meses se recogían los huesos y se guardaban), nunca ocurrió con Jesús.

Tres días después de su muerte, resucitó: la piedra de la tumba fue removida por seres sobrenaturales, de acuerdo al testimonio de los soldados que la guardaban, y el cuerpo *desapareció*. Lo más impresionante de la historia, es que los que reaccionaron primero, fueron los mismos religiosos del Sanedrín, pagándole a los soldados para que dijeran que los discípulos habían robado el cuerpo[32]. Sabemos que fue una invención, porque si los discípulos hubieran hecho eso, ¡tenían toda la autoridad para encarcelarlos y matarlos! Nunca lo hicieron. Nunca acusaron a los discípulos directamente de haber robado el cuerpo, ¡siempre los amenazaron para que dejaran de hablar sobre la resurrección![33]. Si realmente no hubiera resucitado podrían haberlo dicho, pero no podían hacerlo porque sabían lo que había ocurrido, que realmente Jesús había vencido a la muerte[34]. El primer día de la semana, el sepulcro

---

31   *Ya al atardecer, como era el día de la preparación, es decir, la víspera del día de reposo, vino José de Arimatea, miembro prominente del concilio, que también esperaba el reino de Dios; y llenándose de valor, entró adonde estaba Pilato y le pidió el cuerpo de Jesús. Pilato se sorprendió de que ya hubiera muerto, y llamando al centurión, le preguntó si ya estaba muerto. Y comprobando esto por medio del centurión, le concedió el cuerpo a José* (Marcos 15:42-45).

32   *Algunos de los guardias entraron en la ciudad e informaron a los jefes de los sacerdotes de todo lo que había sucedido. Después de reunirse estos jefes con los ancianos y de trazar un plan, les dieron a los soldados una fuerte suma de dinero y les encargaron: «Digan que los discípulos de Jesús vinieron por la noche y que, mientras ustedes dormían, se robaron el cuerpo. Y, si el gobernador llega a enterarse de esto, nosotros responderemos por ustedes y les evitaremos cualquier problema». Así que los soldados tomaron el dinero e hicieron como se les había instruido. Esta es la versión de los sucesos que hasta el día de hoy ha circulado entre los judíos* (Mateo 28:11-15).

33   Prendieron a los discípulos, los amenazaron e incluso los encarcelaron, pero no pudieron demostrar que Jesús seguía muerto, ¡en ese momento era lo más fácil, y se habría terminado todo! (Hechos 4:1-5).

34   Si leemos detenidamente el libro de los Hechos, vemos lo que sucedió una y otra vez cuando los discípulos y los que siguieron al Señor proclamaron que Él había resucitado. Nunca dijeron: *id a enseñadles el lugar dónde está enterrado.* Incluso en un primer momento, como no tenían ningún argumento contra ellos, se dio una situación cuando menos curiosa: *Cierto fariseo llamado Gamaliel, maestro de la ley, respetado por todo el pueblo, se levantó en el concilio y ordenó que sacaran fuera a los hombres por un momento. Y les dijo: Varones de Israel, tened cuidado de lo que vais a hacer con estos hombres. Porque hace algún tiempo Teudas se levantó pretendiendo ser alguien; y un grupo como de cuatrocientos hombres se unió a él. Y fue muerto, y todos los que lo seguían fueron dispersos y reducidos a nada. Después de él, se levantó Judas de Galilea en los días del censo, y llevó mucha gente tras sí; él también pereció,*

estaba vacío, cualquiera podía ir a ver que Jesús no estaba allí. Cualquiera podía comprobar si había resucitado o no[35].

Lo que sucedió con los seguidores de Jesús fue absolutamente inesperado: la noticia más excepcional que podían recibir, la resurrección de su Maestro, ¡les llenó de miedo! Cuando vieron la tumba vacía no lo creyeron, porque ninguno esperaba que Jesús resucitara. Todos los discípulos huyeron lejos después de que Jesús fuera arrestado: solo Pedro y Juan permanecieron en Jerusalén. Uno de los miembros del Sanedrín, José de Arimatea, ofreció un lugar de su propiedad para que pudiera ser enterrado, bajó el cuerpo de la cruz y lo colocó en la tumba. Las mujeres vieron como era dejado allí, y Pilato aseguró la tumba con su sello y la guardia establecida[36]. Las mujeres volvieron después del día de descanso (el sábado) con especies aromáticas para embalsamar el cuerpo, y su única preocupación era si podrían mover la piedra de la tumba. Ninguna de ellas esperaba lo que iba a suceder. Solo los enemigos de Jesús se aseguraron de que no pudiera acontecer nada, porque eran los únicos que recordaban las palabras que había dicho sobre su resurrección.

Cuando el primer día de la semana (Domingo), vieron la piedra apartada[37], y la tumba vacía, María supuso que alguien se había llevado el cuerpo de Jesús, y por eso avisó a los discípulos. Vez tras vez, la historia relata que sus seguidores no esperaban que Él resucitara. ¡Tuvieron que verlo para creerlo![38]. Tanto es así, que todos hablaban de la desaparición del cuerpo,

y todos los que lo seguían se dispersaron. Por tanto, en este caso os digo: no tengáis nada que ver con estos hombres y dejadlos en paz, porque si este plan o acción es de los hombres, perecerá; pero si es de Dios, no podréis destruirlos; no sea que os halléis luchando contra Dios. Ellos aceptaron su consejo y después de llamar a los apóstoles, los azotaron y les ordenaron que no hablaran en el nombre de Jesús y los soltaron (Hechos 5:33-40). Como se ve, ni una sola palabra de un supuesto engaño, o de la falsedad de la resurrección, o del robo del cuerpo, o de ninguna otra excusa para no creer que Jesús estaba vivo.

35 Y ellas, alejándose a toda prisa del sepulcro con temor y gran gozo, corrieron a dar las noticias a sus discípulos. Y he aquí que Jesús les salió al encuentro, diciendo: ¡Salve! Y ellas, acercándose, abrazaron sus pies y le adoraron. Entonces Jesús les dijo: No temáis. Id, avisad a mis hermanos que vayan a Galilea, y allí me verán (Mateo 28:8-10).

36 Al día siguiente, después del día de la preparación, los jefes de los sacerdotes y los fariseos se presentaron ante Pilato. —Señor —le dijeron—, nosotros recordamos que mientras ese engañador aun vivía, dijo: "A los tres días resucitaré". Por eso, ordene usted que se selle el sepulcro hasta el tercer día, no sea que vengan sus discípulos, se roben el cuerpo y le digan al pueblo que ha resucitado. Ese último engaño sería peor que el primero. —Llévense una guardia de soldados —les ordenó Pilato—, y vayan a asegurar el sepulcro lo mejor que puedan. Así que ellos fueron, cerraron el sepulcro con una piedra, y lo sellaron; y dejaron puesta la guardia (Mateo 27:62-66).

37 La tierra tembló de temor cuando Jesús murió porque supo que su Creador había entregado la vida. La tierra tembló de alegría cuando resucitó, porque esa vida ya nadie podría quitarla.

38 No solo porque no había ocurrido antes, sino porque no estaba anunciado, y ni siquiera se hablaba de la posibilidad de una resurrección corporal, ni dentro del pueblo judío ni en el greco-romano.

¡menos ellos![39] Hasta ese momento, nadie había anunciado que alguien podría resucitar corporalmente, era algo no solo increíble sino también inconcebible; se pensaba que el alma y/o el espíritu podrían seguir vivos después de la muerte (aunque muchos también lo negaban), pero jamás se creyó que el cuerpo podría ser transformado y resucitado, por eso los discípulos no solo no creían que Jesús iba a resucitar, ¡jamás pensaban que podían volver a verlo![40].

En un primer momento, los discípulos no fueron a la tumba porque sabían que estaba guardada por los soldados romanos; solo cuando las mujeres anunciaron que no estaba allí y que había resucitado, corrieron para ver qué podía haber sucedido. Desde luego, jamás nadie habría colocado a las mujeres como testigos; imposible en aquellos días en los que la mujer jamás era aceptada como testigo en un juicio, ¡mucho menos de un acontecimiento único! Todas las circunstancias nos muestran que era imposible *montar una mentira* sobre la resurrección[41]. Por si fuera poco, durante varias semanas, nadie supo nada de los discípulos[42]; pero aun más, los seguidores de Jesús no eran más que un puñado de pescadores llenos de miedo y unas

---

39 *¡Ni tampoco después de que había resucitado!* (cf. Juan 20:19). Los discípulos se habían escondido, y habían cerrado bien las puertas para que nadie les viera: es obvio, porque no querían morir, pensaban que los crucificarían también a ellos. Jamás pensaron en la resurrección del Señor.

40 *Una semana más tarde estaban los discípulos de nuevo en la casa, y Tomás estaba con ellos. Aunque las puertas estaban cerradas, Jesús entró y, poniéndose en medio de ellos, los saludó. —¡La paz sea con ustedes! Luego le dijo a Tomás: —Pon tu dedo aquí y mira mis manos. Acerca tu mano y métela en mi costado. Y no seas incrédulo, sino hombre de fe. —¡Señor mío y Dios mío! —exclamó Tomás. —Porque me has visto, has creído —le dijo Jesús—; dichosos los que no han visto y sin embargo creen* (Juan 20:26-29). Tomás, no solo no creía que Jesús había resucitado, sino que, ¡mucho menos que lo hiciera con el mismo cuerpo! Por eso quería *meter* sus dedos en las heridas del crucificado. El cuerpo no tenía ninguna importancia ni para judíos, ni mucho menos para los griegos, pensaban que lo importante era el alma y el espíritu. El hecho de que Jesús resucitara de una manera corporal, físicamente, desató la incredulidad de todos.

41 *Algunos dudaban*, escribe Lucas, ¡incluso cuando le estaban viendo! (Cf. Lucas 24). No solo esas dudas, sino también la incomprensión de lo que estaba sucediendo por parte de los discípulos, son parte de la certificación de que estamos hablando de algo sobrenatural.

42 *Entonces les abrió el entendimiento para que comprendieran las Escrituras. —Esto es lo que está escrito —les explicó—: que el Cristo padecerá y resucitará al tercer día, y en su nombre se predicarán el arrepentimiento y el perdón de pecados a todas las naciones, comenzando por Jerusalén. Ustedes son testigos de estas cosas. Ahora voy a enviarles lo que ha prometido mi Padre; pero ustedes quédense en la ciudad hasta que sean revestidos del poder de lo alto* (Lucas 24:45-49). Una vez que vieron a Jesús y estuvieron varios días con Él, no tenía sentido que se quedaran callados y no lo proclamaran a todo el pueblo. Una vez más, la veracidad de la historia queda corroborada porque fue el mismo Jesús, que les pidió que no hicieran nada hasta que llegara el momento oportuno, cuando el Espíritu de Dios los fortaleciera para la misión que tenían por delante. Eso pudo ser incluso más incomprensible para

cuantas mujeres. Es curioso, porque los galileos eran los más despreciados en Israel en los tiempos de Jesús, pero la mayoría de sus seguidores eran de allí: pescadores ignorantes, un publicano, jóvenes sin experiencia, un zelote... Ninguna religión habría fundamentado su crecimiento en ese tipo de gente.

Incluso el hecho de que los testigos presenciales estén en desacuerdo en algunos pequeños detalles, le añade más rigurosidad al relato histórico, porque demuestra que nadie podría haberlo inventado. Cuando tenemos a varios testigos de un asesinato y todos coinciden en lo esencial, aunque algunos detalles sean diferentes, sabemos que nos están diciendo la verdad, porque depende desde dónde han visto lo sucedido, lo que recuerdan, aquello a lo que le dieron importancia, etc. Los cuatro evangelistas narraron una descripción absolutamente fiable de la resurrección, con todos los elementos esenciales perfectamente comprobables; sin ninguna contradicción temporal, de localización o de testimonio: una prueba más de la fiabilidad histórica.

La única *salida* que han encontrado algunos es afirmar que los testimonios son falsos, porque nunca antes en la historia nadie había resucitado, así que ese evento es imposible que haya sucedido. ¿Crees que es un buen argumento? Imagina que Amancio Ortega anunciara un premio de un millón de euros a todos los que le enviaran un poema original a su email, de tal manera que muchas personas comenzaran a hacerlo y a recibir ese millón de euros en su cuenta. De repente alguien dice: *eso es imposible, nunca antes ha ocurrido, nadie lo ha hecho antes.* ¿Le creerías simplemente porque esa afirmación es cierta? ¿Y si envías tu poema y recibes el millón de euros? ¿Seguirías sin creerlo? El hecho de que algo no haya sucedido nunca no significa que no pueda hacerlo en el futuro. La opinión de quienes afirman algo, ¡aunque haya sido verdad en el pasado!, nunca puede pesar más que la realidad, ni ser más importante que la investigación y los testimonios sobre los hechos que estamos examinando.

Lo que sucedió en los siguientes días de la resurrección, transformó la historia por completo: Jesús se apareció durante cuarenta días exactamente. Nadie volvió a la tumba ni se interesó por ella, ni amigos ni enemigos, porque sabían que estaba vacía. Incluso cuando los discípulos hablaron sobre la resurrección en las siguientes semanas, nadie los corrigió: ni Anás, ni Caifás, ni Pilato, ni nadie del Sanedrín o el pueblo: ¡Todos sabían que la tumba estaba vacía y que había resucitado! ¡Nadie los llevó a la tumba ni presentó el cuerpo, simplemente los encarcelaban y los mataban para que callaran! Pero todos aclamaron a Jesús como Mesías, incluso sus propios

ellos: la noticia más impresionante de la historia no podía ser anunciada; todavía había que esperar a otro acontecimiento sobrenatural.

hermanos incrédulos, que durante su ministerio, creían que estaba fuera de sí. Esa es una prueba irrefutable: solo creyeron en la resurrección cuando vieron la tumba vacía; de hecho, nadie la proclamó hasta que no vieron a Jesús resucitado[43]. La tumba vacía y las apariciones de Jesús a más de quinientas personas en momentos diferentes[44], se complementan perfectamente para demostrar que Él venció a la muerte.

El propio Saulo de Tarso, uno de los personajes históricos más importantes del primer siglo y que era un perseguidor de los cristianos, jamás debería haber sido convertido, y sin embargo no solo fue uno de los apóstoles, sino que llenó todo el *mundo conocido* con el evangelio[45]. ¿La razón? Ver a Jesús resucitado, ¡imposible de otra manera! Jacobo, el hermano de Jesús, era uno de los que estaban en contra de Él, incluso le acusó de estar *fuera de sí*[46]; pero llegó a ser uno de los pilares de la iglesia después de ver a Jesús resucitado.

Por si fuera poco, sabemos que en aquel momento, el pueblo de Israel rechazó a su Mesías, eso certifica también la veracidad del mensaje. Nadie podría haber inventado un Salvador rechazado, ¡un Hijo de Dios aparentemente inútil, muerto y despreciado! La ley lo era todo en Israel, y el día de reposo (el sábado) era (y es, hasta el día de hoy) guardado de una manera extraordinaria: sin ninguna duda era uno de los elementos más importantes, no solo de la ley, sino también de la identidad del pueblo. A partir de la resurrección de Jesús, la iglesia comenzó a celebrar el Domingo (el primer día de la semana), ¡el día que resucitó! Los judíos que siguieron a Jesús lo

---

43   En el libro de los Hechos de los Apóstoles, no hay una sola vez que hable algún seguidor de Jesús y no se mencione su resurrección. Hechos 1:3-4; 1:22; 2:13 (A veces damos las excusas más tontas con tal de no creer en el poder de Dios. Los que les oyeron hablar perfectamente en su lengua, dijeron que era porque estaban *borrachos*. ¿En serio? ¿Alguien que ha bebido mucho puede hablar otra lengua de una manera perfecta? ¿Te imaginas comprar vodka y que en la etiqueta explicara: al beberlo hablarás perfectamente el ruso?) 2:24; 2:32; 3:15; 3:18-21; 3:26; 4:2-3; 4:10; 4:13 (¡se maravillaban porque no podían negar la resurrección!) 5:30; 7:56; 8:35; 9:5; 9:11; 10:40-41; 13:30-37; 14:15-17; 17:3; 17:31; 18:9; 22:8; 23:9-11; 24:15; 24:21; 25:19; 26:8; 26:15; 26:23; y también Romanos 4:24-25; 6:4-5; 6:9-11, etc.

44   *Porque ante todo les transmití a ustedes lo que yo mismo recibí: que Cristo murió por nuestros pecados según las Escrituras, que fue sepultado, que resucitó al tercer día según las Escrituras, y que se apareció a Cefas, y luego a los doce. Después se apareció a más de quinientos hermanos a la vez, la mayoría de los cuales vive todavía, aunque algunos han muerto. Luego se apareció a Jacobo, más tarde a todos los apóstoles, y, por último, como a uno nacido fuera de tiempo, se me apareció también a mí* (1 Corintios 15:3-8).

45   *Mediante poderosas señales y milagros, por el poder del Espíritu de Dios. Así que, habiendo comenzado en Jerusalén, he completado la proclamación del evangelio de Cristo por todas partes* (Romanos 15:19).

46   *Cuando se enteraron sus parientes, salieron a hacerse cargo de él, porque decían: Está fuera de sí* (Marcos 3:21).

asumieron de una manera incontestable, ¡algo completamente imposible si realmente Jesús no hubiera resucitado! Tenemos que recordar que, en aquel momento, *violar* el *día de descanso (sábado)* significaba la pena de muerte; a ellos no les importó hacerlo, porque sabían que estaban siguiendo a Dios hecho hombre, resucitado.

El Nuevo Testamento incluye detalles sobre la resurrección de Jesús que son absolutamente imposibles de explicar bajo otra razón que no sea la de la verdad: las mujeres como testigos, la explicación de los judíos a la desaparición del cuerpo, la incredulidad de los discípulos, la noticia de la resurrección dada en primer lugar por los enemigos. Nadie podría haber inventado algo así con el fin de convencer a todos, ¡salvo que fuera verdad! Los testigos de la resurrección no tenían nada que ganar y si mucho que perder: su propia vida, sus posesiones, sus familias, su nombre, etc. Fueron amenazados en innumerables ocasiones, muchos de ellos asesinados, la gran mayoría tuvieron que huir… pero siguieron hablando del resucitado. Los discípulos pagaron la *noticia* de la resurrección de Jesús con su propia vida, y no solo ellos, sino prácticamente todos los que le vieron en muchas situaciones diferentes, ciudades diferentes y circunstancias diferentes; todos vieron a Jesús resucitado y a ninguno les preocupó morir como testimonio de lo que vieron, porque la muerte ya no tenía ningún poder sobre ellos. En muchas religiones, algunos mueren por sus creencias porque están convencidos de que son ciertas, ¡pero nadie lo hace por algo que saben que es mentira! El engaño no fabrica mártires.

La Biblia dice que Jesús fue el primero entre los resucitados, el precursor, el que abrió camino para la resurrección de todos, para la victoria definitiva sobre la muerte[47]. La resurrección de Jesús vence también nuestro miedo a la muerte, el arma preferida del mal[48]. Desde el primer siglo, a aquellos que siguieron a Jesús, no les importó en absoluto entregar sus vidas, porque sabían que la muerte no tenía ningún poder sobre ellos. Además, la resurrección de Jesús es el referente de toda justicia: si hay resurrección y,

---

47 *Porque por Él, nosotros viviremos también. Pero lo cierto es que Cristo ha resucitado. Él es el primer fruto de la cosecha: ha sido el primero en resucitar. Así como por causa de un hombre vino la muerte, también por causa de un hombre viene la resurrección de los muertos. Y así como en Adán todos mueren, así también en Cristo todos tendrán vida. Pero cada uno en el orden que le corresponda. Cristo en primer lugar, después, cuando Cristo vuelva, los que son suyos. (…) y el último enemigo que será derrotado es la muerte. Porque Dios lo ha sometido todo bajo los pies de Cristo. Pero cuando dice que todo le ha quedado sometido, es claro que esto no incluye a Dios mismo, ya que es él quien le sometió todas las cosas. Y cuando todo haya quedado sometido a Cristo, entonces Cristo mismo, que es el Hijo, se someterá a Dios, que es quien sometió a él todas las cosas. Así, Dios será todo en todo* (1 Corintios 15:20-28 DHH).

48 *Compartió esa naturaleza humana para anular, mediante la muerte, al que tiene el dominio de la muerte —es decir, al diablo—, y librar a todos los que por temor a la muerte estaban sometidos a esclavitud durante toda la vida* (Hebreos 2:14-15).

por lo tanto, otra vida, no solo encontramos sentido en esta, sino que *todo* tiene sentido.

Las explicaciones alternativas sobre la resurrección de Jesús son absolutamente irrazonables. Cuando examinamos la tumba vacía y las apariciones del resucitado, los documentos de los primeros siglos, los testigos, el crecimiento de la iglesia, los datos históricos y registros de autores externos al Nuevo Testamento, las reacciones en el propio pueblo de Israel, el cambio en la historia de la humanidad, etc., no nos queda otro remedio que reconocer que la resurrección es un hecho demostrado y comprobable. Tan contundentes son las pruebas, que incluso en los últimos tiempos, algunos han comenzado a cambiar sus *razonamientos* para decir: *Sí, Jesús ha resucitado, pero eso, ¿qué importancia tiene?* Cualquier cosa vale con tal de no enfrentarse con la realidad[49].

2. La gracia

Dios se hace hombre y se *ofrece* para todos; a todas las personas, en todos los pueblos. El evangelio que predica Jesús nos enseña que todas las personas son iguales sin importar el color de su piel, su sabiduría, su fortaleza, su poder, su condición social, etc. El cristianismo es para todas las personas[50]. En el día de Pentecostés, la primera vez que la resurrección de Jesús fue proclamada de una manera pública, todos oyeron esa buena noticia en su propia lengua[51]. Dios se acerca y se adapta a todas las culturas, contrariamente a todas las religiones que son *iguales* en normas y estructuras en

---

49 Hay quienes siguen queriendo negar todas las evidencias hablando de la imposibilidad de un *milagro*, ¿no es más fácil resucitar a una vida que ya tenemos, que nacer a una vida que nunca fue nuestra? Si lo pensamos bien, el mayor milagro es que tengamos una vida, que hayamos nacido. A partir de ahí, todo es más simple de lo que parece. La redención, la restauración de todas las cosas, volver a la *información* original, etc. La resurrección de la Palabra implica la restauración de la creación. El mal ya no puede desestructurar al mundo, hay una ley superior que lo vence, y es la ley del amor y el perdón: la redención de lo castigado y aparentemente perdido. No se trata de echar a la basura los pedazos de la vasija rota, sino de volver a hacer un vaso nuevo con el mismo barro.

50 En el último libro de la Biblia, se repite una y otra vez que Dios rescata a personas de todo linaje, pueblo, lengua y nación: todos tienen cabida en los cielos nuevos y la tierra nueva, y todos con su *carácter* y sus *peculiaridades*, porque Dios nos creó así. Apocalipsis 5:9; 10:11; 11:9; etc.

51 *Al oír aquel bullicio, se agolparon y quedaron todos pasmados porque cada uno los escuchaba hablar en su propio idioma. Desconcertados y maravillados, decían: «¿No son galileos todos estos que están hablando? ¿Cómo es que cada uno de nosotros los oye hablar en su lengua materna? Partos, medos y elamitas; habitantes de Mesopotamia, de Judea y de Capadocia, del Ponto y de Asia, de Frigia y de Panfilia, de Egipto y de las regiones de Libia cercanas a Cirene; visitantes llegados de Roma; judíos y prosélitos; cretenses y árabes: ¡todos por igual los oímos proclamar en nuestra propia lengua las maravillas de Dios!»* (Hechos 2:6-11).

cualquier lugar del mundo. Cada persona es importante para Dios y Dios le ama con sus características determinadas. En muchas religiones, los *intocables* jamás pueden cambiar su estado porque están condenados a vivir así; todas las creencias y religiones se basan en el dominio de unos sobre otros. Dios nos iguala a todos[52]. Jesús nos enseña a dar el paso que ninguna religión jamás ha imaginado: Dios vive dentro de nosotros[53], y nos hará participar de su propia naturaleza, algo imposible e impensable para nosotros. Ese es el objetivo final de su plan y la razón de muchas situaciones que no podemos comprender, incluido el mal y el sufrimiento. Dios *desciende* para hacerse uno de nosotros y morir por nosotros y resucitar; para vivir dentro de nosotros, y hacernos *ascender* a su misma naturaleza[54]. Jesús se identifica con los presos, con los pecadores, con los que no tienen nada, con los condenados justamente, no solo con los que lo han sido de una manera injusta. Dios se rebaja hasta lo sumo para hacer suya la miseria humana. Dios viene a vivir en cualquier persona, por muy inmunda que sea.

Cuando uno ve las cualidades de alguien que tiene un don extraordinario, normalmente no estamos pensando en imitarlo, sino en disfrutar de esas cualidades: tocar el piano, ser bueno en un deporte, tener capacidades para la investigación, una memoria extraordinaria, etc. Cuando vemos a Jesús, todos piensan en imitar su conducta, porque sentimos que es posible vivir de una manera diferente; es Él mismo el que nos enseña a *revolucionarlo* todo. Por eso no tiene nada que ver con la religiosidad, sino con querer transformar el mundo, ayudando a los que sufren: ya que somos amados, amamos también. El cristianismo revoluciona el mundo porque *adora* a Dios, y *ama* a todos los que le rodean[55].

---

52   El reino de los seres humanos lo dominan los grandes, los orgullosos, los que tienen mucho, etc. El reino de Dios es para los niños, para los humildes, para los despreciados, para los pobres en su propia opinión. La Biblia enseña que los *más pequeños* saben que Dios existe, por eso hacen callar a los enemigos y a los rebeldes; los niños nacen con la idea de Dios dentro de su corazón. *Has enseñado a los pequeños y a los niños de pecho a rendirte perfecta alabanza. ¡Que su ejemplo avergüence a tus enemigos! Cuando alzo la vista al cielo nocturno y contemplo la obra de tus manos, la luna y las estrellas que tú hiciste, no logro comprender por qué te ocupas de nosotros, simples mortales. Nos hiciste apenas un poco inferior a un dios, y nos coronaste de gloria y de honra. Pusiste a nuestro cuidado todo cuanto has hecho; todo ha sido puesto bajo nuestra autoridad* (Salmo 8:2-6).

53   *Con Cristo he sido crucificado, y ya no soy yo el que vive, sino que Cristo vive en mí; y la vida que ahora vivo en la carne, la vivo por fe en el Hijo de Dios, el cual me amó y se entregó a sí mismo por mí* (Gálatas 2:20).

54   Recordamos lo que hemos visto en un capítulo anterior: *Así Dios nos ha entregado sus preciosas y magníficas promesas para que ustedes, luego de escapar de la corrupción que hay en el mundo debido a los malos deseos, lleguen a tener parte en la naturaleza divina* (2 Pedro 1:4).

55   Es solo un juego de palabras, pero que nos ayuda a comprender el *deseo* de Dios; me gusta dividir la palabra *adoración*, en dos: *adora* y *acción* (con una pequeña salvedad ortográfica, claro), para recordar que el resultado ineludible de adorar a Dios es pasar a la acción, y ayudar a los demás.

Por eso el plan de Dios es nuestra *redención,* una palabra muy poco usada últimamente. Incluso he llegado a leer y escuchar las declaraciones de algunos ateos diciendo que es una idea absolutamente *tonta,* ¡que Dios envíe a su propio Hijo a morir por los seres humanos! ¿Qué clase de Dios sería? ¿Uno que enviara a la muerte a alguien para salvar a otro? A veces las personas *aparentemente* más *inteligentes* pueden defender los argumentos más ridículos. ¡La *redención* es parte de nuestra naturaleza, una de nuestras características más impresionantes y loables! ¿Recuerdas el caso que mencionamos unas cuantas páginas atrás? Sí, aquel de los policías que murieron en la playa de Orzán para salvar la vida de un turista a quien no conocían; ¡ellos sí sabían lo que es la redención! Y como ellos, miles de casos más a lo largo de toda la historia de la humanidad, cientos de miles de personas que entregaron sus vidas defendiendo la libertad (muchas veces incluso en guerras cruentas), para salvar a otros, y para que nuestro mundo sea mejor. ¡Cuanto más no vamos a dar todo lo que somos y tenemos por alguien a quién amamos! ¡Y Dios nos ama de una manera extraordinaria!

3. La Biblia

Los libros del Antiguo y Nuevo Testamento son documentos reconocidos, confrontados y verificados con muchos otros[56], con una exactitud arqueológica, geográfica e histórica únicas, y una coherencia interna extraordinaria. Todos ellos escritos por testigos directos de lo ocurrido, con la certificación de cada uno de los libros con las circunstancias exactas que expresan[57]. Para darnos una idea de su legitimidad, se conservan unos cinco mil manuscritos griegos del Nuevo Testamento de los dos primeros siglos, y más de nueve mil fragmentos en traducciones en esa misma época. Se puede reconstruir todo el Nuevo Testamento a partir de las citas de los llamados *padres de la iglesia*; de hecho, tenemos más manuscritos y copias, solamente de esos dos primeros siglos, que de ningún otro libro en la historia, en los siguientes 1900 años. ¡Y casi cuarenta mil notas sobre partes del Nuevo Testamento en escritos de los primeros trescientos años! Es completamente imposible que nadie hubiera hecho cambios importantes; todos trabajaron duro para que las enseñanzas y los hechos de Jesús y los apóstoles estuvieran registradas con la mayor

---

56 Historiadores como Tácito, Flavio Josefo, Plinio y otros certifican los detalles, de la misma manera que el Talmud hebreo, y muchos otros pergaminos y escritos.

57 Quizás uno de los mejores estudios sobre la historicidad de los libros de la Biblia, y sobre todo, del Nuevo testamento, lo encontrarás en el libro: *Evidencia que exige un veredicto,* de Josh McDowell.

rigurosidad posible. Y así fue[58]. Hasta tal punto es exacta la descripción de los hechos, que cuando se encontraron documentos anteriores al año 70 (año de la destrucción de Jerusalén por el emperador Tito), algunos los desecharon, ¡porque no querían creer que las profecías y los datos fueran tan exactos! Al final, tras los estudios de arqueólogos, tuvieron que reconocer (llenos de asombro, claro), que eran fiables. A veces, da la impresión de que algunos quieren decirle a Dios que no les demuestre nada, porque de todas maneras no van a creerle.

Simplemente por reseñar algunos detalles más: Lucas, el médico que escribió el libro de los Hechos, fue testigo ocular de todo lo que estaba sucediendo, por esa razón nos da innumerables detalles históricos, perfectamente comprobables, de todo tipo de circunstancias geográficas, políticas, sociales, culturales, etc., con una exactitud impresionante, ¡incluso para nuestra época![59]. Exactamente igual lo hace Juan en su evangelio[60]. Todos los personajes del Nuevo Testamento son citados por autores no cristianos de la época exactamente en las mismas circunstancias, puestos políticos, trabajos, familias, etc.[61], de tal manera que no existe ni un solo error histórico. Si lanzamos el *desafío* de probar todo lo que la Biblia dice, los lugares, circunstancias históricas, hechos, profecías, etc., comprobaremos de una manera rigurosamente científica si realmente tiene razón o no. Si examinamos las pruebas de una manera objetiva, y la Biblia responde, entonces tenemos que ser coherentes con el método que hemos usado, y reconocer que hay mucha más verdad en ese libro de lo que habíamos pensado. Cualquier otro acercamiento, o incluso lo que muchos hacen, que ni siquiera quieren investigar lo que la Biblia contiene, no es más que una excusa fuera de toda razón, llena no solo de prejuicios, sino también de ignorancia.

En la Biblia, Dios razona con sus hijos, nos explica muchas situaciones del universo y nos anima a examinarlo, desarrollando la sabiduría que Él nos regala. Eso es lo que han hecho centenares de generaciones en muchos países del mundo, lo que ha llevado a un desarrollo del conocimiento y la ciencia. Dios quiere que tengamos una mente *satisfecha*: cualquier otro sistema de creencias, religión o sectas, te obliga a dar pasos al vacío y admitir toda una serie de preceptos que no son

58 Para estudiar los detalles de historicidad de los manuscritos, su verificación, etc., es muy bueno el estudio que desarrolla John Lennox en *Gunning for God* (páginas 190-193) y otros como Norman Geisler & Frank Turek *Nao tenho fe suficiente para ser ateu*, Editorial Vida, Sao Paulo 2004, pp. 226-250; Josh McDowell en *Más evidencias que exigen un veredicto*, etc.
59 Cf. John Lennox, Op. Cit. pp. 262-265…
60 Cf. John Lennox, Op. Cit. pp. 270-275.
61 Como el caso de Agripa, Berenice, Caifás, Félix, etc., cf. Op. Cit. pp. 277-278.

lógicos[62]. Los libros religiosos narran las vidas de los *héroes*, presentándolos como si fueran *perfectos*; la Biblia muestra los defectos de todos; no esconde las malas decisiones de nadie. ¡Muestra incluso la debilidad y el sufrimiento de Jesús, Dios hecho hombre! Solo Dios podía haber inspirado algo así.

Pero, aun a pesar de ser la Palabra de Dios y de las profundidades teológicas que contiene, la Biblia está escrita de una manera sencilla, para que todos puedan comprenderla. La mayoría de los escritos religiosos son enrevesados y casi incomprensibles, la Biblia fue redactada de tal manera que hasta un niño puede comprender los principios fundamentales. Además, sigue siendo actual a lo largo de más de veinte siglos, sin dejar de influir en la historia de la humanidad. ¡Es el libro alrededor del cual se escriben más libros en la actualidad que ningún otro!

4. La razón

Como hemos dicho una y otra vez, para el cristianismo la evidencia y la fe son inseparables[63]. No existe otra creencia en el mundo que no esté buscando siempre el asentamiento racional de la fe: cuando Lucas escribe su evangelio dedicándoselo a Teófilo le dice: *para que tengas absoluta seguridad*[64]. Juan escribe en su evangelio: *para que sepáis que Jesús es hijo de Dios*[65]. Pablo le dice a las iglesias: *si Jesús no hubiera resucitado seríamos los más miserables...*[66]. Pedro, de la misma manera, afirma: *lo vimos con nuestros*

---

62   Cuando lees el comienzo del evangelio de Lucas, por poner un ejemplo, te encuentras con un médico que describe los sucesos con todo el rigor del método histórico, para que nada de lo que explica sea equivocado. Dios no quiere que tengamos ninguna duda de que todo lo que leemos es cierto, Él mismo quiere *someterse* a nuestra investigación para que nuestra fe sea firme. *Muchos han intentado hacer un relato de las cosas que se han cumplido entre nosotros, tal y como nos las transmitieron los que desde el principio fueron testigos presenciales y servidores de la palabra. Por lo tanto, yo también, excelentísimo Teófilo, habiendo investigado todo esto con esmero desde su origen, he decidido escribírtelo ordenadamente, para que llegues a tener plena seguridad de lo que te enseñaron* (Lucas 1:1-4).

63   Si no hay hechos, no hay fe: *Estad siempre preparados para explicar la razón de la esperanza que tenemos* (1 Pedro 3:15). *Lo que ha sido desde el principio, lo que hemos oído, lo que hemos visto con nuestros propios ojos, lo que hemos contemplado, lo que hemos tocado con las manos, esto les anunciamos respecto al Verbo que es vida* (1 Juan 1:1).

64   Lucas 1:1-4. Como hemos visto.

65   *Este es el discípulo que da testimonio de estas cosas y el que escribió esto, y sabemos que su testimonio es verdadero* (Juan 21:24).

66   Sería genial que pudieras leer el argumento de todo el capítulo 15 de su primera carta a los Corintios, como hemos visto, porque ya desde el principio deja claro la importancia de los datos históricos: *Cristo murió por nuestros pecados, conforme a las Escrituras; que fue sepultado y que resucitó al tercer día, conforme a las Escrituras; que se apareció a Cefas y después a los doce; luego se apareció a más de quinientos hermanos a la vez, la mayoría*

propios ojos[67]. Jamás piden que ejerzamos una *fe ciega* en lo que alguien nos ha dicho, sino que certifican con testigos presenciales, la historia y la razón, ¡lo que escriben es cierto y comprobable! Para ellos es tan importante la racionalidad y la base de los hechos, como la fe misma, es más, ¡sin los hechos no existiría la fe!

De hecho, el desarrollo de la ciencia tuvo lugar desde el cristianismo de los primeros siglos: los monjes y campesinos comenzaron a desarrollar las máquinas y la nueva tecnología porque querían más tiempo para estar con Dios, descansar y disfrutar con la familia; pero también para que los más débiles no fueran esclavizados en trabajos manuales que las máquinas podían sustituir. La ciencia y las futuras universidades fueron desarrollados por personas creyentes que querían investigar el universo que Dios había creado: Juan Amós Comenio y otros defendieron la educación obligatoria para todos, sobre todo para los niños pobres, porque en la Edad Media solo los ricos tenían acceso al saber… de la misma manera multitud de mujeres y hombres creyentes promovieron el desarrollo del conocimiento. Jamás debemos olvidar que los orígenes de la racionalidad y el pensamiento siempre estuvieron íntimamente relacionados con personas que amaban Dios.

5. La dignidad de las personas

La humanidad adora a los famosos, le encanta seguir a aquellos que tienen poder y/o dinero, pero el mensaje de Jesús es radicalmente revolucionario: Él nunca fue exclusivista, sino que abrió las puertas a todos, independientemente de quienes eran: pecadores, prostitutas, malvados, mentirosos, etc. Nadie es suficientemente malo como para que Él le desprecie, pero sí puede creerse tan bueno que se quede afuera.

En la antigüedad los pueblos vivían para la gloria de los gobernantes; hoy vivimos para el bien de los poderosos y el dinero. Dios no nos llamó a creernos superiores sino a servir, a bendecir, a dar. Recibimos su amor no solo para disfrutarlo sino, sobre todo, para compartirlo. Los discípulos de Jesús fueron perseguidos, maltratados, crucificados, llevados a los circos para morir, etc., pero acabaron *derrotando* al Imperio romano; el mundo fue diferente gracias a ellos. El cristianismo es amar a todos aunque nos cueste la vida: nos ocupamos de los heridos y estamos al lado de los que sufren, de los que no tienen nada, vivimos de una manera absolutamente

de los cuales viven aun, pero algunos ya duermen; después se apareció a Jacobo, luego a todos los apóstoles, y al último de todos, como a uno nacido fuera de tiempo[c], se me apareció también a mí.

67   _Porque cuando os dimos a conocer el poder y la venida de nuestro Señor Jesucristo, no seguimos fábulas ingeniosamente inventadas, sino que fuimos testigos oculares de su majestad_ (2 Pedro 1:16).

revolucionaria. Los líderes religiosos hablan desde el púlpito, el siervo lava los pies. El obispo se viste de gloria, el siervo no tiene ni siquiera ropa propia. Al responsable le llaman *sacerdote, apóstol, obispo* o cualquier otro parecido que refleje la *dignidad* de su cargo, el siervo acude a ayudar sin ser llamado. Somos ovejas en medio de lobos[68]. Lo que diferencia a muchos son los títulos, lo que diferencia a los revolucionarios del Mesías es el servicio; nuestra visión del mundo está basada en Aquel que nos pide que amemos a nuestros enemigos porque, ¡Él entregó su vida por ellos!

Cuando ayudamos a quien sufre, sufrimos con esa persona, y hacemos todo lo posible por resolver esa necesidad. Dios lo hace por nosotros, por eso sabemos que esa es la manera de amar: porque somos amados, amamos; porque recibimos, damos. Me parece genial que alguien señale a algunos cristianos por comportarse de una manera equivocada, porque, ¡saben que el cristianismo es radicalmente diferente! El propio Bertrand Russell, uno de los ateos más reconocidos en el siglo XX afirmó: *Me da vergüenza decirlo, pero lo que necesita el mundo es más amor cristiano.*

Algunas personas que no creen en Dios se burlan de los cristianos que viven sirviendo a los demás, porque no comprenden la trascendencia que tiene para nuestro mundo el hecho de que miles y miles de personas sirvan a Jesús, ayudando a sus semejantes. En muchas situaciones diferentes, lo que hace que este mundo *siga en pie*, es precisamente esa actitud: vivimos cuando amamos, y cuanto más amamos, más vivimos. Cuando amamos a los demás, somos capaces de trabajar por el bien de todos. El problema de todos los que juzgan ese tipo de amor es que jamás han amado de esa manera, y cuando les amaron así, quizás ni se dieron cuenta.

La compasión es una de las primeras características que destacan en la vida de Jesús[69]. Cada ser humano es portador de la imagen de Dios (incluso los peores asesinos), y esa verdad puede transformar a cualquier persona. Los discapacitados, los que no tienen nada, los despreciados, los señalados, ¡todos son abrazados por Dios! Nadie es más *humano* que otros: Dios nos creó a todos con la misma dignidad. Un simple detalle nos ayuda a entenderlo: los evangelistas jamás dicen cómo era Jesús físicamente. Nos llama la atención, porque sería lo primero que alguien preguntaría o querría conocer, pero ellos aprendieron que para Él la apariencia no era importante, por eso jamás le describieron. Una vez más, la diferencia con las religiones inventadas por el ser humano es impresionante, porque para la gran mayoría la *apariencia* lo es todo. Esa es una de las razones por las que son los corruptos, los que tienen

---

68 *Mirad, yo os envío como ovejas* en medio de *lobos; por tanto, sed astutos como las serpientes e inocentes como las palomas* (Mateo 10:16).

69 *Y viendo las multitudes, tuvo compasión de ellas, porque estaban angustiadas y abatidas como ovejas que no tienen pastor* (Mateo 9:36).

muchas posesiones, los inmorales, los que disfrutan del poder, etc., quienes más se oponen al cristianismo; saben que su manera de vivir debería cambiar radicalmente, ¡incluso si son dirigentes religiosos de cualquier tipo! Ese es el *peligro* de la vida y las palabras de Jesús: Él habla de un *evangelio eterno* sí, pero que comienza, ¡ahora! Nadie puede ser un *buen cristiano* en el cielo si no lo es en la tierra.

6. Transformar el mundo

El cristianismo introdujo en la sociedad el deseo de ayudar a los demás y de amar al prójimo como a uno mismo. Dios no nos llamó a una vida cómoda sino a una lucha permanente. Se podría afirmar que, *o es radicalmente diferente a todo, o no es cristianismo, aunque lleve ese nombre*. Jesús nos enseñó que el más importante ya no es el líder, sino el siervo. Lo trascendental no es la meta sino el camino. Lo que nos da paz no es lo que tenemos, sino lo que vivimos. Lo que Dios ve no son los ritos, sino lo que hay dentro del corazón.

Las personas que transformaron el mundo, lo hicieron porque tomaron el cristianismo de una manera radical: conociendo que todos somos iguales delante de Dios y su imagen está en nosotros, lucharon contra toda desigualdad social, económica, política, etc. El cristianismo lucha por desterrar la esclavitud, el racismo, la diferencia de castas, el poder de las riquezas, la discriminación por las creencias, etc. Esa es la razón por la que, lo que más le conviene al mundo son cristianos que realmente crean y vivan lo que están predicando, no cristianos que se escondan y *mantengan* sus creencias en la privacidad de su casa, como algunos defienden en muchos países. Lo que realmente necesita el mundo son cristianos que hagan públicas sus creencias y vivan de acuerdo a ellas; comenzando con el desarrollo de la ética del trabajo intentando hacer las cosas bien, tal como Dios espera de nosotros. Crear, trabajar, investigar, transformar, etc., para que todo sea mejor, es un regalo de Dios. Él trabaja[70], y hace todo bien, y espera que nosotros lo hagamos así: desarrollando la tecnología y los nuevos procedimientos para que la vida sea mejor[71].

Nuestro mundo fue transformado también debido a la libertad de pensamiento: de las *asambleas*, la palabra que el Nuevo Testamento usa para

---

70 Pero Jesús les respondía: —Mi Padre aun hoy está trabajando, y yo también trabajo (Juan 5:17).

71 Ese es uno de los problemas en los países del tercer mundo, y sus creencias religiosas: en muchos países siguen usando a los intocables para hacer ciertos trabajos (como por ejemplo, llevar agua) y por eso no necesitan aplicar nuevas tecnologías. Los que están en el poder viven bien, de cualquier manera, y no se preocupan por nada.

definir la congregación de los creyentes, surgió la participación de todos en las decisiones, y por lo tanto (con el paso del tiempo), la democracia. Si las personas son iguales delante de Dios y todos tienen el derecho a ser *sacerdotes*, (no solo una clase determinada)[72], ¿cómo no van a ser iguales todos delante del emperador o de los poderes políticos y sociales? El verdadero cristiano defiende la libertad de todos aunque le cueste la vida. Todo aquel que sigue a Jesús, defiende el derecho a que todos opinen, aunque sus conclusiones sean radicalmente diferentes a lo que él piensa.

Además, Dios pone en nuestras manos el problema del mal en el mundo, y la justicia social; nuestro deber (y nuestro deseo) es ayudar a todos los que sufren[73]. Esa necesidad llevó a construir los primeros hospitales (ya en el siglo VI), para atender a enfermos y necesitados de una manera gratuita. La salud universal y la atención para todos, son conceptos que han nacido y se han desarrollado en el cristianismo, de la misma manera que los orfanatos para niños, y las organizaciones de ayuda en todo tiempo, como la *Cruz Roja*, fundada por Henry Dunant, un conocido evangélico suizo; el Ejército de Salvación; los centros de ayuda a desfavorecidos y toxicómanos, etc.[74]. Por otra parte, muchos se han vuelto al cristianismo después de ver lo que el ateísmo ha hecho en algunas naciones declaradas *anti dios*. Por poner un ejemplo muy sencillo, en la lista de los países menos corruptos en el mundo, los diez primeros son *cristianos* (aunque solo sea de nombre); mientras que las naciones que acaparan los primeros puestos en la corrupción son completamente seculares. Aunque no es el tema que estamos desarrollando ahora es, hasta cierto punto, normal porque defienden que *nadie está ahí*[75].

---

72 *Vosotros sois linaje escogido, real sacerdocio, nación santa, pueblo adquirido* para posesión *de Dios, a fin de que anunciéis las proezas de aquel que os llamó de las tinieblas a su luz admirable* (1 Pedro 2:9). Pedro está explicando las características que TODOS los creyentes tienen: hombres y mujeres, sea cual sea su origen, sus posesiones o sus circunstancias personales.

73 Aunque no sea el tema para tratar aquí, deberíamos decir que muchas de nuestras oraciones y actividades podríamos responderlas nosotros mismos: Cuando le decimos a Dios: *bendice a los que no tienen para comer*, la respuesta que Dios *espera* de esa oración es, ¡que nosotros mismos les demos de comer!

74 La lista sería casi interminable, desde la lucha contra la esclavitud en Inglaterra, con William Willberforce y John Newton a la cabeza, Abraham Lincoln en USA; la creación de los sindicatos cuando había niños de diez/once años trabajando en las fábricas (Trade Unions); la lucha contra el racismo, en diferentes lugares del mundo, con Martin Luther King, Desmond Tutu, Amy Charmichel; la ayuda a los más desfavorecidos en África, David Livingstone, Albert Sweittzer y otros, etc.

75 El índice de corrupción en la política, dirigentes de empresas, trabajadores y sociedad en general, es llamado CPI. Los países más corruptos son los ateos. Las conclusiones son obvias, donde se cree que *dios ha muerto*, no hay nadie a quien dar cuentas, así que la maldad tiene permiso para *desatarse*.

El mensaje de Jesús está diseñado para cambiar el mundo, pero como ha sucedido en otras situaciones, los poderosos y los que *aman* el dinero nos están robado ese desafío disfrazándolo de religiosidad[76]. El *evangelio* no tiene nada que ver con la religiosidad ni con las iglesias que solo se preocupan por su *status quo* y sus derechos; todo aquel que sigue a Jesús *vive* en el servicio y la transformación. Ese es el más radical que jamás se haya anunciado porque cambia por completo la vida de cada persona y a todo lo que esa persona *toca*. Si no existe esa transformación es porque el mensaje ha sido *raptado* por la religiosidad, porque ese cambio no es una condición, sino una consecuencia, porque el Espíritu de Dios no queda *impotente* en nuestra vida: su fuego, o nos transforma o nos *quema* por completo. De hecho, en el futuro, la propia creación será restaurada, Dios lo completará todo de una manera definitiva, pero por ahora lo que realmente está cambiándolo todo en muchos lugares, es la manera de entregarse, de estar al lado de los que sufren, de ayudar de una manera incondicional. Existen premios en casi todos los países del mundo para las personas que ayudan a otros; en el cristianismo, ¡eso es lo normal![77].

7. Las vidas cambiadas

Una prueba más de que Jesús era mucho más que un ser humano son los millones de vidas cambiadas durante los últimos veinte siglos. Puede parecer un simple argumento, pero es mucho más que eso, porque no encontramos vidas cambiadas por el agnosticismo y el ateísmo. No tenemos

---

76 Dios no admite ningún tipo de discriminación, pero ya desde finales del primer siglo, en la primera iglesia comenzaba a florecer uno de los mayores pecados del cristianismo: el que se le dé más importancia a las personas que tienen más poder y dinero. El *aviso* de Santiago es absolutamente impresionante y claro, aunque, desgraciadamente, algunos no le hayan hecho mucho caso: *Hermanos míos, no tengáis vuestra fe en nuestro glorioso Señor Jesucristo con una actitud de favoritismo. Porque si en vuestra congregación entra un hombre con anillo de oro y vestido de ropa lujosa, y también entra un pobre con ropa sucia, y dais atención especial al que lleva la ropa lujosa, y decís: Tú siéntate aquí, en un buen lugar; y al pobre decís: Tú estate allí de pie, o siéntate junto a mi estrado; ¿no habéis hecho distinciones entre vosotros mismos, y habéis venido a ser jueces con malos pensamientos? Hermanos míos amados, escuchad: ¿No escogió Dios a los pobres de este mundo para ser ricos en fe y herederos del reino que Él prometió a los que le aman? Pero vosotros habéis menospreciado al pobre. ¿No son los ricos los que os oprimen y personalmente os arrastran a los tribunales? ¿No blasfeman ellos el buen nombre por el cual habéis sido llamados? Si en verdad cumplís la ley real conforme a la Escritura: Amarás a tu prójimo como a ti mismo, bien hacéis. Pero si mostráis favoritismo, cometéis pecado y sois hallados culpables por la ley como transgresores* (Santiago 2:1-9).

77 A veces parece irónico que, en el mundo que hemos construido sin Dios, tengamos que premiar a las personas que *se portan bien* y ayudan a los demás, ¡cuando eso debería ser el comportamiento normal de todos!

ejemplos de personas que tuvieran familias rotas, con problemas de violencia, prostitución, alcoholismo, drogas, falta de sentido en la vida y cientos de situaciones diferentes más, y que hubieran encontrado un sentido en la vida por *no creer* en Dios. Lo máximo a lo que algunos han podido llegar es a mejorar su situación siendo ayudados por otros (que ya es bastante), sin embargo, millones de personas en todo el mundo, en todas las épocas y en todas las culturas han sido transformadas por seguir a Jesús. Ninguna otra creencia ha podido introducirse en todas las culturas de esa manera: los que siguen a Jesús, aman la vida, la paz, cuidan a sus familias y reconocen el valor de su trabajo, disfrutan de la relación con Dios porque saben que Él está ahí y experimentan esa relación día a día de una manera directa, segura y total. Esa es la validez total de la frase: *solo sé una cosa, que antes era ciego y ahora veo*[78].

La razón de esa transformación es que el cristianismo no tiene adeptos como las demás religiones, sino *nacidos de nuevo* fruto de una *conversión* total: hijos de Dios y hermanos entre sí, ¡eso hace la diferencia en todo!79. Las personas buscan el significado de sus vidas mientras el cristianismo establece ese propósito en una relación personal con Jesús: con Él todo tiene sentido, porque llena por completo nuestra mente y nuestro corazón, ¡todo lo que somos! Desde el mismo momento que le conocemos, podemos descansar en lo que es más duradero y firme que nosotros, lo que es eterno, aquello que nos sobrepasa. Todo lo demás, termina frustrándonos: el mal empequeñece nuestra visión, nuestra razón, nuestra imaginación, etc., el mensaje de Jesús hace que nuestro corazón sea ilimitado, que Dios pueda entrar en él y no nos abandone nunca.

Como hemos visto anteriormente, el último eslabón del mal es la muerte, pero ella no formaba parte del plan de Dios para nosotros, por eso nos llena de temor. Jesús la venció de tal manera, que ahora es una *buena noticia* para los cristianos, porque lo que hace es *conducirnos* a la Vida con mayúscula, una vida que no se termina. La vida que vivimos ahora es solo un reflejo de la verdadera vida que tendremos para siempre, ¡como la vida

---

78   La frase que el que había sido ciego le dijo a quienes acusaban a Jesús, y decían que solo era un palabrero (Juan 9:25).

79   *A todos los que le recibieron, les dio el derecho de llegar a ser hijos de Dios, es decir, a los que creen en su nombre* (Juan 1:12). Ese simple detalle hace que todas las personas tengan la misma dignidad y los mismos derechos (fíjate en lo que la Biblia dice, el derecho de llegar a ser hijos de Dios). Después de milenios de divisiones, todos los seres humanos son iguales delante de Dios: *No hay judío ni griego; no hay esclavo ni libre; no hay hombre ni mujer; porque todos sois uno en Cristo Jesús* (Gálatas 3:28). Dios no solo nos hace *hijos* y *hermanos*, sino también herederos del universo, ¡a la misma *altura* que su Hijo Jesús! *Y si hijos, también herederos; herederos de Dios y coherederos con Cristo, si en verdad padecemos con Él a fin de que también seamos glorificados con Él* (Romanos 8:17).

en el vientre de la madre es solo un pequeño reflejo de la vida que existe después del parto!

Recibir a Jesús, Dios transformando nuestra vida

El cristianismo no es un nuevo tipo de moralismo, Dios nos creó para disfrutar de su presencia y de todo lo que Él nos da. ¡No existe ninguna creencia que afirme eso! *Evangelio* significa *buenas noticias,* esa es la traducción de la palabra en griego, y es lo absolutamente contrario al miedo, al castigo, al orgullo religioso, al egocentrismo, a la inseguridad de no saber si somos amados o si estamos haciendo bien, etc. ¡Todo eso no tiene nada que ver con una relación sana! Cuando conocemos personalmente a Dios, Él transforma por completo nuestra vida: llegamos a ser seres humanos en plenitud, cuando recibimos en nuestra vida al ser humano por excelencia, Jesús. Todo tiene que ver con la relación con Él, por eso la fe es *recibir,* no tanto *hacer.* Se trata de Él; es Dios quien nos salva, para nosotros sería imposible. Dios establece una amistad con nosotros sin necesitar absolutamente nada a cambio. Nuestro amor siempre es algo *egoísta,* aunque sea en el buen sentido de la palabra; cuando somos amigos de alguien, siempre obtenemos *algo* a cambio. El de Dios no, Él no necesita nada, se da sin medida y sin razón.

Dios sabía que íbamos a fallar, pero aun así nos creó. Sabía que seríamos rebeldes, pero aun así nos amó. Sabía que le despreciaríamos e incluso que negaríamos su existencia, pero aun así se hizo como uno de nosotros y lo soportó todo para volver a *ganar* nuestro amor. Sabía que nuestra rebeldía nos llevaría a la muerte, pero decidió pagar Él mismo las consecuencias de esa rebeldía. Cuando nos volvemos a Dios, Él nos perdona, y olvida lo que hemos hecho; aunque resulte imposible de comprender. Él renuncia a tener *memoria* y lo hace así, para que sepamos que somos perdonados, aun cuando nosotros nos sintamos culpables. Ese es uno de nuestros mayores problemas: el pasado nos envuelve y no nos permite seguir adelante. A veces podemos llegar a perdonar a otros, pero no a nosotros mismos, siempre nos encerramos en la culpa por haber hecho algo incorrecto. Dios nos ama y quiere liberarnos de esa culpa, y lo hace pagando el precio para restaurarnos, porque solo puede perdonar la persona que ha sido herida, así que solo el Creador puede liberarnos de nuestra rebeldía contra Él, contra la vida, contra las circunstancias, contra todo lo que nos esclaviza desde dentro de nosotros mismos.

Dios nos da seguridad, porque sabemos que Él nos creó (nuestro *punto de partida,* de donde salimos), y Él nos guiará a una vida eterna (el *punto final,* a donde vamos); pero además nos acompaña en el camino, para que sepamos siempre *quienes somos*. Él nos enseña lo que es realmente la vida: una vida diferente, abundante y plena. Eso ocurre desde el mismo momento que la recibimos de Dios, no tenemos que esperar a la eternidad, porque su propio Espíritu vive dentro de nosotros.

Por mucho que intentemos disfrutar, cuando vivimos sin Dios, nuestra existencia es una simulación, como en los juegos de la *wii*, o las competiciones virtuales con todos los aparatos necesarios para *conducir* un coche deportivo sin salir de tu habitación: uno puede conformarse con la simulación si quiere; pero la única manera de *vivir* la realidad espiritual es darle a Dios el lugar que merece en nuestra vida. Quien no lo ha *probado* no puede convencerse porque se siente *feliz* con su simulación, de la misma manera que el que ha pasado toda su vida conduciendo un coche en la *play station* no es capaz de comprender lo que es tomar el volante en la vida real, con la consecuencia, además, de que puedes llegar a donde quieres llegar, y no estar toda tu vida sentado en un sillón. La vida que Dios nos regala, va más allá de todo lo que imaginamos. En el Nuevo Testamento, la palabra que se usa es *zoe* (en griego significa vida, pero de una manera extraordinaria), a veces va añadida a *aionios* (eterna), porque es una vida que nunca termina, independientemente de lo que ocurra, en una *dimensión* diferente, porque lo vemos todo con otros ojos, lo oímos de otra manera, nuestros sentidos siguen siendo humanos, pero comienzan a ser transformados porque por fin, somos nosotros mismos.

La vida eterna es conocer a Dios[80], pero no se trata solo de conocimiento, como hemos visto, sino de *hacernos uno* con Él. La única manera en que podríamos ser inmortales sería renovando continuamente nuestra energía, porque si no, siempre habría la posibilidad de terminar *consumidos*. Dios nos regala esa energía, porque surge desde dentro de su propia esencia: la Biblia nos enseña que cuando le recibimos en nuestra vida ¡El pasa a vivir dentro de nosotros! Se produce una transformación completa de nuestra vida: de lo espiritual y lo material, del entorno, del pasado, presente y futuro ¡de todo! Nada queda fuera de al influencia del Creador: todo lo que somos y tenemos, y el mundo en el que estamos.

Tenemos que tomar una decisión

Necesitamos dar un paso definitivo: creer que Dios existe, no es lo mismo que confiar en Dios. Si no le conocemos personalmente, podemos

---

80   Recibir a Jesús en nuestra vida es como cuando el campo recibe la semilla y todo se transforma. Recibimos dentro de nosotros a la Palabra que creó el mundo, y esa Palabra hace de nosotros una nueva creación. Dios ama a todos sin excepción, y todos pueden ser salvos, pero el hombre tiene la posibilidad de rechazarlo, porque el mensaje debe ser recibido de una manera personal y voluntaria: *En esto consiste la vida eterna, que te conozcan a Ti, el único Dios verdadero y a Jesucristo a quién has enviado* (Juan 17:3).

terminar creyendo en el *dios* que tenemos en nuestra mente y que hace lo que nosotros queremos. Muchos religiosos viven en ese nivel, y su frustración es idéntica a los que no creen en nada. A veces, ese paso definitivo tiene que ver con *probar* a Dios si aun tenemos dudas de si Él está ahí o no. La clave es si *queremos* creer o no: muchas personas saben que lo que están haciendo es malo y están destruyendo no solo sus vidas, sino las de su familia, las de sus amigos, o la gente en su negocio, etc., pero no son capaces de cambiar. Si les hablas de Dios, no quieren escuchar. ¿Cómo es posible? El corazón más ignorante es el que es ciego y quiere seguir viviendo así toda su vida[81], pensando que lo sabe todo. Muchos dicen que nadie puede conocer lo que hay después de la muerte, ni siquiera las razones válidas para hacer lo que hacemos, pero vivimos confiando en el absurdo de no hay nada más. Para salir de esa *ceguera*, tenemos que cambiar por completo nuestra manera de pensar, es decir, reconocer que uno está equivocado: necesitamos verlo todo tal como Dios lo ve[82]. Dejar de confiar en lo que era importante en nuestra vida, (nuestros razonamientos, nuestras fuerzas, nuestras decisiones, etc.), y abandonar aquello que ocupaba el lugar de Dios. Renunciar a nuestro orgullo y nuestra religiosidad creyendo que somos lo suficientemente buenos como para que Dios o los demás nos admiren; dejar de confiar en nosotros mismos y confiar de una manera incondicional en Jesús. En cierta manera, lo abandonamos todo para volver a nuestro Creador, ¡no queremos vivir un solo día sin Él! Lo que Él espera de los que siguen, es que amen lo mismo que Él ama, vivan como Él vive, deseen lo mismo que Él desea, y para eso (que para nosotros es imposible) nos envía a su propio Espíritu como fortalecedor de nuestra vida. Somos *nosotros* más que nunca, aunque Dios mismo vive en nuestro interior.

Cuando recibimos a Jesús en nuestra vida, Dios nos pone *a su altura*. Dios sigue viendo a cada persona tal como es, y por eso quiere restaurarla, ¡que llegue a ser aquello que Él ha diseñado! Jesús aparece en los evangelios como la luz: cuando le encontramos a Él, podemos ver todas las demás cosas y conocer su sentido, porque la luz no solamente ilumina nuestra

---

81 El que no quiere saber es ciego y vive en la oscuridad. Esa misma oscuridad pone límites a nuestra vida porque no queremos o no podemos ver más allá. Si no queremos reconocer nuestra propia ceguera el problema se agrava porque como dijo Jesús, *si fuerais ciegos no tendríais pecado; pero ahora porque decís: "Vemos", vuestro pecado permanece* (Juan 9:41).

82 A esa actitud, la Biblia llama *arrepentirse*. La religiosidad hizo del arrepentimiento algo que solo tiene que ver con pecados concretos, de tal manera que uno puede arrepentirse de todo lo malo que ha hecho para pasar a ser un orgulloso delante de los demás, *porque ahora ya no me comporto como antes*; eso no es lo que Dios espera. Si no somos capaces de ver las cosas como Dios las ve, es que realmente no le hemos conocido, por muy religiosos que seamos.

vida, sino que ilumina todo lo que hay a nuestro alrededor[83]. Por eso la alegría para un cristiano es algo central, y el dolor circunstancial; lo que Dios hace dentro de nosotros va mucho más allá de lo que nadie pueda explicar, simplemente hay que vivirlo:

La imaginación y el asombro que nacen de conocerle.

El hecho de que Él esté con nosotros en todos los momentos de nuestra vida.

El poder hablarle al Creador del universo, quien nos creó a cada uno.

La inmensa alegría de saber que tenemos significado y no somos un error, o una consecuencia natural sin sentido.

La capacidad de expresar nuestra creatividad ante el Ser que nos dio todo, y delante de los demás seres humanos.

El regalo de escuchar sus palabras por medio de su Espíritu…

Podríamos mencionar cientos de situaciones más que desbordan vida y que solo pueden ser disfrutadas cuando le conocemos personalmente, de hecho la Biblia nos abre un *mundo* absolutamente radiante en cuanto al carácter de Dios y la vida que Él nos ofrece; pero creo que es suficiente.

Ahora mismo es el momento de hablar con Él, porque está ahí, detrás de cada puerta que puedas abrir en tu vida[84].

Más contenido audiovisual:

---

83   Juan 8:12 y Mateo 5:14. Nosotros buscamos la luz en todas las cosas, no queremos vivir en la oscuridad, ni físicamente ni racionalmente ni espiritualmente.

84   En una imagen sencilla, pero impresionantemente tierna y trasformadora, Jesús te dice: *Mira que estoy a la puerta y llamo. Si alguno oye mi voz y abre la puerta, entraré, y cenaré con él, y él conmigo.* (Apocalipsis 3:20). ¡Esa fiesta eterna te está esperando!

Bibliografía

Barna, George. *Generation next*, Regal Books, California 1995.

Barna, George y Viola, Frank. *¿Hay paganismo en su cristianismo?* Vida, Miami 2012.

Boa Kenneth D. y Bowman Robert M. *20 evidencias irrefutables de que Dios existe*, Editorial Vida, Miami 2006.

Bouton, Charles P. *El desarrollo del lenguaje, aspectos modernos y ontológicos*, Hueme, Buenos Aires 1976.

Brooks, Rice. *Dios no está muerto*, Casa Creación, Florida 2014.

————. *El derecho humano*, Grupo Nelson, Nashville 2018.

Calder, A. *La mente del hombre*, Noguer, Barcelona 1974.

Collins, Francis S. *¿Cómo habla Dios?* Planeta, México 2007.

Comenio, Juan Amós. *Didáctica magna*, Parú, México 1974.

Corduan, Winfried. *Sin duda alguna*, BH Internacional, Nashville 2012.

Cruz, Antonio. *Darwin no mató a Dios*, Editorial Vida, Miami 2004.

————. *El Dios Creador*, Vida, Miami 2005.

————. *Dios, ciencia y conciencia*, Clie, Terrassa 2018.

————. *¿La ciencia encuentra a Dios?* Clie, Terrassa 2004.

————. *A Dios por el ADN*, Clie, Terrassa 2017.

Crystal, David. *Lenguaje infantil, aprendizaje y lingüística*, Editorial médica y técnica, Barcelona 1981.

Chauchard, Paul. *El cerebro y la conciencia*, Martínez Roca, Barcelona 1975.

Davis, Flora. *La comunicación no verbal*, Alianza Editorial, Madrid 1976.

Davis, Paul. *La mente de Dios*, McGraw-Hill, Madrid 1993.

Dawkins, Richard. *The God delusion*, Bantam, Londres 2006.

Dembski, William A. *El fin del cristianismo*, B & H, Nashville 2009.

Donner, Theo. *Posmodernidad y fe*, Clie, Viladecavalls 2012.

D´Souza, Dinesh. *Lo grandioso del cristianismo*, Tyndale 2009.

Faure, E. y otros. *Aprender a ser*, Alianza Universidad, Unesco 1972.

Fernández Garrido, Jaime. *Atrévete a vivir*, Vida-Harper Collins, Miami 2014.

————. *Corazón indestructible*, Vida-Harper Collins, Miami 2010.

————. *Compasión*, Tyndale, Carol Steram, Illinois 2015.

————. *Héroes desconocidos*, Nuestro Pan Diario, Michigan 2018.

Fishman, J. *Sociología del lenguaje*, Cátedra, Madrid 1979.

Flew, Antony. *Dios existe*, Trotta, Madrid 2012.

Freire, Paulo. *Pedagogía del oprimido*, Siglo XXI, Buenos Aires 1962.

Geisler Norman. *When critics ask*, Victor, Illinois 1992.

————— y Frank Turek. *Nao tenho fe suficiente para ser ateu*, Editorial Vida, Sao Paulo 2004.

————— y Ron Brooks. *Cuando los escépticos pregunten*, Unilit, Miami 1995.

Gish, D.T. *Creación, evolución y registro fósil*. Clie, Terrassa 1979.

Gish, D.T. *El origen de la vida*, Clie, Terrassa 1977.

Ham, Safarti y Wieland. *El libro de las respuestas*, Masterbooks, Florence 2002.

Ham, Kem. *El libro de las respuestas* (2), Masterbooks, Green Forrest 2015.

—————. *El libro de las respuestas* (3), Masterbooks, Green Forrest 2016.

Hanegraff, Hank. *Cristianismo en crisis, siglo 21*, Nelson, Nashville 2009.

Hawking, Stephen. *Dios creó los números*, Crítica, Barcelona 2005.

—————. *El gran diseño*, Crítica, Barcelona 2010.

—————. *Historia del tiempo*, Crítica, Barcelona 2001.

Heeren, Fred. *Show me God*, Day star publications, Olathe, KS 2004.

Jeremiah, David. *¡Nunca pensé que vería el día!* FaithWords, New York 2012.

Keller, Timothy. *La razón de Dios*, Andamio, Barcelona 2014.

—————. *Dioses que fallan*, Andamio, Barcelona 2015.

—————. *Una fe lógica*, B&H Publishing group, Nashville 2017.

—————. *Justicia generosa*, Andamio, Barcelona 2016.

Kerr, Edwin L. *Tres descubrimientos y la creación del Universo*, Edición de autor, Sevilla 1999.

Lacueva, Francisco. *Espiritualidad trinitaria*, Clie, Terrassa 1983.

—————. *Curso práctico de Teología bíblica*, Clie, Terrassa 1998.

—————. *El hombre, su grandeza y su miseria*, Clie, Terrassa 1976.

—————. *La persona y la obra de Jesucristo*, Clie, Terrassa 1978.

—————. *Un Dios en tres personas*, Clie, Terrassa 1977.

Lennox, John C. *Contra la corriente, la inspiración de Daniel en una época de relativismo*, Patmos, Miami 2017.

—————. *¿Ha enterrado la ciencia a Dios?* Clie, Terrassa 2005.

—————. *Gunning for God*, Lion Hudson, Oxford 2011.

—————. *God.´s Undertaker*, Lion Hudson, Oxford 2009.

—————. *El principio según Génesis y la ciencia*, Clie, Terrassa 2018.

———. *¿Predestinados a creer?*, Andamio, Barcelona 2018.

Lewis, C. S. *Cristianismo y nada más*, Caribe, Miami 1975.

———. *Los cuatro amores*, Caribe, Miami 1978.

———. *Dios en el banquillo*, Rialp, Madrid 2007.

———. *El problema del dolor*, Caribe, Miami 1977.

Mangalwadi, Vishal. *Verdad y transformación*, JUCUM, Seattle 2010.

———. *El libro que dio forma al mundo*, Nelson, Nashville 2009.

Marx, Carlos. *Obras escogidas*, Progreso, Moscú 1977.

McLaren, Brian D. *El mensaje secreto de Jesús*, Nelson, Nashville 2006.

McDowell, Josh. *Evidencia que exige un veredicto*, Cruzada Estudiantil para Cristo, México 1975.

———. *Jesús, Una defensa bíblica de la deidad de Cristo*, Clie, Terrassa 2013.

———. *Evidencia que exige un veredicto*, Vol. 2, Cruzada Estudiantil para Cristo, México 2008.

——— y McDowell, Sean. *Dios y la Biblia*, Editorial Mundo Hispano, Texas 2014.

McGrath, Alister. *La ciencia desde la fe*, Espasa, Barcelona 2016.

Moltmann, J. *El camino de Jesucristo*, Sígueme, Salamanca 1993.

———. *Teología de la esperanza*, Sígueme, Salamanca 1999.

———. *El Espíritu de la vida*, Sígueme, Salamanca 1998.

———. *Dios en la creación*, Sígueme, Salamanca 1987.

Moore, J. *Vida, herencia y desarrollo*, Clie, Terrassa 1975.

Morris, H.M. *Geología, actualismo o diluvialismo?* Clie, Terrassa 1980.

Ormencel, William. *Biología y orígenes*, Clie, Terrassa 1977.

Os, Guinness. *La hora de la verdad*, Clie, Terrassa 2002.

Packer, J.I. *Hacia el conocimiento de Dios*, Logoi, Miami 1979.

Pérez, D. *Cerebro y conducta*, Salvat, Barcelona 1973.

Peterson, Eugene H. *A linguagem de Deus*, Mundo cristão, Sao Paulo 2011.

———. *Cristo actúa en diez mil lugares*, Editorial Patmos, Miami 2009.

Piaget, J. *El criterio moral en el niño*, Fontanella, Barcelona 1971.

Piper, John. *Piense: La vida intelectual y el amor de Dios*, Tyndale, Carol Steram, Illinois 2011.

Platinga, Alvin. *¿Dónde está el conflicto real? Ciencia, religión y naturalismo*, Avarigani editores, Madrid 2017.

Polkinghorne, John. *La fe de un físico*, Verbo Divino, Madrid 2007.

Ponce, Aníbal. *Educación y lucha de clases*, Akal, Madrid 1978.

Rasolofomasoandro, Henri y Flori Jean. *En busca de los orígenes*, SAFELIZ, Madrid 2000.

Reid, James. *Dios, el átomo y el Universo*, Caribe, San José 1976.

Rhoton, D. *La lógica de la fe*, Alturas, Barcelona 1966.

Ross, Hugh. El Creador y el Cosmos, Mundo Hispano, Miami 1999.

Russell, Collin A. y varios autores más. *¿Tiene algo que ver la ciencia con los valores humanos?* Andamio, Barcelona 2018.

Schaeffer, *The complete Works*, Vol. I, II, III, IV, V, Crossway books, Wheaton 1993.

Scheler, Jeffery L. *¿Es verdad la Biblia?* Vida, Miami 2005.

Scott Peck, M. *People of the lie*, Touchstone, New York 1983.

Shlusher, Harold S. *Las dataciones radiométricas*, Clie, Terrassa 1980.

Sluka Wladalar. *La creación del planeta tierra*, Clie, Terrassa 1980.

Sobel, Dava. *La hija de Galileo*, Debate, Madrid 1999.

Strobel, Lee. *El caso del Creador*, Vida, Miami 2009.

———. *El caso del Jesús verdadero*, Vida, Miami 2008.

———. *El caso de la fe*, Vida, Miami 2001.

———. *El caso de Cristo*, Vida, Miami 2009.

———. *Trece escandalosas afirmaciones de Dios*, Vida, Miami 2006.

———. *El caso de la resurrección*, Vida, Miami 2005.

Swinburne, Richard. *¿Hay un Dios?*, Sígueme, Salamanca 2012.

———. *La existencia de Dios*, San Esteban, Salamanca 2015.

———. *Fe y razón*, San Esteban, Salamanca 2012.

Costa Pereira, Thiago de Melo. *Biblio química*, AD Santos Editora, Sao Paulo 2017.

Tipler, Frank J. *La física de la inmortalidad*, Alianza Editorial, Madrid 1986.

Torres Queiruga, Andrés. *El problema de Dios en la modernidad*, Verbo Divino, Estella 2000.

———. *A revelación de Deus na realización do home*, Galaxia, Vigo 1985.

Tournier, Paul. *Medicina de la persona*, Clie, Terrassa 1996.

———. *El personaje y la persona*, Clie, Terrassa 1996.

———. *Los fuertes y los débiles*, Clie, Terrassa 1996.

———. *Aprendiendo a envejecer*, Clie, Terrassa 1995.

———. *De la soledad a la comunidad*, Clie, Terrassa 1996.

———. *La aventura de la vida*, Clie, Terrassa 1996.

————. *El hombre y su lugar*, Clie, Terrassa 1998.

————. *Biblia y medicina*, Clie, Terrassa 1999.

————. *El mito de la sociedad sin Dios*, Clie, Terrassa 1996.

————. *Violencia y poder*, Clie, Terrassa 1999.

————. *La fatiga en la sociedad contemporánea*, Clie, Terrassa 2000.

Turek, Frank. *Robándole a Dios*, Kerigma, Salem, Oregón 2018.

Wallon, H. *Los orígenes del pensamiento en el niño*, Nueva Visión, Buenos Aires 1976.

Ward, Keith. *Bay faith and reason*, Darton, Longman and Todd, London 2012.

Willard, Dallas. *Knowing Christ today*, Harper Collins, NY 2009.

————. *Hearing God*, Formatio, Ventura CA 1984.

————. *El Espíritu de las disciplinas: ¿Cómo transforma Dios la vida?* Vida, Miami 2010.

————. *Renueva tu corazón*, Clie, Terrassa 2001.

————. *La divina conspiración*, Peniel, Buenos Aires 2013.

Whitcomb, John C. *La tierra primitiva*, Hebrón, Argentina 1976.

————. *El origen del sistema solar*, Clie, Terrassa 1979.

————. *El diluvio del Génesis*, Clie, Terrassa 1985.

Wright, Christopher J. H. *El Dios que no entiendo*, Vida, Miami 2010.

Wright, N. T. *Simplemente cristiano*, Vida, Miami 2012.

————. *The resurrection of the son of God*, Fortress Press, Minneapolis 2003.

Yancey, Philip. *¿Para qué sirve Dios?*, Peniel, Buenos Aires 2012.

————. *El Jesús que nunca conocí*, Vida, Miami 1996.

————. *Me pregunto, ¿por qué?*, Vida, Miami 2011.

————. *Gracia Divina vs. Condena Humana*, Vida, Miami 1998.

————. *Desilusión con Dios*, Vida, Miami 1988.

————. *La Biblia que leyó Jesús*, Vida, Miami 2005.

————. *Una iglesia, ¿para qué?*, Vida, Miami 2007.

————. *Rumores de otro mundo*, Vida, Miami 2010.

———— y Paul Brand. *A su imagen*, Vida, Miami 2007.

———— y Paul Brand. *El don del dolor*, Vida, Miami 2006.

Yancey, Philip. *La oración: ¿Hace alguna diferencia?*, Vida, Miami 2007.

Zacharias, Ravi. *De oriente a occidente: Dios en mis sombras*, Vida, Miami 2007.

————. *¿Quién creó a Dios? Respuestas a más de 100 preguntas acerca de cuestiones de fe*, Vida, Miami 2007.

———. *Jesús entre otros dioses*, Vida, Miami 2001.

———. *¿Puede el hombre vivir sin Dios?*, Vida, Miami 1995.

———. *The real face of atheism*, Zondervan, New York 2004.

———. *El loto y la cruz*, Vida, Miami 2010.

———. *Sentido y sensualidad*, Vida, Miami 2005.

———. *Why Jesus?*, Faithworks, New York 2012.

——— y Vitale, Vince. *¿Por qué existe el sufrimiento?*, Patmos, Miami 2017.